데이터 처리부터 매출·유저 파악, 리포팅 등
각종 데이터 분석과 활용까지

데이터
분석을 위한
SQL
레시피

데이터 분석을 위한 SQL 레시피

데이터 처리부터 매출·유저 파악, 리포팅 등 각종 데이터 분석과 활용까지

초판 1쇄 발행 2018년 4월 01일
초판 5쇄 발행 2024년 5월 23일

지은이 가사키 나가토, 다미야 나오토 / **옮긴이** 윤인성 / **펴낸이** 전태호
펴낸곳 한빛미디어(주) / **주소** 서울시 서대문구 연희로2길 62 한빛미디어(주) IT출판2부
전화 02-325-5544 / **팩스** 02-336-7124
등록 1999년 6월 24일 제25100-2017-000058호 / **ISBN** 979-11-6224-060-1　93000

총괄 송경석 / **책임편집** 홍성신 / **기획·편집** 박지영 / **진행** 이윤지
디자인 최연희 / **전산편집** 이경숙
영업 김형진, 장경환, 조유미 / **마케팅** 박상용, 한종진, 이행은, 김선아, 고광일, 성화정, 김한솔 / **제작** 박성우, 김정우

이 책에 대한 의견이나 오탈자 및 잘못된 내용은 출판사 홈페이지나 아래 이메일로 알려주십시오.
파본은 구매처에서 교환하실 수 있습니다. 책값은 뒤표지에 표시되어 있습니다.

한빛미디어 홈페이지 www.hanbit.co.kr / **이메일** ask@hanbit.co.kr

지금 하지 않으면 할 수 없는 일이 있습니다.
책으로 펴내고 싶은 아이디어나 원고를 메일(writer@hanbit.co.kr)로 보내주세요.
한빛미디어(주)는 여러분의 소중한 경험과 지식을 기다리고 있습니다.

데이터 처리부터 매출·유저 파악, 리포팅 등
각종 데이터 분석과 활용까지

데이터 분석을 위한

SQL

레시피

가사키 나가토, 다미야 나오토 지음
윤인성 옮김

PostgreSQL
Apache Hive
Amazon Redshift
Google BigQuery
SparkSQL 대응

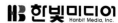

한빛미디어
Hanbit Media, Inc.

지은이 소개

지은이 _ 가사키 나가토 加嵜 長門

게이오대학 대학원과 학생 벤처에서 멀티미디어 데이터베이스를 대상으로 한 검색 및 추천 알고리즘의 연구와 서비스 개발을 했습니다. 현재는 (주)DMM.com 연구소에서 빅데이터를 활용하기 위한 기반 시스템 구축, 스파크와 SQL on Hadoop을 이용한 추천 기능 및 빅데이터 활용에 대한 연구와 개발을 하고 있습니다.

지은이 _ 다미야 나오토 田宮 直人

대형 신문사에서 구인 서비스와 커뮤니티 서비스를 개발하다가 (주)사이버에이전트로 이직하면서 데이터 애널리스트로 변신했습니다. (주)DMM.com 연구소에서는 빅데이터 부서를 세웠고 현재는 데이터 컨설턴트 프리랜서로 활약 중입니다. 데이터 분석은 물론 데이터 분석환경의 설계와 구축, 로그 설계, 추천 API 작성 등 데이터 관련 업무를 전반적으로 다룹니다.

윤인성

출근하는 게 싫어서 책을 집필/번역하기 시작했습니다. 일본어는 픽시브에서 웹 코믹을 읽다가 배웠다고 전해집니다. 현재 직업 특성상 집에서 나갈 이유가 별로 없다는 것에 굉장히 만족하는 성격이기도 합니다. 홍차와 커피를 좋아하며 요리, 음악, 그림, 스컬핑 등이 취미입니다. 『모던 웹을 위한 JavaScript+jQuery 입문』 『모던 웹을 위한 Node.js 프로그래밍』 『모던 웹 디자인을 위한 HTML5+CSS3 입문』(이상 한빛미디어) 등을 저술하였으며, 『파이썬을 이용한 머신러닝, 딥러닝 실전 개발 입문』(위키북스), 『TopCoder 알고리즘 트레이닝』 『Nature of Code』 『SQL 레벨업』 『오라클 레벨업』(이상 한빛미디어), 『소셜 코딩으로 이끄는 GitHub 실천 기술』(제이펍) 등을 번역했습니다.

이 책은 필자들이 평소 업무에서 만들던 리포트와 SQL 코드를 범용으로 사용할 수 있게 수정하여 레시피 모음처럼 구성했습니다. SQL은 굉장히 오랜 역사를 가지는 언어로, 하드웨어와 미들웨어의 진화에 발맞추어 표준 사양에 윈도 함수와 CTE 등을 포함한 새로운 개념들이 계속 도입되고 있습니다. 하지만 새로운 SQL을 제대로 활용할 수 있는 노하우를 가진 사람은 많지 않은 듯합니다.

최근 SQL의 기능을 설명하는 블로그 글과 책이 많지만, 실제 업무에서 사용하는 SQL과는 큰 차이가 있습니다. 대부분 웹 서비스의 백엔드에서 SQL을 사용하는 내용만 다루는 경우가 많고, 데이터 분석을 위한 SQL을 효율적으로 설명하는 경우가 거의 없습니다.

마찬가지로 데이터 분석 방법과 분석을 통해 서비스를 개선한 사례가 굉장히 많이 쏟아져 나오지만, 정작 이를 어떻게 다루는지에 관한 언급이 없어서 활용 방법을 몰라 당황하는 사람도 많습니다.

'최신 SQL 작성 방법, 분석 방법, 서비스 개선 방법을 하나의 책에 정리하자'가 이 책의 집필 계기로, 일상 업무를 하면서 책을 집필했습니다. 분석과 서비스 개선 문의를 받았을 때 이 책만 보여줘도 많은 사람이 이해하고 활용할 수 있을 정도로 실무 내용이 많이 들어갔다고 자부합니다.

이 책으로 많은 사람이 빅데이터 활용을 위한 분석력과 SQL 능력을 키울 수 있기를 바랍니다.

2017년 봄
가사키 나가토, 다미야 나오토

이 책은 단순하게 빅데이터와 관련된 SQL만을 다루지 않습니다. 데이터 분석자가 해야 할 일을 전반적으로 다루고, 그에 필요한 지식(다양한 지표와 이를 구하기 위한 SQL)도 함께 다루는 책이라고 생각하면 좋겠습니다.

국내에서는 보통 백엔드 개발에서 SQL을 다루다가 빅데이터에 관심이 생겨서 BigQuery, RedShift, SparkSQL, Hive 등을 다루는 경우가 많습니다. 하지만 실제로 백엔드 개발에서 다루는 SQL과 빅데이터에서 다루는 SQL은 기본 개념부터 다릅니다. 백엔드에서 사용하는 SQL에서는 성능, 즉 퍼포먼스가 가장 중요한 요소라고 할 수 있겠지만, 빅데이터에서 사용하는 SQL에서는 성능보다 가독성과 재사용성이 우선이기 때문입니다. 이 책은 이러한 차이를 명확하게 짚어줍니다.

추가로 개발자들이 빅데이터를 다루게 되면 "그래서 SQL을 사용해서 무엇을 결과물로 내야 하는 것일까?"에 관해 많은 고민을 하게 되는데, 이 책에서는 그와 관련한 내용을 굉장히 자세하게 설명합니다. 따라서 '데이터 분석자로서 회사에서 무엇을 해야 하는지 모르겠다'는 독자라면 이 책을 읽을 것을 추천합니다. 참고로 책에 난이도가 꽤 있으므로 SQL의 기초 지식이 어느 정도 있는 사람이 읽기를 추천합니다.

책 번역과 관련된 모든 관계자분에게 감사의 말씀을 전합니다.

2018년 3월
윤인성

이 책은 9개의 장으로 구성됩니다. 1장과 2장에서는 데이터 분석 세계에 발을 들이기 전에 읽었으면 하는 도입 부분이라고 할 수 있습니다. 이 책이 어떤 내용을 전달하고 싶은지, 그리고 이 책에서 사용하는 데이터와 미들웨어는 어떤 것이 있는지 소개합니다. 3장에서는 기초적인 SQL 작성 방법과 데이터 가공 방법을 설명합니다. 이어서 4~6장에서는 실전적인 코드와 함께 다양한 분야에 활용할 수 있는 데이터 추출 방법을 소개합니다. 7장에서는 데이터 가공, 클렌징처럼 데이터 활용의 정밀도를 높일 때 기억해야 하는 방법을 소개합니다. 8장에서는 다양한 데이터 분석 방법을 살펴봅니다. 마지막으로 9장에서는 데이터 활용 사례 등, 최대한 이 책의 내용을 실제 업무에서 활용할 수 있게 하는 방법을 소개합니다.

이 책을 읽는 순서

이 책은 데이터 수집부터 리포트 작성, 개선 제안, API 만들기 등 다양한 상황을 다룹니다. 추가로 필자들의 풍부한 경험에 기초해서 작성되었기 때문에, 책의 내용이 독자의 다양한 과제를 해결할 때 큰 도움이 될 것입니다. 이 책을 읽을 때는 다음 3가지 패턴을 제안합니다.

앞부터 차례로 읽기

낮은 난이도부터 높은 난이도까지 차근차근 나아갈 수 있게 차례대로 읽는 패턴입니다. 책의 지식을 모두 흡수하고 싶어 하는 독자에게 추천하는 방법입니다.

관심 있는 부분부터 읽기

분석하고 싶은 대상, 개선하고 싶은 현상, 만들고 싶은 리포트가 있다면 목차에서 관련된 부분을 찾아 먼저 읽어보기를 권합니다. 이 책은 어디부터 읽어도 이해할 수 있게 각각의 장이 독립적으로 구성되어 있습니다.

마지막 장부터 읽기

마지막 장에서는 빅데이터 활용과 관련된 단계를 정리합니다. 따라서 소속된 조직이 어떠한 상태에 있는지 확인할 수 있다면 마지막 장부터 읽고 필요에 따라 연결되는 내용을 읽어보길 바랍니다.

이 책의 주의사항

빅데이터 분석 기반을 사용해 코드 예제를 실행하면 가지고 있는 모든 데이터에 조작이 발생하므로 시스템에 부하가 걸립니다. 추가로 미들웨어와 환경에 따라서는 비용이 부과될 가능성도 있습니다. 따라서 최대한 적절한 파티션에서 SQL을 실행하기 바랍니다. 만약 이러한 점이 부담된다면 추출 개수를 제한하기 바랍니다.

이 책에서 사용한 미들웨어와 버전

PostgreSQL

집필 시점의 PostgreSQL 최신 버전은 10.2입니다. 이 책에서는 버전 9.6.0과 10.2를 기준으로 동작을 확인했습니다. 버전 10.2와 관련된 릴리즈 노트는 다음 링크를 참고해주세요.

https://www.postgresql.org/docs/current/static/release-10-2.html

Apache Hive

Apache Hive의 최신 버전은 2.3.2입니다. 하지만 대부분의 Hadoop 배포판은 최신 버전의 Hive를 지원하지 않습니다. 대표적인 Hadoop 배포판인 'CDH(Cloudera Distribution Including

Apache Hadoop)'의 최신 버전(5.14)은 Hive 1.1을 지원하며, 'HDP(Hortonworks Data Platform)'의 최신 버전(2.6.4)은 Hive 1.2.1을 지원합니다. 이 책은 CDH 5.14가 지원하는 Hive 1.1 기준으로 동작을 확인했습니다.

Amazon Redshift

이 책의 경우는 버전 1.0.1792를 기준으로 동작을 확인했습니다. RedShift는 2017년부터 큰 버전 변화가 없습니다. 성능 향상, 버그 수정 등이 전부로, 이와 관련한 자세한 내용은 다음 링크를 참고해주세요.

https://forums.aws.amazon.com/forum.jspa?forumID=155&start=0

Google BigQuery

BigQuery는 현재 레거시 SQL과 표준 SQL이라는 두 가지 형태의 SQL을 사용할 수 있습니다. 이 책에서는 표준 SQL을 기준으로 설명합니다. Google BigQuery도 클라우드 서비스라 새로운 기능과 버그 수정이 계속 나옵니다. 최신 버전과 관련된 내용은 다음 링크를 참고해주세요.

https://cloud.google.com/bigquery/docs/release-notes

SparkSQL

집필 시점의 Apache Spark 최신 버전은 버전 2.2.1입니다. 이 책에서는 버전 2.0.0으로 동작을 확인했습니다. 버전 2.0.0과 관련된 릴리즈 노트는 다음 공식 문서를 참고해주세요.

http://spark.apache.org/releases/spark-release-2-0-0.html

이 책의 샘플 데이터 내려받기

이 책에서 설명할 각종 테이블 정의 등의 샘플 데이터는 다음 한빛미디어 홈페이지에서 내려받을 수 있습니다.

http://hanbit.co.kr/src/10060

3장부터 8장까지의 폴더에 각 장에서 사용할 샘플 데이터를 넣었습니다. 다만 1장과 2장, 9장은 별도의 샘플 데이터가 없습니다. 여러 장에 걸쳐서 소개하는 데이터도 장별로 데이터를 넣었으므로 사용할 때 염두에 두기 바랍니다. 참고로 내려받은 샘플 데이터는 이 책에서 소개하는 쿼리의 동작을 확인하기 위한 더미 데이터일 뿐이므로 실제 출력 결과와 약간의 차이가 있을 수 있습니다. 실제 데이터를 똑같이 제공하지 못하는 점 양해 부탁드립니다.

1장 빅데이터 시대에 요구되는 분석력이란?

2장 이 책에서 다루는 도구와 데이터

3장 데이터 가공을 위한 SQL

4장

매출을 파악하기 위한 데이터 추출

 5장

사용자를 파악하기 위한 데이터 추출

6장 웹사이트에서의 행동을 파악하는 데이터 추출하기

7장 데이터 활용의 정밀도를 높이는 분석 기술

8장 데이터를 무기로 삼기 위한 분석 기술

9장 지식을 행동으로 옮기기

1장

빅데이터 시대에 요구되는
분석력이란?

데이터를 둘러싸고 있는 환경이 시대에 따라 어떻게 변하고 빅데이터의 등장으로
어떤 것들이 주목받고 있는지 필자들의 경험을 기반으로 설명하겠습니다. 그리고
빅데이터 시대를 살아가기 위한 스킬과 분석력이란 무엇인지 정의하겠습니다.

1강

데이터를 둘러싼 환경의 변화

1 접근 분석 도구의 등장

최근 '빅데이터' 또는 '데이터 사이언티스트' 등의 용어가 많이 보입니다. 하지만 2010년 즈음까지는 '접근 분석' 또는 '웹 애널리스트'라는 용어가 데이터 관련 용어로 더 많은 주목을 받았습니다.

필자는 2000년 정도에 웹 서버에 설치한 접근 분석 도구를 사용하면서 데이터다운 데이터를 처음 접해보았습니다. 다만 그러한 데이터로 하던 일은 웹사이트에 기록된 접근 로그 파일을 가지고 페이지 뷰의 추이를 집계하거나 로그 파일에 기록되어 있는 시간과 URL을 확인하는 정도였습니다.

당시 등장한 다양한 접근 분석 도구 중에서도 특히 큰 영향력을 행사한 것은 2005년 11월에 등장한 '구글 애널리틱스(Google Analytics)'입니다. 이후 사용자 추적 전용 스크립트를 HTML에 태그로 넣어서 데이터를 축적하고 분석하는 것이 데이터를 다루는 일의 주류가 되었습니다.

구글 애널리틱스는 방문 횟수, 페이지뷰뿐만 아니라 유입 키워드, 이탈률, 직귀율처럼 그때까지는 파악하기 어려웠던 다양한 종류의 지표를 제공했습니다. 그때까지는 사용자 정보 또는 매출 등 확실한 데이터만을 가지고 서비스의 전략을 생각했지만, 구글 애널리틱스가 다양한 지표를 제공하므로 웹에서의 사용자 행동도 서비스에 굉장히 중요한 역할을 하게 되었습니다.

처음에는 각종 지표의 평가 방법을 몰라 많은 사람이 헤맸지만, 점차 접근 분석 도구를 통해 다양한 사례들이 나오고 사람들이 정보 공유를 시작했습니다. 이로 인해 분석과 관련된 전문적인 지식을 가진 웹 애널리스트라는 직업이 주목을 받기 시작했습니다.

데이터를 활용하려는 움직임이 점점 많아지면서 구글 애널리틱스 이외의 접근 분석 도구들이 등장하기 시작했습니다. 이로 인해 광고 등의 분야에서도 데이터 분석이 쓰이기 시작했습니다. 그런데 다양한 도구를 사용하게 되면서 접근 분석 도구, 광고 관리 도구, 회사에서 직접 만든 데이터 집계 도구들이 섞이고 데이터가 여기저기 흩어지게 됩니다.

그래서 각 데이터를 한꺼번에 관리하고 분석하기가 굉장히 어려워지고 각각의 세부적인 데이터의 관련성을 살펴보는 정도 이상으로 발전하지 못하게 되었습니다. 많은 회사가 사용자 데이터, 구매 데이터 등의 업무 데이터와 접근 로그를 한꺼번에 관리하고 분석할 수 있는 환경을 원하기 시작했습니다.

그 결과 '빅데이터'가 주목을 받게 되었습니다.

2 빅데이터의 등장

위키피디아(Wikipedia)에서 빅데이터와 관련된 설명을 찾아보면 다음과 같이 나옵니다[1].

> **참고**
>
> 빅데이터(big data)는 상용 데이터베이스 관리 도구와 기존의 데이터 처리 애플리케이션으로 처리하는 것이 힘들 정도로 거대하고 복잡한 데이터의 집합을 나타내는 용어입니다. 기술적인 과제로 수집, 선택, 저장, 검색, 공유, 전송, 분석, 시각화 등이 있습니다. 대규모 데이터 집합의 경향을 파악하면 '비즈니스 경향 발견, 연구 품질 결정, 질병 예방, 법적 인용 링크, 범죄 방지, 실시간 도로 교통 상황 판단' 등의 상관관계를 알 수 있습니다.

이처럼 빅데이터는 데이터 수집, 집계, 시각화를 통해 다양한 분야에 활용하기 위한 것입니다. 물론 이전에도 이러한 작업들이 있었지만 다음과 같은 기술적 진보로 인해 빅데이터가 주목을 받게 되었습니다.

---

1 역자주_ 한국어 위키피디아의 설명이 너무 단순해서, 일본어 위키피디아의 글과 섞어보았습니다.

- 기억 용량의 대용량화
- 하드웨어 가격의 하락과 클라우드 기술의 등장
- 분산 처리를 담당하는 미들웨어의 등장

분산 처리를 담당하는 미들웨어로 Apache Hadoop, 클라우드 서비스로 Amazon Redshift 와 Google BigQuery 등이 등장했습니다. 이 덕분에 기업들은 기존에 사용하던 웹 접근 로그, 회사 내부 데이터, 기타 도구들을 활용해 얻은 데이터를 모두 한 번에 관리할 수 있게 되었습니다. 이러한 데이터를 가지고 기존에는 할 수 없었던 분석들이 가능해졌으며, 다음 용도로 사용하기 시작했습니다.

- 개별적인 사용자의 행동 파악
- 사용자의 흥미와 기호를 기반으로 하는 추천
- 광고 타깃팅
- 예측 모델링
- 기계 학습

단순히 웹 접근을 분석하는 영역을 넘어 데이터를 활용해 돈을 버는 기업의 수가 늘기 시작했습니다. 빅데이터에 기반을 둔 성공 사례들이 공유되면서 다양한 활용 방법들이 기대를 모으기 시작했습니다. 오늘날에는 기업들이 기존의 접근 분석 도구를 넘어 빅데이터 분석 기반을 보유하려는 움직임이 두드러지고 있습니다.

여러 가지 과제

최근 흐름에 따라 어떤 회사에서 빅데이터 분석 기반을 도입하기로 결정했다고 합시다. 앞에서 언급한 것처럼 빅데이터 분석 기반을 도입하는 경우에는 일단 접근 로그 또는 회사가 가진 데이터를 한 곳에 저장해야 합니다.

이렇게 저장된 데이터에 접근하려면 빅데이터를 관리하는 미들웨어 부속 도구를 사용해야 합니다. Hadoop이라면 Hue, Amazon Redshift라면 Aginity 등이 이러한 부속 도구에 해당합니다. 이 도구로 추출하고 싶은 데이터의 조건 또는 형식을 SQL로 표현하여 추출하는 것이 바로 빅데이터를 다루는 첫 번째 단계라고 할 수 있습니다.

1 분석 담당자의 과제

접근 해석 기술을 보유하고 있는 분석 담당자가 빅데이터 분석 기반을 다룰 때는 다음과 같은 문제가 발생할 수 있습니다.

❶ 지금까지 지표를 도구가 제공해주었지만 이제 스스로 지표를 결정해야 함

❷ 데이터를 추출할 때 SQL을 사용해야 하므로 SQL을 배워야 함

❸ SQL을 배우지 않은 상태에서는 무엇을 집계할 수 있는지 자체를 생각할 수 없음

❹ 리포트를 만들 때 필요한 데이터와 도구가 갖추어져 있더라도 SQL을 모르면 리포트를 만들 수 없음

❺ 리포트 작성보다도 SQL을 사용하면서 겪는 시행착오에 시간이 더 오래 걸려서 리포트의 품질을 담보할 수 없게 됨

관리 화면에서 마우스 조작 또는 텍스트 입력 등으로 데이터를 추출할 수 있던 부분이 SQL이라고 부르는 언어로 변경되어 익숙하지 않으면 매우 많은 문제가 발생합니다. 필요한 기술 자체가 바뀌었기 때문에 기존의 분석 방법으로 일을 하면 업무의 정체를 초래하거나 내려받은 데이터를 엑셀 등으로 리포트를 하나하나 만드는 등의 일을 하게 됩니다. 결국 이전보다 데이터 분석 속도와 질이 떨어진 기업도 가끔 볼 수 있습니다.

물론 최근에는 Tableau 또는 Kibana 등 BI 도구가 잘 되어있어서, SQL을 잘 못 쓰더라도 데이터를 어느 정도 시각화하는 데는 문제없습니다. 하지만 SQL에 서툰 마케팅 담당자를 고려해서 BI 도구를 도입해도 다음과 같은 문제가 발생하게 됩니다.

❶ 기존에 할 수 없었던 수준의 복잡한 집계와 분석을 하려 해도 BI 도구로는 만족할 수준에 이르지 못함
❷ 회사 DB에 저장된 여러 테이블 또는 관계(Relationship) 파악이 늦어질 수 있음
❸ BI 도구에서 사용할 초기 데이터 준비에 SQL이 필요한 경우가 있음

이러한 문제가 발생하는 이유는 빅데이터를 처리할 때 필요한 새로운 기술과 기존 분석 담당자가 가진 기술이 일치하지 않기 때문입니다. 분석 담당자에게 학습 비용과 시간을 충분히 주지 않은 상태로 기존 수준보다 높은 리포트를 요구하면 이러한 문제가 발생할 수밖에 없습니다.

빅데이터는 마케팅 담당자의 과제를 해결하는 방법이라고 할 수 있지만 빅데이터 자체가 그것을 해결해주지는 않는다는 것을 꼭 기억해주세요.

2 엔지니어의 과제

빅데이터는 기존의 분석 담당자가 가지고 있는 기술로는 다룰 수 없다는 인식이 널리 퍼져 있습니다. 그래서 분석 담당자가 서비스를 개발하는 엔지니어에게 업무를 주는 경우가 꽤 많습니다. 하지만 실제로 맡겨보면 일이 제대로 되지 않습니다. 왜 그런지 정리해봅시다.

❶ 리포팅 방법과 분석 노하우가 없으면 단순한 집계밖에 제공할 수 없으므로 기존의 접근 해석 도구의 수준을 벗어날 수 없음
❷ 분석 담당자 또는 경영층이 어떤 리포트를 원하는지, 어떤 과제를 해결하고 싶어 하는지 잘 모를 수 있음
❸ 분석에 특화된 SQL을 모르므로 간단한 데이터 추출에도 고생하는 경우가 많음

앞에서와 마찬가지로 엔지니어가 지닌 기술과 분석/리포트 업무에 필요한 기술이 일치하지 않아 발생하는 문제입니다. 예를 들어 서비스 개발을 담당하는 엔지니어는 조건에 맞는 레코드를 추출하는 SQL 기술, 응답 속도를 빠르게 하는 SQL을 만드는 기술, SQL을 단순하게 만들려면 어떠한 형식으로 테이블에 저장할지 생각하는 기술 등을 가지고 있습니다.

하지만 분석에는 수많은 데이터 가공, 일괄 집계와 같은 SQL 기술이 사용됩니다. 서비스 개발을 담당하는 엔지니어가 사용할 기회가 거의 없는 함수도 분석 업무에는 굉장히 많이 사용됩니다. 따라서 엔지니어가 서비스 개발에 필요한 SQL을 할 수 있다고 해서 분석에 필요한 SQL을 제대로 할 수 있는 것은 아닙니다.

따라서 엔지니어에게 모든 업무를 맡기기는 무리라고 판단하고 분석 담당자와 엔지니어가 함께 팀을 이루어 분석 업무를 하는 경우가 있습니다. 하지만 이런 경우 엔지니어에게 다음과 같은 문제가 발생합니다.

❶ 분석 담당자가 요구한 데이터를 추출하더라도 이후에 비슷한 의뢰를 할 때마다 계속해서 비슷한 SQL을 만들어줘야 함
❷ 분석 담당자도 무엇이 가능한지 몰라 애매모호한 의뢰를 하게 되므로 최종적인 결과물로 원하는 것이 나오지 않아 다시 의뢰를 받게 되는 경우가 발생함

최종 결과물 등을 이후에 사용할 수 있는 형태로 가공해두면 이러한 문제를 조금은 피할 수 있습니다. 하지만 서로의 작업을 이해하지 못한 상태로 작업을 진행하면 분석 담당자는 엔지니어에게 여러 번 의뢰를 하게 되고, 엔지니어는 일에 쫓겨 재사용할 수도 없고 범용성이 낮은 방법으로 데이터를 추출할 수 있습니다.

추가로 분석 담당자와 엔지니어가 함께 작업하는 경우, 분석 담당자는 요청 후 대기 시간이 발생하므로 기존의 접근 분석 도구를 사용하는 것이 더 효율이 높다고 생각하는 경우도 많습니다.

엔지니어는 기존의 업무와 다른 분석/리포트와 관련된 기술을 미리 공부하고, 요청이 왔을 때 빠르게 대응할 수 있게 해야 합니다. 빅데이터 시대에는 엔지니어도 새로운 기술을 배워야 합니다.

3 분석 담당자와 엔지니어의 이해관계

이전에 언급한 것처럼 빅데이터 분석 기반을 도입하면 엔지니어와 분석 담당자에게 다양한 과제가 떨어지게 됩니다. 이는 서로가 가진 기술과 작업 범위가 다른 데서 기인합니다. 사실 빅데이터 관련 이야기를 떠나서, 작업과 관련된 사람들이 서로의 작업 영역에 대해 충분히 이해하지 못한다면 다양한 문제가 발생할 수 있습니다.

그림 2-1 기존의 작업 영역

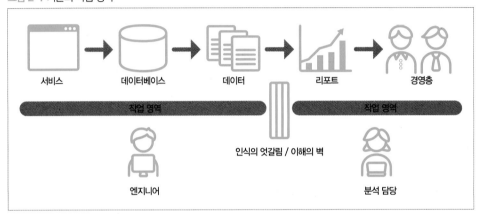

데이터를 둘러싸고 있는 환경의 변화에 맞게 분석 담당자와 엔지니어 모두 새로운 기술을 배워야 합니다. 이들 모두 '기존의 작업 영역을 넘어 담당할 수 있는 범위를 넓히는 것'이 필요합니다.

새로운 지식을 얻으면 기존의 담당 영역에서도 꽤 많은 것을 새롭게 발견할 수 있을 것입니다. 엔지니어는 데이터를 활용하고 상품 정렬 순서 최적화와 추천 등의 구조를 서비스에 고려할 수 있게 될 것입니다. 반대로 분석 담당자는 접근 분석뿐만 아니라 과거의 데이터 집계를 기반으로 미래의 데이터를 예측하거나 하는 등의 작업이 가능해질 것입니다.

그림 2-2 기존의 작업 영역을 넘어 담당할 수 있는 범위 넓히기

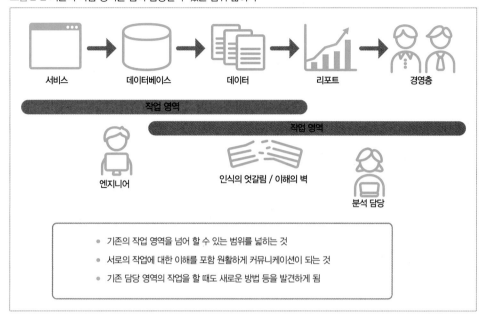

이 책에서 다루는 것

이 책에서는 분석 담당자와 엔지니어를 대상으로 다음과 같은 정보를 제공합니다.

- 데이터 가공 방법
- 분석에 사용되는 SQL
- 리포팅/분석 방법

그림 2-3 이 책이 분석 담당자에게 제공하는 지식과 장점

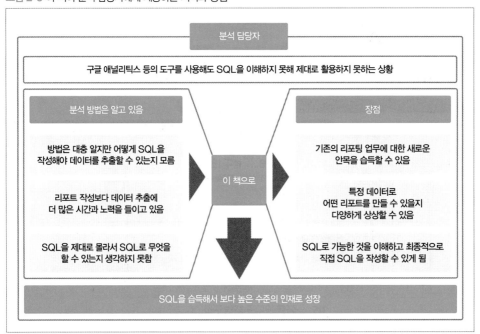

그림 2-4 이 책이 엔지니어에게 제공하는 지식과 장점

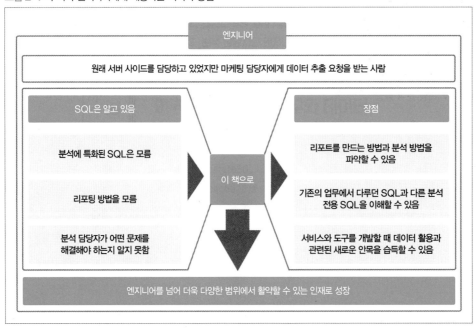

이 책의 목적은 분석 담당자와 엔지니어 모두가 빅데이터 처리와 관련한 지식을 습득하고 서로 원활한 커뮤니케이션을 하는 것입니다. 최종적으로 분석 담당자와 엔지니어라는 벽을 넘어 데이터를 통합적으로 다루는 인재로 성장하는 데 이 책이 도움이 될 수 있으면 좋겠습니다.

2장

이 책에서 다루는
도구와 데이터

이 책에서 다룰 빅데이터 분석 기반 시스템의 개요와 데이터에 대해서 설명하겠습니다. 최근 널리 사용되는 빅데이터 처리 기반 시스템을 설명하고 그 장점과 단점을 소개하면서 적합한 도구를 선택하는 방법을 알아보겠습니다. 다루는 데이터의 종류와 성질도 함께 설명하여 데이터 분석 작업을 다시 하거나 실수하는 일이 없게 하는 것이 목표입니다.

3강

시스템

최근에는 빅데이터 활용 도구와 서비스가 많이 제공되어 어디부터 손을 대야 좋을지 모를 정도의 상황입니다. 이번 3강에서는 대표적인 빅데이터 처리 시스템을 설명하고, 다루는 데이터의 양, 처리 내용, 비용 제약 등을 생각하며 어떤 도구를 사용해야 좋을지 알아보겠습니다.

참고로 이 책에서 소개하는 시스템은 기본적으로 상호성을 갖는 SQL 인터페이스를 가지고 있으므로 어떠한 도구를 선택하더라도 다른 도구로 쉽게 마이그레이션 할 수 있습니다.

1 PostgreSQL

PostgreSQL은 오픈소스 RDB(Relational Database)입니다. 다양한 플랫폼을 지원하며 GUI 인스톨러가 제공되므로 쉽게 컴퓨터에 설치할 수 있습니다. MySQL 등 다른 오픈소스 RDB와 비교하면 PostgreSQL은 표준 SQL을 잘 준수하며 윈도 함수, CTE(WITH 구문) 등 분석에 필수적으로 사용하는 구문 등을 모두 구현합니다. 추가로 이 책에서 소개하는 미들웨어 중에서 역사가 가장 오래되었으며, PostgreSQL 특유의 확장 기능도 많이 제공하여 편리하게 사용할 수 있습니다.

이 책에서 소개하는 SQL 쿼리는 기본적으로 PostgreSQL 9.6과 10.2에서 동작하는 쿼리입니다. 소규모의 데이터 분석, SQL 학습을 목적으로 한다면 로컬에서 비교적 가볍게 동작하는 PostgreSQL을 사용하기 바랍니다.

2 Apache Hive

PostgreSQL 등의 RDB에서 대량의 데이터를 처리할 때 보틀넥이 발생하는 가장 큰 부분이 어디일까요? 수 테라바이트에서 수 페타바이트의 데이터를 저장하는 경우 일반적으로 저렴한 디스크를 사용하게 됩니다.

하지만 디스크에서 데이터를 읽어 들일 때의 전송 속도는 일반적으로 CPU에서 처리할 수 있는 속도에 비해 매우 느립니다. 예를 들어 전송 속도 180MB/s 하드디스크에서 5TB의 데이터를 읽어 들인다면 $(5 \times 1,024 \times 1,024/180)$ = 58,254초(=16시간 이상)이 걸립니다.

디스크 I/O가 보틀넥이 되는 경우에서 고속으로 데이터를 처리하기 위한 아키텍처로 분산 파일 시스템이 고안되었습니다. 분산 파일 시스템을 사용하면 거대한 데이터를 작게 분할해서 여러 개의 디스크에 분산해서 저장하고 각 디스크에서 동시에 데이터를 읽어 들여 고속으로 대량의 데이터 처리를 할 수 있습니다. 예를 들어 이전의 5TB의 데이터를 100대의 디스크에 분산해서 저장하고 읽어 들인다면 이때 걸리는 시간이 100분의 1로 줄어듭니다.

Apache Hive(이하 Hive)는 HDFS[1]이라고 부르는 분산 파일 시스템 위의 데이터를 SQL스러운 인터페이스로 간단하게 처리해 주는 시스템입니다. 그런데 분산 파일 시스템 위의 데이터를 동시에 읽어 들여 디스크 I/O 보틀넥을 해결하더라도 그들의 순서를 제대로 맞출 수 없다면 의미가 없습니다. 그래서 분산 파일 시스템 위의 데이터의 순서를 맞추는 방법으로 MapReduce라는 알고리즘이 고안되었습니다.

이러한 HDFS와 MapReduce 아키텍처를 구현한 시스템이 초기의 Apache Hadoop입니다. Hive는 이러한 Hadoop 생태계의 일부분으로, HiveQL이라 부르는 SQL스러운 쿼리 언어로 작성한 쿼리를 자동적으로 MapReduce 잡으로 변환해서 간단하게 병렬 분산 처리를 할 수 있습니다.

특징

앞에서 설명했던 PostgreSQL로 대표되는 RDBMS와 비교해서 Hive의 특징이라면 Hive는 어디까지나 파일 기반의 시스템에 있다는 것을 들 수 있습니다.

---

1 역자주_ 하둡 파일 시스템(Hadoop File System)을 의미합니다.

파일 기반 시스템이므로 특정 레코드 하나를 변경하거나 제거하는 것이 어렵고 인덱스도 디폴트로 존재하지 않아 쿼리 실행 때 파일 전체를 조작해야 합니다(다만 최근에는 효율적인 파일 형식과 서브 시스템 등이 등장하고 있습니다)[2].

Hive는 쿼리 실행 때 동적으로 데이터를 정의할 수 있다는 장점이 있습니다. 예를 들어 'Korea, Seoul, GangseoGu'라는 데이터가 있다고 합시다. Hive는 이를 '국가', '시', '구'처럼 3개의 컬럼으로 다룰 수 있는 것은 물론이고 하나의 문자열로도 다룰 수 있습니다. 이는 '구체적으로 어떻게 사용할지 모르겠지만 데이터를 저장해두고 싶을 때'는 데이터를 HDFS 위에 그냥 축적해두고, 이후 필요한 시점에 동적으로 스키마를 정의할 수 있다는 의미입니다.

추가로 데이터 분석을 위한 풍부한 UDF(User-Defined Function)를 활용해서 SQL만으로는 구현하기 어려운 문자열 처리 등을 간단하게 할 수 있습니다. 독자적인 UDF를 자바로 구현하므로 자바로 할 수 있는 처리 대부분은 Hive로도 할 수 있습니다.

하지만 Hive는 어디까지나 스루풋을 높이기 위한 아키텍처를 가지고 있어 리액턴시가 낮은 처리를 요구하는 경우에는 적합하지 않습니다. 추가로 쿼리를 실행할 때 HiveQL로 작성된 처리를 자바 코드로 변환하고 생성된 jar를 각각의 연산 노드에 배치하고 처리를 시작하는 복잡한 과정을 거치므로 간단한 쿼리라도 결과를 얻는 데까지 많은 시간(수 초~수 시간)이 걸리는 경우도 꽤 있습니다.

최근에는 실행 엔진을 MapReduce가 아니라 Spark 또는 Tez으로 사용하거나 데이터 형식을 최적화해서 리액턴시를 낮추는 방법도 쓰입니다. 하지만 그러한 튜닝은 어느 정도의 전문적인 지식이 필요하므로 진입 장벽이 높습니다.

3 Amazon Redshift

Amazon Redshift(이하 Redshift)는 Amazon Web Service(이하 AWS)에서 제공하는 분산 병렬 RDB입니다. 분산 환경에서 병렬 처리를 해준다는 것은 Hive와 비슷하지만 Hive가 파일 기반의 배치 처리를 SQL스러운 인터페이스로 구현할 수 있는 시스템이라는 것에 비해

---

2 역자주_ 쉽게 이해되지 않을 수 있는데요. 하둡 파일 시스템은 기본적으로 데이터를 CSV처럼 특정 기호로 구분해서 하나의 텍스트 파일에 블록 단위(기본적으로 64MB 단위)로 저장합니다. 따라서 어떤 데이터를 수정하려면 블록 크기에 해당하는 파일을 열고 저장해야 하는 비효율이 발생합니다.

Redshift는 그냥 아예 RDB입니다. 따라서 레코드를 업데이트하거나 제거할 수도 있으며 트랜잭션 등도 지원합니다. Redshift의 접속 인터페이스는 PostgreSQL과 호환성을 가지므로 PostgreSQL 전용 ODBC/JDBC 드라이버 또는 psql 클라이언트에서 곧바로 Redshift에 접속할 수도 있습니다.

특징

Redshift는 일반적인 RDB에서 다룰 수 없는 대량의 데이터와 상호 작용하는 쿼리를 실행하고 싶을 때 효과적입니다. Hive에서 MapReduce를 사용한 분산 처리를 실행할 경우 가벼운 잡이라도 10초 이상이 걸리는데, Redshift는 굉장히 짧은 시간(몇 밀리 초) 만에 결과를 리턴받을 수 있습니다.

또한 AWS에서 제공하는 클라우드 서비스이므로 초기에는 작은 규모로 시작하고 이후에 다루는 데이터가 많아지면 스케일아웃해서 큰 규모로 쉽게 변경할 수 있다는 것도 큰 장점입니다. 다만 PostgreSQL 또는 Hive가 오픈소스로 무료 제공되는 것에 비해 Redshift는 사용 시간에 따라 비용이 발생합니다. 최소 구성으로 구축하더라도 1년 동안 계속 사용한다면 1,000만 원 이상의 비용이 발생하므로 개인적인 이유로는 거의 사용할 수 없고 상업적인 이용이 전제됩니다.

하지만 Redshift도 단점은 있습니다. 성능 튜닝을 하거나 비용을 줄이려면 최적의 노드 수와 스펙을 예측해서 인스턴스의 실행과 종료를 관리해야 합니다. 하지만 이를 모두 실현하려면 굉장히 전문적인 지식이 필요합니다. Redshift를 대규모로 활용하려 한다면 Redshift를 전문적으로 관리할 수 있는 인재가 필요합니다.

추가로 PostgreSQL과 아키텍처적으로 다른 부분으로는 Redshift는 컬럼 기반 스토리지를 사용한다는 특징을 들 수 있습니다. 따라서 테이블 설계 또는 쿼리 실행 때 일반적인 RDB와는 다른 발상이 필요합니다.

컬럼 지향 스토리지란 테이블의 데이터를 물리적으로 저장할 때 레코드별로 저장하는 것이 아니라 컬럼별로 저장하는 아키텍처입니다. 이러한 아키텍처를 사용하면 데이터의 압축률을 높일 수 있으며 쿼리 실행 때 디스크 I/O를 줄일 수 있습니다. 따라서 Redshift의 테이블 설계는 일반적인 RDB의 정규화를 사용하기보다 분석에 필요한 데이터를 모두 하나의 테이블 컬럼에 추가하는 형태로 진행하게 됩니다. 쿼리 실행 때도 'SELECT *'처럼 모든 컬럼을 추출하는 쿼리는 성능이 낮게 나오므로 필요한 컬럼만 추출하는 쿼리를 실행해야 합니다.

4 Google BigQuery

Google BigQuery(이하 BigQuery)는 빅데이터 분석을 위해 구글이 제공하는 클라우드 서비스입니다. 클라우드 서비스라는 점은 이전의 Redshift와 거의 비슷하지만, Redshift와 다르게 직접 노드 인스턴스를 관리할 필요가 없으며 사용 시간이 아니라 읽어 들인 데이터의 양으로 비용이 발생한다는 점이 다릅니다. 이러한 특징으로 인해서 사용 자체를 쉽게 검토해볼 수 있으며, 다루는 데이터가 적으면 적은 비용으로 운용할 수 있다는 장점이 있습니다. 추가로 유료 버전의 구글 애널리틱스를 사용한다면 데이터를 BigQuery로 쉽게 넘겨서 처리할 수 있습니다. 또한 구글이 제공하는 다른 클라우드 서비스와도 쉽게 연동할 수 있습니다.

특징

BigQuery의 인터페이스도 SQL스러운 쿼리 언어이지만, BigQuery 쿼리는 '레거시 SQL'과 '스탠다드 SQL(표준 SQL)'로 두 종류가 있습니다. 원래 BigQuery가 제공하던 인터페이스가 레거시 SQL입니다. 그런데 레거시 SQL은 FROM에 여러 테이블을 지정하면 UNION 되어 버리거나, COUNT가 어림값으로 나오는 등의 SQL 표준과 다른 동작이 있어 사용자를 당황하게 만드는 경우가 꽤 있습니다.

그런데 2016년부터 SQL 표준을 준수하는 스탠다드 SQL이 등장해서 CTE(WITH 구문), 상관 서브 쿼리 등을 지원하며 일반적인 SQL과 같은 방식으로 쿼리를 작성할 수 있게 되었습니다. 집필 시점에서는 레거시 SQL이 디폴트이지만, 쿼리 실행 때의 옵션과 어노테이션을 사용해 간단하게 스탠다드 SQL로 변환해서 사용할 수 있습니다. 참고로 이 책에서는 다른 미들웨어와의 호환성을 위해서 BigQuery 쿼리를 모두 스탠다드 SQL로 설명합니다.

BigQuery의 단점이라면 읽어 들이는 데이터양을 기반으로 비용이 발생하므로 사용 요금을 생각보다 예측하기 어렵다는 점이 있습니다. 예를 들어 쿼리의 결과가 레코드 하나라도 결과를 계산하기 위해 대량의 데이터를 로드했다면 비용이 굉장히 많이 발생합니다. 따라서 쿼리 실행 때 데이터 로드를 줄일 수 있도록 자주 읽어 들이는 데이터만 모아서 별도의 테이블로 분할하거나 필요한 컬럼만 선택하는 SELECT 구문을 활용하는 등의 테크닉이 필요합니다. BigQuery도 이전의 Redshift처럼 컬럼 지향 스토리지 아키텍처이므로 쿼리 실행 때에 필요한 컬럼을 압축하면 읽어 들이는 데이터양을 크게 줄일 수 있습니다.

5 SparkSQL

SparkSQL이란 MapReduce를 사용한 분산 처리 프레임워크인 Apache Spark의 기능 중에서 SQL 인터페이스와 관련된 기능을 나타내는 용어입니다. Spark는 오픈소스 프레임워크이므로 무료로 사용할 수 있습니다. 지금까지 소개했던 오픈소스 제품 중에서 가장 빠른 속도로 개발이 이루어지는 제품입니다. 기계 학습, 그래프 처리, 실시간 스트리밍 등의 다양한 처리를 쉽게 분산 처리 할 수 있는 기능 등도 제공합니다.

특징

Spark의 가장 큰 장점은 빅데이터 활용과 관련된 대부분의 처리를 한 번에 구현할 수 있다는 것입니다. 빅데이터 활용 단계는 일반적으로 복잡한 과정을 거치는 경우가 많습니다. 예를 들어 데이터 추출을 파이썬 스크립트로 작업하고, 수집한 데이터를 SQL로 가공하고, R로 통계분석과 기계 학습을 걸고, 결과를 엑셀로 출력해서 리포트를 만드는 등의 과정을 의미합니다.

Spark는 인터페이스로 SQL뿐만 아니라 파이썬, 스칼라, 자바, R 등의 프로그래밍 언어를 지원하며, 데이터 익스포트와 임포트 기능도 굉장히 다양하게 가집니다. 따라서 위의 과정을 모두 Spark 프로그램 내부에서 한 번에 구현할 수 있습니다.

2016년에 릴리즈된 Spark 2.0에서는 DataFrames라는 API가 표준으로 추가되었는데, 모든 언어에서 비슷한 형태로 프로그램을 작성할 수 있고 언어에 따른 성능 문제 등도 자동으로 최적화하게 되었습니다. 참고로 SQL 인터페이스도 SQL:2003에 따르게 되어 기능이 크게 확장되었으며, HiveQL과 비교해서 손색없는 수준의 SQL을 실행할 수 있게 되었습니다.

DataFrames API를 사용하면 SQL스러운 선언적인 구문으로 데이터를 조작할 수 있을 뿐만 아니라, 절차적인 프로그래밍과 비슷한 방법으로 프로그램을 구현할 수 있습니다. 예를 들어 중간 데이터를 순서대로 표준 출력으로 내보내서 중간 과정을 확인하며 처리할 수도 있고, 데이터 처리를 작은 모듈로 분할해서 다양한 처리(단위 테스트, 기계 학습, 통계 처리, 그래프 처리)를 할 수도 있습니다. 이처럼 SQL만으로는 실현하기 어려운 구현을 다양하게 할 수 있습니다. 하지만 Spark의 이러한 기능까지 모두 다루려면 책 한 권 분량이 더 필요하므로, 이 책에서는 SparkSQL에 관한 내용만 살펴보겠습니다.

4강

데이터

리포트를 만들 때 어떤 데이터를 추출하는지, 어떤 성질을 가진 데이터를 다루는지 명확하게 하지 않으면 잘못된 리포트가 만들어질 수 있습니다. 이렇게 되면 리포트를 받는 쪽에서 잘못된 리포트를 읽고 혼란을 일으킬 수 있습니다. 업무 전에 어떤 종류의 데이터를 가지고 있는지부터 파악하면 가능한 것과 불가능한 것을 예측할 수 있으므로, 작업 중에 데이터가 부족하다는 이유 등으로 데이터 수집부터 다시 시작하는 일도 줄일 수 있습니다.

이번 4강에서는 어떤 데이터가 있는지 정리해보도록 합시다.

1 데이터의 종류

마케팅 담당자가 다루는 데이터를 크게 두 가지 종류로 구분하면 '업무에 필요한 데이터'와 '업무에 직접적으로 필요하지는 않지만 분석을 위해 추출해야 하는 데이터'로 나눌 수 있습니다. 이 책에서는 전자를 '업무 데이터'라고 부르고 후자를 '로그 데이터'라고 부르겠습니다.

업무 데이터

이 책에서는 '서비스와 시스템을 운용하기 위한 목적으로 구축된 데이터베이스에 존재하는 데이터'를 업무 데이터라고 부릅니다. 중요한 것은 업무 데이터 대부분이 '갱신형' 데이터라는 것입니다. 예를 들어 상품을 추가할 때는 새로운 데이터로 레코드 하나를 삽입합니다. 그리고 해당 데이터의 가격 변경 등이 있을 때, 새로운 데이터를 삽입하는 대신 기존의 데이터를 갱신합니다. 이러한 데이터를 갱신형 데이터라고 부릅니다.

이러한 업무 데이터는 다시 '트랜잭션 데이터'와 '마스터 데이터'로 분류할 수 있습니다.

| 트랜잭션 데이터 |

트랜잭션 데이터는 구매 데이터, 리뷰 데이터, 게임 플레이 데이터처럼 서비스와 시스템을 통해 사용자의 행동을 기록한 데이터를 나타냅니다. 데이터에는 날짜, 시각, 마스터 데이터의 회원 ID, 상품 ID, 수량, 가격 등이 포함되는 경우가 많습니다. 이러한 데이터는 사용자 또는 운용 상의 이유로 변경되거나 제거될 수도 있습니다.

이러한 트랜잭션 데이터를 기반으로 리포트를 만드는 경우가 많습니다. 그런데 회원 ID와 상품 ID로 저장된 경우가 많으므로, 회원의 성별 또는 주소지, 상품의 카테고리 또는 이름 등을 곧바로 추출할 수 없습니다[3]. 따라서 이러한 데이터를 기반으로 리포트를 만들 때는 이어서 설명하는 마스터 데이터가 필요합니다.

| 마스터 데이터 |

카테고리 마스터, 상품 마스터처럼 서비스와 시스템이 정의하고 있는 데이터를 마스터 데이터라고 부릅니다. 회원과 관련된 정보도 사용자 마스터 테이블에 저장하므로 마스터 데이터로 분류합니다.

이전의 트랜잭션 데이터는 회원 ID와 상품 코드 등이 저장되어 있으므로, 트랜잭션 데이터만으로는 잘 팔리는 상품의 명칭 또는 카테고리 등을 알 수 없는 경우가 많습니다. 따라서 트랜잭션 데이터의 상품 ID와 마스터 데이터를 결합해서 상품 이름, 상품 카테고리, 발매일 등을 명확하게 만들어야 리포트 업무의 폭을 넓힐 수 있습니다.

트랜잭션 데이터만으로는 분석 범위가 한정되어 버리므로, 트랜잭션 데이터에 포함된 마스터 데이터는 리포트 업무 전에 대충 확인해두는 것이 좋습니다.

---

3 역자주_ 일반적으로 '〈사용자ID〉, 〈상품ID〉, 〈개수〉'처럼 외부 키를 사용해 저장되므로 '170414, 82091, 2'처럼 데이터가 기록됩니다. 이러한 데이터만으로는 어떤 사용자가 어떤 상품을 구매하였는지 알 수 없으므로, 마스터 테이블과 결합해야 리포트 작업에 활용할 수 있습니다.

로그 데이터

이 책에서는 다음과 같은 데이터를 로그 데이터라고 부릅니다.

- 통계 또는 분석을 주 용도로 설계된 데이터
- 특정 태그를 포함해서 전송된 데이터
- 특정 행동을 서버 측에 출력한 데이터

엔지니어라면 로그 데이터를 웹 서버의 접근 로그 또는 파일로서 저장된 것이라고 생각할 수 있는데요. 이 책에서는 파일 형식 또는 데이터베이스에 저장된 형식 등의 형식과 상관없이 모두 로그 데이터라고 부릅니다. 전송 형식도 따로 따지지 않습니다.

중요한 것은 '누적형' 데이터라는 것입니다. 누적형 데이터란 출력 시점의 정보를 축적해두는 것입니다. 따라서 로그 출력 이후에 가격이 변경되거나 사용자 정보가 변경되더라도 기존의 데이터를 수정하지 않습니다.

이어서 업무 데이터와 로그 데이터 각각의 특징과 주의점을 자세히 살펴보겠습니다.

2 업무 데이터

빅데이터 기반 또는 데이터 분석 기반이라고 부르는 종류의 시스템을 가지지 않은 경우, 일반적으로 업무 데이터를 통해 데이터 분석을 진행하게 됩니다. 엔지니어라면 업무 데이터의 성질을 충분히 이해하고 있겠지만, 분석 담당자가 업무 데이터를 다룰 때는 몇 가지 내용을 이해하고 있어야 합니다. 이번 절에서는 업무 데이터의 성질과 업무 데이터를 어떻게 다루어야 하는지 살펴보겠습니다.

업무 데이터의 특징

| 데이터의 정밀도가 높다 |

업무 데이터는 여러 데이터 처리를 하는 중에 문제가 발생하면, 트랜잭션과 롤백이라는 기능을 사용해 이러한 문제를 제거할 수 있습니다. 따라서 데이터의 정합성이 보증된다는 특징이 있습니다. 정확한 값이 요구되는 매출 관련 리포트 등을 만들 때는 업무 데이터를 사용합니다.

| 갱신형 데이터 |

업무 데이터는 매일 다양한 데이터 추가, 갱신, 제거 등이 실행됩니다. 예를 들어 다음과 같은 데이터 갱신을 생각해볼 수 있습니다.

- 사용자가 탈퇴하는 경우, 데이터를 물리적으로 제거
- 주문을 취소하는 경우, 플래그를 통해 상태를 변경해서 논리적으로 제거
- 이사 등으로 주소가 변경된 경우, 사용자 정보를 갱신

이와 같이 데이터가 갱신되거나 제거되는 경우가 있으므로, 데이터를 추출하는 시점에 따라 추출되는 데이터가 바뀔 수 있다는 것을 꼭 의식해야 합니다.

| 다뤄야 하는 테이블의 수가 많다 |

대부분의 서비스는 데이터베이스로 RDB를 사용합니다. 이는 데이터의 확장성을 배제하고, 데이터의 정합성을 쉽게 유지하며 데이터를 저장하기 위함입니다(정규화). 따라서 하나의 테이블을 참조하는 것만으로는 해당 데이터가 어떤 사용자의 행동인지, 어떤 것을 구매한 것인지 등을 파악할 수 없습니다. 업무 데이터를 다룰 때는 ER 다이어그램이라고 부르는 데이터 구조를 나타낸 설계 문서를 파악하고 여러 테이블을 결합해야 데이터 전체 내용을 파악할 수 있습니다.

업무 데이터 축적 방법

업무 데이터를 분석 전용 환경에 전송하려면 'Apache Sqoop'처럼 RDB에서 빅데이터 분석 기반으로 데이터 로드를 해주는 시스템 등을 사용해야 합니다. 여기서는 이러한 전송 방법은 생략하고, 어떻게 데이터를 축적해야 하는지 정리해보겠습니다. 기존의 업무 데이터를 분석할 때는 앞에서 언급한 특징과 함께 어떤 형태로 축적된 데이터인지 이해하고 활용하기 바랍니다.

| 모든 데이터 변경하기 |

날짜를 기반으로 데이터가 계속 누적되는 경우가 아니라면, 데이터 전체를 한꺼번에 바꾸어 최신 상태로 만듭니다(예: 우편번호 마스터, 상품 카테고리 마스터).

빈번하게 변경되는 테이블 또는 날짜가 경과하면 상태가 변화하는 테이블(예: 사용자의 유료 서비스 신청)의 경우, 모든 데이터를 한꺼번에 바꿔버리면 항상 최신 상태가 저장되므로 리포트를 만들 때는 편리할 수 있지만, 과거의 정보를 완전히 잃어버리게 되므로 주의해야 합니다.

| 모든 레코드의 스냅샷을 날짜별로 저장하기 |

마스터 데이터라도 사용자 마스터 등의 데이터는 날짜의 경과에 따라 상태가 변할 수 있습니다. 앞서 '업무 데이터의 특징'에서 다루었던 것처럼 출력 결과가 추출 시점에 따라 달라지면 신뢰성이 낮아집니다. 데이터 용량적인 측면에서는 좋지 않지만, 예를 들어 2016년 1월 1일 시점의 사용자 마스터, 2016년 1월 2일 시점의 사용자 마스터처럼 모든 레코드를 날짜별로 누적하면 신뢰성을 어느 정도 보장할 수 있습니다.

| 어제와의 변경 사항만 누적하기 |

트랜잭션 데이터 중에서 변경/삭제 없이 계속 추가만 일어나는 테이블은 모든 데이터를 한꺼번에 변경해도 상관없지만, 데이터 전송량과 처리 시간을 줄여야 한다면 어제 데이터와의 차이만 누적해도 괜찮습니다.

업무 데이터 다루기

업무 데이터의 특징과 이를 어떻게 누적하는지 이해했다면, 업무 데이터를 다룰 때 생각해야 하는 부분에 대해서 소개하겠습니다.

| 매출액, 사용자 수처럼 정확한 값을 요구할 경우 활용하기 |

업무 데이터는 트랜잭션 기능으로 인해 데이터의 정합성이 보장됩니다. 따라서 SQL을 잘못 작성하는 일이 없는 한 추출 결과를 신뢰할 수 있습니다. 반면 로그 데이터는 전송 방법에 따라서 중간 손실이 발생할 수 있으므로, 정확한 값을 요구할 때는 업무 데이터를 사용하도록 합시다.

| 서비스의 방문 횟수, 페이지뷰, 사용자 유도 등의 데이터 분석에는 사용할 수 없음 |

예를 들어 구매 데이터를 저장하는 경우를 생각해봅시다. 어떤 장치에서 구매했는지는 업무적으로는 크게 필요 없는 정보입니다. 따라서 사용자 에이전트[4]를 따로 저장하지 않을 것입니다. 또한 어떤 페이지를 확인하고 구매했는지, 확인 때의 사용자 에이전트는 어떤지 등을 하나하나 저장하면 서비스 처리에 영향을 줄 수 있으므로, 이러한 데이터는 업무 데이터로 저장하지 않는 경우가 많습니다. 따라서 사이트 방문 횟수, 사용자 유도 상태 등을 분석하려면 업무 데이터가 아니라 로그 데이터를 사용해야 합니다.

| 데이터 변경이 발생할 수 있으므로 추출 시점에 따라 결과가 변화할 수 있음 |

업무 데이터는 트랜잭션 기능으로 인해 데이터의 정합성이 보장됩니다. 하지만 데이터가 변경될 수 있으므로 추출 시점에 따라 추출 결과가 바뀔 수 있습니다. 또한 데이터가 어떻게 축적되는지를 이해해야 제대로 분석할 수 있습니다.

따라서 리포트를 만들어 제출할 때는 '추출 시점의 정보를 기반으로 작성된 리포트다'라고 명시해야 리포트를 받는 쪽에서도 혼동이 없을 것입니다. 업무 데이터 분석을 염두하고 있다면, 업무 데이터 변경의 영향을 최소화하며 데이터를 축적할 수 있는 방법을 찾는 것이 좋습니다.

업무 데이터는 기본적으로 신뢰할 수 있습니다. 하지만 업무 데이터는 서비스를 제공할 때 정합성을 확보하는 형태로 구성되므로, 리포트를 만들 때는 정합성을 완벽하게 보장할 수 없습니다. 따라서 리포트 요건에 따라 어떻게 데이터를 축적하면 좋을지 여러 가지 방법을 검토하기 바랍니다.

3 로그 데이터

예를 들어 회사에서 데이터 분석 기반을 구축하는 경우를 생각해봅시다. 로그 데이터의 특징을 제대로 이야기하지 않고 데이터를 다루면 '기존 시스템, 다른 도구와 수치가 다르다', '어떤 것이 맞는 것인지 모르겠다'라는 상황이 생길 수 있습니다.

많은 접근 해석 도구는 로그 데이터를 집계하고, 열람하기 위한 도구를 제공합니다. 로그 데이

---

4 역자주_ 사용자가 어떠한 운영체제, 장치, 소프트웨어로 서비스를 사용했는지 나타내는 정보입니다.

터가 어떤 특징을 가지고 있는지를 이해하면 기존의 도구를 조금 더 깊게 이해할 수 있으며, 리포트의 요건에 따라 데이터가 충분한지 등을 검토할 수 있을 것입니다.

로그 데이터의 특징

| 시간, 사용자 엔드 포인트, IP, URL, 레퍼러, Cookie 등의 정보 저장하기 |

업무 데이터는 서비스와 시스템을 구축할 때 필요한 데이터이지만, 로그 데이터는 서비스의 처리에 영향이 거의 없는 사용자 엔드포인트, IP 주소, URL, 레퍼러, Cookie 등의 정보를 저장한 것입니다.

| 로그 데이터는 추출 방법에 따라 데이터의 정밀도가 달라짐 |

로그를 어떻게 추출하는지, 집계 대상 데이터가 어떠한 상태로 있는지 제대로 파악하지 않고 사용하면 잘못된 판단을 내릴 수 있습니다. 이는 이후에 설명할 '로그 데이터 축적 방법'에서 자세하게 설명하겠습니다.

| 계속 기록을 추가하는 것뿐이므로 과거의 데이터가 변경되지는 않음 |

출력 시점의 정보를 기록하는 것이므로, 상품의 가격을 변경하더라도 과거의 로그 데이터가 변경되지는 않습니다.

로그 데이터 축적 방법

로그 데이터를 활용할 때는 해당 데이터가 어떤 로그 데이터인지 파악하고, 어떠한 방법을 사용할지 검토하고, 리포트로 설명할 범위 등을 명확하게 결정해야 합니다.

로그 데이터를 전송하고 축적하는 방법은 크게 두 가지로 구분할 수 있습니다.

| 태그, SDK를 통해 사용자 장치에서 데이터를 전송하고 출력하기(비컨 형태) |

구글 애널리틱스처럼 HTML에 특정 태그를 집어넣고 데이터를 전송하는 형식을 나타내는 방법입니다. 웹사이트를 개발할 때 활용하는 굉장히 일반적인 방법입니다. 외부 도구를 사용해서 데이터를 참조하는 경우가 많지만, 최근에는 이러한 데이터를 독자적으로 다룰 수 있게 환경을 구성하거나, 이러한 데이터 자체를 구매해서 분석에 사용하는 곳도 많습니다.

웹사이트에서 자바스크립트를 통해 로그 데이터를 전송하는 경우, 자바스크립트를 해석할 수 없는 크롤러[5] 또는 브라우저의 데이터는 로그로 출력되지 않습니다. 물론 일부 크롤러는 자바스크립트를 해석하지만 비율이 높지는 않으므로, 크롤러의 영향을 적게 받는 방법이라고 할 수 있습니다.

| 서버에서 데이터를 추출하고 출력하기(서버 형태) |

클라이언트 쪽에서 별도의 처리를 하지 않고 서버에서 로그를 출력하는 방법입니다. 서버에 요청이 있을 때 출력하므로, 따로 크롤러의 접근을 확인하고 조건을 걸지 않는 이상 크롤러의 접근도 출력됩니다. 크롤러의 접근을 막는 코드를 작성해도 매일매일 새로운 크롤러가 나오므로, 크롤러의 접근을 막는 것은 거의 불가능합니다.

이러한 데이터를 사용해서 사용자의 행동을 집계/분석하면 잘못된 판단을 내릴 수 있습니다. 따라서 의도하지 않은 로그를 제거하는 과정을 반드시 거쳐야 합니다.

로그 데이터 다루기

로그 데이터의 특징과 업무 데이터와의 차이를 이해했다면, 업무에 어떻게 다루어야 하는지와 다룰 때 생각해야 할 부분을 살펴봅시다.

| 사이트 방문 횟수, 페이지뷰, 사용자 유도 상황을 집계하고 분석할 때 주로 사용 |

업무 데이터로 관리할 수 없는 열람 페이지, 레퍼러, 사용자 에이전트 등을 저장할 수 있으므로, 접근 분석 도구를 함께 활용해 방문 횟수, 페이지뷰, 액션 수, 장치별 방문 수 등의 지표를 구할 때 사용할 수 있습니다.

------

5 역자주_ 검색엔진처럼 웹페이지의 정보를 추출하기 위해 만들어진 프로그램을 의미합니다.

| 최신 상태를 고려한 분석에는 적합하지 않음 |

로그 출력 시점에 정보가 기록되므로 당시 상황을 분석할 때는 편리하지만, 로그 출력 이후 데이터의 변경 내용을 모두 고려해서 분석할 때는 별도의 데이터 가공이 필요합니다(예: 상품 카테고리 변경, 사용자 주소 변경 등).

| 계속 기록을 누적하는 형태이므로 추출 결과가 변할 가능성이 적음 |

로그 데이터는 변경/제거되지 않으므로, 기간을 지정해서 집계했을 때 쿼리 결과가 바뀌지 않습니다. 업무 데이터의 경우 시스템에 따라서 레코드를 제거할 가능성이 있습니다.

| 데이터의 정확도는 업무 데이터에 비해 낮음 |

로그 추출 방법에 따라서 사용자가 누락될 수 있으며, 크롤러의 로그가 함께 포함되어 집계될 가능성이 있습니다. 따라서 정확한 값이 필요한 경우에는 적합하지 않습니다.

로그 데이터는 기본적으로 출력한 이후 변경을 하지 않고 누적할 뿐입니다. 하지만 정보의 정확성이 낮을 수 있다는 단점이 있습니다. 이러한 장점과 단점을 이해했다면 업무 데이터와 어떻게 구분해서 사용할 것인지, 어떤 부분을 상호 보완할 수 있는지 등을 생각해봅시다.

4 　두 데이터를 사용해서 생성되는 가치

여기서는 업무 데이터와 로그 데이터를 어떻게 활용할지, 그리고 두 데이터를 함께 사용했을 때 새로 생성되는 가치는 무엇인지 등을 살펴보겠습니다.

업무 데이터와 로그 데이터의 가치

| 업무 데이터 |

매출액의 추이는 물론이고, 어떤 상품이 인기 있는지 파악하고 싶다면 사용자에게 조금 더 많은 관심을 주어 구매하게 만들 수 있습니다. 어떤 상품이 계절성을 가지는지, 특정 시간에 많이 팔리는지 등도 과거의 경향을 파악하면 무엇을 해야 하는지 알 수 있습니다. 이를 활용하면 다양한 이벤트를 통해 상품을 더 많이 노출시켜 더 많은 구매를 유도할 수 있습니다.

| 로그 데이터 |

대부분의 접근 분석 도구는 웹사이트에 비컨 형식으로 탑재되어 로그를 전송하며, 이러한 로그를 기반으로 리포트를 제공해줍니다. 기본적으로 페이지뷰, 액션, 해당 데이터에 포함된 값(레퍼러, 사용자 에이전트, 사용자 정의 변수 등)을 집계하고 출력해줍니다.

EC 사이트, 뉴스 사이트, 커뮤니티 사이트처럼 매우 많은 사이트가 있지만, 접근 분석 도구의 리포트는 그러한 사이트 모두에서 공통으로 사용할 수 있는 형식으로 설계되어 있습니다.

물론 어느 정도 원하는 대로 바꿀 수는 있지만, 스스로 생각한 리포트의 형식과 집계 방식을 접근 분석 도구에서 제공하지 않는다면 원하는 만큼 제대로 집계할 수 없습니다.

빅데이터 기반이 있다면 원하는 리포트를 자유롭게 정의할 수 있습니다. 또한 데이터 수집, 가공, 집계를 자유롭게 할 수 있으므로 접근 분석 도구의 제한을 받지 않고 원하는 결과를 도출해낼 수 있습니다.

두 데이터를 사용했을 때 발생하는 새로운 가치

로그 데이터는 주로 웹사이트에서의 행동을 기록할 때 활용합니다. 지금까지 설명했던 것처럼 업무 데이터는 웹사이트뿐만 아니라 오프라인에서의 데이터도 사용할 수 있습니다. 예를 들어 POS 데이터 또는 음식점 예약 등의 데이터, 대응 이력 등의 다양한 데이터를 생각해볼 수 있습니다.

로그 데이터와 업무 데이터를 함께 활용할 수 있게 되면, 웹사이트에서의 행동이 오프라인의 행동에 어떠한 영향을 미치는지 등을 조사할 수 있습니다. 예를 들어 특정 미디어 또는 광고로 유입된 사용자가 오프라인에서 계약할 가능성이 더 높다면, 해당 미디어와 광고를 더 활용할 수 있을 것입니다. 또한 음식점 방문 전에 사람들이 웹사이트에서 많이 본 상품이 실제 매장에서도 많이 팔린다는 경향이 있다면, 고객이 방문했을 때 어떤 식으로 접객해야 하는지 조금 더 명확하게 만들 수 있습니다.

따라서 웹사이트에서 오프라인으로 사용자를 유도하는 서비스라면, 두 가지 데이터를 함께 활용했을 때 분석 가능성이 훨씬 넓어진다고 할 수 있습니다.

데이터 사용 가치

사용자와 서비스/조직에 가치를 제공하지 못한다면 데이터 활용의 의미가 없습니다. 그럼 어떻게 해야 가치 있는 데이터 분석을 할 수 있는지 데이터 활용 사례를 몇 가지 정리해보겠습니다.

| 목표를 관리하고, 설계하고, 서비스/조직의 성장에 기여하기(목표 관리) |

매출, 접근 수, 사용자 수처럼 서비스가 지향하는 목표가 현재 어느 정도 진행되었는지 파악하고, 부족한 경우 이를 달성할 수 있게 시책을 검토/실시하면 서비스의 성장에 기여할 수 있습니다.

| 사용자 행동을 기반으로 경향을 발견하고, 매출과 서비스 개선에 기여하기(서비스 개선) |

사용자 인터뷰는 비용적/시간적으로 좋지 않습니다. 또한 인터뷰가 정말 제대로 되어 있는지, 인터뷰가 실질적인 요구를 반영해주는지도 보장하지 않습니다. 그리고 샘플 수가 적으므로 이를 전체에 적용할 수 있을지도 확인할 수 없습니다. 따라서 대량의 데이터를 기반으로 사용자 경향을 발견하고, 이를 활용해 매출 향상과 서비스 개선에 기여하는 것이 더 좋을 수 있습니다. 이러한 것이 바로 데이터의 가치라고 할 수 있겠지요.

| 과거의 경향을 기반으로 미래의 행동 예측하기(미래 예측) |

웹사이트에서 특정 행동을 취한 사용자가 서비스를 이른 시일 내에 탈퇴하는 경향이 있다면, 이를 미리 파악해서 사전에 대응할 수 있습니다(전조 감지). 상품 추천 등의 추천 시스템도 데이터를 활용한 미래 예측의 하나입니다.

지금까지 데이터 사용의 가치에 대해 간단하게 언급했는데요. 이들이 바로 현재 빅데이터가 주목받는 이유라고 할 수 있습니다. 이 같은 적용이 가능한 데이터에는 어떤 것이 있는지 생각하고, 데이터를 수집하도록 합시다.

이 책에서는 업무 데이터와 로그 데이터를 중심으로 내용을 진행합니다. 하지만 현재 상태를 파악하거나 미래를 예측할 때 원인이 될 수 있는 데이터는 굉장히 많습니다. 대학 또는 기업 등에서 제공하는 날씨와 기온 등의 오픈 데이터도 활용할 수 있으므로, 필요하다면 이러한 데이터도 수집해서 활용하기 바랍니다.

참고 **'뽑기 1% 확률이라면 100번 했을 때 1번 당첨될까?'**

카드 게임 등의 뽑기를 보면 '레어 캐릭터를 뽑을 확률이 1%'라고 되어 있는 경우가 있습니다. 이를 들으면 '100번 하면 1번은 되겠구나'라고 생각하는 경우가 많습니다.

장난감 매장이나 백화점 등에 있는, 동전을 넣고 돌려 뽑는 캡슐 뽑기를 생각해봅시다. 캡슐 100개가 있다면 이 중 1개가 캡슐일 것입니다. 따라서 100번을 뽑으면 반드시 1번은 당첨될 것이 보장됩니다. 하지만 게임의 뽑기는 레어 캐릭터가 사라지는 것이 아니며, 뽑을 때마다 항상 1%라는 확률이 적용됩니다.

1% 당첨 확률의 뽑기를 1만 명이 100번씩 하는 경우를 프로그램으로 검증해봅시다.

뽑기 횟수	0번	1번	2번	3번	4번	5번	6번	합계
사람 수	3,654	3,699	1,845	601	157	38	6	10,000
구성 비	36.5%	37.0%	18.5%	6.0%	1.6%	0.4%	0.1%	100%

앞의 표에서 구성비를 살펴보면, 100번 뽑았는데 1번도 당첨되지 않는 사람이 36.5%나 됩니다. 100번 뽑으면 1번은 될 것이라고 생각했던 사람에게는 굉장히 의외의 결과일 것입니다.

100번 뽑기에서 1번 이상 당첨될 확률은, 꽝이 당첨될 확률을 구한 뒤 전체 확률(100%)에서 빼면 계산할 수 있습니다.

〈100번 뽑아서 1번 당첨될 확률〉 = 〈전체 확률〉 − 〈꽝 확률〉

꽝을 뽑을 확률은 99/100의 100제곱이므로 약 0.366입니다. 위의 표에서 한 번이라도 당첨되지 않은 사람이 36.5% 있는 것을 보면 이러한 계산과 거의 맞아 떨어진다고 할 수 있습니다. 전체 확률에서 꽝일 확률을 빼면 1 − 0.366 = 0.634가 됩니다. 따라서 뽑기를 100번 했을 때 1번 이상 당첨될 확률은 63.4%입니다.

게임을 운영하는 쪽에서 확률 계산을 제대로 의식하지 못하면, 게임의 밸런스가 쉽게 붕괴되거나 카드가 너무 나오지 않아 사용자들이 스트레스를 받고 이탈할 가능성이 매우 크므로 주의해야 합니다.

3장

데이터 가공을 위한 SQL

데이터 분석과 관련된 내용을 살펴보기 전에 이 책에서 다룰 기본적인 SQL을 소개합니다. 기본적인 값 조작, 집계를 중심으로 책에서 다루는 기본적인 SQL을 학습해봅시다. 분석할 때 까다로운 데이터 형식은 어떻게 대응해야 하는지, 분산된 데이터는 어떻게 대응해야 하는지 등도 살펴보겠습니다.

5강

하나의 값 조작하기

수집한 데이터의 일부는 원래 분석 용도가 아니어서 분석에 활용하기 어려운 경우가 있습니다. 이러한 경우 데이터를 가공해서 분석하기 쉽게 유지해두는 편이 좋습니다. 이러한 작업도 데이터 엔지니어(분석 담당자)의 역할이라고 할 수 있습니다.

지금부터는 데이터를 분석에 적합한 형태로 가공하는 방법을 소개하겠습니다. 그럼 일단 하나의 값을 조작하는 방법을 알아봅시다.

데이터를 가공해야 하는 이유

어떤 경우 데이터 가공이 필요한지 정리해봅시다.

| 다룰 데이터가 데이터 분석 용도로 상정되지 않은 경우 |

업무 데이터를 다루는 경우 데이터베이스에 코드 값[1]을 저장하고, 이러한 코드 값의 의미를 다른 테이블에서 관리하는 경우가 있습니다. 만약 이러한 코드를 사용해 리포트를 작성한다면, 리포트의 코드가 무엇을 의미하는지 정확하게 알 수 없게 되어 버립니다.

추가로 접근 로그는 어떤 행동을 하나의 문자열로 표현하는 경우가 많습니다. 예를 들어 관례

----

1 역자주_ 데이터베이스에 '카테고리'가 〈카테고리 이름〉 〈카테고리 번호〉로 '의류 1', '전자제품 2', '식품 3'처럼 저장되어 있고, '제품'이 〈제품 이름〉 〈카테고리 번호〉 〈가격〉으로 '홍삼 3 20000'으로 저장되어 있다고 합시다. 이때 카테고리 번호가 코드 값인데요. 이를 제대로 파악하지 못하면 '홍삼 3 20000'에서 3이 무엇을 의미하는지 알 수 없습니다.

에 따라서 여러 개의 정보가 하나의 문자열로 저장되어 있다면, 이를 SQL에서 다루기는 어려우므로 데이터 분석에 적합한 형태로 미리 가공해서 저장해두어야 합니다.

| 연산할 때 비교 가능한 상태로 만들고 오류를 회피하기 위한 경우 |

로그 데이터와 업무 데이터를 함께 다루는 경우, 각 데이터에 있는 데이터 형식이 일치하지 않을 수 있습니다. 따라서 두 데이터를 모두 활용해 집계한다면 데이터 형식을 통일해두는 것이 좋습니다.

추가로 어떤 값과 NULL을 연산하면 결과가 NULL이 나올 수 있습니다. 이로 인해 오류가 발생해 원하는 결과를 얻을 수 없는 경우가 꽤 많으므로, 미리 데이터를 가공해 NULL이 발생하지 않게 만들어두는 것이 좋습니다.

1 코드 값을 레이블로 변경하기

SQL CASE 식

로그 데이터 또는 업무 데이터로 저장된 코드 값을 그대로 집계에 사용하면 리포트의 가독성이 굉장히 낮아집니다. 따라서 리포트를 작성할 때 변환하는 등의 작업을 해야 하는데요. 아예 집계할 때 미리 코드 값을 레이블로 변경하는 방법을 살펴봅시다.

다음 데이터처럼 회원 등록 때 사용한 장치를 저장하는 컬럼(register_device)이 코드 값(1: 데스크톱, 2: 스마트폰, 3: 애플리케이션)으로 저장되어 있습니다. 이를 레이블로 바꿔봅시다.

데이터 5-1 사용자 마스터(mst_users) 테이블

```
 user_id   | register_date  | register_device
-----------+----------------+--------------------
 U001      | 2016-08-26     | 1
 U002      | 2016-08-26     | 2
 U003      | 2016-08-27     | 3
```

코드 값을 레이블로 변경하는 것처럼 특정 조건을 기반으로 값을 결정할 때는 CASE 식을 사

용합니다. CASE 식의 구문은 CASE 뒤에 'WHEN 〈조건식〉 THEN 〈조건을 만족할 때의 값〉'
을 나열하고, 마지막을 END로 끝내는 형태입니다. 만약 조건식에 해당하는 경우가 없다면
NULL이 되지만, 마지막에 'ELSE 〈값〉' 형태를 사용해서 디폴트 값을 별도로 지정해줄 수 있습
니다.

코드 5-1 코드를 레이블로 변경하는 쿼리

`PostgreSQL`　`Hive`　`Redshift`　`BigQuery`　`SparkSQL`

```
SELECT
    user_id
  , CASE
      WHEN register_device = 1 THEN '데스크톱'
      WHEN register_device = 2 THEN '스마트폰'
      WHEN register_device = 3 THEN '애플리케이션'
      -- 디폴트 값을 지정할 경우 ELSE 구문을 사용합니다.
      -- ELSE ''
    END AS device_name
FROM mst_users
;
```

▼

```
실행결과

 user_id  | device_name
----------+--------------
  U001    | 데스크톱
  U002    | 스마트폰
  U003    | 애플리케이션
```

정리

CASE 식은 기본적인 SQL 구문이지만, 데이터 변환에 굉장히 많이 사용됩니다. 복잡한
구문과 CASE 식을 조합해서 사용하는 경우가 많으므로, CASE 식을 어떻게 사용하는지
확실하게 기억해두기 바랍니다.

2 URL에서 요소 추출하기

SQL URL 함수, 정규 표현식

분석 현장에서는 서비스 런칭 때에 로그 조건과 분석 요건을 제대로 검토하지 못하고, 일단 최소한의 요건으로 레퍼러와 페이지 URL을 저장해두는 경우가 있습니다. 그리고 이후에 저장한 URL을 기반으로 요소들을 추출합니다.

여기서는 다음과 같은 샘플 데이터를 사용해 URL과 관련된 조작을 해봅시다.

데이터 5-2 접근 로그(access_log) 테이블

```
-[ RECORD 1 ]--------------------------------------------
stamp      | 2016-08-26 12:02:00
referrer   | http://www.other.com/path1/index.php?k1=v1&k2=v2#Ref1
url        | http://www.example.com/video/detail?id=001
-[ RECORD 2 ]--------------------------------------------
stamp      | 2016-08-26 12:02:01
referrer   | http://www.other.net/path1/index.php?k1=v1&k2=v2#Ref1
url        | http://www.example.com/video#ref
-[ RECORD 3 ]--------------------------------------------
stamp      | 2016-08-26 12:02:01
referrer   | https://www.other.com/
url        | http://www.example.com/book/detail?id=002
```

레퍼러로 어떤 웹 페이지를 거쳐 넘어왔는지 판별하기

어떤 웹 페이지를 거쳐 넘어왔는지 판별할 때는 레퍼러를 집계합니다. 하지만 이를 [데이터 5-2]처럼 페이지 단위로 집계하면 밀도가 너무 작아 복잡해지므로, 호스트 단위로 집계하는 것이 일반적입니다. 호스트 단위로 집계할 때는 [코드 5-2]를 사용합니다.

참고로 Hive 또는 BigQuery에는 URL을 다루는 함수가 있습니다. 하지만 구현되지 않은 미들웨어에서는 정규 표현식으로 호스트 이름의 패턴을 추출해야 합니다. 또한 Redshift에서는 정규 표현식에서 괄호로 그룹화하는 기능이 없으므로, 정규 표현식을 약간 복잡하게 써야 합니다.

코드 5-2 레퍼러 도메인을 추출하는 쿼리

```
                                    PostgreSQL   Hive   Redshift   BigQuery   SparkSQL
SELECT
    stamp
  -- referrer의 호스트 이름 부분 추출하기
  -- ■ PostgreSQL의 경우 substring 함수와 정규 표현식 사용하기
, substring(referrer from 'https?://([^/]*)') AS referrer_host
  -- ■ Redshift의 경우 정규 표현식에 그룹을 사용할 수 없으므로
  -- , regexp_substr 함수과 regexp_replace 함수를 조합해서 사용하기
  -- , regexp_replace(regexp_substr(referrer, 'https?://[^/]*'), 'https?://', '')
  -- AS referrer_host
  -- ■ Hive, SparkSQL의 경우 parse_url 함수로 호스트 이름 추출하기
  -- , parse_url(referrer, 'HOST') AS referrer_host
  -- ■ BigQuery의 경우는 host 함수 사용하기
  -- , host(referrer) AS referrer_host
FROM access_log
;
```

▼

실행결과

```
       stamp          | referrer_host
----------------------+----------------
 2016-08-26 12:02:00  | www.other.com
 2016-08-26 12:02:01  | www.other.net
 2016-08-26 12:02:01  | www.other.com
```

URL에서 경로와 요청 매개변수 값 추출하기

상품과 관련된 리포트를 작성할 때, 어떤 상품이 열람되는지 특정하는 ID를 데이터로 따로 저장해두지 않은 경우가 있을 수 있습니다. 그래도 URL을 로그 데이터로 저장해두었다면 URL 경로를 가공해서 상품 리포트를 만들 수 있습니다.

다음 코드 예는 URL 경로와 GET 요청 매개변수에 있는 특정 키를 추출하는 쿼리입니다.

코드 5-3 URL 경로와 GET 매개변수에 있는 특정 키 값을 추출하는 쿼리

`PostgreSQL` `Hive` `Redshift` `BigQuery` `SparkSQL`

```
SELECT
    stamp
  , url
  -- URL 경로 또는 GET 매개변수의 id 추출하기
  -- ■ PostgreSQL의 경우 substring 함수와 정규 표현식 사용하기
  , substring(url from '//[^/]+([^?#]+)') AS path
  , substring(url from 'id=([^&]*)') AS id
  -- ■ Redshift의 경우 regexp_substr 함수와 regexp_replace 함수를 조합해서 사용하기
  -- , regexp_replace(regexp_substr(url, '//[^/]+[^?#]+'), '//[^/]+', '') AS path
  -- , regexp_replace(regexp_substr(url, 'id=[^&]*'), 'id=', '') AS id
  -- ■ BigQuery의 경우 정규 표현식과 regexp_extract 함수 사용하기
  -- , regexp_extract(url, '//[^/]+([^?#]+)') AS path
  -- , regexp_extract(url, 'id=([^&]*)') AS id
  -- ■ Hive、SparkSQL의 경우 parse_url 함수로 URL 경로 부분 또는 쿼리 매개변수 부분의 값 추출하기
  -- , parse_url(url, 'PATH') AS path
  -- , parse_url(url, 'QUERY', 'id') AS id
FROM access_log
;
```

▼

실행결과

```
       stamp         |                      url                        |     path      | id
---------------------+-------------------------------------------------+---------------+----
 2016-08-26 12:02:00 | http://www.example.com/video/detail?id=001      | /video/detail | 001
 2016-08-26 12:02:01 | http://www.example.com/video#ref                | /video        |
 2016-08-26 12:02:01 | http://www.example.com/book/detail?id=002       | /book/detail  | 002
```

정리

URL 처리는 웹 서비스 로그 분석에서 자주 사용되는 기술입니다. 하지만 미들웨어에 따라서 함수 이름이 다르거나, 정규 표현식의 작성 방법이 달라 자주 문제가 발생하는 부분입니다. 이 책에서도 URL을 다루는 예가 여러 가지 나오므로, 일단 지금 다루었던 기초적인 내용부터 확실하게 기억하도록 합시다.

3 문자열을 배열로 분해하기

SQL split_part 함수, split 함수

빅데이터 분석에서 가장 많이 사용되는 자료형은 문자열이지만, 문자열 자료형은 범용적인 자료형이므로 더 세부적으로 분해해서 사용해야 하는 경우가 많습니다. 예를 들어 영어 문장을 공백으로 분할해서 하나하나의 단어로 구분하는 경우, 쉼표로 연결된 데이터를 잘라 하나하나의 값을 추출하는 경우 등입니다.

여기서는 앞에서 사용한 접근 로그 샘플을 기반으로 페이지 계층을 나누어 봅시다. 다음 코드예는 URL 경로를 슬래시로 분할해서 계층을 추출하는 쿼리입니다.

코드 5-4 URL 경로를 슬래시로 분할해서 계층을 추출하는 쿼리

`PostgreSQL`　`Hive`　`Redshift`　`BigQuery`　`SparkSQL`

```sql
SELECT
    stamp
, url
-- 경로를 슬래시로 잘라 배열로 분할하기
-- 경로가 반드시 슬래시로 시작하므로 2번째 요소가 마지막 계층
-- ■ PostgreSQL의 경우 split_part로 n번째 요소 추출하기
, split_part(substring(url from '//[^/]+([^?#]+)'), '/', 2) AS path1
, split_part(substring(url from '//[^/]+([^?#]+)'), '/', 3) AS path2
-- ■ Redshift도 split_part로 n번째 요소 추출하기
-- , split_part(regexp_replace(
--     regexp_substr(url, '//[^/]+[^?#]+'), '//[^/]+', ''), '/', 2) AS path1
-- , split_part(regexp_replace(
--     regexp_substr(url, '//[^/]+[^?#]+'), '//[^/]+', ''), '/', 3) AS path2
-- ■ BigQuery의 경우 split 함수를 사용해 배열로 자름(별도 인덱스 지정 필요)
-- , split(regexp_extract(url, '//[^/]+([^?#]+)'), '/')[SAFE_ORDINAL(2)] AS path1
-- , split(regexp_extract(url, '//[^/]+([^?#]+)'), '/')[SAFE_ORDINAL(3)] AS path2
-- ■ Hive, SparkSQL도 split 함수를 사용해 배열로 자름
--   다만 배열의 인덱스가 0부터 시작하므로 주의하기
-- , split(parse_url(url, 'PATH'), '/')[1] AS path1
-- , split(parse_url(url, 'PATH'), '/')[2] AS path2
FROM access_log
;
```

▼

```
      stamp       |                    url                     | path1 | path2
-------------------+--------------------------------------------+-------+--------
 2016-08-26 12:02:00 | http://www.example.com/video/detail?id=001 | video | detail
 2016-08-26 12:02:01 | http://www.example.com/video#ref           | video |
 2016-08-26 12:02:01 | http://www.example.com/book/detail?id=002  | book  | detail
```

정리

Redshift는 공식적으로는 배열 자료형의 데이터를 지원하지 않지만, split_part 함수를 사용해 문자열을 분할한 뒤 n 번째 요소를 추출할 수 있습니다.

배열의 인덱스는 일반적으로 1부터 시작하지만, BigQuery의 경우 배열의 값에 접근하는 방법이 조금 특이합니다. 배열의 인덱스를 0부터 시작하려면 OFFSET, 1부터 시작하려면 ORDINAL을 지정합니다. 추가로 배열 길이 이상의 인덱스에 접근하면 일반적으로 NULL을 리턴하지만, BigQuery는 오류를 리턴합니다. NULL을 리턴하게 하려면 SAFE_OFFSET 또는 SAFE_ORDINAL을 지정해야 합니다.

4 날짜와 타임스탬프 다루기

SQL 날짜/시간 함수, 날짜(date) 자료형, 타임스탬프(timestamp) 자료형, 문자열 함수

로그 데이터를 처리할 때는 날짜 또는 타임 스탬프 등의 시간 정보가 굉장히 많이 활용됩니다. 하지만 미들웨어에 따라서 시간 정보를 다루는 자료형 또는 함수에 큰 차이가 있습니다. 지금부터 날짜와 타임스탬프를 다룰 때 사용하는 방법을 살펴보겠습니다.

현재 날짜와 타임스탬프 추출하기

현재 날짜와 타임스탬프를 추출하는 쿼리는 다음과 같습니다(코드 5-5). 미들웨어에 따라 추출 방법이 다르므로 주의해주세요. 추가로 같은 쿼리를 작성해도 미들웨어마다 리턴 값이 달라

지는 경우가 있습니다.

PostgreSQL에서는 CURRENT_TIMESTAMP의 리턴 값으로 타임존이 적용된 타임스탬프 자료형이 나옵니다. 하지만 이 이외의 미들웨어는 타임존 없는 타임스탬프를 리턴합니다. 따라서 리턴 값의 자료형을 맞출 수 있게 PostgreSQL에서는 LOCALTIMESTAMP를 사용하는 것이 좋습니다. 추가로 BigQuery은 UTC 시간을 리턴합니다. 따라서 CURRENT_TIMESTAMP로 리턴되는 시각이 한국 시각과 다르므로[2], 예상하지 못한 곳에서 문제가 발생할 수 있으므로 주의해주세요.

코드 5-5 현재 날짜와 타임스탬프를 추출하는 쿼리

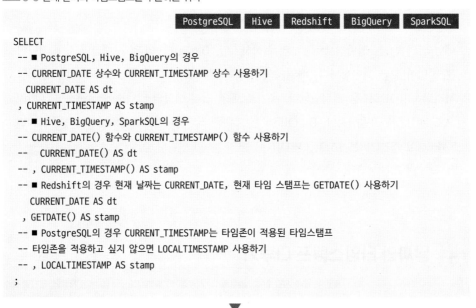

```
                                   PostgreSQL   Hive   Redshift   BigQuery   SparkSQL
SELECT
  -- ■ PostgreSQL, Hive, BigQuery의 경우
  -- CURRENT_DATE 상수와 CURRENT_TIMESTAMP 상수 사용하기
    CURRENT_DATE AS dt
, CURRENT_TIMESTAMP AS stamp
  -- ■ Hive, BigQuery, SparkSQL의 경우
  -- CURRENT_DATE() 함수와 CURRENT_TIMESTAMP() 함수 사용하기
  --   CURRENT_DATE() AS dt
  -- , CURRENT_TIMESTAMP() AS stamp
  -- ■ Redshift의 경우 현재 날짜는 CURRENT_DATE, 현재 타임 스탬프는 GETDATE() 사용하기
    CURRENT_DATE AS dt
, GETDATE() AS stamp
  -- ■ PostgreSQL의 경우 CURRENT_TIMESTAMP는 타임존이 적용된 타임스탬프
  -- 타임존을 적용하고 싶지 않으면 LOCALTIMESTAMP 사용하기
  -- , LOCALTIMESTAMP AS stamp
;
```

▼

실행결과

```
    dt      |        stamp
------------+---------------------------
 2017-01-30 | 2017-01-30 18:42:57.584993
```

----

2 역자주_ 한국은 UTC+9이므로, 9시간의 차이가 발생합니다.

지정한 값의 날짜/시각 데이터 추출하기

현재 시각이 아니라 문자열로 지정한 날짜와 시각을 기반으로 날짜 자료형과 타임스탬프 자료형의 데이터를 만드는 경우가 있습니다. 미들웨어에 따라서 다양한 방법이 있는데요. 다음 코드처럼 CAST 함수를 사용하는 방법이 가장 범용적이라고 할 수 있습니다. 더 자세한 내용은 다음 코드의 주석을 참고해주세요.

코드 5-6 문자열을 날짜 자료형, 타임스탬프 자료형으로 변환하는 쿼리

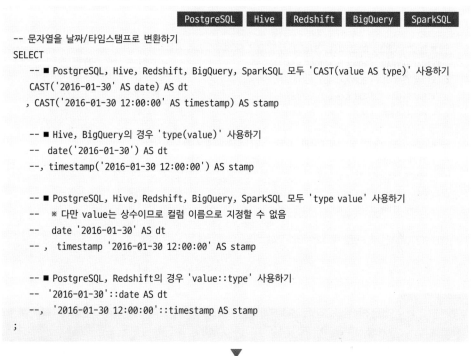

```
                                   PostgreSQL  Hive  Redshift  BigQuery  SparkSQL
-- 문자열을 날짜/타임스탬프로 변환하기
SELECT
    -- ■ PostgreSQL, Hive, Redshift, BigQuery, SparkSQL 모두 'CAST(value AS type)' 사용하기
    CAST('2016-01-30' AS date) AS dt
  , CAST('2016-01-30 12:00:00' AS timestamp) AS stamp

    -- ■ Hive, BigQuery의 경우 'type(value)' 사용하기
    -- date('2016-01-30') AS dt
    --, timestamp('2016-01-30 12:00:00') AS stamp

    -- ■ PostgreSQL, Hive, Redshift, BigQuery, SparkSQL 모두 'type value' 사용하기
    --    ※ 다만 value는 상수이므로 컬럼 이름으로 지정할 수 없음
    -- date '2016-01-30' AS dt
    -- , timestamp '2016-01-30 12:00:00' AS stamp

    -- ■ PostgreSQL, Redshift의 경우 'value::type' 사용하기
    -- '2016-01-30'::date AS dt
    --, '2016-01-30 12:00:00'::timestamp AS stamp
;
```

```
실행결과
    dt      |       stamp
------------+---------------------
 2016-01-30 | 2016-01-30 12:00:00
```

날짜/시각에서 특정 필드 추출하기

타임스탬프 자료형의 데이터에서 년과 월 등의 특정 필드 값을 추출할 때는 EXTRACT 함수를 사용합니다. EXTRACT 함수를 지원하지 않는 Hive와 SparkSQL은 각각의 필드를 추출하는 별도의 함수가 제공됩니다. 자세한 내용은 다음 코드를 참고해주세요.

코드 5-7 타임스탬프 자료형의 데이터에서 연, 월, 일 등을 추출하는 쿼리

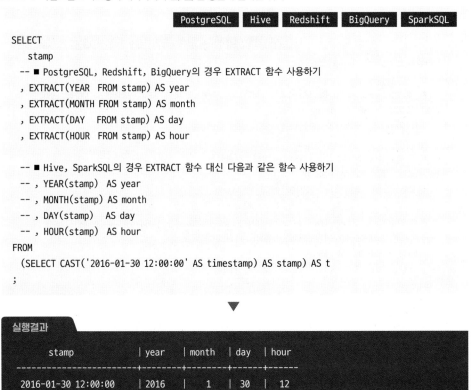

```
                        PostgreSQL  Hive   Redshift  BigQuery  SparkSQL
SELECT
    stamp
  -- ■ PostgreSQL, Redshift, BigQuery의 경우 EXTRACT 함수 사용하기
  , EXTRACT(YEAR  FROM stamp) AS year
  , EXTRACT(MONTH FROM stamp) AS month
  , EXTRACT(DAY   FROM stamp) AS day
  , EXTRACT(HOUR  FROM stamp) AS hour

  -- ■ Hive, SparkSQL의 경우 EXTRACT 함수 대신 다음과 같은 함수 사용하기
  -- , YEAR(stamp)  AS year
  -- , MONTH(stamp) AS month
  -- , DAY(stamp)   AS day
  -- , HOUR(stamp)  AS hour
FROM
  (SELECT CAST('2016-01-30 12:00:00' AS timestamp) AS stamp) AS t
;
```

실행결과

```
    stamp             | year  | month | day  | hour
--------------------- +-------+-------+------+------
 2016-01-30 12:00:00  | 2016  |   1   |  30  |  12
```

날짜 자료형과 타임 스탬프 자료형을 사용하지 않아도, 타임스탬프를 단순한 문자열처럼 취급해서 문자열 조작을 통해 필드를 추출할 수 있습니다.

다음 코드 예는 substring 함수를 사용해 문자열을 추출하는 쿼리입니다. 연과 월을 동시에 추출해서 월별 리포트를 만들 때 많이 사용합니다. 참고적으로 이처럼 문자열을 사용하는 코드는 미들웨어에 따라 큰 차이가 없습니다.

코드 5-8 타임스탬프를 나타내는 문자열에서 연, 월, 일 등을 추출하는 쿼리

`PostgreSQL` `Hive` `Redshift` `BigQuery` `SparkSQL`

```
SELECT
    stamp
  -- ■ PostgreSQL, Hive, Redshift, SparkSQL에서는 substring 함수 사용하기
  , substring(stamp,  1, 4) AS year
  , substring(stamp,  6, 2) AS month
  , substring(stamp,  9, 2) AS day
  , substring(stamp, 12, 2) AS hour
  -- 연과 월을 함께 추출하기
  , substring(stamp,  1, 7) AS year_month

  -- ■ PostgreSQL, Hive, BigQuery, SparkSQL에서는 substr 함수 사용하기
  -- , substr(stamp,  1, 4) AS year
  -- , substr(stamp,  6, 2) AS month
  -- , substr(stamp,  9, 2) AS day
  -- , substr(stamp, 12, 2) AS hour
  -- , substr(stamp,  1, 7) AS year_month
FROM
  -- ■ PostgreSQL, Redshift의 경우 문자열 자료형으로 text 사용하기
  (SELECT CAST('2016-01-30 12:00:00' AS text) AS stamp) AS t
  -- ■ Hive, BigQuery, SparkSQL의 경우 문자열 자료형으로 string 사용하기
  -- (SELECT CAST('2016-01-30 12:00:00' AS string) AS stamp) AS t
;
```

▼

실행결과

```
      stamp         | year | month | day | hour | year_month
--------------------+------+-------+-----+------+------------
 2016-01-30 12:00:00 | 2016 | 01    | 30  | 12   | 2016-01
```

정리

날짜와 시간 정보는 로그 데이터에서 빠지지 않는 정보입니다. 타임존을 고려해야 하고, 미들웨어들의 차이를 주의해야 합니다. 중요한 내용이므로 배운 내용을 꼭 기억해주세요.

5 결손 값을 디폴트 값으로 대치하기

SQL COALESCE 함수

문자열 또는 숫자를 다룰 때는 중간에 NULL이 들어있는 경우를 주의해야 합니다. NULL과 문자열을 결합하면 NULL이 되며, NULL과 숫자를 사칙 연산해도 NULL이 됩니다. 처리 대상인 데이터가 우리가 원하는 형태가 아닐 경우에는 반드시 데이터를 가공해야 합니다.

구매액과 NULL을 포함하는 쿠폰 금액이 저장된 테이블이 있을 때, 다음 코드는 쿠폰으로 할인했을 때의 매출 금액을 구하는 쿼리입니다.

데이터 5-3 쿠폰 사용 여부가 함께 있는 구매 로그(purchase_log_with_coupon) 테이블

```
Purchase_id | amount  | coupon
------------+---------+--------
      10001 |   3280  |   null
      10002 |   4650  |    500
      10003 |   3870  |   null
```

코드 5-9 구매액에서 할인 쿠폰 값을 제외한 매출 금액을 구하는 쿼리

`PostgreSQL` `Hive` `Redshift` `BigQuery` `SparkSQL`

```sql
SELECT
    purchase_id
, amount
, coupon
, amount - coupon AS discount_amount1
, amount - COALESCE(coupon, 0) AS discount_amount2
FROM
    purchase_log_with_coupon
;
```

▼

실행결과

```
purchase_id | amount | coupon | discount_amount1 | discount_amount2
------------+--------+--------+------------------+------------------
      10001 |   3280 |   null |             null |             3280
      10002 |   4650 |    500 |             4150 |             4150
      10003 |   3870 |   null |             null |             3870
```

이 코드 예에서 discount_price1은 price에서 coupon을 그대로 뺀 값입니다. 따라서 coupon이 NULL 레코드라면 NULL이 됩니다. discount_price2는 coupon이 NULL일 때 COALESCE 함수를 사용해 0으로 대치하므로, coupon을 사용하지 않은 경우에도 제대로 된 값이 계산됩니다.

여러 개의 값에 대한 조작

데이터를 분석할 때 여러 값을 집약해서 하나의 값으로 만들거나, 다양한 값을 비교하는 경우가 많습니다. 여기서는 값을 조작하는 목적에 대해서 정리하고, 레코드에 포함된 다른 값을 조합해서 새로운 값을 집계하는 방법을 살펴보겠습니다.

새로운 지표 정의하기

어떤 페이지가 출력된 횟수를 페이지 뷰, 어떤 페이지를 출력한 사용자 수를 방문자 수라고 정의할 수 있습니다. 이 두 가지 지표는 단순하게 데이터를 집계하면 구할 수 있습니다. 그런데 이를 기반으로 〈페이지 뷰〉÷〈방문자 수〉를 구하면, '사용자 한 명이 페이지를 몇 번이나 방문했는가?'라는 새로운 지표를 계산할 수 있습니다.

또한 웹사이트에서는 방문한 사용자 수 중에서 특정한 행동(클릭 또는 구매 등)을 실행한 사용자의 비율을 구해 CTR(클릭 비율: Click Through Rate), CVR(컨버전 비율: Conversion Rate)이라고 부르는 지표를 정의하고 활용하는 경우가 매우 많습니다.

단순하게 숫자로 비교하면 숫자가 큰 데이터만 주목하게 되지만, '개인별' 또는 '비율' 등의 지표를 사용하면 다양한 관점에서 데이터를 바라볼 수 있습니다.

1 문자열 연결하기

SQL CONCAT 함수, || 연산자

리포트를 작성할 때는 용도에 맞게 여러 개의 데이터를 연결해서 다루기 쉬운 형식으로 만드는 경우가 많습니다.

여기서는 아래의 샘플 데이터를 대상으로 주소를 연결해보겠습니다. 예를 들어 'U001, 서울시, 강서구'이라는 데이터가 있으면 '서울시강서구'라는 형태로 문자열 연결하는 것입니다. 이러한 SQL은 다음과 같습니다.

데이터 6-1 사용자의 주소 정보(mst_user_location) 테이블

```
user_id |   pref_name   | city_name
--------+---------------+-----------
 U001   | 서울특별시      | 강서구
 U002   | 경기도수원시    | 장안구
 U003   | 제주특별자치도  | 서귀포시
```

코드 6-1 문자열을 연결하는 쿼리[3]

```
[PostgreSQL] [Hive] [Redshift] [BigQuery] [SparkSQL]
SELECT
    user_id
    -- ■ PostgreSQL, Hive, Redshift, BigQuery, SparkSQL 모두 CONCAT 함수 사용 가능
    --    다만 Redshift의 경우는 매개변수를 2개 밖에 못 받음
  , CONCAT(pref_name, city_name) AS pref_city
    -- ■ PostgreSQL, Redshift의 경우는 || 연산자도 사용 가능
    -- , pref_name || city_name AS pref_city
FROM
  mst_user_location
;
```

▼

----

3 역자주_ 예제를 간단하게 보여드리기 위해서 지역 이름 사이에 띄어쓰기를 넣지 않았습니다. 띄어쓰기를 넣고 싶다면 Redshift를 제외한 경우 CONCAT(pref_name, ' ', city_name)처럼 사용하면 됩니다. Redshift의 경우는 CONCAT 함수를 두 번 사용하거나 || 연산자를 사용하면 되는데요. 어떻게 두 번 사용하면 될 지 생각해보기 바랍니다(간단합니다).

```
 user_id  |        pref_city
---------+---------------------------
  U001    | 서울특별시강서구
  U002    | 경기도수원시장안구
  U003    | 제주특별자치도서귀포시
```

대부분의 미들웨어에서 CONCAT 함수를 사용해 원하는 만큼의 문자열을 연결할 수 있습니다. 하지만 Redshift의 CONCAT은 매개변수에 2개의 문자열만 전달할 수 있습니다. 대신 Redshift의 경우는 CONCAT 함수 대신 || 연산자를 사용하면 됩니다.

2 여러 개의 값 비교하기

SQL CASE 식, SIGN 함수, greatest 함수, least 함수, 사칙 연산자

여기서는 하나의 레코드에 포함된 여러 개의 값을 비교하는 방법을 소개하겠습니다. 다음 데이터는 4분기 매출(quarterly_sales)을 나타내는 테이블입니다. 각 연도의 4분기 매출(q1~q4)이 컬럼으로 표현되어 있습니다.

2017년 3분기와 4분기(q3와 q4)는 매출 금액이 확정되지 않아서 NULL입니다. 이러한 테이블을 샘플로 여러 가지 예를 살펴봅시다.

데이터 6-2 4분기 매출(quarterly_sales) 테이블

```
 year  | q1     | q2     | q3     | q4
-------+--------+--------+--------+-------
 2015  | 82000  | 83000  | 78000  | 83000
 2016  | 85000  | 85000  | 80000  | 81000
 2017  | 92000  | 81000  |        |
```

분기별 매출 증감 판정하기

일단 분기마다 매출이 증가했는지 감소했는지 판정해보겠습니다. SQL에서는 하나의 레코드에 포함된 값을 SELECT 구문으로 한꺼번에 참조할 수 있습니다.

각 컬럼의 크고 작음을 비교하려면 다음 코드 예의 judge_q1_q2 컬럼처럼 CASE 식을 사용해 조건을 기술하고, 그러한 조건에 맞게 값을 지정합니다. q1보다 q2의 매출이 많은 경우에는 '+', 같은 경우에는 공백, 적은 경우에는 '-'를 출력했습니다.

추가로 값의 차이를 구하려면 diff_q2_q1 컬럼처럼 간단하게 컬럼을 빼면 됩니다. 이러한 차이와 SIGN 함수를 조합하면, CASE 식보다 간단하게 값의 증감 판정을 할 수 있습니다. SIGN 함수는 매개변수가 양수라면 1, 0이라면 0, 음수라면 -1을 리턴하는 함수입니다.

코드 6-2 q1, q2 컬럼을 비교하는 쿼리

`PostgreSQL` `Hive` `Redshift` `BigQuery` `SparkSQL`

```sql
SELECT
  year
, q1
, q2
  -- Q1과 Q2의 매출 변화 평가하기
, CASE
    WHEN q1 < q2 THEN '+'
    WHEN q1 = q2 THEN ' '
    ELSE '-'
  END AS judge_q1_q2
  -- Q1과 Q2의 매출액의 차이 계산하기
, q2 - q1 AS diff_q2_q1
  -- Q1과 Q2의 매출 변화를 1, 0, -1로 표현하기
, SIGN(q2 - q1) AS sign_q2_q1
FROM
  quarterly_sales
ORDER BY
  year
;
```

▼

```
 year  | q1    | q2    | judge_q1_q2 | diff_q2_q1 | sign_q2_q1
------+-------+-------+-------------+------------+------------
 2015 | 82000 | 83000 | +           |       1000 |          1
 2016 | 85000 | 85000 |             |          0 |          0
 2017 | 92000 | 81000 | -           |     -11000 |         -1
```

코드 예의 q1, q2 비교와 마찬가지로 q2와 q3, q3와 q4도 비교할 수 있습니다. 다만 작년의 q4와 다음 년도의 q1을 비교할 때는 이 방법을 사용할 수 없습니다. 이번에 사용한 샘플 테이블에서는 하나의 레코드에 같은 연도의 4분기 매출만 저장되어 있으므로, 여러 레코드에 걸쳐있는 값을 비교하려면 여러 개의 레코드를 조합해야 합니다. 이 방법은 7강에서 소개하겠습니다.

연간 최대/최소 4분기 매출 찾기

지금까지 2개의 컬럼을 대소 비교하는 방법을 소개했습니다. 3개 이상의 컬럼을 비교할 때도 마찬가지의 방법을 사용하면 되지만, 컬럼의 수가 많아지면 코드가 복잡해집니다.

컬럼 값에서 최댓값 또는 최솟값을 찾을 때는 greatest 함수 또는 least 함수를 사용합니다. greatest 함수와 least 함수는 SQL 표준에 포함되지 않지만, 대부분의 SQL 쿼리 엔진에서 구현하고 있습니다.

코드 6-3 연간 최대/최소 4분기 매출을 찾는 쿼리

`PostgreSQL` `Hive` `Redshift` `BigQuery` `SparkSQL`

```sql
SELECT
    year
    -- Q1~Q4의 최대 매출 구하기
  , greatest(q1, q2, q3, q4) AS greatest_sales
    -- Q1~Q4 최소 매출 구하기
  , least(q1, q2, q3, q4)    AS least_sales
FROM
  quarterly_sales
ORDER BY
  year
;
```

```
year | greatest_sales | least_sales
------+----------------+-------------
 2015 |          83000 |        78000
 2016 |          85000 |        80000
 2017 |          92000 |        81000
```

연간 평균 4분기 매출 계산하기

greatest 함수 또는 least 함수는 기본 제공되는 함수입니다. 이를 활용해 여러 개의 컬럼에 처리하는 경우를 생각해봅시다. 예를 들어 Q1에서 Q4의 매출 평균을 계산하려면 어떻게 해야 할까요?

단순하게 다음 코드처럼 q1부터 q4까지의 값을 계산하고 4로 나누면 q1부터 q4의 평균값을 구할 수 있습니다.

코드 6-4 단순한 연산으로 평균 4분기 매출을 구하는 쿼리

`PostgreSQL` `Hive` `Redshift` `BigQuery` `SparkSQL`

```
SELECT
    year
  , (q1 + q2 + q3 + q4) / 4 AS average
FROM
  quarterly_sales
ORDER BY
  year
;
```

```
year | average
------+---------
 2015 |   81500
 2016 |   82750
 2017 |
```

NULL 값을 사칙 연산하려면 앞서 5강에서 소개했던 COALESCE 함수를 사용해 적절한 값으로 변환해야 합니다. 일단 예의 쿼리 결과처럼 2017년의 평균 매출을 구할 수 있습니다. 그런데 q3와 q4의 매출을 0으로 변환해버리면, q1과 q2의 매출 합계를 4로 나누게 되어 평균값이 크게 낮아집니다.

코드 6-5 COALESCE를 사용해 NULL을 0으로 변환하고 평균값을 구하는 쿼리

```
                            PostgreSQL   Hive   Redshift   BigQuery   SparkSQL
SELECT
    year
  , (COALESCE(q1, 0) + COALESCE(q2, 0) + COALESCE(q3, 0) + COALESCE(q4, 0)) / 4
    AS average
FROM
  quarterly_sales
ORDER BY
  year
;
```

▼

```
실행결과

 year | average
------+---------
 2015 |   81500
 2016 |   82750
 2017 |   43250
```

2017년의 q1과 q2 매출만으로 평균을 구하려면 NULL이 아닌 컬럼의 수를 세서 나눠야 합니다. COALESCE 함수와 SIGN 함수를 조합해서 분모의 값을 적절하게 계산합니다. 코드 예는 다음과 같습니다. 이 쿼리는 q1과 q2만으로 평균을 구해 계산합니다.

코드 6-6 NULL이 아닌 컬럼만을 사용해서 평균값을 구하는 쿼리

```
                            PostgreSQL   Hive   Redshift   BigQuery   SparkSQL
SELECT
    year
  , (COALESCE(q1, 0) + COALESCE(q2, 0) + COALESCE(q3, 0) + COALESCE(q4, 0))
    / (SIGN(COALESCE(q1, 0)) + SIGN(COALESCE(q2, 0))
      + SIGN(COALESCE(q3, 0)) + SIGN(COALESCE(q4, 0)))
    AS average
```

```
FROM
  quarterly_sales
ORDER BY
  year
;
```

▼

실행결과

```
year | average
-----+--------
2015 |  81500
2016 |  82750
2017 |  86500
```

원포인트

하나의 레코드 내부에 있는 값끼리 연산할 때는 여러 개의 컬럼에 있는 비교/계산 처리가
굉장히 간단합니다. 하지만 여러 레코드에 걸쳐 있는 값들을 처리할 때는 이후 7강에서
소개할 집약 함수를 사용해서 데이터를 가공하고 처리해야 합니다. 이와 관련된 내용은
이후에 다시 살펴보겠습니다.

3 2개의 값 비율 계산하기

SQL 나눗셈, CAST 구문, CASE 식, NULLIF 함수

여기서는 하나의 레코드에 포함된 값을 조합해서 비율을 계산하는 방법을 소개하겠습니다. 다
음은 광고 통계 정보(advertising_stats)를 나타내는 테이블입니다. 매일의 광고 노출 수와
클릭 수를 집계합니다. 2017-04-02의 ad_id:001 데이터는 광고를 하지 않은 날이라 노출
수와 클릭 수가 모두 0으로 되어 있다고 생각해주세요.

데이터 6-3 광고 통계 정보(advertising_stats) 테이블

```
    dt      | ad_id | impressions | clicks
------------+-------+-------------+--------
 2017-04-01 | 001   |      100000 |   3000
 2017-04-01 | 002   |      120000 |   1200
 2017-04-01 | 003   |      500000 |  10000
 2017-04-02 | 001   |           0 |      0
 2017-04-02 | 002   |      130000 |   1400
 2017-04-02 | 003   |      620000 |  15000
```

정수 자료형의 데이터 나누기

다음 코드 예에서는 하루(2017-04-01) 데이터에서 각 광고의 CTR(Click Through Rate)을 계산합니다. CTR이란 '클릭 / 노출 수'입니다.

하나의 레코드에 포함된 값을 나눌 때는 SELECT 구문 내부에서 '/'를 사용합니다. 다만 PostgreSQL의 경우 advertising_stats 테이블의 clicks와 impression 컬럼이 정수 자료형이므로 계산 결과도 정수 자료형이 되어버려 0이 나옵니다. CAST 함수를 사용해 clicks를 '더블 프리시전(double precision) 자료형'으로 변환하고 계산해야 결과도 double precision 자료형으로 나옵니다.

결과를 퍼센트로 나타낼 때는 ctr 컬럼의 결과에 100을 곱합니다. 참고로 하나하나 구할 때 ctr_as_percent 컬럼처럼 click에 100.0을 곱해 계산하면, 자료형 변환이 자동으로 이루어지므로 쿼리가 간단해집니다.

코드 6-7 정수 자료형의 데이터를 나누는 쿼리

```
                          PostgreSQL   Hive   Redshift   BigQuery   SparkSQL
SELECT
    dt
, ad_id

    -- ■ Hive, Redshift, BigQuery, SparkSQL의 경우
    --  정수를 나눌 때는 자동적으로 실수로 변환
, clicks / impressions AS ctr
    -- ■ PostgreSQL의 경우 정수를 나누면 소수점이 잘리므로 명시적으로 자료형 변환
```

```
    -- , CAST(clicks AS double precision) / impressions AS ctr
    -- 실수를 상수로 앞에 두고 계산하면 암묵적으로 자료형 변환이 일어남
  , 100.0 * clicks / impressions AS ctr_as_percent
FROM
  advertising_stats
WHERE
  dt = '2017-04-01'
ORDER BY
  dt, ad_id
;
```

▼

```
실행결과

    dt     | ad_id | ctr  | ctr_as_percent
-----------+-------+------+----------------
 2017-04-01 | 001   | 0.03 |      3.00
 2017-04-01 | 002   | 0.01 |      1.00
 2017-04-01 | 003   | 0.02 |      2.00
```

0으로 나누는 것 피하기

2017-04-02 데이터는 impression이 0입니다. 따라서 앞의 코드 예를 적용하면 0으로 나누게 되어 오류가 발생합니다.

0으로 나누는 것을 피하는 첫 번째 방법은 CASE 식을 사용해 impressions가 0인지 확인하는 것입니다. 다음 [코드 6-8]의 ctr_as_percent_by_case 컬럼은 impressions가 0보다 큰 경우에는 CTR을 계산하고, 이외의 경우에는 NULL을 출력합니다.

추가로 NULL 전파를 사용하면 0으로 나누는 것을 피할 수 있습니다. NULL 전파란 NULL을 포함한 데이터의 연산 결과가 모두 NULL이 되는 SQL의 성질입니다. [코드 6-8]의 ctr_as_percent_by_null처럼 NULLIF(impressions, 0) 부분은 impressions 값이 0이라면 NULL이 됩니다. 그 결과 impressions의 값이 0이라면 NULL 전반으로 CTR 값도 NULL이 되어, CASE 식을 사용한 방법과 같은 결과를 얻을 수 있습니다.

코드 6-8 0으로 나누는 것을 피해 CTR을 계산하는 쿼리

`PostgreSQL` `Hive` `Redshift` `BigQuery` `SparkSQL`

```sql
SELECT
    dt
, ad_id
    -- CASE 식으로 분모가 0일 경우를 분기해서, 0으로 나누지 않게 만드는 방법
, CASE
    WHEN impressions > 0 THEN 100.0 * clicks / impressions
    END AS ctr_as_percent_by_case

    -- 분모가 0이라면 NULL로 변환해서, 0으로 나누지 않게 만드는 방법
    -- ■ PostgreSQL, Redshift, BigQuery, SparkSQL의 경우 NULLIF 함수 사용하기
, 100.0 * clicks / NULLIF(impressions, 0) AS ctr_as_percent_by_null
    -- ■ Hive의 경우 NULLIF 대신 CASE 식 사용하기
    -- , 100.0 * clicks
    --  / CASE WHEN impressions = 0 THEN NULL ELSE impressions END
    --  AS ctr_as_percent_by_null
FROM
    advertising_stats
ORDER BY
    dt, ad_id
;
```

▼

실행결과

```
    dt      | ad_id | ctr_as_percent_by_case | ctr_as_percent_by_null
------------+-------+------------------------+------------------------
 2017-04-01 | 001   |                   3.00 |                   3.00
 2017-04-01 | 002   |                   1.00 |                   1.00
 2017-04-01 | 003   |                   2.00 |                   2.00
 2017-04-02 | 001   |                        |
 2017-04-02 | 002   |                   1.07 |                   1.07
 2017-04-02 | 003   |                   2.41 |                   2.41
```

원포인트

이번에 소개한 비율도 데이터 분석에서 자주 사용되는 계산이지만, 정수로 나누거나 0으로 나누는 등의 실수를 할 수 있습니다. 따라서 이러한 부분을 꼭 기억해주세요.

4 두 값의 거리 계산하기

SQL abs 함수, power 함수, sqrt 함수, point 자료형, 〈-〉 연산자

이번에는 두 값을 입력하고, 이들 값이 서로 어느 정도 떨어져 있는지 나타내는 '거리'를 계산하는 방법을 소개하겠습니다.

'거리'라고 하면 물리적인 공간의 길이를 상상하기 쉽지만, 데이터 분석이라는 분야에서는 물리적인 공간의 길이가 아닌 거리라는 개념이 많이 등장합니다. 예를 들어 시험을 보았을 때 평균에서 어느 정도 떨어져 있는지, 작년 매출과 올해 매출에 어느 정도의 차이가 있는지 등을 모두 거리라고 부릅니다. 추가로 어떤 사용자가 있을 때, 해당 사용자와 구매 경향이 비슷한 사용자를 뽑는 등의 응용 상황에서도 거리라는 개념이 굉장히 중요하게 작용합니다.

숫자 데이터의 절댓값, 제곱 평균 제곱근(RMS) 계산하기

데이터 6-4 일차원 위치 정보(location_1d) 테이블

```
 x1  | x2
-----+----
  5  | 10
 10  | 5
 -2  | 4
  3  | 3
  0  | 1
```

앞의 location_1d 테이블에서 숫자 데이터 x1, x2를 기반으로 거리를 구합니다. 이때 절댓값을 사용하는 방법과 제곱 평균 제곱근을 사용하는 방법을 모두 사용해보겠습니다. 절댓값을 계산할 때는 ABS 함수(abstract)를 사용합니다. 제곱 평균 제곱근은 두 값의 차이를 제곱한 뒤 제곱근을 적용해서 나오는 값을 의미합니다. 제곱을 할 때는 POWER 함수, 제곱근을 구할 때는 SQRT 함수를 사용합니다. 값이 일차원이라면 절댓값과 제곱 평균 제곱근은 같은 결과를 냅니다.

코드 6-9 일차원 데이터의 절댓값과 제곱 평균 제곱근을 계산하는 쿼리

| PostgreSQL | Hive | Redshift | BigQuery | SparkSQL |

```sql
SELECT
  abs(x1 - x2) AS abs
  , sqrt(power(x1 - x2, 2)) AS rms
FROM location_1d
;
```

▼

실행결과

```
 abs | rms
-----+-----
   5 |   5
   5 |   5
   6 |   6
   0 |   0
   1 |   1
```

xy 평면 위에 있는 두 점의 유클리드 거리 계산하기

데이터 6-5 이차원 위치 정보(location_2d) 테이블

```
 x1 | y1 | x2 | y2
----+----+----+----
  0 |  0 |  2 |  2
  3 |  5 |  1 |  2
  5 |  3 |  2 |  1
```

이어서 xy 평면 위에 있는 두 점(x1, y1)과 (x2, y2) 사이의 유클리드 거리를 계산해봅시다. 유클리드 거리는 물리적인 공간에서 거리를 구할 때 사용하는 일반적인 방법입니다. 방금 살펴보았던 제곱 평균 제곱근을 사용해 구하면 됩니다.

추가로 PostgreSQL에는 POINT 자료형이라고 불리는 좌표를 다루는 자료 구조가 있습니다. 따라서 POINT 자료형 데이터로 변환하고, 거리 연산자 〈-〉를 사용하면 됩니다. 이때 내부적으로 유클리드 거리와 완전히 같은 계산이 이루어집니다.

코드 6-10 이차원 테이블에 대해 제곱 평균 제곱근(유클리드 거리)을 구하는 쿼리

`PostgreSQL` `Hive` `Redshift` `BigQuery` `SparkSQL`

```
SELECT
    sqrt(power(x1 - x2, 2) + power(y1 - y2, 2)) AS dist
    -- ■ PostgreSQL의 경우는 point 자료형과 거리 연산자 <-> 사용하기
    -- , point(x1, y1) <-> point(x2, y2) AS dist
FROM location_2d
;
```

▼

실행결과

```
      dist
------------------
 2.82842712474619
 3.60555127546399
 3.60555127546399
```

원포인트

거리 계산을 어떻게 데이터 활용에 사용하는지 감이 잡히지 않을 것입니다. 거리 계산은 이후 7장에서 소개할 유사도 계산, 8장에서 다룰 추천 구현의 기초가 되는 개념입니다. 따라서 계산하는 방법을 꼭 기억하고 넘어가기 바랍니다.

5 날짜/시간 계산하기

`SQL` interval 자료형, 날짜/시간 함수

앞서 5강 4절에서는 날짜 자료형과 타임스탬프 자료형을 만드는 방법과 요소를 추출하는 방법 등을 살펴보았습니다. 이번 절에서는 두 날짜 데이터의 차이를 구하거나, 시간 데이터를 기준으로 1시간 후의 시간을 구하는 방법을 소개하겠습니다.

다음 테이블은 서비스 사용자의 등록 시간과 생일 정보를 포함하는 사용자 마스터 테이블입니다. 이러한 샘플을 기반으로 회원 등록일 시점의 나이를 계산하는 쿼리를 생각해봅시다.

나이는 시간의 경과에 따라서 변화하므로, 일반적으로 생년월일을 저장하고, 이후에 계산해서 나이를 구하게 됩니다. 나이를 사용하면 제품의 구매 연령대, 서비스를 사용하는 사용자의 연령 분포 등을 확인할 수 있습니다.

데이터 6-6 등록 시간과 생일을 포함하는 사용자 마스터(mst_users_with_dates) 테이블

```
user_id |  register_stamp     | birth_date
--------+---------------------+-----------
 U001   | 2016-02-28 10:00:00 | 2000-02-29
 U002   | 2016-02-29 10:00:00 | 2000-02-29
 U003   | 2016-03-01 10:00:00 | 2000-02-29
```

기본적인 날짜/시간 데이터 계산 방법으로 정수의 덧셈과 뺄셈을 사용하는 방법을 살펴봅시다. 코드 예로 회원 등록 시간 1시간 후와 30분 전의 시간, 등록일의 다음 날과 1달 전의 날짜를 계산하는 쿼리를 소개하면 다음과 같습니다. 날짜/시간 계산 방법은 미들웨어에 따라 다릅니다.

코드 6-11 미래 또는 과거의 날짜/시간을 계산하는 쿼리

`PostgreSQL` `Hive` `Redshift` `BigQuery` `SparkSQL`

```
SELECT
  user_id
-- ■ PostgreSQL의 경우 interval 자료형의 데이터에 사칙 연산 적용하기
, register_stamp::timestamp AS register_stamp
, register_stamp::timestamp + '1 hour'::interval     AS after_1_hour
, register_stamp::timestamp - '30 minutes'::interval AS before_30_minutes

, register_stamp::date AS register_date
, (register_stamp::date + '1 day'::interval  )::date AS after_1_day
, (register_stamp::date - '1 month'::interval)::date AS before_1_month

-- ■ Redshift의 경우 dateadd 함수 사용하기
-- , register_stamp::timestamp AS register_stamp
-- , dateadd(hour, 1, register_stamp::timestamp) AS after_1_hour
-- , dateadd(minute, -30, register_stamp::timestamp) AS before_30_minutes
--
-- , register_stamp::date AS register_date
-- , dateadd(day, 1, register_stamp::date) AS after_1_day
-- , dateadd(month, -1, register_stamp::date) AS before_1_month
```

```
-- ■ BigQuery의 경우 timestamp_add/sub, date_add/sub 등의 함수 사용하기
-- , timestamp(register_stamp) AS register_stamp
-- , timestamp_add(timestamp(register_stamp), interval 1 hour) AS after_1_hour
-- , timestamp_sub(timestamp(register_stamp), interval 30 minute) AS before_30_minutes
--
-- 타임스탬프 문자열을 기반으로 직접 날짜 계산을 할 수 없으므로 타임스탬프 자료형을 날짜/시간
-- 자료형으로 변환한 뒤 계산하기
-- , date(timestamp(register_stamp)) AS register_date
-- , date_add(date(timestamp(register_stamp)), interval 1 day) AS after_1_day
-- , date_sub(date(timestamp(register_stamp)), interval 1 month) AS before_1_month

-- ■ Hive, SparkSQL의 경우 날짜/시각을 계산하기 함수가 제공되지 않으므로
-- 한 번 unixtime으로 변환하고 초 단위로 계산을 적용한 뒤 다시 타임스탬프로 변환하기
-- , CAST(register_stamp AS timestamp) AS register_stamp
-- , from_unixtime(unix_timestamp(register_stamp) + 60 * 60) AS after_1_hour
-- , from_unixtime(unix_timestamp(register_stamp) - 30 * 60) AS before_30_minutes
--
-- 타임스탬프 문자열을 날짜로 변환할 때는 to_date 함수 사용하기
-- ※ 다만 Hive 2.1.0 이전 버전에서는 문자열 자료형으로 리턴함
-- , to_date(register_stamp) AS register_date
--
-- 일과 월을 계산할 때는 date_add 함수와 add_months 함수 사용하기
-- 다만 연을 계산하는 함수는 구현되어 있지 않음
-- , date_add(to_date(register_stamp), 1) AS after_1_day
-- , add_months(to_date(register_stamp), -1) AS before_1_month
FROM mst_users_with_dates
;
```

▼

실행결과

```
-[ RECORD 1 ]-------+--------------------
user_id            | U001
register_stamp     | 2016-02-28 10:00:00
after_1_hour       | 2016-02-28 11:00:00
before_30_minutes  | 2016-02-28 09:30:00
register_date      | 2016-02-28
after_1_day        | 2016-02-29
before_1_month     | 2016-01-28
-[ RECORD 2 ]-------+--------------------
...
```

날짜 데이터들의 차이 계산하기

두 날짜 데이터를 사용해서 날짜의 차이를 계산하는 방법을 소개하겠습니다. 다음 코드 예는 회원 등록일과 현재 날짜의 날짜 차이, 그리고 회원 등록일과 생년월일과의 날짜 차이를 계산하는 쿼리입니다. 날짜 차이를 계산하는 방법은 미들웨어에 따라 다르지만, 대부분 간단합니다.

코드 6-12 두 날짜의 차이를 계산하는 쿼리

| PostgreSQL | Hive | Redshift | BigQuery | SparkSQL |

```sql
SELECT
  user_id

-- ■ PostgreSQL, Redshift의 경우 날짜 자료형끼리 뺄 수 있음
, CURRENT_DATE AS today
, register_stamp::date AS register_date
, CURRENT_DATE - register_stamp::date AS diff_days

-- ■ BigQuery의 경우 date_diff 함수 사용하기
-- , CURRENT_DATE AS today
-- , date(timestamp(register_stamp)) AS register_date
-- , date_diff(CURRENT_DATE, date(timestamp(register_stamp)), day) AS diff_days

-- ■ Hive, SparkSQL의 경우 datediff 함수 사용하기
-- , CURRENT_DATE() AS today
-- , to_date(register_stamp) AS register_date
-- , datediff(CURRENT_DATE(), to_date(register_stamp)) AS diff_days
FROM mst_users_with_dates
;
```

▼

실행결과

```
user_id  | today      | register_date | diff_days
---------+------------+---------------+-----------
 U001    | 2017-02-05 | 2016-02-28    |    343
 U002    | 2017-02-05 | 2016-02-29    |    342
 U003    | 2017-02-05 | 2016-03-01    |    341
```

사용자의 생년월일로 나이 계산하기

날짜 차이를 계산하는 방법은 매우 단순하지만 나이를 계산하는 방법은 조금 복잡합니다. 윤년 등도 고려해야 하므로, 단순하게 날짜를 365일로 나누어 계산할 수 없기 때문입니다. 나이를 계산하기 위한 전용 함수가 구현되어 있는 것은 PostgreSQL뿐입니다. PostgreSQL에서는 날짜 자료형 데이터로 날짜를 계산하는 age 함수가 구현되어 있습니다.

age 함수를 사용해 나이를 계산하는 쿼리는 다음과 같습니다. 리턴값은 interval 자료형의 날짜 단위이므로, EXTRACT 함수로 연도(YEAR) 부분만 추출해야 합니다. age 함수는 디폴트로 현재 나이를 리턴하지만, 특정 날짜를 지정하면 해당 날짜에서의 나이를 리턴합니다[4].

참고로 Redshift로도 age 함수를 사용할 수 있는 경우가 있지만, 공식적으로 지원되는 것은 아닙니다.

코드 6-13 age 함수를 사용해 나이를 계산하는 쿼리

`PostgreSQL`

```
SELECT
    user_id

    -- ■ PostgreSQL의 경우 age 함수와 EXTRACT 함수를 사용해 나이 집계하기
  , CURRENT_DATE AS today
  , register_stamp::date AS register_date
  , birth_date::date AS birth_date
  , EXTRACT(YEAR FROM age(birth_date::date)) AS current_age
  , EXTRACT(YEAR FROM age(register_stamp::date, birth_date::date)) AS register_age
FROM mst_users_with_dates
;
```

▼

실행결과

user_id	today	register_date	birth_date	current_age	register_age
U001	2017-02-05	2016-02-28	2000-02-29	16	15
U002	2017-02-05	2016-02-29	2000-02-29	16	16
U003	2017-02-05	2016-03-01	2000-02-29	16	16

....

4 역자주_ 전 세계에서 한국처럼 나이를 계산하는 국가는 한국 밖에 없습니다(북한도 만 나이를 사용합니다). 따라서 기본 제공 함수를 사용하면 만 나이가 계산됩니다. 한국 나이는 오히려 구하기 쉬운데요. 그냥 연 단위 부분만 추출하고, 현재 연도에서 빼고, 1을 더하면 됩니다. 예를 들어 현재 2018년이고, 1991년에 태어난 사람의 나이를 구하고 싶다면, 2018 − 1991 + 1 = 28처럼 구합니다.

Redshift의 datediff 함수, BidQuery의 date_diff 함수는 day 단위가 아니라 year 단위로 출력하도록 출력 단위를 지정할 수 있습니다. 이를 사용하면 나이를 계산할 수 있을 것 같습니다. 하지만 다음 코드처럼 이러한 함수로 year를 지정한 경우, 연 부분만의 차이가 계산될 뿐입니다. 따라서 해당 연의 생일을 넘었는지 등이 계산되는 것은 아니므로, 제대로 된 나이가 계산되지 않습니다.

코드 6-14 연 부분 차이를 계산하는 쿼리

`Redshift` `BigQuery`

```
SELECT
    user_id

  -- ■ Redshift의 경우 datediff 함수로 year을 지정하더라도, 연 부분에서의 차이를 계산할 수 없음
  , CURRENT_DATE AS today
  , register_stamp::date AS register_date
  , birth_date::date AS birth_date
  , datediff(year, birth_date::date, CURRENT_DATE)
  , datediff(year, birth_date::date, register_stamp::date)

  -- ■ BigQuery의 경우 date_diff 함수로 year을 지정하더라도, 연 부분에서의 차이를 계산할 수 없음
  -- , CURRENT_DATE AS today
  -- , date(timestamp(register_stamp)) AS register_date
  -- , date(timestamp(birth_date)) AS birth_date
  -- , date_diff(CURRENT_DATE, date(timestamp(birth_date)), year) AS current_age
  -- , date_diff(date(timestamp(register_stamp)), date(timestamp(birth_date)), year)
        AS register_age
FROM mst_users_with_dates
;
```

▼

실행결과

```
user_id |   today    | register_date | birth_date | current_age | register_age
--------+------------+---------------+------------+-------------+-------------
 U001   | 2017-02-05 | 2016-02-28    | 2000-02-29 |          17 |           16
 U002   | 2017-02-05 | 2016-02-29    | 2000-02-29 |          17 |           16
 U003   | 2017-02-05 | 2016-03-01    | 2000-02-29 |          17 |           16
```

전용 함수를 사용하지 않고 나이를 계산하려면, 날짜를 고정 자리 수의 정수로 표현하고 그 차이를 계산하면 됩니다. 예를 들어 다음 코드는 날짜를 정수로 표현해서 나이를 계산하는 쿼리입니다. 날짜의 정수 표현이란 예를 들어 2016년 2월 28일은 '20160228', 2000년 2월 29일은 '20000229'처럼 나타내는 것을 의미합니다. 이러한 날짜를 빼고 10,000으로 나누면 나이가 계산됩니다.

코드 6-15 날짜를 정수로 표현해서 나이를 계산하는 함수

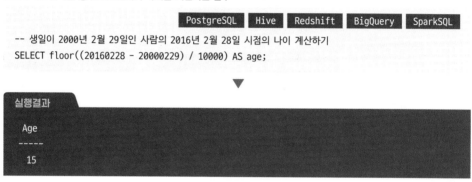

```
                          PostgreSQL   Hive   Redshift   BigQuery   SparkSQL
-- 생일이 2000년 2월 29일인 사람의 2016년 2월 28일 시점의 나이 계산하기
SELECT floor((20160228 - 20000229) / 10000) AS age;
```

▼

실행결과

```
Age
-----
 15
```

다음 예는 샘플 데이터를 기반으로, 등록 시점과 현재 시점의 나이를 문자열 변환을 사용해 계산하는 쿼리입니다. 문자열에서 하이픈을 제거하고 정수로 캐스트 하는 것뿐이지만, 미들웨어에 따라 데이터 자료형 또는 함수의 구현이 다르므로 조금씩 차이가 있습니다.

코드 6-16 등록 시점과 현재 시점의 나이를 문자열로 계산하는 쿼리

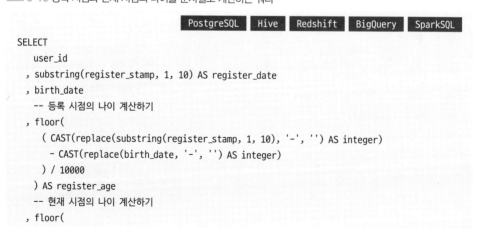

```
                          PostgreSQL   Hive   Redshift   BigQuery   SparkSQL
SELECT
    user_id
  , substring(register_stamp, 1, 10) AS register_date
  , birth_date
    -- 등록 시점의 나이 계산하기
  , floor(
      ( CAST(replace(substring(register_stamp, 1, 10), '-', '') AS integer)
        - CAST(replace(birth_date, '-', '') AS integer)
      ) / 10000
    ) AS register_age
    -- 현재 시점의 나이 계산하기
  , floor(
```

```
  ( CAST(replace(CAST(CURRENT_DATE AS text[5]), '-', '') AS integer)
    - CAST(replace(birth_date, '-', '') AS integer)
  ) / 10000
) AS current_age

-- ■ BigQuery의 경우 text를 string, integer를 int64로 바꾸기
-- ( CAST(replace(CAST(CURRENT_DATE AS string), '-', '') AS int64)
--   - CAST(replace(birth_date, '-', '') AS int64)
-- ) / 10000

-- ■ Hive, SparkSQL의 경우 replace를 regexp_replace, text를 string,
--   integer를 int로 바꾸기
--   SparkSQL의 경우는 추가로 CURRENT_DATE를 CURRENT_DATE()로 바꾸기
-- ( CAST(regexp_replace(CAST(CURRENT_DATE() AS string), '-', '') AS int)
--   - CAST(regexp_replace(birth_date, '-', '') AS int)
-- ) / 10000
FROM mst_users_with_dates
;
```

▼

실행결과

```
user_id | register_date | birth_date | register_age | current_age
--------+---------------+------------+--------------+-------------
U001    | 2016-02-28    | 2000-02-29 |           15 |          16
U002    | 2016-02-29    | 2000-02-29 |           16 |          16
U003    | 2016-03-01    | 2000-02-29 |           16 |          16
```

> **정리**
>
> 날짜/시간 데이터의 계산은 미들웨어에 따라 표현에 차이가 커 실수하는 경우가 많습니다. 그래서 실무에서 날짜/시간 데이터는 수치 또는 문자열 등으로 변환해 다루는 것이 편한 경우도 많습니다.

---

5 역자주_ Hive 실습 시 에러가 나면 text를 string으로 변경해 주세요. 다만, 서문에서 밝혔듯 이 책은 CDH 5.14가 지원하는 Hive 1.1 기준으로 동작을 확인했으며, 일부 코드는 최신 하이브 버전에서 확인이 어려울 수 있습니다.

6 IP 주소 다루기

SQL inet 자료형, 《 연산자, split_part 함수, lpad 함수

일반적인 웹 서비스는 로그 데이터에 사용자 IP 주소를 저장합니다. 보통 IP 주소를 로그로 저장할 때는 문자열로 저장합니다. 간단하게 IP 주소를 확인하거나 할 때는 문자열로 다루어도 충분하지만, IP 주소를 서로 비교하거나 동일한 네트워크의 IP 주소인지 판정할 때는 단순 문자열 비교만으로는 굉장히 코드가 복잡해집니다. 여기서는 IP 주소들을 비교하는 방법을 소개하겠습니다.

IP 주소 자료형 활용하기

PostgreSQL에는 IP 주소를 다루기 위한 inet 자료형이 구현되어 있습니다. inet 자료형을 사용하면 IP 주소를 쉽게 비교할 수 있습니다. inet 자료형의 대소를 비교할 때는 〈 또는 〉를 사용합니다.

코드 6-17 inet 자료형을 사용한 IP 주소 비교 쿼리

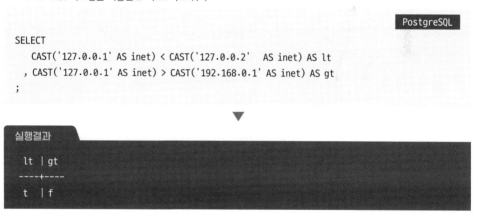

```
                                                              PostgreSQL
SELECT
    CAST('127.0.0.1' AS inet) < CAST('127.0.0.2'   AS inet) AS lt
  , CAST('127.0.0.1' AS inet) > CAST('192.168.0.1' AS inet) AS gt
;
```

실행결과

```
 lt | gt
----+----
 t  | f
```

추가로 address/y 형식의 네트워크 범위에 IP 주소가 포함되는지도 판정할 수 있습니다. 판정에는 《 또는 》 연산자를 사용합니다.

코드 6-18 inet 자료형을 사용해 IP 주소 범위를 다루는 쿼리

```
PostgreSQL
SELECT CAST('127.0.0.1' AS inet) << CAST('127.0.0.0/8' AS inet) AS is_contained;
```

▼

실행결과

```
is_contained
--------------
T
```

정수 또는 문자열로 IP 주소 다루기

inet 자료형처럼 IP 주소 전용 자료형이 제공되지 않는 미들웨어의 경우, IP 주소 등을 비교할 때 조금 다른 방법을 사용해야 합니다.

| IP 주소를 정수 자료형으로 변환하기 |

첫 번째 방법은 IP 주소를 정수 자료형으로 변환하는 것입니다. 이렇게 하면 숫자 대소 비교 등이 가능해집니다. 다음 코드는 텍스트 자료형으로 정의된 IP 주소에 있는 4개의 10진수 부분 (점으로 구분된 각각의 값)을 정수 자료형으로 추출합니다.

코드 6-19 IP 주소에서 4개의 10진수 부분을 추출하는 쿼리

```
                          PostgreSQL   Hive   Redshift   BigQuery   SparkSQL
SELECT
  ip
-- ■ PostgreSQL, Redshift의 경우 split_part로 문자열 분해하기
, CAST(split_part(ip, '.', 1) AS integer) AS ip_part_1
, CAST(split_part(ip, '.', 2) AS integer) AS ip_part_2
, CAST(split_part(ip, '.', 3) AS integer) AS ip_part_3
, CAST(split_part(ip, '.', 4) AS integer) AS ip_part_4

-- ■ BigQuery의 경우 split 함수로 배열로 분해하고 n번째 요소 추출하기
--, CAST(split(ip, '.')[SAFE_ORDINAL(1)] AS int64) AS ip_part_1
--, CAST(split(ip, '.')[SAFE_ORDINAL(2)] AS int64) AS ip_part_2
--, CAST(split(ip, '.')[SAFE_ORDINAL(3)] AS int64) AS ip_part_3
```

```
--, CAST(split(ip, '.')[SAFE_ORDINAL(4)] AS int64) AS ip_part_4

  -- ■ Hive, SparkSQL의 경우 split 함수로 배열로 분해하고 n번째 요소 추출하기
  -- 이때 피리어드(점)가 특수 문자이므로 역 슬래시로 이스케이프 처리해야 함
--, CAST(split(ip, '\\.')[0] AS int) AS ip_part_1
--, CAST(split(ip, '\\.')[1] AS int) AS ip_part_2
--, CAST(split(ip, '\\.')[2] AS int) AS ip_part_3
--, CAST(split(ip, '\\.')[3] AS int) AS ip_part_4
FROM
  (SELECT '192.168.0.1' AS ip) AS t
  -- ■ PostgreSQL의 경우 명시적으로 자료형 변환을 해줘야 함
  -- (SELECT CAST('192.168.0.1' AS text) AS ip) AS t
;
```

▼

실행결과

ip	ip_part_1	ip_part_2	ip_part_3	ip_part_4
192.168.0.1	192	168	0	1

앞의 코드 예에서 추출한 4개의 10진수 부분을 각각 $2\hat{}24$, $2\hat{}16$, $2\hat{}8$, $2\hat{}0$만큼 곱하고 더하면 정수 자료형 표기가 됩니다. 이와 같은 방법을 사용하면 다음 코드의 결과처럼 IP 주소가 정수 자료형으로 변환되므로, 대소 비교 또는 범위 판정 등을 할 수 있습니다.

코드 6-20 IP 주소를 정수 자료형 표기로 변환하는 쿼리

PostgreSQL   Hive   Redshift   BigQuery   SparkSQL

```
SELECT
  ip
 -- ■ PostgreSQL, Redshift의 경우 split_part로 문자열 분해하기
 ,   CAST(split_part(ip, '.', 1) AS integer) * 2^24
   + CAST(split_part(ip, '.', 2) AS integer) * 2^16
   + CAST(split_part(ip, '.', 3) AS integer) * 2^8
   + CAST(split_part(ip, '.', 4) AS integer) * 2^0
   AS ip_integer

 -- ■ BigQuery의 경우 split 함수로 배열로 분해하고 n번째 요소 추출하기
--,   CAST(split(ip, '.')[SAFE_ORDINAL(1)] AS int64) * pow(2, 24)
--  + CAST(split(ip, '.')[SAFE_ORDINAL(2)] AS int64) * pow(2, 16)
--  + CAST(split(ip, '.')[SAFE_ORDINAL(3)] AS int64) * pow(2,  8)
--  + CAST(split(ip, '.')[SAFE_ORDINAL(4)] AS int64) * pow(2,  0)
```

```
--   AS ip_integer

-- ■ Hive, SparkSQL의 경우 split 함수로 배열로 분해하고 n번째 요소 추출하기
--    다만 피리어드(점)가 특수 문자이므로 역 슬래시로 이스케이프 처리 해야 함
--,   CAST(split(ip, '\\.')[0] AS int) * pow(2, 24)
-- + CAST(split(ip, '\\.')[1] AS int) * pow(2, 16)
-- + CAST(split(ip, '\\.')[2] AS int) * pow(2,  8)
-- + CAST(split(ip, '\\.')[3] AS int) * pow(2,  0)
--  AS ip_integer
FROM
  (SELECT '192.168.0.1' AS ip) AS t
 -- ■ PostgreSQL의 경우 명시적으로 자료형 변환을 해줘야함
 -- (SELECT CAST('192.168.0.1' AS text) AS ip) AS t
;
```

▼

```
실행결과

    ip      | ip_integer
------------+------------
 192.168.0.1 | 3232235521
```

| IP 주소를 0으로 메우기 |

IP 주소들을 비교하는 또 다른 방법은, 각 10진수 부분을 3자리 숫자가 되게 앞 부분을 0으로
메워서 문자열로 만드는 것입니다.

코드 6-21 IP 주소를 0으로 메운 문자열로 변환하는 쿼리

| PostgreSQL | Hive | Redshift | BigQuery | SparkSQL |

```
SELECT
  ip
 -- ■ PostgreSQL, Redshift의 경우 lpad 함수로 0으로 메우기
 ,  lpad(split_part(ip, '.', 1), 3, '0')
 || lpad(split_part(ip, '.', 2), 3, '0')
 || lpad(split_part(ip, '.', 3), 3, '0')
 || lpad(split_part(ip, '.', 4), 3, '0')
   AS ip_padding

 -- ■ BigQuery의 경우 split 함수로 배열로 분해하고 n번째 요소 추출하기
 --, CONCAT(
```

```
--    lpad(split(ip, '.')[SAFE_ORDINAL(1)], 3, '0')
--  , lpad(split(ip, '.')[SAFE_ORDINAL(2)], 3, '0')
--  , lpad(split(ip, '.')[SAFE_ORDINAL(3)], 3, '0')
--  , lpad(split(ip, '.')[SAFE_ORDINAL(4)], 3, '0')
--  ) AS ip_padding

-- ■ Hive, SparkSQL의 경우 split 함수로 배열로 분해하고 n번째 요소 추출하기
--   다만 피리어드(점)가 특수 문자이므로 역 슬래시로 이스케이프 처리해야 함
--, CONCAT(
--    lpad(split(ip, '\\.')[0], 3, '0')
--  , lpad(split(ip, '\\.')[1], 3, '0')
--  , lpad(split(ip, '\\.')[2], 3, '0')
--  , lpad(split(ip, '\\.')[3], 3, '0')
--  ) AS ip_padding
FROM
  (SELECT '192.168.0.1' AS ip) AS t
  -- ■ PostgreSQL의 경우 명시적으로 자료형 변환을 해줘야 함
  -- (SELECT CAST('192.168.0.1' AS text) AS ip) AS t
;
```

실행결과

```
     ip       |   ip_padding
-------------+---------------
 192.168.0.1 | 192168000001
```

이 코드의 lpad 함수는 지정한 문자 수가 되게 문자열의 왼쪽을 메우는 함수입니다. 코드 예에서는 모든 10진수가 3자리 수가 되게, 문자열의 왼쪽을 0으로 메우고 있습니다. 그리고 그렇게 메운 문자열을 || 연산자로 연결합니다.

이처럼 IP 주소의 각 10진수를 0으로 메워서 고정 길이 문자열을 만들면, 문자열 상태로 대소 비교 등을 할 수 있습니다.

7강

하나의 테이블에 대한 조작

프로그래밍 언어로서 SQL의 특징은 데이터를 집합으로 다룬다는 것입니다. 앞서 6강까지는 테이블에 포함된 레코드 하나하나에 대한 조작 방법을 소개했습니다. 하지만 데이터 분석 업무에서는 수만 개에서 수억 개의 레코드에 처리를 적용하게 되는데, 이를 하나하나 다루는 것은 비현실적인 발상입니다. 따라서 대량의 데이터를 집계하고, 몇 가지 지표를 사용해 데이터 전체의 특징을 파악할 수 있어야 합니다.

여기서는 데이터 집약과 데이터 가공을 테마로, 하나의 테이블을 대상으로 하는 데이터 집약 방법과 가공 방법을 알아보겠습니다.

데이터 집약

SQL은 집약 함수라고 부르는 여러 가지 함수를 제공합니다. 레코드의 수를 세주는 함수도 있고, 레코드에 저장된 값의 합계, 평균, 최대, 최소를 계산해주는 함수부터 통계 처리를 사용해 통계 지표를 출력해주는 함수도 있습니다. 참고로 SQL:2003에서 도입된 윈도 함수(분석 함수라고도 부릅니다)를 사용하면, 기존의 SQL로는 하기 힘들었던 순서를 고려하는 처리, 여러 개의 레코드를 대상으로 하는 처리를 쉽게 할 수 있습니다.

이 책에서 소개하는 리포트와 SQL은 대부분 데이터를 가공하고, 집약 함수를 사용해서 레코드의 수 또는 데이터의 합계와 평균을 구하는 경우가 많습니다. 따라서 이번 7강에서 데이터 집약과 관련된 기본적인 내용을 살펴보도록 하겠습니다.

데이터 가공

앞서 5강과 6강에서는 하나의 값 또는 여러 개의 값을 기반으로 데이터를 가공하는 방법에 대해 알아보았습니다. 이번 7강에서는 테이블 기반으로 데이터를 처리하는 방법을 알아보는데요. 이때 만약 테이블의 형식이 집계에 적합하지 않은 경우, 어떻게 테이블을 가공해야 하는지도 알아보겠습니다.

물론 이번 7강에서 소개하는 과정을 밟지 않아도 데이터를 다룰 수 있게 데이터를 저장해두는 것이 좋습니다. 하지만 서비스를 구축하기 위해 설계된 업무 데이터를 사용하는 경우, 어쩔 수 없이 데이터를 가공해야 할 때가 있습니다[6]. 따라서 데이터를 분석하기 쉬운 형태로 가공하는 방법도 반드시 알고 있어야 한답니다.

1 그룹의 특징 잡기

> SQL 집약 함수, GROUP BY 구문, 윈도 함수, OVER(… PARTITION BY ~) 구문

그럼 집약 함수를 사용하는 방법부터 알아봅시다. 집약 함수란 여러 레코드를 기반으로 하나의 값을 리턴하는 함수입니다. 예를 들어 모든 레코드의 수를 리턴해주는 COUNT 함수, 값의 합계를 리턴해주는 SUM 함수 등이 있습니다.

다음 데이터 예는 상품 평가(review) 테이블인데요. 상품(product_id)에 대한 사용자 평가(score)가 저장됩니다. 여기서는 이 테이블을 사용해서 SUM 함수와 AVG 함수 등의 집약 함수를 사용하는 방법에 대해 알아보겠습니다.

---

6 역자주_ 일반적으로 서비스는 관계형 데이터베이스를 사용하므로, 데이터가 서로 관계를 가지며 외부 키 등으로 얽히게 됩니다. 곧 살펴보겠지만, 상품 평가를 〈사용자ID〉 〈상품ID〉 〈점수〉로 저장한다면, 그냥 테이블만 보아서는 '어떤 성별과 나이를 가지고 있는 사용자가 어떤 카테고리의 어느 가격 대의 상품에 몇 점을 주었구나'를 전혀 알 수 없습니다. 따라서 이러한 데이터는 가공해서 '〈사용자 나이〉 〈사용자 성별〉 〈사용자 지역〉 〈상품 이름〉 〈상품 카테고리〉 〈점수〉' 등으로 전개해야 분석에 쉽게 사용할 수 있습니다.

데이터 7-1 상품 평가(review) 테이블

```
 user_id | product_id | score
---------+------------+-------
 U001    | A001       |  4.0
 U001    | A002       |  5.0
 U001    | A003       |  5.0
 U002    | A001       |  3.0
 U002    | A002       |  3.0
 U002    | A003       |  4.0
 U003    | A001       |  5.0
 U003    | A002       |  4.0
 U003    | A003       |  4.0
```

테이블 전체의 특징량 계산하기

다음 코드 예는 자주 사용되는 집약 함수를 review 테이블에 적용하는 쿼리입니다. COUNT 함수는 지정한 컬럼의 레코드 수를 리턴하는 함수입니다. 컬럼 이름 앞에 DISTINCT 구문을 지정하면, 중복을 제외하고 수를 세어줍니다. 추가로 SUM 함수는 합계, AVG 함수는 평균을 구하는 함수입니다. 따라서 SUM 함수와 AVG 함수는 컬럼의 자료형이 정수 또는 실수 등의 숫자 자료형이어야 합니다.

MAX 함수와 MIN 함수는 각각 최댓값과 최솟값을 구하는 함수입니다. 따라서 대소 비교가 가능한 자료형(숫자, 문자열, 타임스탬프 등)에 적용할 수 있습니다.

코드 7-1 집약 함수를 사용해서 테이블 전체의 특징량을 계산하는 쿼리

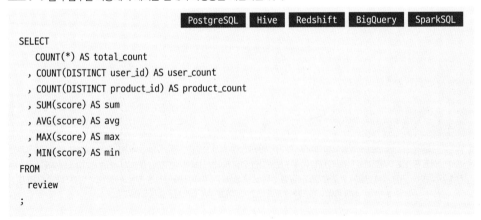

```sql
SELECT
    COUNT(*) AS total_count
  , COUNT(DISTINCT user_id) AS user_count
  , COUNT(DISTINCT product_id) AS product_count
  , SUM(score) AS sum
  , AVG(score) AS avg
  , MAX(score) AS max
  , MIN(score) AS min
FROM
  review
;
```

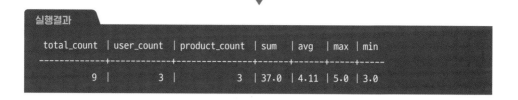

total_count	user_count	product_count	sum	avg	max	min
9	3	3	37.0	4.11	5.0	3.0

그루핑한 데이터의 특징량 계산하기

데이터를 조금 더 작게 분할하고 싶다면 GROUP BY 구문을 사용해 데이터를 분류할 키를 지정하고, 그러한 키를 기반으로 데이터를 집약합니다. 다음 코드 예는 GROUP BY 구문을 사용해서 3명의 user_id를 기반으로 그룹을 묶고, 각각의 데이터 집합에 집약 함수를 적용합니다.

코드 7-2 사용자 기반으로 데이터를 분할하고 집약 함수를 적용하는 쿼리

PostgreSQL   Hive   Redshift   BigQuery   SparkSQL

```sql
SELECT
    user_id
, COUNT(*) AS total_count
, COUNT(DISTINCT product_id) AS product_count
, SUM(score) AS sum
, AVG(score) AS avg
, MAX(score) AS max
, MIN(score) AS min
FROM
  review
GROUP BY
  user_id
;
```

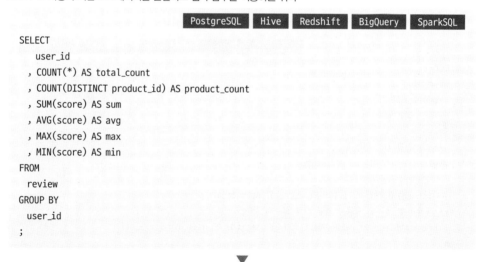

user_id	total_count	product_count	sum	avg	max	min
U001	3	3	14.0	4.67	5.0	4.0
U002	3	3	10.0	3.33	4.0	3.0
U003	3	3	13.0	4.33	5.0	4.0

이때 한 가지 주의할 것이 있습니다. GROUP BY 구문을 사용한 쿼리에서는, GROUP BY 구문에 지정한 컬럼 또는 집약 함수만 SELECT 구문의 컬럼으로 지정할 수 있습니다. 예를 들어 앞의 코드에서 SELECT 구문 내부에는 product_id 또는 score를 지정할 수 없습니다.

GROUP BY 구문을 사용한 쿼리에서는 GROUP BY 구문에 지정한 컬럼을 유니크 키로 새로운 테이블을 만들게 됩니다. 이 과정에서 GROUP BY 구문에 지정하지 않은 컬럼은 사라져 버립니다. 따라서 집약 함수를 적용한 값과 집약 전의 값은 동시에 사용할 수 없는 것입니다.

집약 함수를 적용한 값과 집약 전의 값을 동시에 다루기

SQL:2003 이후에 정의된 윈도 함수가 지원되는 환경이라면, 윈도 함수를 사용해서 쉽고 효율적으로 집약 함수의 결과와 원래 값을 조합할 수 있습니다. 다음 코드는 윈도 함수를 사용해 개별 리뷰 점수(avg_score)와 사용자 평균 리뷰 점수(user_avg_score)의 차이를 구하는 예입니다.

코드 7-3 윈도 함수를 사용해 집약 함수의 결과와 원래 값을 동시에 다루는 쿼리

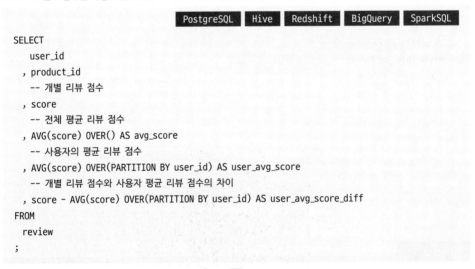

```
                              PostgreSQL   Hive   Redshift   BigQuery   SparkSQL
SELECT
    user_id
  , product_id
    -- 개별 리뷰 점수
  , score
    -- 전체 평균 리뷰 점수
  , AVG(score) OVER() AS avg_score
    -- 사용자의 평균 리뷰 점수
  , AVG(score) OVER(PARTITION BY user_id) AS user_avg_score
    -- 개별 리뷰 점수와 사용자 평균 리뷰 점수의 차이
  , score - AVG(score) OVER(PARTITION BY user_id) AS user_avg_score_diff
FROM
  review
;
```

```
user_id | product_id | score | avg_score | user_avg_score | user_avg_score_diff
--------+------------+-------+-----------+----------------+--------------------
U001    | A001       | 4.0   |   4.11    |     4.67       |        -0.67
U001    | A002       | 5.0   |   4.11    |     4.67       |         0.33
U001    | A003       | 5.0   |   4.11    |     4.67       |         0.33
U002    | A001       | 3.0   |   4.11    |     3.33       |        -0.33
U002    | A002       | 3.0   |   4.11    |     3.33       |        -0.33
U002    | A003       | 4.0   |   4.11    |     3.33       |         0.67
U003    | A001       | 5.0   |   4.11    |     4.33       |         0.67
U003    | A002       | 4.0   |   4.11    |     4.33       |        -0.33
U003    | A003       | 4.0   |   4.11    |     4.33       |        -0.33
```

집약 함수로 윈도 함수를 사용하려면, 집약 함수 뒤에 OVER 구문을 붙이고 여기에 윈도 함수를 지정합니다. OVER 구문에 매개 변수를 지정하지 않으면 테이블 전체에 집약 함수를 적용한 값이 리턴됩니다. 매개 변수에 PARTITION BY 〈컬럼 이름〉을 지정하면 해당 컬럼 값을 기반으로 그룹화하고 집약 함수를 적용합니다.

앞의 코드 예를 보면 테이블 전체의 score 평균값과 user_id들의 score 평균값이 review 테이블의 원래 레코드를 건드리지 않고 추가된 것을 알 수 있습니다. 참고로 집약 함수의 결과와 원래 값을 조합해서 계산하므로 원래 score와 user_id들의 score 평균값 차이도 계산할 수 있습니다.

2 그룹 내부의 순서

SQL 윈도 함수, OVER(··· ORDER BY ~) 구문, OVER(··· ROWS ~) 구문

계속해서 윈도 함수를 활용해 데이터를 가공하는 방법을 소개하겠습니다.

SQL의 테이블은 기본적으로 순서라는 개념이 없습니다. 따라서 SQL로 순위를 작성하거나 시간 순서로 데이터를 다루려면 복잡한 방법을 사용해야 했습니다. 하지만 윈도 함수가 등장하면서 SQL로 순서를 다루는 것이 굉장히 쉬워졌습니다.

여기서는 인기 상품의 상품 ID, 카테고리, 스코어 정보를 가진 인기 상품 테이블을 샘플로 SQL를 사용한 순위 작성, 순서를 고려한 계산 실행 방법 등을 소개하겠습니다.

데이터 7-2 인기 상품(popular_products) 테이블

```
product_id | category | score
-----------+----------+-------
A001       | action   |  94
A002       | action   |  81
A003       | action   |  78
A004       | action   |  64
D001       | drama    |  90
D002       | drama    |  82
D003       | drama    |  78
D004       | drama    |  58
```

ORDER BY 구문으로 순서 정의하기

일단 윈도 함수로 순서를 다루는 기본적인 방법을 소개하겠습니다. 원래 윈도 함수란 테이블 내부에 '윈도'라고 부르는 범위를 정의하고, 해당 범위 내부에 포함된 값을 특정 레코드에서 자유롭게 사용하려고 도입한 것입니다.

다만 윈도 내부에서 특정 값을 참조하려면 해당 값의 위치를 명확하게 지정해야 합니다. 윈도 함수에서는 OVER 구문 내부에 ORDER BY 구문을 사용할 수 있습니다. 이를 사용하면 윈도 내부에 있는 데이터의 순서를 정의할 수 있습니다.

다음 코드 예는 윈도 함수에서 ORDER BY 구문으로 테이블 내부의 순서를 다루는 쿼리입니다. 'ORDER BY score DESC'로 테이블 내부의 상품을 스코어가 높은 순서로 정렬할 수 있습니다. ROW_NUMBER 함수는 그러한 순서에 유일한 순위 번호를 붙이는 함수입니다. RANK 함수와 DENSE_RANK 함수는 같은 순위의 레코드가 있을 때 순위 번호를 같게 붙입니다. RANK 함수는 같은 순위의 레코드 뒤의 순위 번호를 건너뛰고, DENSE_RANK 함수의 경우 순위 번호를 건너뛰지 않습니다[7].

추가로 LAG 함수와 LEAD 함수는 현재 행을 기준으로 앞의 행 또는 뒤의 행의 값을 추출하는 함수입니다. 두 번째 매개 변수에 숫자를 지정해서 앞뒤 n번째 값을 추출합니다.

---

7 역자주_ 말이 약간 어려운데요. 결과를 보면 쉽게 이해할 수 있을 것입니다. RANK 함수는 1위가 2개 있을 때, 1-1-3으로 출력해서 2라는 순위를 생략합니다. DENSE_RANK 함수는 1-1-2로 출력해서 2라는 순위를 건너뛰지 않습니다.

코드 7-4 윈도 함수의 ORDER BY 구문을 사용해 테이블 내부의 순서를 다루는 쿼리

| PostgreSQL | Hive | Redshift | BigQuery | SparkSQL |

```
SELECT
    product_id
, score

    -- 점수 순서로 유일한 순위를 붙임
, ROW_NUMBER()          OVER(ORDER BY score DESC) AS row
    -- 같은 순위를 허용해서 순위를 붙임
, RANK()                OVER(ORDER BY score DESC) AS rank
    -- 같은 순위가 있을 때 같은 순위 다음에 있는 순위를 건너 뛰고 순위를 붙임
, DENSE_RANK()          OVER(ORDER BY score DESC) AS dense_rank

    -- 현재 행보다 앞에 있는 행의 값 추출하기
, LAG(product_id)       OVER(ORDER BY score DESC) AS lag1
, LAG(product_id, 2)    OVER(ORDER BY score DESC) AS lag2

    -- 현재 행보다 뒤에 있는 행의 값 추출하기
, LEAD(product_id)      OVER(ORDER BY score DESC) AS lead1
, LEAD(product_id, 2)   OVER(ORDER BY score DESC) AS lead2
FROM popular_products
ORDER BY row
;
```

▼

실행결과

```
product_id | score | row | rank | dense_rank | lag1 | lag2 | lead1 | lead2
-----------+-------+-----+------+------------+------+------+-------+-------
A001       |    94 |   1 |    1 |          1 |      |      | D001  | D002
D001       |    90 |   2 |    2 |          2 | A001 |      | D002  | A002
D002       |    82 |   3 |    3 |          3 | D001 | A001 | A002  | A003
A002       |    81 |   4 |    4 |          4 | D002 | D001 | A003  | D003
A003       |    78 |   5 |    5 |          5 | A002 | D002 | D003  | A004
D003       |    78 |   6 |    5 |          5 | A003 | A002 | A004  | D004
A004       |    64 |   7 |    7 |          6 | D003 | A003 | D004  |
D004       |    58 |   8 |    8 |          7 | A004 | D003 |       |
```

ORDER BY 구문과 집약 함수 조합하기

ORDER_BY 구문과 SUM/AVG 등의 집약 함수를 조합하면, 집약 함수의 적용 범위를 유연하게 지정할 수 있습니다. 다음 코드 예는 ORDER BY 구문과 집약 함수를 조합해서 계산하는 쿼리입니다. ORDER BY 구문에 이어지는 ROWS 구문은 이후에 설명할 윈도 프레임 지정 구문입니다.

cum_score 컬럼은 순위 상위에서 현재 행까지의 스코어를 모두 더한 값입니다. local_avg는 현재 행과 앞뒤의 행 하나씩, 전체 3개 행의 평균 스코어를 계산한 값입니다.

추가로 FIRST_VALUE 윈도 함수와 LAST_VALUE 윈도 함수는 각각 윈도 내부의 가장 첫 번째 레코드와 가장 마지막 레코드를 추출해주는 함수입니다.

코드 7-5 ORDER BY 구문과 집약 함수를 조합해서 계산하는 쿼리

`PostgreSQL` `Hive` `Redshift` `BigQuery` `SparkSQL`

```
SELECT
    product_id
, score

    -- 점수 순서로 유일한 순위를 붙임
, ROW_NUMBER() OVER(ORDER BY score DESC) AS row

  -- 순위 상위부터의 누계 점수 계산하기
, SUM(score)
    OVER(ORDER BY score DESC
      ROWS BETWEEN UNBOUNDED PRECEDING AND CURRENT ROW)
    AS cum_score

    -- 현재 행과 앞 뒤의 행이 가진 값을 기반으로 평균 점수 계산하기
, AVG(score)
    OVER(ORDER BY score DESC
      ROWS BETWEEN 1 PRECEDING AND 1 FOLLOWING)
    AS local_avg

    -- 순위가 높은 상품 ID 추출하기
, FIRST_VALUE(product_id)
    OVER(ORDER BY score DESC
      ROWS BETWEEN UNBOUNDED PRECEDING AND UNBOUNDED FOLLOWING)
    AS first_value
```

```
    -- 순위가 낮은 상품 ID 추출하기
  , LAST_VALUE(product_id)
    OVER(ORDER BY score DESC
      ROWS BETWEEN UNBOUNDED PRECEDING AND UNBOUNDED FOLLOWING)
    AS last_value
FROM popular_products
ORDER BY row
;
```

▼

실행결과

```
 product_id | score | row | cum_score | local_avg | first_value | last_value
------------+-------+-----+-----------+-----------+-------------+-----------
 A001       |    94 |   1 |        94 |     92.00 | A001        | D004
 D001       |    90 |   2 |       184 |     88.67 | A001        | D004
 D002       |    82 |   3 |       266 |     84.33 | A001        | D004
 A002       |    81 |   4 |       347 |     80.33 | A001        | D004
 A003       |    78 |   5 |       425 |     79.00 | A001        | D004
 D003       |    78 |   6 |       503 |     73.33 | A001        | D004
 A004       |    64 |   7 |       567 |     66.67 | A001        | D004
 D004       |    58 |   8 |       625 |     61.00 | A001        | D004
```

| 윈도 프레임 지정에 대해서 |

앞서 살펴본 코드 예제에 등장한 프레임 지정 구문을 자세히 살펴봅시다. 프레임 지정이란 현재 레코드 위치를 기반으로 상대적인 윈도를 정의하는 구문입니다.

프레임 지정 구문에는 여러 가지 종류가 있습니다. 가장 기본적인 것은 'ROWS BETWEEN start AND end'입니다. start와 end에는 'CURRENT ROW'(현재의 행), 'n PRECEDING' (n행 앞), 'n FOLLOWING'(n행 뒤), 'UNBOUNDED PRECEDING'(이전 행 전부), 'UNBOUNDED FOLLOWING'(이후 행 전부) 등의 키워드를 지정합니다.

앞의 코드 예에서 프레임 지정 범위를 쉽게 확인할 수 있게, 범위 내부의 상품 ID를 집약하는 쿼리를 실행해봅시다. 다음 코드는 윈도 프레임 지정을 사용해 상품 ID를 집약하는 쿼리입니다. 실행 결과를 확인하면 프레임 지정이 어떤 것인지 쉽게 이해할 수 있을 것입니다.

코드 7-6 윈도 프레임 지정별 상품 ID를 집약하는 쿼리

`PostgreSQL` `Hive` `SparkSQL`

```
SELECT
    product_id

    -- 점수 순서로 유일한 순위를 붙임
  , ROW_NUMBER() OVER(ORDER BY score DESC) AS row

    -- 가장 앞 순위부터 가장 뒷 순위까지의 범위를 대상으로 상품 ID 집약하기
    -- ■ PostgreSQL의 경우는 array_agg, Hive, SparkSQL의 경우는 collect_list 사용하기
  , array_agg(product_id)
    -- , collect_list(product_id)
      OVER(ORDER BY score DESC
        ROWS BETWEEN UNBOUNDED PRECEDING AND UNBOUNDED FOLLOWING)
      AS whole_agg

    -- 가장 앞 순위부터 현재 순위까지의 범위를 대상으로 상품 ID 집약하기
    -- ■ PostgreSQL의 경우는 array_agg, Hive, SparkSQL의 경우는 collect_list 사용하기
  , array_agg(product_id)
    -- , collect_list(product_id)
      OVER(ORDER BY score DESC
        ROWS BETWEEN UNBOUNDED PRECEDING AND CURRENT ROW)
      AS cum_agg

    -- 순위 하나 앞과 하나 뒤까지의 범위를 대상으로 상품 ID 집약하기
    -- ■ PostgreSQL의 경우는 array_agg, Hive, SparkSQL의 경우는 collect_list 사용하기
  , array_agg(product_id)
    -- , collect_list(product_id)
      OVER(ORDER BY score DESC
        ROWS BETWEEN 1 PRECEDING AND 1 FOLLOWING)
      AS local_agg
FROM popular_products
WHERE category = 'action'
ORDER BY row
;
```

▼

실행결과

```
product_id | row |      whole_agg       |        cum_agg        |    local_agg
-----------+-----+----------------------+-----------------------+------------------------
A001       |   1 | {A001,A002,A003,A004} | {A001}                | {A001,A002}
A002       |   2 | {A001,A002,A003,A004} | {A001,A002}           | {A001,A002,A003}
A003       |   3 | {A001,A002,A003,A004} | {A001,A002,A003}      | {A002,A003,A004}
A004       |   4 | {A001,A002,A003,A004} | {A001,A002,A003,A004} | {A003,A004}
```

참고로 Redshift에는 array_agg 함수 또는 collect_list 함수와 유사한 함수로 listagg 함수가 있습니다. 하지만 프레임 지정과 동시에 사용할 수 없으므로, 위의 코드 예에 사용하지 않았습니다.

또한 윈도 함수에 프레임 지정을 하지 않으면 ORDER BY 구문이 없는 경우 모든 행, ORDER BY 구문이 있는 경우 첫 행에서 현재 행까지가 디폴트 프레임으로 지정됩니다.

PARTITION BY와 ORDER BY 조합하기

앞서 소개한 윈도 함수의 PARTITION BY 구문과 ORDER BY 구문을 조합해서 사용할 수도 있습니다. 다음 코드는 PARTITION BY 구문과 ORDER BY 구문을 조합해서 카테고리들의 순위를 계산하는 쿼리입니다.

코드 7-7 윈도 함수를 사용해 카테고리들의 순위를 계산하는 쿼리

`PostgreSQL`　`Hive`　`Redshift`　`BigQuery`　`SparkSQL`

```
SELECT
    category
  , product_id
  , score

    -- 카테고리별로 점수 순서로 정렬하고 유일한 순위를 붙임
  , ROW_NUMBER()
      OVER(PARTITION BY category ORDER BY score DESC)
    AS row

    -- 카테고리별로 같은 순위를 허가하고 순위를 붙임
  , RANK()
      OVER(PARTITION BY category ORDER BY score DESC)
    AS rank

    -- 카테고리별로 같은 순위가 있을 때
    -- 같은 순위 다음에 있는 순위를 건너 뛰고 순위를 붙임
  , DENSE_RANK()
      OVER(PARTITION BY category ORDER BY score DESC)
    AS dense_rank
FROM popular_products
ORDER BY category, row
;
```

```
category | product_id | score | row | rank | dense_rank
---------+------------+-------+-----+------+------------
action   | A001       |    94 |   1 |    1 |      1
action   | A002       |    81 |   2 |    2 |      2
action   | A003       |    78 |   3 |    3 |      3
action   | A004       |    64 |   4 |    4 |      4
drama    | D001       |    90 |   1 |    1 |      1
drama    | D002       |    82 |   2 |    2 |      2
drama    | D003       |    78 |   3 |    3 |      3
drama    | D004       |    58 |   4 |    4 |      4
```

| 각 카테고리의 상위 n개 추출하기 |

카테고리들의 순위를 계산했다면 각 카테고리 상위 n개를 추출하는 것도 간단합니다. 다만 SQL의 사양으로 인해 윈도 함수를 WHERE 구문에 작성할 수 없으므로, SELECT 구문에서 윈도 함수를 사용한 결과를 서브 쿼리로 만들고 외부에서 WHERE 구문을 적용해야 합니다. 다음 코드는 카테고리들의 순위 상위 2개까지의 상품을 추출하는 쿼리입니다.

코드 7-8 카테고리들의 순위 상위 2개까지의 상품을 추출하는 쿼리

PostgreSQL   Hive   Redshift   BigQuery   SparkSQL

```sql
SELECT *
FROM
  -- 서브 쿼리 내부에서 순위 계산하기
  ( SELECT
      category
    , product_id
    , score
      -- 카테고리별로 점수 순서로 유일한 순위를 붙임
    , ROW_NUMBER()
        OVER(PARTITION BY category ORDER BY score DESC)
      AS rank
    FROM popular_products
  ) AS popular_products_with_rank
-- 외부 쿼리에서 순위 활용해 압축하기
WHERE rank <= 2
```

```
ORDER BY category, rank
;
```

▼

실행결과

```
 category | product_id | score | rank
----------+------------+-------+------
 action   | A001       |   94  | 1
 action   | A002       |   81  | 2
 drama    | D001       |   90  | 1
 drama    | D002       |   82  | 2
```

참고로 카테고리별 순위 순서에서 상위 1개의 상품 ID를 추출할 경우, 다음과 같이 FIRST_VALUE 윈도 함수를 사용하고 SELECT DISTINCT 구문으로 결과를 집약하는 방법도 있습니다. 서브 쿼리를 사용하지 않으므로 간단해졌습니다. 다만 Hive에서는 DISTINCT 부분이 동작하지 않으므로 사용할 수 없습니다.

코드 7-9 카테고리별 순위 최상위 상품을 추출하는 쿼리

PostgreSQL   Redshift   BigQuery   SparkSQL

```
-- DISTINCT 구문을 사용해 중복 제거하기
SELECT DISTINCT
    category
    -- 카테고리별로 순위 최상위 상품 ID 추출하기
  , FIRST_VALUE(product_id)
      OVER(PARTITION BY category ORDER BY score DESC
        ROWS BETWEEN UNBOUNDED PRECEDING AND UNBOUNDED FOLLOWING)
    AS product_id
FROM popular_products
;
```

▼

실행결과

```
 category | product_id
----------+------------
 drama    | D001
 action   | A001
```

세로 기반 데이터를 가로 기반으로 변환하기

`SQL` **MAX(CASE ~) 구문, string_agg 함수, listagg 함수, collect_list 함수**

SQL은 행(레코드) 기반으로 처리하는 것이 기본입니다. 따라서 데이터를 저장할 때 최대한 데이터를 행으로 분할해서 저장하는 것이 좋습니다. 하지만 최종 출력에서는 데이터를 열로 전개해야 가독성이 높은 경우가 많습니다.

이번 절에서는 행 단위로 저장된 '세로 기반'을, 열 또는 쉼표로 구분된 문자열 등의 '가로 기반'으로 변환하는 방법을 설명하겠습니다.

행을 열로 변환하기

그럼 일단 행을 열로 변환하는 방법을 생각해봅시다. SQL에서 열은 고정적이어야 합니다. 따라서 열로 전개할 데이터의 종류 또는 수를 명확하게 미리 알고 있어야만 지금부터 설명하는 방법을 사용할 수 있습니다.

예를 들어 다음 데이터는 날짜별 KPI 데이터입니다. 날짜별로 '노출(impressions) 수', '세션 (sessions) 수', '사용자(users)수'라는 3개의 지표를 저장합니다.

데이터 7-3 날짜별 KPI 데이터(daily_kpi) 테이블

```
    dt      | indicator   | val
------------+-------------+------
 2017-01-01 | impressions | 1800
 2017-01-01 | sessions    | 500
 2017-01-01 | users       | 200
 2017-01-02 | impressions | 2000
 2017-01-02 | sessions    | 700
 2017-01-02 | users       | 250
```

날짜별로 이러한 지표들의 추이를 쉽게 볼 수 있게, 열로 전개해봅시다.

다음 코드 예는 행으로 저장된 지표를 열로 변환하는 쿼리입니다. 날짜를 1개의 레코드로 집약할 수 있게 GROUP BY dt를 사용했습니다. 추가로 'MAX (CASE~)' 구문을 사용했는데요. '노출 수', '세션 수', '사용자 수'에 해당하는 레코드만을 CASE 식으로 추출하고 MAX 함수로

해당 값을 추출하는 것입니다. 현재 쿼리에서는 날짜별로 지표들이 하나씩 존재하므로, CASE 표현식의 조건이 true가 되는 기록이 하나뿐입니다. 따라서 그 하나를 MAX 함수로 추출할 수 있습니다[8].

코드 7-10 행으로 저장된 지표 값을 열로 변환하는 쿼리

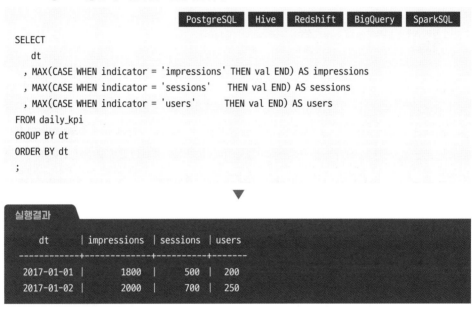

```
SELECT
    dt
  , MAX(CASE WHEN indicator = 'impressions' THEN val END) AS impressions
  , MAX(CASE WHEN indicator = 'sessions'    THEN val END) AS sessions
  , MAX(CASE WHEN indicator = 'users'       THEN val END) AS users
FROM daily_kpi
GROUP BY dt
ORDER BY dt
;
```

실행결과

```
    dt      | impressions | sessions | users
------------+-------------+----------+-------
 2017-01-01 |        1800 |      500 |   200
 2017-01-02 |        2000 |      700 |   250
```

행을 쉼표로 구분한 문자열로 집약하기

앞서 언급했던 것처럼 행을 열로 변환하는 방법은 미리 열의 종류와 수를 알고 있을 때만 사용할 수 있습니다. 따라서 반대로 열의 종류와 수를 모른다면 사용할 수 없습니다.

예를 들어 다음과 같은 상품 구매 상세 로그를 생각해봅시다. 한 번의 주문으로 여러 개의 상품을 구매했을 때, 이를 상품별로 레코드를 나누어 저장하는 테이블입니다. 구매 ID(purchase_id)를 기반으로 레코드를 하나로 집약하고 싶어도, 상품을 몇 개 주문했는지 미리 알 수 없으므로 단순한 방법으로는 열로 전개할 수 없습니다.

....

8 역자주_ 현재 코드에서 CASE 표현식의 결과는 리스트입니다. 따라서 하나의 값만 들어있어도 [10]과 같은 리스트 형식입니다. 여기에서 10이라는 스칼라(값) 하나를 추출하기 위해 일반적으로 MAX/MIN 등의 함수를 사용합니다.

데이터 7-4 구매 상세 로그(purchase_detail_log) 테이블

```
purchase_id | product_id | price
------------+------------+-------
     100001 | A001       |   300
     100001 | A002       |   400
     100001 | A003       |   200
     100002 | D001       |   500
     100002 | D002       |   300
     100003 | A001       |   300
```

미리 열의 수를 정할 수 없는 경우에는 데이터를 쉼표 등으로 구분한 문자열로 변환하는 방법을 생각해볼 수 있습니다. 다음 코드 예는 행을 집약해서 쉼표로 구분된 문자열로 변환합니다. 참고로 행을 문자열로 집약하는 함수는 미들웨어마다 구현이 다르므로, PostgreSQL에서는 string_agg 함수, Redshift에서는 listagg 함수 등을 사용합니다.

코드 7-11 행을 집약해서 쉼표로 구분된 문자열 변환하기

PostgreSQL　Hive　Redshift　BigQuery　SparkSQL

```
SELECT
    purchase_id

    -- 상품 ID를 배열에 집약하고 쉼표로 구분된 문자열로 변환하기
    -- ■ PostgreSQL, BigQuery의 경우는 string_agg 사용하기
    , string_agg(product_id, ',') AS product_ids

    -- ■ Redshift의 경우는 listagg 사용하기
    -- , listagg(product_id, ',') AS product_ids

    -- ■ Hive, SparkSQL의 경우는 collect_list와 concat_ws 사용하기
    -- , concat_ws(',', collect_list(product_id)) AS product_ids
    , SUM(price) AS amount
FROM purchase_detail_log
GROUP BY purchase_id
ORDER BY purchase_id
;
```

▼

```
purchase_id | product_ids    | amount
------------+----------------+--------
    100001  | A001,A002,A003 |    900
    100002  | D001,D002      |    800
    100003  | A001           |    300
```

정리

이번 절에서 소개한 것처럼 시스템에서 다루기 쉬운 세로 기반을 배열 또는 문자열 등의
가로 기반으로 변환하면, 사람이 직감적으로 이해하기 쉬운 데이터를 만들 수 있습니다.

4 가로 기반 데이터를 세로 기반으로 변환하기

SQL unnest 함수, explode 함수, CROSS JOIN, LATERAL VIEW, regexp_split_to_table 함수

레코드로 저장된 세로 기반 데이터를 가로 기반으로 변환하는 것은 비교적 간단하지만, 반대로
가로 기반 데이터를 세로 기반으로 변환하는 것은 간단한 일이 아닙니다. 하지만 이미 데이터
가 쉼표로 구분된 열 기반의 형식으로 저장되어서, 이를 분석하기 위해 어쩔 수 없이 변환해야
하는 경우가 꽤 많습니다. 이번 절에서는 세로 기반 데이터를 가로 기반으로 변환해서 가공이
쉬운 데이터 형식으로 만드는 방법을 소개하겠습니다.

열로 표현된 값을 행으로 변환하기

가로 기반 데이터의 예로 6강 2절에서 다루었던 4분기 매출 테이블(데이터 6-2)를 사용하겠
습니다. 이 테이블은 매년 4분기 매출(q1부터 q4)을 하나의 레코드로 가집니다. 이 테이블을
'연도', '4분기 레이블', '매출'이라는 3개의 컬럼을 가진 테이블로 변환해봅시다.

데이터 7-5 4분기 매출(quarterly_sales) 테이블

```
year  | q1    | q2    | q3    | q4
------+-------+-------+-------+-------
 2015 | 82000 | 83000 | 78000 | 83000
 2016 | 85000 | 85000 | 80000 | 81000
 2017 | 92000 | 81000 |       |
```

컬럼으로 표현된 가로 기반 데이터의 특징은 데이터의 수가 고정되었다는 것입니다. 앞의 데이터 예를 보면 하나의 레코드는 q1부터 q4까지 모두 4개의 데이터로 구성됩니다. 행으로 전개할 데이터 수가 고정되었다면, 그러한 데이터 수와 같은 수의 일련 번호를 가진 피벗 테이블을 만들고 CROSS JOIN하면 됩니다. 피벗 테이블을 만드는 방법은 이후 8강 5절에서 자세하게 설명하겠습니다.

다음 코드 예는 피벗 테이블을 결합하고, CASE 식으로 레이블 이름과 매출 값을 추출해서 열을 행으로 변환합니다.

코드 7-12 일련 번호를 가진 피벗 테이블을 사용해 행으로 변환하는 쿼리

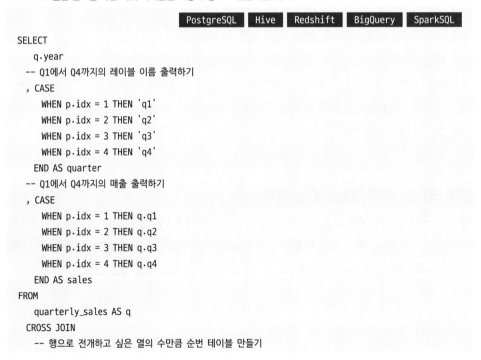

```
                    PostgreSQL   Hive   Redshift   BigQuery   SparkSQL
SELECT
    q.year
  -- Q1에서 Q4까지의 레이블 이름 출력하기
  , CASE
      WHEN p.idx = 1 THEN 'q1'
      WHEN p.idx = 2 THEN 'q2'
      WHEN p.idx = 3 THEN 'q3'
      WHEN p.idx = 4 THEN 'q4'
    END AS quarter
  -- Q1에서 Q4까지의 매출 출력하기
  , CASE
      WHEN p.idx = 1 THEN q.q1
      WHEN p.idx = 2 THEN q.q2
      WHEN p.idx = 3 THEN q.q3
      WHEN p.idx = 4 THEN q.q4
    END AS sales
FROM
    quarterly_sales AS q
  CROSS JOIN
    -- 행으로 전개하고 싶은 열의 수만큼 순번 테이블 만들기
```

```
    (            SELECT 1 AS idx
      UNION ALL SELECT 2 AS idx
      UNION ALL SELECT 3 AS idx
      UNION ALL SELECT 4 AS idx
    ) AS p
;
```

▼

실행결과

```
year | quarter | sales
------+---------+-------
2015 | q1      | 82000
2015 | q2      | 83000
2015 | q3      | 78000
2015 | q4      | 83000
2016 | q1      | 85000
2016 | q2      | 85000
2016 | q3      | 80000
2016 | q4      | 81000
2017 | q1      | 92000
2017 | q2      | 81000
2017 | q3      |
2017 | q4      |
```

임의의 길이를 가진 배열을 행으로 전개하기

고정 길이의 데이터를 행으로 전개하는 것은 비교적 간단합니다. 하지만 데이터의 길이가 확정되지 않은 경우는 조금 복잡합니다. 그럼 샘플 데이터로 [데이터 7-6]을 사용해봅시다. 이는 쉼표로 구분된 상품 ID를 포함한 레코드입니다. 이러한 테이블을 사용해 상품 ID들을 레코드로 하나하나 전개하는 방법을 살펴봅시다.

데이터 7-6 구매 로그(purchase_log) 테이블

```
purchase_id | product_ids
------------+----------------
     100001 | A001,A002,A003
     100002 | D001,D002
     100003 | A001
```

테이블 함수를 구현하고 있는 미들웨어라면 배열을 쉽게 레코드로 전개할 수 있습니다. 이때 테이블 함수란 함수의 리턴값이 테이블인 함수를 의미합니다.

대표적인 테이블 함수로는 PostgreSQL과 BigQuery의 unnest 함수, Hive와 SparkSQL의 explode 함수가 있습니다. 이러한 함수는 매개 변수로 배열을 받고, 배열을 레코드 분할해서 리턴해줍니다.

다음 코드 예는 unnest 함수 또는 explode 함수를 사용한 예입니다.

코드 7-13 테이블 함수를 사용해 배열을 행으로 전개하는 쿼리

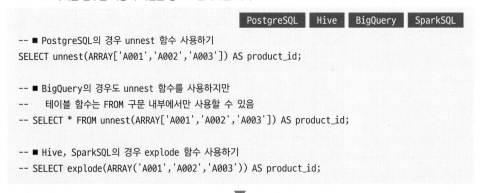

이 테이블 함수를 사용해 앞에서 본 [데이터 7-6]의 구매 로그를 레코드로 전개해봅시다.

실제 데이터에 테이블 함수를 사용할 경우 한 가지 주의할 것이 있습니다. 일반적인 SELECT 구문 내부에는 레코드에 포함된 스칼라 값[9]을 리턴하는 함수와 컬럼 이름을 지정할 수 있지만, 테이블 함수는 '테이블'을 리턴합니다. Hive와 BigQuery 등에서는 스칼라 값과 테이블을 동시에 다룰 수 없습니다. 앞의 코드 예에서 BigQuery의 경우는 unnest 함수를 FROM 구문

---

9 역자주_ 스칼라 값(Scala)은 숫자나 문자열처럼 하나의 값만 존재하는 것을 의미합니다. 배열 등은 여러 개의 값을 가지고 있으므로 스칼라 값이 아닙니다.

내부에 작성했는데요. 이러한 이유 때문입니다.

스칼라 값과 테이블 함수의 리턴 값을 동시에 추출하고 싶은 경우, 테이블 함수를 FROM 구문 내부에 작성하고, JOIN 구문을 사용해 원래 테이블과 테이블 함수의 리턴 값을 결합해야 합니다. 이를 코드로 나타내면 다음과 같습니다.

참고로 코드 예의 주석처럼 PostgreSQL과 BigQuery의 경우 CROSS JOIN, Hive와 SparkSQL의 경우는 LATERAL VIEW를 사용합니다.

코드 7-14 테이블 함수를 사용해 쉼표로 구분된 문자열 데이터를 행으로 전개하는 쿼리

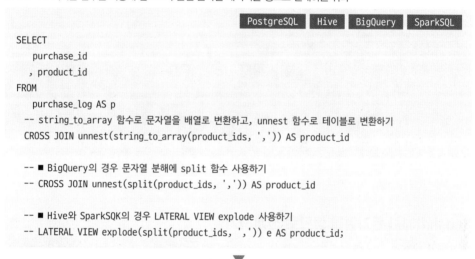

참고로 PostgreSQL의 경우 SELECT 구문 내부에 스칼라 값과 테이블 함수를 동시에 지정할 수 있습니다. 또한 문자열을 구분자로 분할해서 테이블화하는 regexp_split_to_table 함수가

구현되었으므로, 다음과 같이 간단하게 쉼표로 구분된 문자열을 행으로 전개할 수 있습니다.

코드 7-15 PostgreSQL에서 쉼표로 구분된 데이터를 행으로 전개하는 쿼리

```
SELECT
    purchase_id
    -- 쉼표로 구분된 문자열을 한 번에 행으로 전개하기
  , regexp_split_to_table(product_ids, ',') AS product_id
FROM purchase_log;
```

▼

실행결과

```
 purchase_id | product_id
-------------+------------
      100001 | A001
      100001 | A002
      100001 | A003
      100002 | D001
      100002 | D002
      100003 | A001
```

Redshift에서 문자열을 행으로 전개하기

지금까지 쉼표로 구분된 문자열을 배열로 변환하고, 데이터를 행으로 전개하는 방법을 계속 소개했습니다. 하지만 Redshift에서는 배열 자료형이 공식적으로 지원되지 않으므로, 지금까지 소개했던 방법을 사용할 수 없습니다.

따라서 쉼표로 구분된 문자열을 행으로 전개할 때 약간의 노력이 더 필요합니다. 그리고 실제로 할 수 있는 작업도 한정됩니다. 어쨌거나 Redshift에서 이러한 종류의 데이터를 다루는 경우에는 데이터를 테이블에 넣기 전, 행으로 전개하기 전에 몇 가지 전처리를 해줘야 합니다.

Redshift에서 행 전개를 해야 할 때 사용하는 방법을 소개하겠습니다.

| 피벗 테이블을 사용해 문자열을 행으로 전개하기 |

쉼표로 구분된 문자열에 포함된 데이터의 최대 수를 N으로, 1부터 N까지의 정수를 하나의 행

으로 가지는 피벗 테이블을 만들어봅시다. 다음 코드 예에서는 쉼표로 구분된 문자열에 포함된 최대 데이터 수가 3이므로, 3개의 행을 가진 피벗 테이블이 만들어질 것입니다.

코드 7-16 일련 번호를 가진 피벗 테이블을 만드는 쿼리

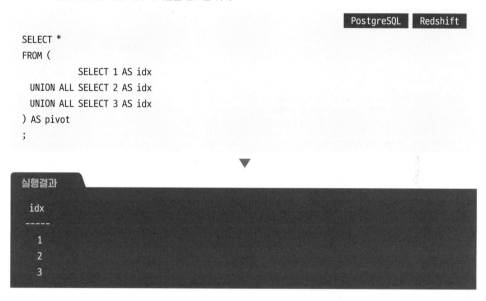

```
                                              PostgreSQL   Redshift
SELECT *
FROM (
            SELECT 1 AS idx
  UNION ALL SELECT 2 AS idx
  UNION ALL SELECT 3 AS idx
) AS pivot
;
```

실행결과
```
  idx
-----
   1
   2
   3
```

이어서 split_part 함수를 사용합니다. split_part 함수는 문자열을 쉼표 등의 구분자 (separator)로 분할해 n 번째 요소를 추출하는 함수입니다.

코드 7-17 split_part 함수의 사용 예

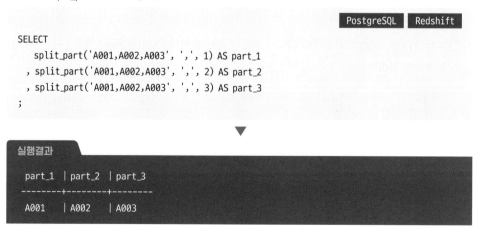

```
                                              PostgreSQL   Redshift
SELECT
    split_part('A001,A002,A003', ',', 1) AS part_1
  , split_part('A001,A002,A003', ',', 2) AS part_2
  , split_part('A001,A002,A003', ',', 3) AS part_3
;
```

실행결과
```
 part_1 | part_2 | part_3
--------+--------+--------
 A001   | A002   | A003
```

이번에는 쉼표로 구분된 상품 ID 수를 계산하겠습니다. replace 함수를 사용해서 상품 ID 리스트 문자열에서 쉼표를 제거하고, 문자 수를 세는 char_length 함수로 원래 문자열과의 차이를 계산해서 상품 수를 계산합니다[10].

코드 7-18 문자 수의 차이를 사용해 상품 수를 계산하는 쿼리

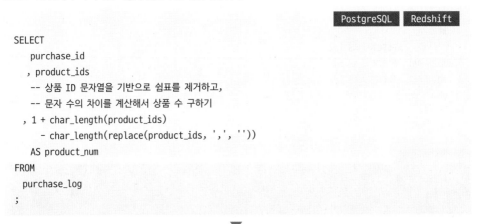

```
SELECT
    purchase_id
  , product_ids
    -- 상품 ID 문자열을 기반으로 쉼표를 제거하고,
    -- 문자 수의 차이를 계산해서 상품 수 구하기
  , 1 + char_length(product_ids)
      - char_length(replace(product_ids, ',', ''))
    AS product_num
FROM
  purchase_log
;
```

실행결과

```
 purchase_id | product_ids   | product_num
-------------+---------------+-------------
      100001 | A001,A002,A003|           3
      100002 | D001,D002     |           2
      100003 | A001          |           1
```

앞에서 살펴본 [코드 7-16]부터 [코드 7-18]까지의 출력 결과를 조합해서 purchase_log의 각 레코드에 상품 수만큼 일련 번호를 부여하고, 번호 순서대로 상품 ID를 꺼냅니다. 다음 코드가 최종적인 쿼리입니다.

---

10 역자주_ 빠르게 이해가 되지 않을 수 있는데요. '1,2,3'이 있을 때 쉼표를 제거하면 '123'이 됩니다. 글자 수가 5에서 3으로 줄었죠? 차이가 2인데요. 여기에 쉼표가 전혀 없을 때의 상품 수 1을 더하면 3이 되어서 상품의 수를 구할 수 있습니다.

코드 7-19 피벗 테이블을 사용해 문자열을 행으로 전개하는 쿼리

`PostgreSQL` `Redshift`

```sql
SELECT
  l.purchase_id
, l.product_ids
  -- 상품 수만큼 순번 붙이기
, p.idx
  -- 문자열을 쉼표로 구분해서 분할하고, idx번째 요소 추출하기
, split_part(l.product_ids, ',', p.idx) AS product_id
FROM
  purchase_log AS l
  JOIN
    (          SELECT 1 AS idx
      UNION ALL SELECT 2 AS idx
      UNION ALL SELECT 3 AS idx
    ) AS p
  -- 피벗 테이블의 id가 상품 수 이하의 경우 결합하기
  ON p.idx <=
    (1 + char_length(l.product_ids)
      - char_length(replace(l.product_ids, ',', '')))
;
```

▼

실행결과

```
purchase_id | product_ids    | idx | product_id
------------+----------------+-----+------------
     100001 | A001,A002,A003 |  1  | A001
     100001 | A001,A002,A003 |  2  | A002
     100001 | A001,A002,A003 |  3  | A003
     100002 | D001,D002      |  1  | D001
     100002 | D001,D002      |  2  | D002
     100003 | A001           |  1  | A001
```

정리

SQL을 사용할 때는 데이터를 미리 레코드 단위로 분할해두는 것이 기본입니다. 하지만 다양한 사정으로 1개의 레코드에 데이터를 집약시켜 놓지 못하는 경우도 있습니다. 이러한 데이터를 마주해도 당황하지 않게, 데이터를 행으로 변환하는 테크닉을 기억해주세요.

8강

여러 개의 테이블 조작하기

데이터 분석 실무에서는 여러 개의 테이블을 기반으로 데이터를 분석해야 하는 경우가 많습니다. 따라서 어떤 경우에 어떤 이유로 여러 개의 테이블에 조작해야 하는지 설명해보겠습니다. 추가로 여러 개의 테이블을 조작할 때는 SQL이 복잡해지기 쉬운데요. 이러한 SQL을 간단하고 가독성 높게 작성하는 방법과 부족한 데이터를 보완하는 방법 등도 함께 소개하겠습니다.

업무 데이터를 사용하는 경우

업무 데이터는 RDB를 사용해 관리하는 경우가 많습니다. RDB는 일반적으로 데이터를 정규화하고, 여러 테이블로 나누어 데이터를 관리합니다. 따라서 데이터 분석을 할 때는 여러 테이블을 기반으로 우리가 원하는 정보를 추출해야 합니다.

추가로 관계형 구조라는 이유가 아닌 다른 이유로 여러 개의 테이블에 데이터를 저장하는 경우도 있습니다. 데이터 분석을 하려면 이러한 테이블의 데이터를 하나로 합쳐야 하는 경우가 많습니다. 예를 들어 SNS 사이트를 생각해봅시다. '댓글', '좋아요', '팔로우'라는 각각의 테이블에 저장된 정보를 기반으로 '사용자가 어떤 행동을 하는가'를 분석하고 싶으면 이러한 테이블들을 하나로 합쳐서 다루어야 합니다.

로그 데이터를 사용하는 경우

다양한 행동을 기록하는 하나의 거대한 로그 파일이 하나의 테이블에 저장된 경우에도, 여러 처리를 실행하려면 여러 개의 SELECT 구문을 조합하거나 자기 결합해서 레코드들을 비교해야 합니다. 이처럼 테이블이 하나라도 여러 테이블을 다루는 것처럼 처리해야 하는 경우도 있습니다.

1 여러 개의 테이블을 세로로 결합하기

SQL UNION ALL 구문

여러 테이블에 분산된 비슷한 형식의 데이터에 같은 처리를 해야 하는 경우가 있습니다. 예를 들어 다음 데이터 예를 살펴봅시다. 애플리케이션1과 애플리케이션2가 있을 때 각각의 사용자를 저장한 테이블입니다.

데이터 8-1 애플리케이션1의 사용자 마스터 (app1_mst_users) 테이블

```
user_id | name   | email
--------+--------+--------------------
U001    | Sato   | sato@example.com
U002    | Suzuki | suzuki@example.com
```

데이터 8-2 애플리케이션2의 사용자 마스터 (app2_mst_users) 테이블

```
user_id | name   | phone
--------+--------+---------------
U001    | Ito    | 080-xxxx-xxxx
U002    | Tanaka | 070-xxxx-xxxx
```

비슷한 구조를 가지는 테이블의 데이터를 일괄 처리하고 싶은 경우, 다음 코드처럼 UNION ALL 구문을 사용해 여러 개의 테이블을 세로로 결합하면 좋습니다. 결합할 때는 테이블의 컬럼이 완전히 일치해야 하므로, 한쪽 테이블에만 존재하는 컬럼은 phone 컬럼처럼 SELECT 구문으로 제외하거나 email 컬럼처럼 디폴트 값을 줘야 합니다.

추가로 결합 후의 데이터가 어떤 테이블의 데이터였는지 식별할 수 있게 app_name이라는 열을 추가했습니다.

코드 8-1 UNION ALL 구문을 사용해 테이블을 세로로 결합하는 쿼리

`PostgreSQL` `Hive` `Redshift` `BigQuery` `SparkSQL`

```
    SELECT 'app1' AS app_name, user_id, name, email FROM app1_mst_users
UNION ALL
    SELECT 'app2' AS app_name, user_id, name, NULL AS email FROM app2_mst_users;
```

▼

실행결과

```
app_name | user_id | name   |    email
---------+---------+--------+--------------------
app1     | U001    | Sato   | sato@example.com
app1     | U002    | Suzuki | suzuki@example.com
app2     | U001    | Ito    |
app2     | U002    | Tanaka |
```

원포인트

UNION ALL 구문 대신 UNION DISTINCT(또는 UNION) 구문을 사용하면, 데이터의 중복을 제외한 결과를 얻을 수 있습니다. 다만 UNION ALL에 비해 거의 사용되지 않고 계산 비용이 많이 들어갑니다. 따라서 일단 UNION ALL 구문부터 확실하게 사용할 수 있게 연습합시다.

2 여러 개의 테이블을 가로로 정렬하기

SQL LEFT JOIN, 상관 서브 쿼리

이전 절에서 여러 개의 테이블을 세로로 정렬하고 한번에 같은 처리를 적용하는 방법을 소개했습니다. 그런데 여러 개의 테이블을 가로로 정렬하여 데이터를 비교하거나 값을 조합하고 싶은 경우도 있을 수 있습니다.

예를 들어 [데이터 8-3]의 카테고리별 마스터 테이블에 카테고리별 매출(데이터 8-4) 또는 카테고리별 상품 매출 순위(데이터 8-5)를 기반으로 카테고리 내부에서 가장 잘 팔리는 상품

ID를 모아 테이블로 한 번에 보고 싶다고 합시다.

데이터 8-3 카테고리 마스터(mst_categories) 테이블

```
category_id | name
------------+------
          1 | dvd
          2 | cd
          3 | book
```

데이터 8-4 카테고리별 매출(category_sales) 테이블

```
category_id | sales
------------+--------
          1 | 850000
          2 | 500000
```

데이터 8-5 카테고리별 상품 매출 순위(product_sale_ranking) 테이블

```
category_id | rank | product_id | sales
------------+------+------------+-------
          1 |    1 | D001       | 50000
          1 |    2 | D002       | 20000
          1 |    3 | D003       | 10000
          2 |    1 | C001       | 30000
          2 |    2 | C002       | 20000
          2 |    3 | C003       | 10000
```

여러 개의 테이블을 가로 정렬할 때 가장 일반적인 방법은 JOIN을 사용하는 것입니다. 다만 마스터 테이블에 JOIN을 사용하면 결합하지 못한 데이터가 사라지거나, 반대로 중복된 데이터가 발생할 수 있습니다.

다음 코드 예의 출력 결과는 테이블을 카테고리 ID로 단순하게 결합한 결과입니다. 그런데 카테고리 마스터에 존재하는 book 카테고리가 결합하지 못해서 여러 개의 상품 데이터가 사라졌으며, 여러 개의 상품 ID가 부여된 DVD/CD 카테고리는 가격이 중복되어 출력되고 있습니다.

코드 8-2 여러 개의 테이블을 결합해서 가로로 정렬하는 쿼리

PostgreSQL   Hive   Redshift   BigQuery   SparkSQL

```sql
SELECT
  m.category_id
  , m.name
  , s.sales
  , r.product_id AS sale_product
FROM
  mst_categories AS m
  JOIN
    -- 카테고리별로 매출액 결합하기
    category_sales AS s
    ON m.category_id = s.category_id
  JOIN
    -- 카테고리별로 상품 결합하기
    product_sale_ranking AS r
    ON  m.category_id = r.category_id
;
```

▼

실행결과

```
category_id | name | sales  | sale_product
------------+------+--------+--------------
          1 | dvd  | 850000 | D001
          1 | dvd  | 850000 | D002
          1 | dvd  | 850000 | D003
          2 | cd   | 500000 | C001
          2 | cd   | 500000 | C002
          2 | cd   | 500000 | C003
```

마스터 테이블의 행 수를 변경하지 않고 데이터를 가로 정렬하려면, LEFT JOIN을 사용해 결합하지 못한 레코드를 유지한 상태로, 결합할 레코드가 반드시 1개 이하가 되게 하는 조건을 사용해야 합니다.

다음 코드 예는 마스터 테이블의 행 수를 유지한 상태로 여러 개의 테이블을 가로로 정렬하는 쿼리입니다. LEFT JOIN을 사용해서 카테고리별 매출 테이블 등에 존재하지 않는 카테고리(category_id = 3) 레코드를 유지한 상태로, 카테고리별 상품 매출 순위의 1위 상품만이라는 조건을 걸어 카테고리가 여러 행이 되지 않게 피합니다.

코드 8-3 마스터 테이블의 행 수를 변경하지 않고 여러 개의 테이블을 가로로 정렬하는 쿼리

`PostgreSQL` `Hive` `Redshift` `BigQuery` `SparkSQL`

```sql
SELECT
  m.category_id
, m.name
, s.sales
, r.product_id AS top_sale_product
FROM
  mst_categories AS m
-- LEFT JOIN을 사용해서 결합한 레코드를 남김
LEFT JOIN
  -- 카테고리별 매출액 결합하기
  category_sales AS s
  ON m.category_id = s.category_id
-- LEFT JOIN을 사용해서 결합하지 못한 레코드를 남김
LEFT JOIN
  -- 카테고리별 최고 매출 상품 하나만 추출해서 결합하기
  product_sale_ranking AS r
  ON  m.category_id = r.category_id
  AND r.rank = 1
;
```

▼

실행결과

```
category_id | name | sales  | top_sale_product
------------+------+--------+------------------
          1 | dvd  | 850000 | D001
          2 | cd   | 500000 | C001
          3 | book |        |
```

SELECT 구문 내부에서 상관 서브 쿼리를 사용할 수 있는 미들웨어의 경우, JOIN을 사용하지 않고 여러 테이블 값을 가로로 정렬할 수 있습니다.

다음 코드 예는 상관 서브 쿼리를 사용해서 이전의 코드 예(코드 8-2)와 같은 결과를 내는 코드를 만든 것입니다. JOIN을 사용하지 않아 원래 마스터 테이블의 행 수가 변할 걱정 자체가 없으므로, 테이블의 누락과 중복을 회피할 수 있습니다.

추가로 [코드 8-2]에서는 카테고리별 매출 테이블에 카테고리들의 순위(rank)를 사전에 컬럼으로 저장했지만, 상관 서브쿼리의 경우 내부에서 ORDER BY 구문과 LIMIT 구문을 사용하면 사전 처리를 하지 않고도 데이터를 하나로 압축할 수 있습니다.

코드 8-4 상관 서브쿼리로 여러 개의 테이블을 가로로 정렬하는 쿼리

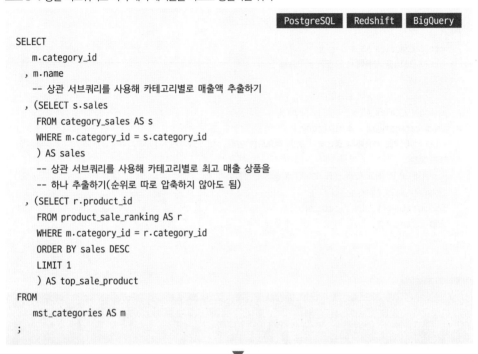

```
                                        PostgreSQL   Redshift   BigQuery
SELECT
    m.category_id
  , m.name
    -- 상관 서브쿼리를 사용해 카테고리별로 매출액 추출하기
  , (SELECT s.sales
     FROM category_sales AS s
     WHERE m.category_id = s.category_id
     ) AS sales
    -- 상관 서브쿼리를 사용해 카테고리별로 최고 매출 상품을
    -- 하나 추출하기(순위로 따로 압축하지 않아도 됨)
  , (SELECT r.product_id
     FROM product_sale_ranking AS r
     WHERE m.category_id = r.category_id
     ORDER BY sales DESC
     LIMIT 1
     ) AS top_sale_product
FROM
    mst_categories AS m
;
```

▼

실행결과

```
category_id | name | sales  | top_sale_product
------------+------+--------+------------------
          1 | dvd  | 850000 | D001
          2 | cd   | 500000 | C001
          3 | book |        |
```

3 조건 플래그를 0과 1로 표현하기

SQL CASE 식, SIGN 함수

여기서는 이전 절에서 설명한 여러 개의 테이블을 가로로 정렬하는 방법을 응용해서 마스터 테이블에 다양한 데이터를 집약하고, 마스터 테이블의 속성 조건을 0 또는 1이라는 플래그로 표현하는 방법을 소개하겠습니다.

예를 들어 다음 데이터 예처럼 신용카드 번호를 포함한 마스터 테이블(데이터 8-6)에 구매 로그 테이블(데이터 8-7)을 결합해서 사용자들의 '신용카드 번호 등록 여부', '구매 이력 여부'라는 두 가지 조건을 0과 1로 표현하는 방법을 살펴보겠습니다.

데이터 8-6 신용카드 번호를 포함한 사용자 마스터(mst_users_with_card_number) 테이블

```
 user_id  |   card_number
---------+---------------------------
 U001     | 1234-xxxx-xxxx-xxxx
 U002     |
 U003     | 5678-xxxx-xxxx-xxxx
```

데이터 8-7 구매 로그(purchase_log) 테이블

```
 purchase_id  | user_id  | amount  |   stamp
-------------+----------+--------+---------------------
       10001  | U001     |    200  | 2017-01-30 10:00:00
       10002  | U001     |    500  | 2017-02-10 10:00:00
       10003  | U001     |    200  | 2017-02-12 10:00:00
       10004  | U002     |    800  | 2017-03-01 10:00:00
       10005  | U002     |    400  | 2017-03-02 10:00:00
```

사용자 마스터에 구매 로그를 결합할 때 LEFT JOIN을 사용한 뒤 사용자 ID로 GROUP BY 하면, 사용자 마스터의 레코드 수를 그대로 유지한 상태로 구매 로그 정보를 결합할 수 있습니다. 이렇게 얻은 테이블을 기반으로 조건 플래그를 0과 1이라는 값으로 변환하는 방법은 크게 두 가지인데요. 첫 번째는 CASE 식을 사용하는 방법, 두 번째는 SIGN 함수를 사용해 숫자를

0과 1로 변환하는 방법입니다[11].

다음 코드 예는 CASE 식과 SIGN 함수로 신용카드 등록과 구매 이력 유무를 0과 1이라는 플래그로 나타내는 쿼리입니다. 신용 카드 번호를 등록하지 않은 경우 card_number 컬럼의 값이 NULL이므로, CASE 식을 사용해서 NULL이 아닐 경우에는 1, NULL이라면 0으로 변환하게 했습니다.

추가로 구매 횟수를 COUNT 함수로 계산하면 COUNT의 결과는 0 이상의 정수가 됩니다. 따라서 SIGN 함수를 사용하면 구매 이력 유무를 0과 1이라는 값으로 변환할 수 있습니다.

코드 8-5 신용 카드 등록과 구매 이력 유무를 0과 1이라는 플래그로 나타내는 쿼리

PostgreSQL　Hive　Redshift　BigQuery　SparkSQL

```sql
SELECT
  m.user_id
, m.card_number
, COUNT(p.user_id) AS purchase_count
  -- 신용 카드 번호를 등록한 경우 1, 등록하지 않은 경우 0으로 표현하기
, CASE WHEN m.card_number IS NOT NULL THEN 1 ELSE 0 END AS has_card
  -- 구매 이력이 있는 경우 1, 없는 경우 0으로 표현하기
, SIGN(COUNT(p.user_id)) AS has_purchased
FROM
  mst_users_with_card_number AS m
  LEFT JOIN
  purchase_log AS p
  ON m.user_id = p.user_id
GROUP BY m.user_id, m.card_number
;
```

▼

실행결과

user_id	card_number	purchase_count	has_card	has_purchased
U001	1234-xxxx-xxxx-xxxx	3	1	1
U002		2	0	1
U003	5678-xxxx-xxxx-xxxx	0	1	0

---

11 역자주_ SIGN 함수로 어떻게 플래그를 나타내는지 의문이 들 수 있는데요. 0 이상의 숫자라면 '0'은 0으로 변환되고, '1 이상의 숫자'는 1로 변환되는 것을 활용하는 것입니다.

4 계산한 테이블에 이름 붙여 재사용하기

`SQL` CTE(WITH 구문)

복잡한 처리를 하는 SQL문을 작성할 때는 서브 쿼리의 중첩이 많아집니다. 비슷한 처리를 여러 번 하는 경우도 있는데요. 이렇게 되면 쿼리의 가독성이 굉장히 낮아집니다. 이때 SQL99에서 도입된 공통 테이블 식(CTE: Common Table Expression)을 사용하면 일시적인 테이블에 이름을 붙여 재사용할 수 있습니다. 그리고 이를 활용하면 코드의 가독성이 크게 높아집니다.

이번 절에서는 다음과 같은 카테고리별 상품 매출 정보를 사용해 카테고리별 순위를 가로로 전개하고, 'DVD', 'CD', 'BOOK' 카테고리의 상품 매출 순위를 한번에 볼 수 있는 형식으로 변환하는 방법을 알아보겠습니다.

데이터 8-8 카테고리별 상품 매출(product_sales) 테이블

```
category_name | product_id | sales
--------------+------------+-------
dvd           | D001       | 50000
dvd           | D002       | 20000
dvd           | D003       | 10000
cd            | C001       | 30000
cd            | C002       | 20000
cd            | C003       | 10000
book          | B001       | 20000
book          | B002       | 15000
book          | B003       | 10000
book          | B004       |  5000
```

카테고리별 순위를 윈도 함수로 계산하고, JOIN을 사용해 같은 순위의 상품을 가로로 나타내는 방법을 살펴봅시다.

다음 코드는 일단 ROW_NUMBER 함수를 사용해 카테고리별로 순위를 붙입니다. 그리고 CTE 구문을 사용해 만들어진 테이블에 product_sale_ranking이라는 이름을 붙입니다. CTE 구문은 WITH 구문을 사용해 'WITH 〈테이블 이름〉 AS (SELECT ~)' 형태로 사용하는 구문입니다.

코드 8-6 카테고리별 순위를 추가한 테이블에 이름 붙이기

PostgreSQL Hive Redshift BigQuery SparkSQL

```
WITH
product_sale_ranking AS (
  SELECT
      category_name
    , product_id
    , sales
    , ROW_NUMBER() OVER(PARTITION BY category_name ORDER BY sales DESC) AS rank
  FROM
    product_sales
)
SELECT *
FROM product_sale_ranking
;
```

▼

실행결과

```
category_name | product_id | sales | rank
--------------+------------+-------+------
book          | B001       | 20000 |   1
book          | B002       | 15000 |   2
book          | B003       | 10000 |   3
book          | B004       |  5000 |   4
cd            | C001       | 30000 |   1
cd            | C002       | 20000 |   2
cd            | C003       | 10000 |   3
dvd           | D001       | 50000 |   1
dvd           | D002       | 20000 |   2
dvd           | D003       | 10000 |   3
```

카테고리들의 매출에 순위를 붙인 product_sale_ranking 테이블이 만들어졌으면, 테이블을 자기 결합해서 카테고리의 수만큼 넓게 펼칩니다. 다만 카테고리들에 포함된 상품의 수가 다르므로, 최대 상품 수에 맞는 결과를 계산할 수 있게 순위의 유니크한 목록을 계산해 두겠습니다.

다음 코드는 카테고리들의 순위에서 유니크한 순위 목록을 계산하는 쿼리입니다. WITH 구문을 사용해서 여러 테이블을 정의할 때는 쉼표를 사용해 테이블을 나열합니다.

코드 8-7 카테고리들의 순위에서 유니크한 순위 목록을 계산하는 쿼리

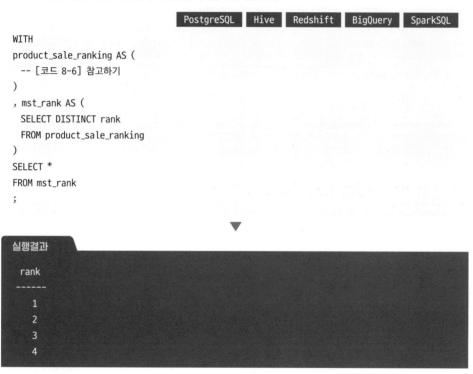

```
WITH
product_sale_ranking AS (
  -- [코드 8-6] 참고하기
)
, mst_rank AS (
  SELECT DISTINCT rank
  FROM product_sale_ranking
)
SELECT *
FROM mst_rank
;
```

실행결과

```
rank
------
   1
   2
   3
   4
```

유니크한 순위 목록을 구했으면, 이어서 'DVD', 'CD', Book' 카테고리의 순위를 LEFT JOIN으로 결합합니다. 다음 예제는 카테고리별로 순위를 가로로 넓게 출력하는 쿼리입니다.

코드 8-8 카테고리들의 순위를 횡단적으로 출력하는 쿼리

`PostgreSQL`　`Hive`　`Redshift`　`BigQuery`　`SparkSQL`

```
WITH
product_sale_ranking AS (
  -- [코드 8-6] 참고하기
)
, mst_rank AS (
  -- [코드 8-7] 참고하기
)
SELECT
   m.rank
 , r1.product_id AS dvd
 , r1.sales      AS dvd_sales
 , r2.product_id AS cd
 , r2.sales      AS cd_sales
 , r3.product_id AS book
 , r3.sales      AS book_sales
FROM
   mst_rank AS m
 LEFT JOIN
   product_sale_ranking AS r1
   ON m.rank = r1.rank
   AND r1.category_name = 'dvd'
 LEFT JOIN
   product_sale_ranking AS r2
   ON m.rank = r2.rank
   AND r2.category_name = 'cd'
 LEFT JOIN
   product_sale_ranking AS r3
   ON m.rank = r3.rank
   AND r3.category_name = 'book'
ORDER BY m.rank
;
```

▼

실행결과

```
 rank | dvd  | dvd_sales | cd   | cd_sales | book | book_sales
------+------+-----------+------+----------+------+------------
    1 | D001 |     50000 | C001 |    30000 | B001 |      20000
    2 | D002 |     20000 | C002 |    20000 | B002 |      15000
    3 | D003 |     10000 | C003 |    10000 | B003 |      10000
    4 |      |           |      |          | B004 |       5000
```

[코드 8-8]은 CTE를 사용해 만든 product_sale_ranking 테이블을 여러 번 사용했습니다. 만약 CTE를 사용하지 않고 이러한 처리를 하려면 ROW_NUMBER로 순위를 계산하는 처리를 여러 번 작성해야 하므로, 가독성이 굉장히 떨어질 것입니다. 따라서 가독성이 높고 보수하기 쉬운 코드를 만들고 싶다면 CTE를 적극적으로 활용해주세요.

참고로, 많이 사용되는 일시 테이블은 아예 물리적인 테이블로 저장하는 것이 재사용 측면과 성능 측면에서 모두 좋습니다. 하지만 분석 담당자가 테이블을 생성할 수 있는 권한이 없는 경우가 꽤 있습니다. 따라서 그런 경우에는 이번 절의 내용처럼 일시 테이블을 활용하기 바랍니다.

5 유사 테이블 만들기

SQL UNION ALL 구문, VALUES 구문, explode 함수, generate_series 함수

분석을 하다 보면 '이런 테이블을 만들면, 이런 리포트를 만들 수 있을지도 몰라' 등의 생각이 떠오르는 경우가 많을 것입니다. 그런데 사용자에 따라서는 테이블 생성 권한이 없어서 그러한 아이디어를 포기할 수밖에 없는 경우가 많습니다.

이러한 때 유사 테이블을 만들면 테스트와 작업 효율을 크게 향상시킬 수 있습니다.

임의의 레코드를 가진 유사 테이블 만들기

이번 절에서는 코드 값과 레이블 조합을 유사 테이블로 만들고 집계하는 방법을 소개하겠습니다. 다음 코드는 SELECT 구문으로 유사 테이블을 만드는 방법입니다.

코드 8-9 디바이스 ID와 이름의 마스터 테이블을 만드는 쿼리

PostgreSQL Hive Redshift BigQuery SparkSQL

```
WITH
mst_devices AS (
```

```
        SELECT 1 AS device_id, 'PC' AS device_name
 UNION ALL SELECT 2 AS device_id, 'SP' AS device_name
 UNION ALL SELECT 3 AS device_id, '애플리케이션' AS device_name
)
SELECT *
FROM mst_devices
;
```

▼

```
 device_id | device_name
-----------+-------------
         1 | PC
         2 | SP
         3 | 애플리케이션
```

앞의 의사 테이블을 사용해, 5강 1절에서 소개한 코드를 다시 작성하면 다음과 같습니다.

코드 8-10 의사 테이블을 사용해 코드를 레이블로 변환하는 쿼리

| PostgreSQL | Hive | Redshift | BigQuery | SparkSQL |

```
WITH
mst_devices AS (
  -- [코드 8-9] 참고하기
)
SELECT
    u.user_id
  , d.device_name
FROM
    mst_users AS u
  LEFT JOIN
    mst_devices AS d
    ON u.register_device = d.device_id
;
```

앞의 코드 예는 표준 SQL을 준수하며 대부분의 미들웨어에서 작동합니다. 다만 UNION ALL
은 처리가 비교적 무거우므로 레코드 수가 많아지면 성능 문제가 발생할 수 있습니다.

| VALUES 구문을 사용한 유사 테이블 만들기 |

각 미들웨어에서 구현하고 있는 확장 기능을 사용하면 앞의 쿼리의 성능을 개선할 수 있습니다. PostgreSQL에서는 INSERT 구문 이외에도 VALUES 구문을 사용해 레코드를 만들 수 있으므로 다음과 같이 작성할 수 있습니다. 성능적으로 좋을 뿐만 아니라 코드도 굉장히 간단해졌습니다.

코드 8-11 VALUES 구문을 사용해 동적으로 테이블을 만드는 쿼리

`PostgreSQL`

```
WITH
mst_devices(device_id, device_name) AS (
  VALUES
    (1 , 'PC' )
  , (2 , 'SP' )
  , (3 , '애플리케이션')
)
SELECT *
FROM mst_devices
;
```

| 배열형 테이블 함수를 사용한 유사 테이블 만들기 |

VALUES 구문을 사용할 수 없는 미들웨어의 경우에는 구조화된 데이터를 테이블에 전개하는 함수를 사용해 동적으로 테이블을 만들 수 있습니다. 예를 들어 Hive에서는 구조화된 array 자료형을 사용해서 데이터를 정의하고, explode 함수를 사용해 테이블로 전개할 수 있습니다. array 자료형과 explode 함수를 사용해 작성하면 다음과 같습니다.

코드 8-12 배열과 explode 함수를 사용해 동적으로 테이블을 만드는 쿼리

`Hive` `SparkSQL`

```
WITH
mst_devices AS (
 SELECT
    -- 배열를 열로 전개하기
    d[0] AS device_id
  , d[1] AS device_name
 FROM
    -- 배열를 테이블로 전개하기
```

```
  (SELECT explode(
    array(
      array('1' , 'PC' )
    , array('2' , 'SP' )
    , array('3' , '애플리케이션')
    )) d
  ) AS t
)
SELECT *
FROM mst_devices
;
```

컬럼 값을 배열로 정의하려면 모든 데이터를 같은 자료형으로 정의해야 합니다. [코드 8-12]
에서는 모두 문자열 자료형으로 정의했습니다. 일반적으로 문제는 없지만, 다른 자료형을 조합
해서 테이블을 작성하는 경우 SELECT 구문 내부에서 자료형을 변환하거나, 다음 코드 예처럼
컬럼 이름이 복잡하기는 하지만 map 자료형을 사용해 컬럼 값을 유지하도록 합시다.

코드 8-13 map 자료형과 explode 함수를 사용해 통적으로 테이블을 작성하는 쿼리

`Hive` `SparkSQL`

```
WITH
mst_devices AS (
 SELECT
    -- map 자료형의 데이터를 열로 전개하기
    d['device_id'] AS device_id
  , d['device_name'] AS device_name
 FROM
    -- 배열를 테이블로 전개하기
   (SELECT explode(
    array(
      map('device_id', '1' , 'device_name', 'PC' )
    , map('device_id', '2' , 'device_name', 'SP' )
    , map('device_id', '3' , 'device_name', '애플리케이션')
    )) d
   ) AS t
)
SELECT *
FROM mst_devices
;
```

순번을 사용해 테이블 작성하기

지금까지 레코드를 직접 정의해서 유사 테이블을 작성하는 방법을 설명했습니다. 하지만 레코드의 수가 다르면, 테이블 작성과 쿼리 관리가 조금 귀찮아집니다.

일부 미들웨어에는 순번을 자동 생성하는 테이블 함수가 구현되어 있습니다. 이러한 테이블 함수를 사용하면 임의의 레코드 수를 가진 유사 테이블도 쉽게 만들 수 있습니다. 다음 코드 예는 순번을 가진 유사 테이블을 작성하는 쿼리입니다. generate_series 함수는 PostgreSQL에서만 지원하는데요. Redshift에서도 리더 노드로 실행될 경우 동작하기도 합니다.

코드 8-14 순번을 가진 유사 테이블을 작성하는 쿼리

`PostgreSQL` `BigQuery`

```
WITH
series AS (
  -- 1부터 5까지의 순번 생성하기
  -- ■ PostgreSQL의 경우 generate_series 사용하기
  SELECT generate_series(1, 5) AS idx
-- ■ BigQuery의 경우 generate_array 사용하기
  -- SELECT idx FROM unnest(generate_array(1, 5)) AS idx
)
SELECT *
FROM series
;
```

▼

```
실행결과

 idx
-----
  1
  2
  3
  4
  5
```

Hive, SparkSQL에는 generate_series 함수가 구현되어 있지 않으므로 앞의 쿼리가 동작하지 않습니다. 하지만 간단한 트릭을 사용하면 비슷한 방법으로 테이블을 작성할 수 있습니다.

다음 코드 예는 지정 문자열을 n번 반복하는 repeat 함수를 응용해서, split 함수와 조합해서

임의의 길이를 가진 배열을 생성하고, explode 함수로 행으로 전개한 후 ROW_NUMBER 함수로 순번을 붙입니다. 이렇게 하면 generate_series와 같은 결과를 얻을 수 있습니다.

코드 8-15 repeat 함수를 응용해서 순번을 작성하는 쿼리

`Hive` `SparkSQL`

```sql
SELECT
  ROW_NUMBER() OVER(ORDER BY x) AS idx
FROM
  -- repeat 함수와 split 함수를 조합해서 임의의 길이를 가진 배열을 생성하고
  -- explode로 전개하기
  (SELECT explode(split(repeat('x', 5 - 1), 'x')) AS x) AS t
;
```

실행결과

```
Idx
-----
  1
  2
  3
  4
  5
```

정리

유사 테이블이 편리하다고 해서 같은 유사 테이블을 여러 SQL에서 활용하면 SQL을 일괄 관리하기 힘들어질 수 있습니다. 따라서 많이 사용되는 유사 테이블은 별도의 일반 테이블로 정의해두도록 합시다.

매출을 파악하기 위한
데이터 추출

매출을 파악하는 작업은 웹사이트, 각종 서비스의 상태를 파악할 때 굉장히 중요
합니다. 4장에서는 매출을 파악하기 위한 SQL을 알아보겠습니다. 참고로 이번
4장의 내용은 매출뿐만 아니라 다양하게 응용할 수 있습니다.

시계열 기반으로 데이터 집계하기

분석 현장에서는 시계열로 매출 금액, 사용자 수, 페이지 뷰 등의 다양한 데이터를 집계하는 경우가 많습니다. 이는 웹사이트 또는 서비스의 상태를 파악할 때 굉장히 중요한 작업입니다.

예를 들어 매일 매출을 단순하게 수치로만 확인하면 장기적인 관점에서 어떤 경향이 있는지 알 수 없습니다. 하지만 시계열로 매출 금액을 집계하면 어떤 규칙성을 찾을 수도 있으며, 어떤 기간과 비교했을 때 변화폭을 확인할 수도 있습니다.

추가로 이번 9강에서는 데이터의 집약뿐만 아니라, 변화를 이해하기 쉽게 표현할 수 있는 리포팅 방법과 관련된 내용도 소개합니다. 이번에 소개하는 리포팅 방법을 사용하면, 매출을 단순한 꺾은선 그래프로 나타냈을 때는 찾아내기 힘든 변화를 명확하게 시각적으로 확인할 수 있습니다.

먼저 EC 사이트 데이터를 샘플로 시계열로 매출을 평가하는 리포트를 설명하고, 그러한 리포트를 만들 때 사용하는 SQL을 설명하겠습니다.

샘플 데이터

2014년부터 2015년까지 2년에 걸친 매출 데이터를 샘플로 설명하겠습니다. 다음 [데이터 9-1]의 'purchase_log' 샘플데이터를 사용해서 다양한 매출 리포트를 만들어봅시다.

데이터 9-1 purchase_log

```
     dt     | order_id |   user_id   | purchase_amount
------------+----------+-------------+-----------------
 2014-01-01 |        1 | rhwpvvitou  |           13900
 2014-01-01 |        2 | hqnwoamzic  |           10616
 2014-01-02 |        3 | tzlmqryunr  |           21156
 2014-01-02 |        4 | wkmqqwbyai  |           14893
 2014-01-03 |        5 | ciecbedwbq  |           13054
 2014-01-03 |        6 | svgnbqsagx  |           24384
 2014-01-03 |        7 | dfgqftdocu  |           15591
 2014-01-04 |        8 | sbgqlzkvyn  |            3025
 2014-01-04 |        9 | lbedmngbol  |           24215
 2014-01-04 |       10 | itlvssbsgx  |            2059
 2014-01-04 |       11 | uwvexwncwp  |            7324
 2014-01-04 |       12 | nvlntuwtaz  |            9521
...
```

1 날짜별 매출 집계하기

SQL GROUP BY 구문, SUM 함수, AVG 함수

분석 합계, 평균

매출을 집계하는 업무에서는 가로 축에 날짜, 세로 축에 금액을 표현하는 그래프를 사용합니다. 날짜별로 매출을 집계하고, 동시에 평균 구매액을 집계하고, 다음 그림과 같은 리포트를 생성하는 SQL을 소개하겠습니다.

참고로 다음 그림에는 표시되지 않았지만 COUNT 함수로 구매 횟수도 추출해보겠습니다.

그림 9-1 날짜별 매출과 평균 구매액 추이

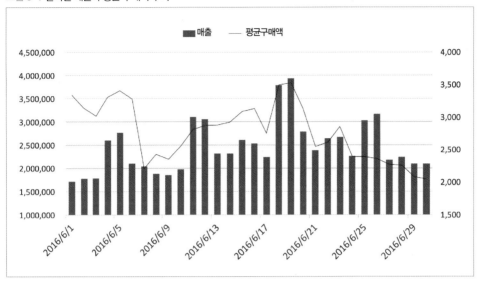

코드 9-1 날짜별 매출과 평균 구매액을 집계하는 쿼리

| PostgreSQL | Hive | Redshift | BigQuery | SparkSQL |

```sql
SELECT
    dt
  , COUNT(*) AS purchase_count
  , SUM(purchase_amount) AS total_amount
  , AVG(purchase_amount) AS avg_amount
FROM purchase_log
GROUP BY dt
ORDER BY dt
;
```

▼

실행결과

```
    dt      | purchase_count | total_amount |  avg_amount
------------+----------------+--------------+-------------
 2014-01-01 |              2 |        24516 |    12258.00
 2014-01-02 |              2 |        36049 |    18024.50
 2014-01-03 |              3 |        53029 |    17676.33
 2014-01-04 |              3 |        29299 |     9766.33
 2014-01-05 |              3 |        48256 |    16085.33
 ...
```

이번에 살펴본 내용은 매출 이외에도 소셜 게임에서의 포인트 소비, EC 사이트에서의 쿠폰과 포인트 소비 추이 등에도 적용할 수 있습니다. 추가로 자료 청구, 신청처럼 합계와 평균 대상이 없는 경우에는 COUNT 함수로 추이를 확인하면 됩니다.

2 이동평균을 사용한 날짜별 추이 보기

SQL OVER(ORDER BY ~)
분석 이동평균

앞서 살펴보았던 날짜별 매출 리포트에서는 매출이 주기적으로 높아지는 날이 있습니다. 다음 그림은 토요일이나 일요일과 같은 주말에 매출이 크게 변동하는 서비스의 매출 리포트입니다. 그런데 이러한 그래프로는 매출이 상승하는 경향이 있는지, 하락하는 경향이 있는지 판단하기 어렵습니다. 이러한 경우에는 7일 동안의 평균 매출을 사용한 '7일 이동평균'으로 표현하는 것이 좋습니다.

그림 9-2 날짜별 매출과 7일 이동평균 그래프

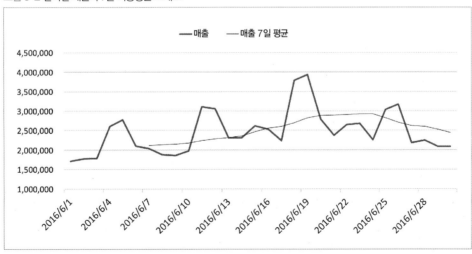

코드 9-2 날짜별 매출과 7일 이동평균을 집계하는 쿼리

| PostgreSQL | Hive | Redshift | BigQuery | SparkSQL |

```
SELECT
    dt
, SUM(purchase_amount) AS total_amount

  -- 최근 최대 7일 동안의 평균 계산하기
, AVG(SUM(purchase_amount))
    OVER(ORDER BY dt ROWS BETWEEN 6 PRECEDING AND CURRENT ROW)
    AS seven_day_avg

  -- 최근 7일 동안의 평균을 확실하게 계산하기
, CASE
    WHEN
      7 = COUNT(*)
      OVER(ORDER BY dt ROWS BETWEEN 6 PRECEDING AND CURRENT ROW)
    THEN
      AVG(SUM(purchase_amount))
      OVER(ORDER BY dt ROWS BETWEEN 6 PRECEDING AND CURRENT ROW)
    END
    AS seven_day_avg_strict
FROM purchase_log
GROUP BY dt
ORDER BY dt
;
```

▼

실행결과

```
    dt     | total_amount | seven_day_avg_amount | seven_day_avg_amount_strict
-----------+--------------+----------------------+----------------------------
2014-01-01 |    24516     |       24516.00       |
2014-01-02 |    36049     |       30282.50       |
2014-01-03 |    53029     |       37864.66       |
2014-01-04 |    29299     |       35723.25       |
2014-01-05 |    48256     |       38229.80       |
2014-01-06 |    29440     |       36764.83       |
2014-01-07 |    47679     |       38324.00       |          38324.00
2014-01-08 |    19760     |       37644.57       |          37644.57
2014-01-09 |    22944     |       35772.42       |          35772.42
2014-01-10 |    27923     |       32185.85       |          32185.85
2014-01-11 |    55328     |       35904.28       |          35904.28
2014-01-12 |    39852     |       34703.71       |          34703.71
2014-01-13 |    47581     |       37295.28       |          37295.28
```

```
2014-01-14 |    28686  |     34582.00  |        34582.00
2014-01-15 |    29469  |     35969.00  |        35969.00
2014-01-16 |    48931  |     39681.42  |        39681.42
2014-01-17 |    42835  |     41811.71  |        41811.71
...
```

참고로 코드 예의 seven_day_avg는 과거 7일분의 데이터를 추출할 수 없는 첫 번째 6일간에 대해 해당 6일만을 가지고 평균을 구하고 있습니다. 만약 7일의 데이터가 모두 있는 경우에만 7일 이동평균을 구하고자 한다면 seven_day_avg_strinct를 사용하기 바랍니다.

원포인트

이동평균만으로 리포트로 작성하면 날짜별로 변동을 파악하기 힘듭니다. 날짜별로 추이와 이동평균을 함께 표현해 리포트를 만드는 것이 좋습니다.

3 당월 매출 누계 구하기

SQL OVER(PARTITION BY ~ ORDER BY ~)

분석 누계

월별로 목표를 설정하는 현장에서는 날짜별로 매출뿐만 아니라, 해당 월에 어느 정도의 매출이 누적되었는지를 동시에 확인할 수 있어야 합니다. 지금부터 날짜별로 매출을 집계하고, 해당 월의 누계를 구하는 리포트를 만드는 방법에 대해 알아보겠습니다.

날짜별로 매출뿐만 아니라, 다음 그림과 같은 리포트를 통해 당월 매출 누계도 함께 표현하려면 윈도 함수를 사용해야 합니다.

그림 9-3 날짜별 매출과 월별 누계 매출 그래프

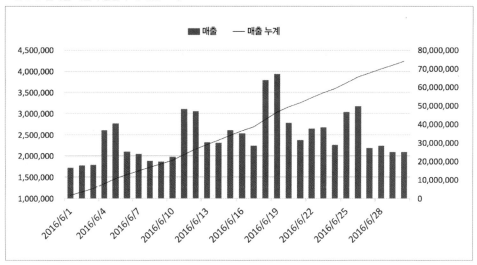

코드 9-3 날짜별 매출과 당월 누계 매출을 집계하는 쿼리

`PostgreSQL` `Hive` `Redshift` `BigQuery` `SparkSQL`

```
SELECT
    dt
  -- '연-월' 추출하기
  -- ■ PostgreSQL, Hive, Redshift, SparkSQL의 경우 substring로 '연-월' 부분 추출하기
  , substring(dt, 1, 7) AS year_month
  -- ■ PostgreSQL, Hive, BigQuery, SparkSQL의 경우 substr 사용하기
  -- , substr(dt, 1, 7) AS year_month
  , SUM(purchase_amount) AS total_amount
  , SUM(SUM(purchase_amount))
      -- ■ PostgreSQL, Hive, Redshift, SparkSQL의 경우는 다음과 같다.
      OVER(PARTITION BY substring(dt, 1, 7) ORDER BY dt ROWS UNBOUNDED PRECEDING)
      -- ■ BigQuery의 경우 substring를 substr로 수정하기
      -- OVER(PARTITION BY substr(dt, 1, 7) ORDER BY dt ROWS UNBOUNDED PRECEDING)
    AS agg_amount
FROM
  purchase_log
GROUP BY dt
ORDER BY dt
;
```

▼

```
    dt     | year_month | total_amount | agg_amount
-----------+------------+--------------+------------
2014-01-01 | 2014-01    |        24516 |      24516
2014-01-02 | 2014-01    |        36049 |      60565
2014-01-03 | 2014-01    |        53029 |     113594
2014-01-04 | 2014-01    |        29299 |     142893
2014-01-05 | 2014-01    |        48256 |     191149
2014-01-06 | 2014-01    |        29440 |     220589
2014-01-07 | 2014-01    |        47679 |     268268
2014-01-08 | 2014-01    |        19760 |     288028
2014-01-09 | 2014-01    |        22944 |     310972
2014-01-10 | 2014-01    |        27923 |     338895
...
```

이 쿼리에서는 날짜별 매출과 월별 누계 매출을 동시에 집계하고자 substring 함수를 사용해 날짜에서 '연과 월' 부분을 추출했습니다.

이어서 GROUP BY dt로 날짜별로 집계한 합계 금액 SUM(purchase_amount)에 SUM 윈도 함수를 적용해서, SUM(SUM(purchase_amount)) OVER (ORDER BY dt)로 날짜 순서대로 누계 매출을 계산합니다. 추가로 매월 누계를 구하기 위해 OVER 구에 PARTITION BY substring(dt, 1, 7)을 추가해 월별로 파티션을 생성했습니다.

이전 코드에 큰 문제는 없지만, 가독성 측면에서 수정할 수 있는 부분이 있습니다. 반복해서 나오는 SUM(purchase_amount)과 SUBSTR(dt, 1, 7)을 WITH 구문으로 외부로 빼고, 알기 쉽게 이름을 붙여봅시다.

추가로 substring 함수로 연과 월을 추출하는 부분은 '연', '월', '일'이라는 3개로 분할하고 결합하는 방법을 사용했습니다. 이렇게 하면 이후 분석할 때 편리하게 사용할 수 있을 것입니다.

코드 9-4 날짜별 매출을 일시 테이블로 만드는 쿼리

| PostgreSQL | Hive | Redshift | BigQuery | SparkSQL |

```
WITH
daily_purchase AS (
  SELECT
    dt
    -- '연', '월', '일'을 각각 추출하기
    -- ■ PostgreSQL, Hive, Redshift, SparkSQL의 경우 다음과 같이 작성하기
    -- ■ BigQuery의 경우 substring을 substr로 수정하기
    , substring(dt, 1, 4) AS year
    , substring(dt, 6, 2) AS month
    , substring(dt, 9, 2) AS date
    , SUM(purchase_amount) AS purchase_amount
    , COUNT(order_id) AS orders
  FROM purchase_log
  GROUP BY dt
)
SELECT
  *
FROM
  daily_purchase
ORDER BY dt
;
```

▼

실행결과

```
    dt      | year | month | date | purchase_amount | orders
------------+------+-------+------+-----------------+---------
 2014-01-01 | 2014 | 01    | 01   |           24516 | 2
 2014-01-02 | 2014 | 01    | 02   |           36049 | 2
 2014-01-03 | 2014 | 01    | 03   |           53029 | 3
 2014-01-04 | 2014 | 01    | 04   |           29299 | 3
 2014-01-05 | 2014 | 01    | 05   |           48256 | 3
...
```

날짜를 연, 월, 일로 분할하고 날짜별로 합계 금액을 계산한 일시 테이블을 daily_purchase라고 부릅시다. 다음 코드는 daily_purchase 테이블을 사용해 당월 매출 누계를 집계하는 쿼리입니다. 이번 절의 시작 부분에서 소개한 쿼리와 결과는 같지만, SELECT 구문 내부에 있는 컬럼의 의미를 쉽게 이해할 수 있다는 장점이 있습니다.

코드 9-5 daily_purchse 테이블에 대해 당월 누계 매출을 집계하는 쿼리

`PostgreSQL` `Hive` `Redshift` `BigQuery` `SparkSQL`

```
WITH
daily_purchase AS (
 -- [코드 9-4] 참고하기
)
SELECT
  dt
, concat(year, '-', month) AS year_month
   -- ■ Redshift의 경우는 concat 함수를 조합해서 사용하기 또는 || 연산자 사용하기
   -- , concat(concat(year, '-'), month) AS year_month
   -- , year || '-' || month AS year_month
, purchase_amount
, SUM(purchase_amount)
    OVER(PARTITION BY year, month ORDER BY dt ROWS UNBOUNDED PRECEDING)
   AS agg_amount
FROM daily_purchase
ORDER BY dt
;
```

▼

실행결과

```
    dt      | year_month | purchase_amount | agg_amount
------------+------------+-----------------+------------
 2014-01-01 | 2014-01    |           24516 |      24516
 2014-01-02 | 2014-01    |           36049 |      60565
 2014-01-03 | 2014-01    |           53029 |     113594
 2014-01-04 | 2014-01    |           29299 |     142893
 2014-01-05 | 2014-01    |           48256 |     191149
...
```

정리

서비스를 운용, 개발하기 위해 사용하는 SQL과 비교했을 때, 빅데이터 분석 SQL은 성능이 조금 떨어지더라도 가독성과 재사용성을 중시해서 작성하는 경우가 많습니다. 추가로 빅데이터 분석을 할 때는 SQL에 프로그램 개발 때 사용하는 '전처리'라는 사고 방식을 도입하는 경우도 많습니다.

4 월별 매출의 작대비 구하기

SQL SUM(CASE~END)
분석 작대비[1]

리포트 업무를 할 때는 일차, 월차, 연차 매출 리포트처럼 다양한 시점의 리포트를 만들게 됩니다. 이번에는 월별 매출 추이를 추출해서 작년의 해당 월의 매출과 비교해봅시다. 그리고 다음 그림처럼 매출이 어느 정도 상승하거나 하락했는지를 한 눈에 확인할 수 있는 리포트를 만드는 방법을 살펴봅시다.

그림 9-4 월별 매출과 작대비 그래프

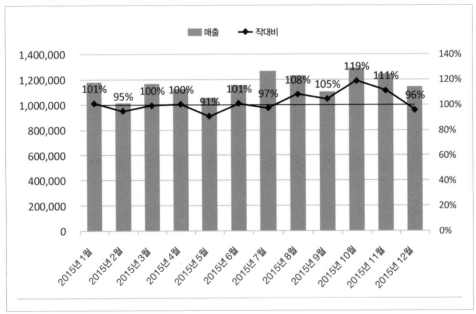

앞서 3절의 마지막 부분에서 만든 daily_purchase 테이블로 2015년 매출의 작대비를 계산하는 쿼리는 다음 [코드 9-6]과 같습니다. 2014년과 2015년의 월별 매출을 각각 계산하고, 월로 결합해서 작대비를 계산하는 방법도 있지만, 이번 절에서는 JOIN을 사용하지 않고 작대비를 계산하는 방법으로 소개하겠습니다.

---

1 역자주_ 작년 매출과 비교한 비율(작년 대비 비율)을 의미합니다.

일단 대상 데이터는 2014년과 2015년 데이터를 포함해 집계하고, 월마다 GROUP BY를 적용해서 매출액을 계산합니다. 매출액을 계산할 때 SUM 함수 내부에 CASE 식을 사용해서 2014년과 2015년 로그를 각각 압축하면, 2014년과 2015년의 월별 매출을 각각 다른 컬럼으로 출력할 수 있습니다.

마지막으로 2015년의 월별 매출을 2014년의 월별 매출로 나누어서 비율(작대비)을 계산합니다. 이때 6강 3절에서 소개한 방법을 사용해 소수점 이하 자리수를 출력할 수 있게 합니다.

코드 9-6 월별 매출과 작대비를 계산하는 쿼리

`PostgreSQL` `Hive` `Redshift` `BigQuery` `SparkSQL`

```
WITH
daily_purchase AS (
  -- [코드 9-4] 참고하기
)
SELECT
    month
, SUM(CASE year WHEN '2014' THEN purchase_amount END) AS amount_2014
, SUM(CASE year WHEN '2015' THEN purchase_amount END) AS amount_2015
, 100.0
    * SUM(CASE year WHEN '2015' THEN purchase_amount END)
    / SUM(CASE year WHEN '2014' THEN purchase_amount END)
    AS rate
FROM
  daily_purchase
GROUP BY month
ORDER BY month
;
```

▼

실행결과

```
month | amount_2014 | amount_2015 | rate
-------+-------------+-------------+--------
 01    |   1164751   |   1178122   | 101.14
 02    |   1068219   |   1015284   |  95.04
 03    |   1171437   |   1165606   |  99.50
 04    |   1125529   |   1128273   | 100.24
 05    |   1164479   |   1056663   |  90.74
 06    |   1146164   |   1156540   | 100.90
```

```
07   |    1303216   |   1268495   |  97.33
08   |    1137588   |   1230429   | 108.16
09   |    1056505   |   1104604   | 104.55
10   |    1084765   |   1289990   | 118.91
11   |    1118751   |   1245537   | 111.33
12   |    1193753   |   1143558   |  95.79
```

매출이 늘어났다고 해도 계절의 영향을 받아 늘었는지, 이벤트 등으로 인해 늘었는지 판단할 수 없습니다. 이렇게 작년과 비교했을 때 계절 트렌드로 매출이 늘어난 경우라도 전년대비 떨어졌다면 성장이 둔화했다고 판단할 수 있습니다.

5 Z 차트로 업적의 추이 확인하기

SQL SUM(CASE~END) OVER(ORDER BY~)
분석 Z 차트

고객에게 제공하는 서비스, 상품, 콘텐츠 중에는 계절에 따라 매출이 변동하는 경우가 있습니다. 이번 절에서 소개하는 Z 차트는 '월차매출', '매출누계', '이동년계'라는 3개의 지표로 구성되어, 계절 변동의 영향을 배제하고 트렌드를 분석하는 방법입니다.

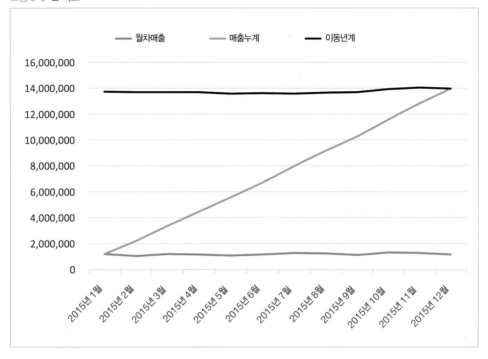

그림 9-5 Z 차트

Z 차트 작성

Z 차트를 작성할 때는 '월차매출', '매출누계', '이동년계'라는 3가지 지표가 필요합니다. 각 지표들은 다음과 같은 범위 내부를 기반으로 집계합니다.

| 월차매출 |

매출 합계를 월별로 집계합니다.

2016년												2017년		
1월	2월	3월	4월	5월	6월	7월	8월	9월	10월	11월	12월	1월	2월	3월
합계														
	합계													
		합계												

| 매출누계 |

해당 월의 매출에 이전월까지의 매출 누계를 합한 값입니다.

2016년												2017년		
1월	2월	3월	4월	5월	6월	7월	8월	9월	10월	11월	12월	1월	2월	3월
합계														
합계														
합계														

| 이동년계 |

해당 월의 매출에 과거 11개월의 매출을 합한 값입니다.

2015년												2016년		
1월	2월	3월	4월	5월	6월	7월	8월	9월	10월	11월	12월	1월	2월	3월
	2016년 1월의 이동년계													
		2016년 2월의 이동년계												
			2016년 3월의 이동년계											

각 지표를 계산하면 다음과 같은 표가 만들어집니다.

표 9-1 Z 차트의 지표를 집계한 표

연월	월차매출	매출누계	이동년계
2015년 1월	1,178,122	1,178,122	13,748,528
2015년 2월	1,015,284	2,193,406	13,695,593
2015년 3월	1,165,606	3,359,012	13,689,762
2015년 4월	1,128,273	4,487,285	13,692,506
2015년 5월	1,056,663	5,543,948	13,584,690
2015년 6월	…		

Z 차트를 분석할 때의 정리

| 매출누계에서 주목할 점 |

월차매출이 일정할 경우 매출누계는 직선이 됩니다. 가로축에서 오른쪽으로 갈수록 그래프의 기울기가 급해지는 곡선이라면 최근 매출이 상승하고 있다는 의미이며, 반대로 완만해지는 곡선이라면 최근 매출이 감소하고 있다는 의미입니다. 따라서 그래프에 표시된 기간 매출이 어떤 추이를 보이는지 확인할 수 있습니다([그림 9-6] 왼쪽).

| 이동년계에서 주목할 점 |

작년과 올해의 매출이 일정하다면 이동년계가 직선이 됩니다. 오른쪽 위로 올라간다면 매출이 오르는 경향이 있다는 뜻이고, 오른쪽 아래로 내려간다면 매출이 감소하는 경향이 있다는 뜻입니다. 그래프에 표시되지 않은 과거 1년 동안 매출이 어떤 추이를 가지는지도 읽어낼 수 있습니다([그림 9-6] 오른쪽).

그림 9-6 Z 차트를 읽는 포인트

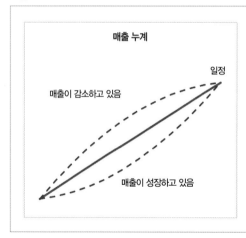
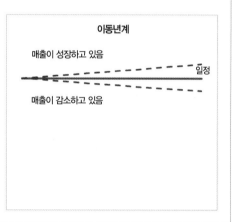

다양한 형태의 Z 차트

그럼 Z 차트의 패턴에 대해서 알아봅시다. Z 차트를 그리게 되면 다음과 같은 세 가지 형태의 그림이 나옵니다.

왼쪽 그래프는 매출이 거의 일정한 상태이므로 굉장히 예쁜 'Z' 모양을 나타냅니다. 중앙의 그래프는 기간 말에 매출이 성장한 상태를 나타냅니다. 월별매출, 매출누계, 이동년계 모두 오른쪽 위로 상승하는 모습을 알 수 있습니다. 그리고 오른쪽 그래프는 작년에 매출이 성장했지만, 올해 성장을 멈추고 2년 전과 같은 수준이 된 상태를 나타냅니다. 월별매출과 매출누계는 직선 형태를 나타내지만, 이동년계가 점점 내려가고 있습니다.

그림 9-7 다양한 형태의 Z 차트

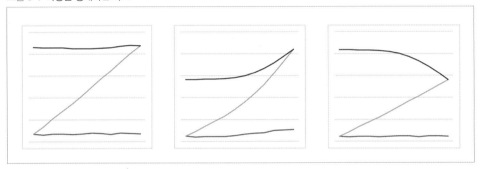

Z 차트를 작성하기 위한 지표 집계하기

Z 차트를 작성할 때 필요한 지표를 집계하는 SQL은 다음과 같습니다.

Z 차트에 필요한 지표는 월 단위로 집계하므로, 일단 구매 로그를 기반으로 월별 매출을 집계합니다. 이어서 각 월의 매출에 대해 누계매출과 이동년계를 계산합니다. 이동년계를 계산하려면 특정 월의 과거 1년치 매출 데이터가 필요하지만, 그래프를 그릴 때는 필요하지 않으므로 없는 데이터는 신경 쓰지 않아도 괜찮습니다.

`PostgreSQL` `Hive` `Redshift` `BigQuery` `SparkSQL`

```
WITH
daily_purchase AS (
 -- [코드 9-4] 참고하기
)
, monthly_amount AS (
 -- 월별 매출 집계하기
 SELECT
    year
  , month
  , SUM(purchase_amount) AS amount
 FROM daily_purchase
 GROUP BY year, month
)
, calc_index AS (
 SELECT
    year
  , month
  , amount
    -- 2015년의 누계 매출 집계하기
  , SUM(CASE WHEN year = '2015' THEN amount END)
      OVER(ORDER BY year, month ROWS UNBOUNDED PRECEDING)
    AS agg_amount
    -- 당월부터 11개월 이전까지의 매출 합계(이동년계) 집계하기
  , SUM(amount)
      OVER(ORDER BY year, month ROWS BETWEEN 11 PRECEDING AND CURRENT ROW)
    AS year_avg_amount
 FROM
   monthly_amount
 ORDER BY
   year, month
)
-- 마지막으로 2015년의 데이터만 압축하기
SELECT
    concat(year, '-', month) AS year_month
    -- ■ Redshift의 경우는 concat 함수를 조합해서 사용하기 또는 || 연산자 사용하기
    -- concat(concat(year, '-'), month) AS year_month
    -- year || '-' || month AS year_month
  , amount
  , agg_amount
  , year_avg_amount
FROM
  calc_index
WHERE
```

```
 year = '2015'
ORDER BY
 year_month
;
```

▼

```
 year_month | amount   | agg_amount  | year_avg_amount
------------+----------+-------------+-----------------
 2015-01    | 1178122  |  1178122    |    13748528
 2015-02    | 1015284  |  2193406    |    13695593
 2015-03    | 1165606  |  3359012    |    13689762
 2015-04    | 1128273  |  4487285    |    13692506
 2015-05    | 1056663  |  5543948    |    13584690
 2015-06    | 1156540  |  6700488    |    13595066
 2015-07    | 1268495  |  7968983    |    13560345
 2015-08    | 1230429  |  9199412    |    13653186
 2015-09    | 1104604  | 10304016    |    13701285
 2015-10    | 1289990  | 11594006    |    13906510
 2015-11    | 1245537  | 12839543    |    14033296
 2015-12    | 1143558  | 13983101    |    13983101
```

2015년의 누계 매출을 계산하고자, SUM 함수 내부에서 CASE 식을 사용해 2015년의 매출만 압축하고 SUM 윈도 함수를 사용해서 누계를 계산했습니다.

추가로 이동년계를 계산하고자, 마찬가지로 SUM 윈도 함수를 사용했습니다. 이때 당월을 포함한 과거 11개월의 매출 합계를 구해야 하므로, ROWS BETWEEN 11 PRECEDING AND CURRENT ROW를 지정해서, 현재 행에서 11행 이전까지의 데이터 합계를 구했습니다.

참고로 현재 예제는 2016년의 모든 날에 매출이 존재할 것이라는 전제로 쿼리를 만들었습니다. 매출 데이터가 존재하지 않는 월이 있다면, 2015년의 누계 매출을 계산하는 부분처럼 SUM 함수 내부에서 CASE 식을 사용해서 집계 대상을 압축해야 합니다.

정리

계절 트렌드 영향을 제외하고, 매출의 성장 또는 쇠퇴를 다양한 각도에서 살펴볼 때는 Z 차트를 사용하는 것이 좋습니다. 매일 확인해야 할 그래프는 아니지만 주기적으로는 살펴보기 바랍니다.

6 매출을 파악할 때 중요 포인트

매출 집계만으로는 매출의 상승과 하락밖에 알 수 없습니다. 따라서 매출의 상승/하락에 관한 본질적인 이유를 알 수 없습니다. 매출이라는 결과의 원인이라 할 수 있는 구매 횟수, 구매 단가 등의 주변 데이터를 고려해야 '왜'라는 이유를 알 수 있습니다. 따라서 매출 리포트가 필요하다면 주변 데이터를 함께 포함해서 리포트를 만드는 것이 좋습니다.

그림 9-8 매출을 파악할 때 중요한 포인트

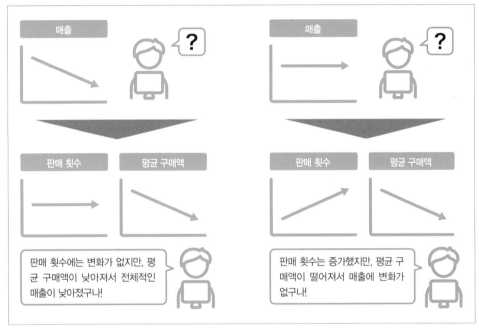

앞의 그림처럼 매출 변화의 '이유'를 안다면, 관련 데이터 분석을 통해 원인을 확인하고 개선할 수 있습니다. 관련 데이터라는 말이 약간 애매하게 들릴 수 있는데요. 판매 횟수에 변화가 있다면 방문 횟수, 상품 수, 회원 등록 수를 확인해서 판매 횟수의 상승과 하강 이유를 찾을 수 있을 것입니다. 또한 평균 구매액이라면, 기간 내에 판매된 상품의 내역을 확인해서 수치에 대한 근거를 찾을 수 있을 것입니다.

이번 절에서 소개한 SQL을 사용해서 다음 표와 같은 데이터를 추출하면 현장의 요구에 신속하게 대응할 수 있습니다. 추가로 하나의 SQL을 여러 용도로 사용할 수 있게 해두면 다방면으로 활용할 수 있을 것입니다.

표 9-2 집계 결과

판매 월	판매 횟수	평균 구매액	매출액	누계 매출액	작년 매출액	작년비
2015년 1월	75	15,708	1,178,122	1,178,122	1,164,751	101.14%
2015년 2월	68	15,930	1,015,284	2,193,406	1,068,219	95.04%
2015년 3월	75	15,541	1,165,606	3,359,012	1,171,437	99.50%

코드 9-8 매출과 관련된 지표를 집계하는 쿼리

PostgreSQL　Hive　Redshift　BigQuery　SparkSQL

```
WITH
daily_purchase AS (
 -- [코드 9-4] 참고하기
)
, monthly_purchase AS (
 SELECT
    year
  , month
  , SUM(orders) AS orders
  , AVG(purchase_amount) AS avg_amount
  , SUM(purchase_amount) AS monthly
 FROM daily_purchase
 GROUP BY year, month
)
SELECT
   concat(year, '-', month) AS year_month
   -- ■ Redshift의 경우는 concat 함수를 조합해서 사용하기 또는 || 연산자 사용하기
   -- concat(concat(year, '-'), month) AS year_month
   -- year || '-' || month AS year_month
 , orders
 , avg_amount
 , monthly
 , SUM(monthly)
    OVER(PARTITION BY year ORDER BY month ROWS UNBOUNDED PRECEDING)
   AS agg_amount
   -- 12개월 전의 매출 구하기
 , LAG(monthly, 12)
    OVER(ORDER BY year, month)
     -- ■ SparkSQL의 경우는 다음과 같이 사용하기
    -- OVER(ORDER BY year, month ROWS BETWEEN 12 PRECEDING AND 12 PRECEDING)
   AS last_year
   -- 12개월 전의 매출과 비교해서 비율 구하기
```

```
  , 100.0
    * monthly
    / LAG(monthly, 12)
       OVER(ORDER BY year, month)
       -- ■ SparkSQL의 경우는 다음과 같이 사용하기
       -- OVER(ORDER BY year, month ROWS BETWEEN 12 PRECEDING AND 12 PRECEDING)
    AS rate
FROM
  monthly_purchase
ORDER BY
  year_month
  ;
```

▼

실행결과

year_month	orders	avg_amount	monthly	agg_amount	last_year	rate
2014-01	77	15126.6363	1164751	1164751		
2014-02	69	15481.4347	1068219	2232970		
2014-03	78	15018.4230	1171437	3404407		
2014-04	75	15007.0533	1125529	4529936		
2014-05	74	15736.2027	1164479	5694415		
2014-06	74	15488.7027	1146164	6840579		
2014-07	79	16496.4050	1303216	8143795		
2014-08	76	14968.2631	1137588	9281383		
2014-09	74	14277.0945	1056505	10337888		
2014-10	76	14273.2236	1084765	11422653		
2014-11	74	15118.2567	1118751	12541404		
2014-12	78	15304.5256	1193753	13735157		
2015-01	75	15708.2933	1178122	1178122	1164751	101.14
2015-02	68	14930.6470	1015284	2193406	1068219	95.04
2015-03	75	15541.4133	1165606	3359012	1171437	99.50
2015-04	72	15670.4583	1128273	4487285	1125529	100.24
2015-05	74	14279.2297	1056663	5543948	1164479	90.74
2015-06	72	16063.0555	1156540	6700488	1146164	100.90
2015-07	79	16056.8987	1268495	7968983	1303216	97.33
2015-08	81	15190.4814	1230429	9199412	1137588	108.16
2015-09	72	15341.7222	1104604	10304016	1056505	104.55
2015-10	80	16124.8750	1289990	11594006	1084765	118.91
2015-11	78	15968.4230	1245537	12839543	1118751	111.33
2015-12	75	15247.4400	1143558	13983101	1193753	95.79

이번 절의 앞 부분에서 살펴보았던 purchase_log 테이블을 기반으로 월 단위 매출을 정리한 monthly_purchase 테이블을 만들고, 해당 테이블에 윈도 함수를 적용했습니다.

작년의 같은 달 매출을 구할 때 9강 4절에서는 CASE 식 내부에서 대상 년도를 검색했지만, 이번 예제에서는 LAG 함수를 사용해 12개월 전의 매출을 추출했습니다. LAG 함수를 사용하는 방법이 조금 더 일반적인 방법입니다. LAG로 12개월 전의 값을 추출할 수 없는 경우, last_year(작년 매출)과 rate(작대비) 컬럼이 NULL이 됩니다.

이번 예제를 윈도 함수 없이 작성하려면, 각각의 지표마다 SELECT 구문을 만들고 최종적으로 그 결과를 하나의 테이블로 결합해야 합니다. 하지만 SELECT 구문을 여러 개 사용하면 데이터를 여러 번 읽어 들이므로 성능적으로 바람직하다고 할 수 없습니다.

추가로 BigQuery 등은 데이터를 읽어 들일 때 과금이 발생하므로 비용적으로도 문제가 될 수 있습니다. 따라서 대량의 데이터를 SQL로 조작할 때는 이와 같은 방법으로 불필요한 데이터 읽어 들임을 줄이기 바랍니다.

사실 현재 예제는 중간 테이블 monthly_purchase 테이블을 WITH 구문으로 만들 필요 없이, 하나의 SELECT 구문으로도 곧바로 최종 결과를 계산할 수 있습니다. 하지만 이렇게 계산 과정에 해당하는 컬럼도 임시 테이블을 사용해 만들어 두면 가독성이 향상됩니다.

다면적인 축을 사용해 데이터 집약하기

시계열로 매출 금액의 추이를 표현하는 것 이외에도, 상품 카테고리에 주목해서 매출 내역을 집계하거나 구성하는 비율을 집계하는 등 리포트의 표현 방법은 굉장히 다양합니다.

앞서 9강에서 소개한 내용은 꺾은선 그래프로 매출의 추이를 나타내는 것이었습니다. 하지만 이것만으로는 매출이 어떻게 구성되어 있는지 파악할 수 없습니다.

이번 10강에서는 매출의 시계열뿐만 아니라 상품의 카테고리, 가격 등을 조합해서 데이터의 특징을 추출해 리포팅하는 방법을 소개하겠습니다.

샘플 데이터

이번 절에서는 EC 사이트를 가정해서 다음과 같은 'purchase_detail_log'라는 샘플 데이터를 기반으로 설명하겠습니다.

이 EC 사이트는 한 번 주문으로 여러 상품을 구매할 수 있습니다. 따라서 하나의 order_id에 여러 정보(item_id, price, category, sub_category 등)가 포함되어 있습니다.

데이터 10-1 purchase_detail_log

```
     dt       | order_id | user_id  | item_id | price  | category      | sub_category
-------------+----------+----------+---------+--------+---------------+--------------
 2017-01-08  |  48291   | usr33395 | lad533  |  37300 | ladys_fashion | bag
 2017-01-08  |  48291   | usr33395 | lad329  |  97300 | ladys_fashion | jacket
 2017-01-08  |  48291   | usr33395 | lad102  | 114600 | ladys_fashion | jacket
 2017-01-08  |  48291   | usr33395 | lad886  |  33300 | ladys_fashion | bag
 2017-01-08  |  48292   | usr52832 | dvd871  |  32800 | dvd           | documentary
 2017-01-08  |  48292   | usr52832 | gam167  |  26000 | game          | accessories
 2017-01-08  |  48292   | usr52832 | lad289  |  57300 | ladys_fashion | bag
 2017-01-08  |  48293   | usr28891 | out977  |  28600 | outdoor       | camp
 2017-01-08  |  48293   | usr28891 | boo256  |  22500 | book          | business
 2017-01-08  |  48293   | usr28891 | lad125  |  61500 | ladys_fashion | jacket
 2017-01-08  |  48294   | usr33604 | men233  | 116300 | mens_fashion  | jacket
 2017-01-08  |  48294   | usr33604 | cd477   |  25800 | cd            | classic
 2017-01-08  |  48294   | usr33604 | boo468  |  31000 | book          | business
 2017-01-08  |  48294   | usr33604 | foo402  |  48700 | food          | meats
 2017-01-08  |  48295   | usr38013 | foo134  |  32000 | food          | fish
 2017-01-08  |  48295   | usr38013 | lad147  |  96100 | ladys_fashion | jacket
 ...
```

1 카테고리별 매출과 소계 계산하기

SQL UNION ALL 구문, ROLLUP 구문

분석 소계[2]

리포트 업무는 전체적인 수치 개요를 전하면서, 해당 내역을 다양한 관점에서 설명해야 합니다. 예를 들어 매출 합계를 먼저 제시합니다. 그리고 이를 PC 사이트와 SP 사이트[3]로 구분해보거나, 상품 카테고리별로 어떻게 구성되는지, 웹사이트의 총 페이지 뷰 수에 대해 회원들의 페이지 뷰와 비회원의 페이지 뷰 비율이 어떻게 되는지 등을 추가로 리포트합니다. 따라서 드릴다운[4]이 필요합니다. 이러한 요구에 대응할 수 있게 SQL을 만들어봅시다.

....

2 역자주_ 합계는 '무언가를 더한 것', 소계는 '일부를 더한 것', 총계는 '전체를 더한 것'입니다. 이를 구분해야 이번 절을 이해하기 쉽습니다.

3 역자주_ SP 사이트는 스마트폰 사이트를 의미합니다.

4 역자주_ 드릴 다운(Drill down)이란 가장 요약된 레벨부터 가장 상세한 레벨까지 차원의 계층에 따라 분석에 필요한 요약 수준을 바꿀 수 있는 기능입니다.

이번 SQL에서 추출할 형식은 다음과 같습니다. 첫 행에 보이는 대분류와 소분류가 all이라면 전체 매출 합계(총계), 두 번째 소분류가 all 레코드라면 대분류(예를 들어 mens)의 매출 합계(소계)를 나타냅니다.

표 10-1 카테고리별 매출과 소계를 동시에 추출할 때의 형식

대분류(대 카테고리)	소분류(소 카테고리)	매출
all	all	760,000
mens	all	304,000
mens	bag	176,000
mens	shoes	128,000
womens	all	456,000
womens	bag	147,000
womens	shoes	309,000

이처럼 카테고리의 소계와 총계를 한 번에 출력하려면, 계층별로 집계한 결과를 같은 컬럼이 되게 변환한 뒤 UNION ALL 구문으로 하나의 테이블로 합치면 됩니다. 다음 코드는 UNION ALL을 사용해 소계와 총계를 구하는 쿼리입니다.

코드 10-1 카테고리별 매출과 소계를 동시에 구하는 쿼리

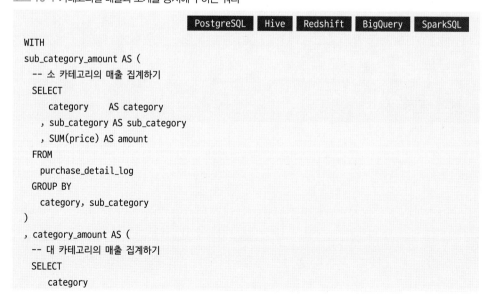

```
                                    PostgreSQL   Hive   Redshift   BigQuery   SparkSQL
WITH
sub_category_amount AS (
  -- 소 카테고리의 매출 집계하기
  SELECT
      category     AS category
    , sub_category AS sub_category
    , SUM(price) AS amount
  FROM
    purchase_detail_log
  GROUP BY
    category, sub_category
)
, category_amount AS (
  -- 대 카테고리의 매출 집계하기
  SELECT
      category
```

```
    , 'all' AS sub_category
    , SUM(price) AS amount
  FROM
    purchase_detail_log
  GROUP BY
    category
)
, total_amount AS (
  -- 전체 매출 집계하기
  SELECT
      'all' AS category
    , 'all' AS sub_category
    , SUM(price) AS amount
  FROM
    purchase_detail_log
)
          SELECT category, sub_category, amount FROM sub_category_amount
UNION ALL SELECT category, sub_category, amount FROM category_amount
UNION ALL SELECT category, sub_category, amount FROM total_amount
;
```

▼

실행결과

```
   category     | sub_category | amount
---------------+--------------+---------
 ladys_fashion | bag          | 176000
 ladys_fashion | jacket       | 128000
 mens_fashion  | jacket       | 147000
 mens_fashion  | shoes        | 309000
 ladys_fashion | all          | 304000
 mens_fashion  | all          | 456000
 all           | all          | 760000
```

이와 같은 SQL을 사용하면 하나의 쿼리로 카테고리별 소계와 총계를 동시에 계산할 수 있습니다.

그런데 UNION ALL을 사용해 테이블을 결합하는 방법은 테이블을 여러 번 불러오고, 데이터를 결합하는 비용도 발생하므로 성능이 좋지 않습니다. SQL99에서 도입된 'ROLLUP'을 구현하는 PostgreSQL, Hive, SparkSQL에서는 조금 더 쉽고 성능 좋은 쿼리를 만들 수 있습니다.

다음은 ROLLUP을 사용해 카테고리별 매출과 소계를 동시에 구하는 쿼리입니다. ROLLUP을 사용하면 소계를 계산할 때 레코드 집계 키가 NULL이 되므로, COALESCE 함수로 NULL을 문자열 'all'로 변환해줍니다. 이렇게 하면 전체와 카테고리별 결과를 효율적으로 추출할 수 있습니다.

코드 10-2 ROLLUP을 사용해서 카테고리별 매출과 소계를 동시에 구하는 쿼리

`PostgreSQL` `Hive` `SparkSQL`

```
SELECT
    COALESCE(category, 'all')     AS category
  , COALESCE(sub_category, 'all') AS sub_category
  , SUM(price) AS amount
FROM
  purchase_detail_log
GROUP BY
  ROLLUP(category, sub_category)
  -- Hive의 경우는 다음과 같이 사용하기
  -- category, sub_category WITH ROLLUP
;
```

▼

실행결과

```
   category    | sub_category | amount
---------------+--------------+---------
 ladys_fashion | bag          | 176000
 ladys_fashion | jacket       | 128000
 ladys_fashion | all          | 304000
 mens_fashion  | jacket       | 147000
 mens_fashion  | shoes        | 309000
 mens_fashion  | all          | 456000
 all           | all          | 760000
```

원포인트

대부분의 리포트 작성 도구는 소계를 계산해주는 기능이 있습니다. 따라서 최소 단위로 집계해두면, 이후에 소계를 따로 계산할 수 있습니다. 그런데 매출이 아니라 다른 것을 다룰 경우, 중복 등이 발생해서 리포트 작성 도구로는 총계와 소계가 제대로 구해지지 않는 경우가 있습니다. 그때 이번 절에서 배운 SQL을 활용해 데이터를 추출하기 바랍니다.

ABC 분석은 재고 관리 등에서 사용하는 분석 방법입니다. 매출 중요도에 따라 상품을 나누고, 그에 맞게 전략을 만들 때 사용합니다. 예를 들어 다음 그림처럼 서비스의 매출이 어떻게 구성되어 있는지를 파악할 때 효과적입니다.

그림 **10-1** ABC 분석 예

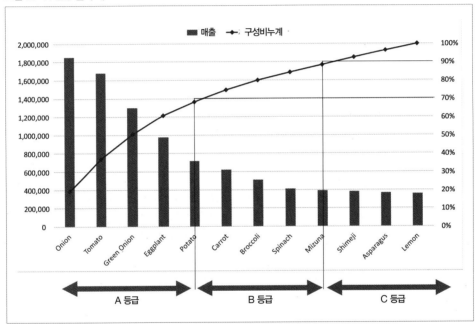

앞의 그림을 예로 들면, 매출의 70%는 상위 5개의 상품으로 구성되어 있다는 것을 확실하게 알 수 있습니다. 일반적으로 상위 70%를 'A 등급'이라고 부릅니다. 분석 목적에 따라 조금씩 다르지만, 일반적으로 다음과 같이 등급을 나눕니다.

- A 등급: 상위 0~70%
- B 등급: 상위 70~90%
- C 등급: 상위 90~100%

ABC 분석에 사용하는 데이터는 일반적으로 다음과 같은 형태입니다.

표 10-2 ABC 분석에 사용하는 데이터 형식

카테고리	매출	구성비	구성비누계	등급
ladys_fashion	1,850,000	19%	19%	A
mens_fashion	1,680,000	18%	37%	A
book	1,300,000	14%	50%	A
game	980,000	10%	61%	A
dvd	720,000	8%	68%	A
food	620,000	6%	75%	B
...	...	...	...	...
supplement	360,000	4%	100%	C
	9,570,000	100%		

데이터를 작성하는 방법은 다음과 같습니다.

❶ 매출이 높은 순서로 데이터를 정렬합니다.

❷ 매출 합계를 집계합니다.

❸ 매출 합계를 기반으로 각 데이터가 차지하는 비율을 계산하고, 구성비를 구합니다.

❹ 계산한 카테고리의 구성비를 기반으로 구성비누계를 구합니다(카테고리의 매출과 해당 시점까지의 누계를 따로 계산하고, 총 매출로 나누면 구성비누계를 구할 수 있습니다).

등급까지 SQL로 구하면, 등급 분류 방법이 변경되었을 때 SQL을 수정해야 합니다. 따라서 SQL이 아니라, 리포트를 만드는 쪽에서 등급을 나누는 편이 좋습니다. 출력 결과를 내는 도구, 시스템 구성, 리포트를 받는 쪽의 ABC 분석 지식 여부 등을 고려해서 SQL로 처리할지, 리포트 도구에서 처리할지 판단하기 바랍니다.

다음 코드 예는 2015년 12월 한 달 동안의 구매 로그를 기반으로, 매출 구성비누계와 ABC 등급을 계산하는 쿼리입니다. 일단 원하는 시간에 있는 구매 로그를 압축하고, 상품 카테고리마다 매출을 계산합니다. 이어서 전체 매출에 대해 항목별 매출 구성비와 구성비누계를 계산합니다. 마지막으로 구성비누계를 기준으로 상위 '0~70%', '70~90%', '90~100%'의 등급을 나눕니다.

코드 10-3 매출 구성비누계와 ABC 등급을 계산하는 쿼리

| PostgreSQL | Hive | Redshift | BigQuery | SparkSQL |

```
WITH
monthly_sales AS (
  SELECT
      category
    -- 항목별 매출 계산하기
    , SUM(price) AS amount
  FROM
    purchase_detail_log
  -- 대상 1개월 동안의 로그를 조건으로 걸기
  WHERE
    dt BETWEEN '2015-12-01' AND '2015-12-31'
  GROUP BY
    category
)
, sales_composition_ratio AS (
  SELECT
      category
    , amount

    -- 구성비: 100.0 * <항목별 매출> / <전체 매출>
    , 100.0 * amount / SUM(amount) OVER() AS composition_ratio

    -- 구성비누계: 100.0 * <항목별 구계 매출> / <전체 매출>
    , 100.0 * SUM(amount) OVER(ORDER BY amount DESC
    ROWS BETWEEN UNBOUNDED PRECEDING AND CURRENT ROW)
    / SUM(amount) OVER() AS cumulative_ratio
  FROM
    monthly_sales
)
SELECT
    *
  -- 구성비누계 범위에 따라 순위 붙이기
  , CASE
      WHEN cumulative_ratio BETWEEN  0 AND  70 THEN 'A'
      WHEN cumulative_ratio BETWEEN 70 AND  90 THEN 'B'
      WHEN cumulative_ratio BETWEEN 90 AND 100 THEN 'C'
    END AS abc_rank
FROM
  sales_composition_ratio
ORDER BY
  amount DESC
;
```

```
  category    | amount | composition_ratio    | cumulative_ratio     | abc_rank
--------------+--------+----------------------+----------------------+----------
 ladys_fashion| 1850000| 19.3312434691745037  | 19.3312434691745037  | A
 mens_fashion | 1680000| 17.5548589341692790  | 36.8861024033437827  | A
 book         | 1300000| 13.5841170323928945  | 50.4702194357366771  | A
 game         |  980000| 10.2403343782654127  | 60.7105538140020899  | A
 dvd          |  720000| 7.5235109717868339   | 68.2340647857889237  | A
 food         |  620000| 6.4785788923719958   | 74.7126436781609195  | B
 ...
 supplement   |  360000| 3.7617554858934169   | 100.0000000000000000 | C
```

구성비와 구성비누계 등의 비율을 계산할 때는 6강 3절에서 살펴보았던, 정수를 실수로 변환해서 비율을 구하는 방법을 사용합니다. 참고로 앞의 코드 예에서는 분모가 '전체 매출', '항목별 누계 매출'처럼 무조건적으로 0보다 큰 숫자가 되므로, 0으로 나누는 것을 따로 확인하지 않아도 됩니다. 또한 항목별 누계 매출을 구할 때는 SUM 윈도 함수를 사용합니다.

원포인트

이번 절에서는 상품을 대상으로 ABC 분석했지만, 상품 카테고리별로 집계하면 또 다른 발견을 할 수 있습니다. ABC 분석을 빼더라도 구성비와 구성비누계 자체는 데이터 분석에 굉장히 많이 사용됩니다. 따라서 이런 것을 구하는 방법은 확실하게 기억해주세요.

3 팬 차트로 상품의 매출 증가율 확인하기

SQL FIRST_VALUE 윈도 함수

분석 팬 차트

팬 차트란 어떤 기준 시점을 100%로 두고, 이후의 숫자 변동을 확인할 수 있게 해주는 그래프입니다. 예를 들어 상품 또는 카테고리별 매출 금액의 추이를 판단하는 경우, 매출 금액이 크면 쉽게 경향을 판단할 수 있지만 작은 변화는 그래프에서 변화를 확인하기조차 힘듭니다. 이로 인해 트렌드 변화와 성장 분야를 놓칠 수도 있습니다.

이번 절에서 설명하는 팬 차트를 사용하면 변화가 백분율로 표시되므로, 작은 변화도 쉽게 인지하고 상황을 판단할 수 있습니다. 다음 그림이 바로 팬 차트입니다.

그림 10-2 팬 차트

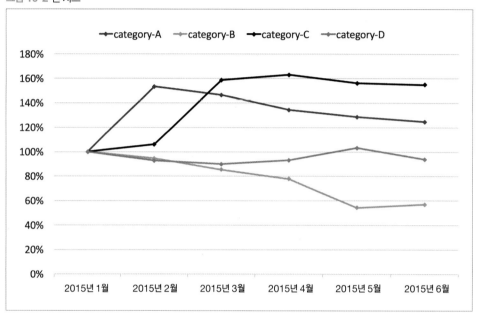

그림 10-3 월차 매출 추이(왼쪽)와 팬차트(오른쪽)

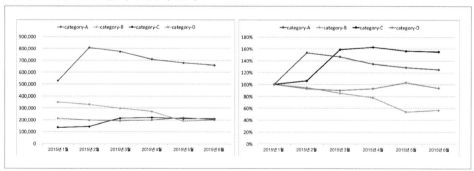

왼쪽 그림의 월차 매출 추이를 보면 금액이 적은 항목의 변화를 쉽게 읽을 수 없습니다. 하지만 오른쪽의 팬 차트에서는 변화 비율이 그래프에 표시되므로, 성장과 쇠퇴를 쉽게 파악할 수 있습니다.

팬 차트를 작성할 때는 다음 표와 같은 데이터가 필요합니다. 이번 절에서는 2015년 1월의 카테고리별 매출을 기준으로 이후의 변화 비율을 집계해보겠습니다.

표 10-3 팬 차트 작성 때 필요한 데이터

날짜	카테고리	매출	Rate
2015년 1월	ladys_fashion	5.278,900	100.0%
2015년 1월	mens_fashion	3.490,120	100.0%
2015년 1월	book	1.350,200	100.0%
2015년 1월	game	2.132,630	100.0%
2015년 2월	ladys_fashion	8.096,980	153.4%
2015년 2월	mens_fashion	3.302,810	94.6%
2015년 2월	book	1.433,220	106.1%
2015년 2월	game	1.979,480	92.8%
…	…	…	…

이와 같은 표를 구하는 SQL은 다음과 같습니다.

일단 날짜 데이터를 기반으로 연과 월의 값을 추출하고, 연과 월 단위로 매출을 구합니다. 이어서 구한 매출을 시계열 순서로 정렬하고, 팬 차트 작성을 위한 기준이 되는 월 매출을 기준으로 비율을 구합니다. 이번에는 기준이 되는 매출이 시계열로 정렬했을 때 가장 첫 월의 매출이므로, FIRST_VALUE 윈도 함수를 사용해 값을 구했습니다.

코드 10-4 팬 차트 작성 때 필요한 데이터를 구하는 쿼리

PostgreSQL　Hive　Redshift　BigQuery　SparkSQL

```
WITH
daily_category_amount AS (
 SELECT
    dt
 , category
  -- ■ PostgreSQL, Hive, Redshift, SparkSQL의 경우는 다음과 같이 구성
  -- ■ BigQuery의 경우 substring을 substr로 수정하기
```

```
      , substring(dt, 1, 4) AS year
      , substring(dt, 6, 2) AS month
      , substring(dt, 9, 2) AS date
      , SUM(price) AS amount
  FROM purchase_detail_log
  GROUP BY dt, category
)
, monthly_category_amount AS (
  SELECT
      concat(year, '-', month) AS year_month
      -- ■ Redshift의 경우는 concat 함수를 조합해서 사용하기 또는 || 연산자 사용하기
      -- concat(concat(year, '-'), month) AS year_month
      year || '-' || month AS year_month
    , category
    , SUM(amount) AS amount
  FROM
    daily_category_amount
  GROUP BY
    year, month, category
)
SELECT
    year_month
  , category
  , amount
  , FIRST_VALUE(amount)
      OVER(PARTITION BY category ORDER BY year_month, category ROWS UNBOUNDED PRECEDING)
    AS base_amount
  , 100.0
    * amount
    / FIRST_VALUE(amount)
        OVER(PARTITION BY category ORDER BY year_month, category ROWS UNBOUNDED PRECEDING)
    AS rate
FROM
  monthly_category_amount
ORDER BY
  year_month, category
;
```

▼

```
year_month | category      | amount  | base_amount | rate
-----------+---------------+---------+-------------+--------
2014-01    | ladys_fashion | 2639450 |      263945 | 100.00
2014-01    | mens_fashion  | 3490120 |      349012 | 100.00
2014-01    | book          | 1350200 |      135020 | 100.00
2014-01    | game          | 2132630 |      213263 | 100.00
2014-02    | ladys_fashion | 4048490 |      263945 | 153.38
2014-02    | mens_fashion  | 1886670 |      349012 |  54.05
2014-02    | book          | 1433220 |      135020 | 106.14
2014-02    | game          | 1979480 |      213263 |  92.81
2014-03    | ladys_fashion | 3866510 |      263945 | 146.48
2014-03    | mens_fashion  | 2636340 |      349012 |  75.53
2014-03    | book          | 2142310 |      135020 | 158.66
2014-03    | game          | 1917770 |      213263 |  89.92
2014-04    | ladys_fashion | 3219380 |      263945 | 121.97
2014-04    | mens_fashion  | 3039500 |      349012 |  87.08
2014-04    | book          | 2273360 |      135020 | 168.37
2014-04    | game          | 1110650 |      213263 |  52.07
...
```

실행 결과(코드 10-4)를 보면 base_amount 컬럼에 FIRST_VALUE 윈도 함수를 사용해 구한 2014년 1월의 매출을 넣었고, 그러한 base_amount에 대한 비율을 rate 컬럼에 계산했습니다.

원포인트

팬 차트를 만들 때 확실히 해두어야 하는 것이 있다면, 어떤 시점에서의 매출 금액을 기준점으로 채택할 것인가입니다. 이에 따라서 성장 경향인지 또는 쇠퇴 경향인지 판단이 크게 달라지기 때문입니다. 예를 들어 8월에 매출이 매년 늘어나는 상품이 있다면, 8월을 기준으로 잡았을 경우 해당 상품은 이후로 계속 감소하는 그래프가 될 것입니다. 결과적으로 8월에 매출이 증가하는 현상을 그래프로 제대로 확인할 수 없습니다. 따라서 계절 변동이 적은 평균적인 달을 기준으로 선택해야 하는 것이 좋습니다. 7~8월의 매출 변화를 확인한다는 명백한 목적이 있을 경우에는 직전인 6월을 기준점으로 선택하는 것이 좋습니다. 이처럼 반드시 근거를 가지고 기준점을 채택해야 하므로 신경 쓰기 바랍니다.

4 히스토그램으로 구매 가격대 집계하기

SQL width_bucket 함수
분석 도수분포표, 히스토그램

상품의 가격에 주목해서 데이터 분포를 확인할 수 있는 히스토그램 작성 방법을 소개하겠습니다. 히스토그램은 가로 축에 단계(데이터의 범위), 세로 축에 도수(데이터의 개수)를 나타내는 그래프입니다. 히스토그램을 사용하면 데이터가 어떻게 분산되어 있는지를 한 눈에 확인할 수 있습니다. 참고로 데이터의 산에서 가장 높은 부분을 '최빈값'이라고 부릅니다.

그림 10-4 히스토그램 예

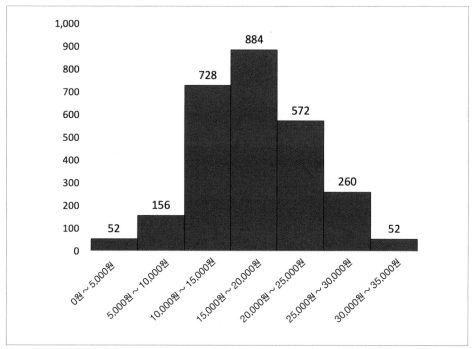

데이터를 다룰 때, 평균값을 사용하여 '사용자의 평균 구매액이 최빈값이다'라는 형태로 잘못 해석하는 경우가 있습니다. 하지만 데이터 분포에 따라 최빈값은 평균값과 비슷하지 않을 수도 있습니다. 아래의 그림은 모두 같은 평균을 가진 그래프이지만, 히스토그램을 확인하면 데이터의 분포가 다르다는 것을 알 수 있습니다. 이처럼 히스토그램을 만들어야 데이터 분포를 확실하게 이해할 수 있습니다.

그림 10-5 같은 평균이지만 데이터의 분산이 다른 예 (모든 평균은 60,000)

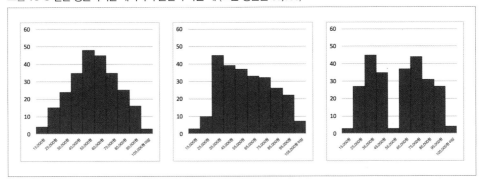

- 왼쪽 그림: 정규 분포와 가까운 산 모양의 그래프
    - 평균, 최빈값 근처에 그래프의 가장 높은 산이 나타남
- 가운데 그림: 한쪽으로 기울어져 있는 산 모양의 그래프
    - 최빈값보다 평균이 커짐
- 오른쪽 그림: 산이 나뉘어져 있는 그래프
    - 평균 근처에 데이터가 없음

히스토그램 만드는 방법

히스토그램을 만들려면 일단 다음과 같은 도수 분포표를 만들어야 합니다.

❶ 최댓값, 최솟값, 범위(최댓값 − 최솟값)를 구한다.
❷ 범위를 기반으로 몇 개의 계급으로 나눌지 결정하고, 각 계급의 하한과 상한을 구한다.
❸ 각 계급에 들어가는 데이터 개수(도수)를 구하고, 이를 표로 정리한다.

표 10-4 도수 분포표

가격대 하한(이상)	가격대 상한(미만)	도수
0	5,000	52
5000	10,000	156
10,000	15,000	728
15,000	20,000	884
20,000	25,000	572
25,000	30,000	260
30,000	35,000	52

생성한 도수 분포표를 그래프로 그리면 히스토그램이 됩니다. 히스토그램은 각각의 막대 사이에 공백을 넣지 않습니다. 막대 그래프의 경우는 서로 다른 항목을 나타내므로 중간에 공백을 넣지만, 히스토그램은 연속된 데이터의 분포를 확인하기 위해 사용하는 것이므로 공백을 넣지 않고 그립니다.

임의의 계층 수로 히스토그램 만들기

그럼 구매된 상품의 가격대를 대상으로 히스토그램을 만들기 위한 데이터를 추출해보겠습니다. 추출하고자 하는 데이터 형식은 다음과 같습니다. 매출액은 히스토그램을 생성할 때 필요하지 않지만, 이후에 매출액을 확인하고자 다시 추출하려면 귀찮으므로 아예 함께 추출하도록 하겠습니다.

표 10-5 히스토그램을 만들 때 추출할 데이터

가격대 하한(이상)	가격대 상한(미만)	도수	매출액
0	5,000	52	104,000
5,000	10,000	156	1,092,000
10,000	15,000	728	9,100,000
15,000	20,000	884	15,600,000
20,000	25,000	572	12,948,000
25,000	30,000	260	6,916,000
30,000	35,000	52	1,820,000

그럼 구매 로그 샘플을 기반으로 매출 상품의 최대, 최소 가격을 구하고 범위를 10등분하는 히스토그램을 만들어봅시다.

구매 로그 내부에서 매출 금액의 최댓값(max_amount)과 최솟값(min_amount), 금액 범위(range_amount)를 구합니다. 다음 코드 예처럼 WITH 구문을 사용해서 이러한 값을 계산한 테이블을 stats로 정의합니다. 금액 범위는 이후에 나눗셈을 적용할 것이므로, numeric 자료형으로 정의하면 편리합니다. 추가로 계층 수(bucket_num)도 stats 테이블 내부에 직접 정의했습니다.

코드 10-5 최댓값, 최솟값, 범위를 구하는 쿼리

| PostgreSQL | Hive | Redshift | BigQuery | SparkSQL |

```
WITH
stats AS (
SELECT
    -- 금액의 최댓값
    MAX(price) AS max_price
    -- 금액의 최솟값
  , MIN(price) AS min_price
    -- 금액의 범위
  , MAX(price) - MIN(price) AS range_price
    -- 계층 수
  , 10 AS bucket_num
FROM
  purchase_detail_log
)
SELECT *
FROM stats
;
```

▼

실행결과

```
 max_price | min_price | range_price | bucket_num
-----------+-----------+-------------+------------
     35000 |      2000 |       33000 |         10
```

최소 금액에서 최대 금액의 범위를 계층으로 분할하려면, 일단 매출 금액에서 최소 금액을 뺀 뒤 계층을 판정하기 위한 정규화 금액(diff)을 계산해야 합니다. 이어서 첫 번째 계층의 범위(bucket_range)는 금액 범위(range_price)를 계급 수(bucket_num)로 나누어 구할 수 있습니다. 정규화 금액을 계급 범위로 나누고 FLOOR 함수를 사용해 소수 자리를 버리면, 해당 매출 금액이 어떤 계급에 포함되는지 판정할 수 있습니다.

참고로 SQL 관련 시스템은 대부분 히스토그램을 작성하는 함수가 표준 제공됩니다. 예를 들어 PostgreSQL은 앞의 과정을 width_bucket 함수로 한 번에 구할 수 있습니다.

코드 10-6 데이터의 계층을 구하는 쿼리

| PostgreSQL | Hive | Redshift | BigQuery | SparkSQL |

```
WITH
stats AS (
  -- [코드 10-5] 참고하기
)
, purchase_log_with_bucket AS (
  SELECT
      price
    , min_price
      -- 정규화 금액: 대상 금액에서 최소 금액을 뺀 것
    , price - min_price AS diff
      -- 계층 범위: 금액 범위를 계층 수로 나눈 것
    , 1.0 * range_price / bucket_num AS bucket_range

      -- 계층 판정: FLOOR(<정규화 금액> / <계층 범위>)
    , FLOOR(
        1.0 * (price - min_price)
        / (1.0 * range_price / bucket_num)
        -- index가 1부터 시작하므로 1만큼 더하기
      ) + 1 AS bucket

      -- PostgreSQL의 경우 width_bucket 함수 사용 가능
      -- , width_bucket(price, min_price, max_price, bucket_num) AS bucket
  FROM
    purchase_detail_log, stats
)
SELECT *
FROM purchase_log_with_bucket
ORDER BY amount
;
```

▼

실행결과

```
 price | min_price | diff | bucket_range | bucket | width_bucket
-------+-----------+------+--------------+--------+--------------
  2000 |      2000 |    0 |      3300.00 |      1 |            1
  5000 |      2000 | 3000 |      3300.00 |      1 |            1
  8000 |      2000 | 6000 |      3300.00 |      2 |            2
  8000 |      2000 | 6000 |      3300.00 |      2 |            2
 10000 |      2000 | 8000 |      3300.00 |      3 |            3
 10000 |      2000 | 8000 |      3300.00 |      3 |            3
```

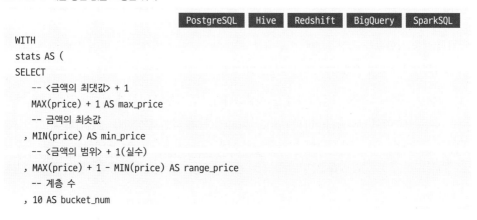

11000	2000	9000	3300.00	3	3
12000	2000	10000	3300.00	4	4
12000	2000	10000	3300.00	4	4
12000	2000	10000	3300.00	4	4
12000	2000	10000	3300.00	4	4
12000	2000	10000	3300.00	4	4
14000	2000	12000	3300.00	4	4
14000	2000	12000	3300.00	4	4
14000	2000	12000	3300.00	4	4
14000	2000	12000	3300.00	4	4
(생략)					
25000	2000	23000	3300.00	7	7
26000	2000	24000	3300.00	8	8
26000	2000	24000	3300.00	8	8
27000	2000	25000	3300.00	8	8
29000	2000	27000	3300.00	9	9
35000	2000	33000	3300.00	11	11

참고로 이 출력 결과에서는 계급 범위를 10으로 지정했으므로 최댓값인 35000은 '11'로 판정됩니다. 계급 판정 로직에 '〈계급 하한 이상〉 ~ 〈계급 상한 미만〉'을 사용했기 때문에 계급 10의 범위가 35000 미만으로 잡혀, 35000은 계급 10의 범위를 넘기 때문입니다.

이번에는 모든 레코드가 지정한 범위 내부에 들어갈 수 있게 쿼리를 개선하겠습니다. stats 테이블의 정의에서 다음 코드 예처럼 계급 상한을 〈금액의 최댓값〉 + 1해서, 모든 레코드가 계급상한 미만이 되게 만들어줍니다.

코드 10-7 계급 상한 값을 조정한 쿼리

`PostgreSQL` `Hive` `Redshift` `BigQuery` `SparkSQL`

```
WITH
stats AS (
SELECT
  -- 〈금액의 최댓값〉 + 1
  MAX(price) + 1 AS max_price
  -- 금액의 최솟값
, MIN(price) AS min_price
  -- 〈금액의 범위〉 + 1(실수)
, MAX(price) + 1 - MIN(price) AS range_price
  -- 계층 수
, 10 AS bucket_num
```

```
FROM
  purchase_detail_log
)
purchase_log_with_bucket AS (
  -- [코드 10-6] 참고하기
)
SELECT *
FROM purchase_log_with_bucket
ORDER BY price
;
```

▼

실행결과

```
 price  | min_price |  diff  | bucket_range  | bucket | width_bucket
--------+-----------+--------+---------------+--------+--------------
  2000  |    2000   |    0   |    3300.10    |    1   |      1
  5000  |    2000   |  3000  |    3300.10    |    1   |      1
  8000  |    2000   |  6000  |    3300.10    |    2   |      2
  8000  |    2000   |  6000  |    3300.10    |    2   |      2
 10000  |    2000   |  8000  |    3300.10    |    3   |      3
 10000  |    2000   |  8000  |    3300.10    |    3   |      3
 11000  |    2000   |  9000  |    3300.10    |    3   |      3
 12000  |    2000   | 10000  |    3300.10    |    4   |      4
 (생략)
 25000  |    2000   | 23000  |    3300.10    |    7   |      7
 26000  |    2000   | 24000  |    3300.10    |    8   |      8
 26000  |    2000   | 24000  |    3300.10    |    8   |      8
 27000  |    2000   | 25000  |    3300.10    |    8   |      8
 29000  |    2000   | 27000  |    3300.10    |    9   |      9
 35000  |    2000   | 33000  |    3300.10    |   10   |     10
```

이처럼 계층 상한값을 조정한 쿼리의 결과를 보면 소수점이 들어가 버리지만, 최댓값 레코드까지 포함해서 1~10의 계층으로 제대로 구분됩니다.

마지막으로, 구한 계층을 사용해 도수를 계산합니다. 각 계층의 하한과 상한을 출력해야 하는데요. 다음 코드처럼 lower_limit과 upper_limit을 구해 하한과 상한을 계산합니다.

코드 10-8 히스토그램을 구하는 쿼리

PostgreSQL Hive Redshift BigQuery SparkSQL

```sql
WITH
stats AS (
  -- [코드 10-7] 참고하기
)
, purchase_log_with_bucket AS (
  -- [코드 10-6] 참고하기
)
SELECT
    bucket
    -- 계층의 하한과 상한 계산하기
  , min_price + bucket_range * (bucket - 1) AS lower_limit
  , min_price + bucket_range * bucket AS upper_limit
    -- 도수 세기
  , COUNT(price) AS num_purchase
    -- 합계 금액 계산하기
  , SUM(price) AS total_amount
FROM
  purchase_log_with_bucket
GROUP BY
  bucket, min_price, bucket_range
ORDER BY bucket
;
```

▼

실행결과

```
 bucket | lower_limit | upper_limit | num_purchase | total_amount
--------+-------------+-------------+--------------+--------------
      1 |     2000.00 |     5300.10 |            2 |         7000
      2 |     5300.10 |     8600.20 |            2 |        16000
      3 |     8600.20 |    11900.30 |            3 |        31000
      4 |    11900.30 |    15200.40 |           12 |       159000
      5 |    15200.40 |    18500.50 |           11 |       190000
      6 |    18500.50 |    21800.60 |            7 |       137000
      7 |    21800.60 |    25100.70 |           10 |       232000
      8 |    25100.70 |    28400.80 |            3 |        79000
      9 |    28400.80 |    31700.90 |            1 |        29000
     10 |    31700.90 |    35010.00 |            1 |        35000
```

임의의 계층 너비로 히스토그램 작성하기

앞서 설명한 것처럼 가격의 상한과 하한 기준으로도 최적의 범위를 구할 수 있지만, 소수점으로 계층을 구분한 리포트는 직감적이지 않습니다. 리포트를 만들 때는 리포트를 받아 보는 쪽에서도 쉽게 이해하고 납득할 수 있게 계층을 구분하는 것이 좋습니다.

[코드 10-7]을 변경해서 금액의 최댓값, 최솟값, 금액 범위 등의 고정값을 기반으로 임의의 계층 너비로 변경할 수 있는 기능을 넣어보겠습니다. 다음 코드 예는 0~50,000원의 범위를 10개의 계층으로 구분하는 쿼리입니다. 출력 결과로 5,000원 단위로 구분된 계층 히스토그램 데이터가 만들어집니다.

코드 10-9 히스토그램의 상한과 하한을 수동으로 조정한 쿼리

| PostgreSQL | Hive | Redshift | BigQuery | SparkSQL |

```
WITH
stats AS (
SELECT
    -- 금액의 최댓값
    50000 AS max_price
    -- 금액의 최솟값
  , 0 AS min_price
    -- 금액의 범위
  , 50000 AS range_price
    -- 계층 수
  , 10 AS bucket_num
FROM
  purchase_detail_log
)
, purchase_log_with_bucket AS (
  -- [코드 10-6] 참고하기
)
SELECT
    bucket
    -- 계층의 하한과 상한 계산하기
  , min_price + bucket_range * (bucket - 1) AS lower_limit
  , min_price + bucket_range * bucket AS upper_limit
    -- 도수 세기
  , COUNT(price) AS num_purchase
    -- 합계 금액 계산하기
  , SUM(price) AS total_amount
FROM
```

```
  purchase_log_with_bucket
GROUP BY
  bucket, min_price, bucket_range
ORDER BY bucket
;
```

▼

실행결과

```
 bucket | lower_limit | upper_limit | num_purchase | total_amount
--------+-------------+-------------+--------------+--------------
      1 |           0 |        5000 |           52 |       104000
      2 |        5000 |       10000 |          156 |      1092000
      3 |       10000 |       15000 |          728 |      9100000
      4 |       15000 |       20000 |          884 |     15600000
      5 |       20000 |       25000 |          572 |     12948000
      6 |       25000 |       30000 |          260 |      6916000
      8 |       35000 |       40000 |           52 |      1820000
```

히스토그램이 나누어진 경우

히스토그램 산이 2개로 나누어진 경우가 있을 수도 있습니다. 이러한 경우에는 서로 다른 모집단을 기반으로, 하나의 데이터를 도출한 경우일 수 있습니다. 이러한 때는 데이터에 여러 조건을 걸어 필터링해서 확인하기 바랍니다.

그림 10-6 히스토그램이 2개의 산으로 나누어진 경우

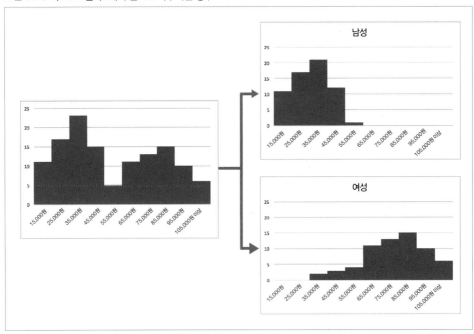

> **정리**
>
> 매출의 상승/하락의 원인을 조사하라는 지시를 받았을 때는 '최근 매출'과 '과거 매출'을 기반으로 두 개의 히스토그램을 작성하고, 두 기간 사이의 어떤 부분에 차이가 있는지 확인하기 바랍니다. 예를 들어 히스토그램이 전체적으로 하락하는지, 특정 범위만 하락하는지 확인하면 그것만으로도 어디에 문제가 있는지 찾을 수 있습니다. 히스토그램은 데이터 분포를 확인할 때 유용하게 사용할 수 있으므로 꼭 기억하기 바랍니다.

사용자를 파악하기 위한
데이터 추출

- - - - - - - - - - - - - - - - - - - -

어떤 사용자가 서비스를 사용하고 있는지를 사용자 속성별로 집계하는 등 사용자의 행동 패턴으로 속성을 정의하는 방법, 그리고 서비스를 계속 사용하는지 등의 서비스 실태를 확인하는 지표를 소개하겠습니다.

11강

사용자 전체의 특징과 경향 찾기

서비스를 제공한다는 것은 사용자에게 어떤 가치를 제공한다는 뜻입니다. 서비스 운용에 있어서, 서비스를 제공하는 측에서 사용자와 관련된 정보로 알고 싶은 것을 정리해보면 다음과 같은 두 가지로 분류할 수 있습니다.

- 사용자의 속성(나이, 성별, 주소지)
- 사용자의 행동(구매한 상품, 사용한 기능, 사용하는 빈도)

'어떤 속성의 사용자가 사용중인가?'와 '어떻게 사용하는가?'를 파악하지 않고 서비스 개선을 검토한다는 것은 어둠 속에서 길을 찾는 것과 같습니다.

이번 절에서는 사용자의 속성 또는 행동과 관련된 정보를 집계해서 사용자 행동을 조사하고, 서비스를 개선할 때 실마리가 될 수 있는 리포트를 만드는 SQL을 소개하겠습니다.

샘플 데이터

이번 절에서는 다음과 같은 두 개의 테이블을 예로 설명하겠습니다. 일반적으로 EC 사이트는 가입한 뒤 로그인해서 사용합니다. 따라서 사용자를 저장하는 사용자 마스터 테이블이 존재합니다.

사용자 마스터 테이블에는 여러 가지 정보가 있습니다. 일반적으로 가입 시 사용자가 성별과 날짜 등을 입력하고 이를 저장하는데요. 추가로 샘플 데이터는 가입 시점의 날짜와 가입에 사용한 장치를 자동으로 저장하는 경우를 가정했습니다. 또한 서비스 탈퇴 시에는 사용자 정보를 아예 지워버리는 것이 아니라, 탈퇴 날짜만 기록하게 했습니다.

데이터 11-1 사용자 마스터(mst_users) 테이블

```
user_id | sex | birth_date | register_date | register_device | withdraw_date
--------+-----+------------+---------------+-----------------+--------------
U001    | M   | 1977-06-17 | 2016-10-01    | pc              |
U002    | F   | 1953-06-12 | 2016-10-01    | sp              | 2016-10-10
U003    | M   | 1965-01-06 | 2016-10-01    | pc              |
U004    | F   | 1954-05-21 | 2016-10-05    | pc              |
U005    | M   | 1987-11-23 | 2016-10-05    | sp              |
U006    | F   | 1950-01-21 | 2016-10-10    | pc              | 2016-10-10
U007    | F   | 1950-07-18 | 2016-10-10    | app             |
U008    | F   | 2006-12-09 | 2016-10-10    | sp              |
U009    | M   | 2004-10-23 | 2016-10-15    | pc              |
U010    | F   | 1987-03-18 | 2016-10-16    | pc              |
```

데이터 11-2 액션 로그(action_log) 테이블

```
session  | user_id | action   | category | products  | amount |       stamp
---------+---------+----------+----------+-----------+--------+--------------------
989004ea | U001    | view     |          |           |        | 2016-11-03 18:00:00
989004ea | U001    | favorite | drama    | D001      |        | 2016-11-03 18:05:31
989004ea | U001    | add_cart | drama    | D001      |        | 2016-11-03 18:07:34
989004ea | U001    | add_cart | drama    | D002      |        | 2016-11-03 18:09:51
989004ea | U001    | purchase | drama    | D001,D002 | 2000   | 2016-11-03 18:19:09
989004ea | U001    | review   | drama    | D003      |        | 2016-11-03 18:23:09
762afcd3 |         | view     |          |           |        | 2016-11-03 18:31:29
47db0370 | U002    | add_cart | drama    | D001      |        | 2016-11-03 19:04:01
47db0370 | U002    | purchase | drama    | D001      | 1000   | 2016-11-03 20:11:15
47db0370 | U002    | add_cart | drama    | D002      |        | 2016-11-03 20:30:43
87b5725f | U002    | view     |          |           |        | 2016-11-03 21:59:50
87b5725f | U002    | add_cart | action   | A004      |        | 2016-11-04 22:03:12
87b5725f | U002    | add_cart | action   | A005      |        | 2016-11-04 22:05:25
87b5725f | U002    | add_cart | action   | A006      |        | 2016-11-04 22:01:19
9afaf87c |         | view     |          |           |        | 2016-11-04 22:05:27
a836bca5 | U003    | view     |          |           |        | 2016-11-04 22:06:51
```

페이지 열람, 관심 상품 등록, 카트 추가, 구매, 상품 리뷰 등의 각 액션에 view, favorite, add_cart, purchase, review 등의 액션 이름을 붙였습니다. 추가로 로그인한 사용자는

user_id 값이 들어 있습니다. 반대로 user_id가 비어 있는 레코드는 로그인하지 않은 사용자의 행동을 나타냅니다.

일반적으로 서비스와 관련된 업무 데이터가 저장된 데이터베이스에는 관심 상품 등록, 카트 추가, 구매, 댓글 등의 각각의 테이블이 있을 것입니다. 그래도 이렇게 액션 로그 테이블을 따로 만들고 내부에 내용을 적으면 별도의 JOIN과 UNION 없이 데이터를 다룰 수 있습니다. 액션 로그를 설계할 때 참고하기 바랍니다.

1 사용자의 액션 수 집계하기

SQL COUNT 함수, COUNT(DISTINCT ~), ROLLUP 구문
분석 UU[1], 사용률, 개인별 통계

사용자가 서비스 내부에서 제공되는 기능 등을 얼마나 이용하는지 집계하는 작업은 사용자의 행동 패턴을 파악할 때와 어떤 대책의 효과를 확인할 때 굉장히 중요하며, 매우 자주 하게 되는 작업입니다.

액션과 관련된 지표 집계하기

그럼 사용자들이 특정 기간 동안 기능을 얼마나 사용하는지 집계해봅시다. 특정 액션 UU를 전체 액션 UU로 나눈 것을 '사용률(usage_rate)'이라고 부릅니다. 이를 사용하면 특정 액션을 얼마나 자주 사용하는지 확인할 수 있습니다. 추가로 사용자가 평균적으로 액션을 몇 번이나 사용했는지 확인할 수 있게 '1명 당 액션 수(count_per_user)'도 함께 구해보았습니다. 다음 코드 예는 다음 테이블을 계산하는 쿼리입니다.

표 11-1 액션 수를 집계한 테이블

액션	액션UU	액션 수	사용률	1명 당 액션 수
view	4,365	52,083	100%	11.9
add_cart	381	978	8.7%	2.6
purchase	234	819	5.4%	3.5

....

1 역자주_ UU는 Unique Users를 나타내는 중복 없이 집계된 사용자 수를 나타내는 말입니다. 페이지 열람 UU라고 하면, 페이지를 열었던 사용자 수를 중복 없이 집계한 것이라고 생각하면 됩니다.

코드 11-1 액션 수와 비율을 계산하는 쿼리

| PostgreSQL | Hive | Redshift | BigQuery | SparkSQL |

```
WITH
stats AS (
  -- 로그 전체의 유니크 사용자 수 구하기
  SELECT COUNT(DISTINCT session) AS total_uu
  FROM action_log
)
SELECT
    l.action
  -- 액션 UU
  , COUNT(DISTINCT l.session) AS action_uu
  -- 액션의 수
  , COUNT(1) AS action_count
  -- 전체 UU
  , s.total_uu
  -- 사용률: <액션 UU> / <전체 UU>
  , 100.0 * COUNT(DISTINCT l.session) / s.total_uu AS usage_rate
  -- 1인당 액션 수: <액션 수> / <액션 UU>
  , 1.0 * COUNT(1) / COUNT(DISTINCT l.session) AS count_per_user
FROM
    action_log AS l
  -- 로그 전체의 유니크 사용자 수를 모든 레코드에 결합하기
  CROSS JOIN
    stats AS s
GROUP BY
  l.action, s.total_uu
;
```

▼

실행결과

action	action_uu	action_count	total_uu	usage_rate	count_per_user
view	4365	52083	4365	100.00	11.93
add_cart	381	978	4365	8.72	2.56
purchase	234	819	4365	5.36	3.50

앞의 코드에서는 전체 UU를 구하고 그 값을 CROSS JOIN해서 액션 로그로 결합합니다. 이어서 액션들을 집약해서 지표를 구합니다.

로그인 사용자와 비로그인 사용자를 구분해서 집계하기

로그인하지 않아도 서비스 일부를 사용할 수 있는 사이트의 경우, 회원과 비회원을 따로 나누어 집계하는 것이 좋습니다. 이렇게 하면 서비스에 대한 충성도가 높은 사용자와 낮은 사용자가 어떤 경향을 보이는지 발견할 수 있습니다.

로그인, 비로그인, 회원, 비회원을 판별할 때는 로그 데이터에 session 정보가 있어야 합니다. 어쨌거나 로그인했을 때 출력되는 사용자 ID 값이 빈 레코드를 비로그인 사용자라고 구분한다고 가정하고, session을 사용해 그 수를 집계하도록 하겠습니다. 일단 user_id가 들어있는지로 로그인 여부를 판별해봅시다.

코드 11-2 로그인 상태를 판별하는 쿼리

`PostgreSQL` `Hive` `Redshift` `BigQuery` `SparkSQL`

```
WITH
action_log_with_status AS (
  SELECT
     session
  , user_id
  , action
  -- user_id가 NULL 또는 빈 문자가 아닌 경우 login이라고 판정하기
  , CASE WHEN COALESCE(user_id, '') <> '' THEN 'login' ELSE 'guest' END
    AS login_status
  FROM
    action_log
)
SELECT *
FROM
  action_log_with_status
;
```

▼

실행결과

```
 session | user_id | action    | login_status
---------+---------+-----------+--------------
 a284bc  | U001    | view      | login
 a284bc  | U001    | add_cart  | login
 fadffs  | U002    | view      | login
 fadffs  | U002    | purchase  | login
 fadffs  | U002    | view      | login
 fadffs  | U002    | comment   | login
```

```
htyhty  |       | view     | guest
htyhty  |       | add_cart | guest
kefcwg  | U003  | view     | login
kefcwg  | U003  | view     | login
kefcwg  |       | view     | guest
kefcwg  |       | add_cart | guest
```

user_id에 값이 들어 있다면 login_status를 login, 들어있지 않다면 guest가 되게 가공했습니다. 이어서 login_status를 기반으로 액션 수와 UU를 집계합니다.

추가로 login_status가 guest와 login인 경우 모두 로그인/비로그인을 따지지 않고 전체(all)에 함께 집계하겠습니다. 이때 ROLLUP 구문을 사용합니다. ROLLUP 구문을 지원하지 않는 Redshift와 BigQuery에서는 10강 1절에서 소개한 UNION ALL을 사용해 같은 결과를 얻을 수 있습니다.

코드 11-3 로그인 상태에 따라 액션 수 등을 따로 집계하는 쿼리

`PostgreSQL` `Hive` `SparkSQL`

```
WITH
action_log_with_status AS (
  -- [코드 11-2] 참고하기
)
SELECT
    COALESCE(action, 'all') AS action
  , COALESCE(login_status, 'all') AS login_status
  , COUNT(DISTINCT session) AS action_uu
  , COUNT(1) AS action_count
FROM
  action_log_with_status
GROUP BY
  -- ■ PostgreSQL, SparkSQL의 경우는 다음과 같이 작성하기
  ROLLUP(action, login_status)
  -- ■ Hive의 경우는 다음과 같이 작성하기
  -- action, login_status WITH ROLLUP
;
```

▼

```
 action    | login_status | action_uu | action_count
-----------+--------------+-----------+--------------
 add_cart  | guest        |        89 |          348
 add_cart  | login        |       301 |          630
 add_cart  | all          |       381 |          978
 purchase  | login        |       234 |          819
 purchase  | all          |       234 |          819
 view      | guest        |      3425 |        48922
 view      | login        |      1034 |         3161
 view      | all          |      4365 |        52083
 all       | all          |      4365 |        53880
```

로그 정보의 user_id 정보를 기반으로 집계한 데이터이므로, 비로그인 사용자가 로그인하면 각각의 액션에 1씩 추가됩니다. 반대로 all은 session을 기반으로 집계합니다. 따라서 guest + login = all이 아니라는 것에 주의해주세요.

회원과 비회원을 구분해서 집계하기

로그인 상태의 사용자와 비로그인 상태의 사용자만 구분하고 싶다면 [코드 11-3]으로도 문제 없습니다. 하지만 로그인하지 않은 상태라도, 이전에 한 번이라도 로그인했다면 회원으로 계산 하고 싶을 수 있습니다. 이러한 때는 로그 데이터를 조금 가공해야 합니다.

session_log_with_status 정의를 다음 코드 예처럼 변경해서 회원 상태를 추가할 수 있게 합 니다.

코드 11-4 회원 상태를 판별하는 쿼리

PostgreSQL　　Hive　　Redshift　　BigQuery　　SparkSQL

```
WITH
action_log_with_status AS (
  SELECT
     session
   , user_id
   , action
   -- 로그를 타임스탬프 순서로 나열하고, 한 번이라도 로그인한 사용자일 경우,
   -- 이후의 모든 로그 상태를 member로 설정
```

```
    , CASE
        WHEN
          COALESCE(MAX(user_id)
            OVER(PARTITION BY session ORDER BY stamp
              ROWS BETWEEN UNBOUNDED PRECEDING AND CURRENT ROW)
            , '') <> ''
          THEN 'member'
        ELSE 'none'
      END AS member_status
    , stamp
  FROM
    action_log
)
SELECT *
FROM
  action_log_with_status
;
```

▼

실행결과

```
 session | user_id |  action  | member_status |       stamp
---------+---------+----------+---------------+---------------------
 8ms2kl  |         | view     | none          | 2016-10-16 14:00:00
 8ms2kl  | U004    | view     | member        | 2016-10-17 14:00:00
 8ms2kl  |         | view     | member        | 2016-10-18 14:00:00
 a284bc  | U001    | view     | member        | 2016-10-16 23:25:10
 a284bc  | U001    | add_cart | member        | 2016-10-16 23:25:10
 fadffs  | U002    | view     | member        | 2016-10-17 12:00:00
 fadffs  | U002    | purchase | member        | 2016-10-17 12:00:00
 fadffs  | U002    | purchase | member        | 2016-10-17 12:10:00
 fadffs  | U002    | view     | member        | 2016-10-17 12:10:00
 htyhty  |         | add_cart | none          | 2016-10-17 12:20:00
 htyhty  |         | view     | none          | 2016-10-17 12:20:00
 jd4duq  |         | view     | none          | 2016-10-17 15:00:00
 jd4duq  | U005    | purchase | member        | 2016-10-18 12:00:00
 jd4duq  | U005    | view     | member        | 2016-10-18 12:00:00
 kefcwg  | U003    | view     | member        | 2016-10-17 13:00:00
 kefcwg  | U003    | view     | member        | 2016-10-17 13:10:00
 kefcwg  |         | view     | member        | 2016-10-18 12:30:00
 kefcwg  |         | add_cart | member        | 2016-10-18 12:30:00
```

윈도 함수에서 session 별로 파티션을 설명하면, 해당 session에서 한 번이라도 로그인했다면 MAX(user_id)로 사용자 ID를 추출할 수 있습니다. 참고로 로그인하기 이전의 상태를 비회원으로 다루고 싶다면 윈도 함수 내부에 ORDER BY stamp를 지정하면 됩니다.

앞의 출력 결과처럼 session=8ms2kl 사용자는 10월 16일 시점에서는 로그인하지 않았으므로 member_status가 none입니다. 10월 18일에도 user_id가 없기는 하지만, 10월 17일에 로그인했던 기록이 있으므로 member_status가 member로 나타납니다.

원포인트

이번 절에서 소개한 쿼리에서는 로그인하지 않은 상태일 경우 사용자 ID 컬럼의 값이 빈 문자열 또는 NULL일 수 있다고 판단해서, COALESCE 함수를 사용해 빈 문자열로 변환하게 했습니다.

참고로 로그인하지 않은 때의 사용자 ID를 빈 문자열로 저장했다면, COUNT (DISTINCT user_id)의 결과에 1이 추가됩니다. 따라서 COUNT(DISTINCT user_id)로 사용자 수를 정확하게 추출하려면 사용자 ID를 NULL로 지정하는 것이 좋습니다.

비어 있는 값을 NULL로 나타낼지, 빈 문자열 등의 특수한 값으로 나타낼지에 따라 쿼리의 최적화 방법이 달라질 수 있습니다. 따라서 COALESCE 함수 또는 NULLIF 함수를 사용해 서로 변환하는 방법을 기억해두면 유용할 것입니다.

2 연령별 구분 집계하기

SQL CASE 식, CAST
분석 연령별 구분

회원 정보를 저장하는 서비스는, 해당 서비스의 사용자를 파악하고 의도한대로 서비스가 사용되는지 확인해야 할 경우가 많습니다. 또한 광고 디자인과 캐치 프레이즈를 검토하려면 사용자 속성을 집계해야 합니다. 사용자 속성을 정의하고 집계하면 다양한 리포트를 만들 수 있습니다.

이번 절에서는 시청률 분석에 많이 사용되는 연령별 구분을 집계하는 방법을 알아보겠습니다. 연령별 구분은 다음 표와 같이 성별과 연령을 구분하는 것입니다.

표 11-2 연령별 구분 목록

연령별 구분	설명
C [1]	4~12세 남성과 여성
T [2]	13~19세 남성과 여성
M1 [3]	20~34세의 남성
M2	35~49세의 남성
M3	50세 이상의 남성
F1 [4]	20~34세의 여성
F2	35~49세의 여성
F3	50세 이상의 여성

[1]: C는 어린이를 나타내는 Child를 의미합니다. [2]: T는 Teenager를 의미합니다.
[3]: M은 남성을 나타내는 Male을 의미합니다. [4]: F는 여성을 나타내는 Female을 의미합니다.

이 표를 기반으로 사용자의 연령별 구분을 집계해봅시다. 처음 가입할 때 나이를 입력받아 데이터베이스에 저장하면, 시간이 지나면서 실제 나이와 일치하지 않을 수 있습니다. 따라서 일반적으로 나이는 따로 데이터베이스에 저장하지 않고, 생일을 기반으로 리포트를 만드는 시점에 집계합니다.

나이는 6강 5절에서 소개했던 것처럼 생일과 특정 날짜를 정수로 표현하고, 이 차이를 10,000으로 나누는 방법으로 간단하게 구할 수 있습니다.

그럼 생일을 기반으로 특정 날짜(2017년 1월 1일) 시점의 나이를 계산하는 코드 예를 살펴봅시다. 생일과 특정 날짜를 정수로 표현한 결과를 'mst_users_with_int_birth_date'라고 이름 붙이고, 생일 정보를 부여한 사용자 마스터를 'mst_users_with_age'라고 이름 붙이겠습니다.

코드 11-5 사용자의 생일을 계산하는 쿼리

`PostgreSQL`　`Hive`　`Redshift`　`BigQuery`　`SparkSQL`

```
WITH
mst_users_with_int_birth_date AS (
  SELECT
    *
    -- 특정 날짜(2017년 1월 1일)의 정수 표현
    , 20170101 AS int_specific_date
    -- 문자열로 구성된 생년월일을 정수 표현으로 변환하기
    -- ■ PostgreSQL, Redshift의 경우는 다음과 같이 작성
    , CAST(replace(substring(birth_date, 1, 10), '-', '') AS integer) AS int_birth_date
    -- ■ BigQuery의 경우는 다음과 같이 작성
    -- , CAST(replace(substr(birth_date, 1, 10), '-', '') AS int64) AS int_birth_date
    -- ■ Hive, SparkSQL의 경우는 다음과 같이 작성
    -- , CAST(regexp_replace(substring(birth_date, 1, 10), '-', '') AS int)
    --   AS int_birth_date
  FROM
    mst_users
)
, mst_users_with_age AS (
  SELECT
    *
    -- 특정 날짜(2017년 1월 1일)의 나이
    , floor((int_specific_date - int_birth_date) / 10000) AS age
  FROM
    mst_users_with_int_birth_date
)
SELECT
    user_id, sex, birth_date, age
FROM
  mst_users_with_age
;
```

▼

실행결과

```
user_id | sex | birth_date | age
--------+-----+------------+-----
 U001   | M   | 1977-06-17 | 39
 U002   | F   | 1953-06-12 | 63
 U003   | M   | 1965-01-06 | 51
 U004   | F   | 1954-05-21 | 62
 U005   | M   | 1987-11-23 | 29
 U006   | F   | 1950-01-21 | 66
```

```
U007    | F    | 1950-07-18 |  66
U008    | F    | 2006-12-09 |  10
U009    | M    | 2004-10-23 |  12
U010    | F    | 1987-03-18 |  29
```

앞의 출력 결과를 기반으로 연령별 구분을 사용자에 추가하는 쿼리는 다음과 같습니다.

코드 11-6 성별과 연령으로 연령별 구분을 계산하는 쿼리

```
WITH
mst_users_with_int_birth_date AS (
  -- [코드 11-5] 참고하기
)
, mst_users_with_age AS (
  -- [코드 11-5] 참고하기
)
, mst_users_with_category AS (
  SELECT
      user_id
    , sex
    , age
    , CONCAT(
        CASE
          WHEN 20 <= age THEN sex
          ELSE ''
        END
      , CASE
          WHEN age BETWEEN 4  AND 12 THEN 'C'
          WHEN age BETWEEN 13 AND 19 THEN 'T'
          WHEN age BETWEEN 20 AND 34 THEN '1'
          WHEN age BETWEEN 35 AND 49 THEN '2'
          WHEN age >= 50 THEN '3'
        END
      ) AS category
  FROM
    mst_users_with_age
)
SELECT *
FROM
  mst_users_with_category
;
```

▼

```
 user_id | sex | age | category
---------+-----+-----+----------
 U001    | M   |  39 | M2
 U002    | F   |  63 | F3
 U003    | M   |  51 | M3
 U004    | F   |  62 | F3
 U005    | M   |  29 | M1
 U006    | F   |  66 | F3
 U007    | F   |  66 | F3
```

이 코드 예의 category 컬럼에서는 연령별 구분을 계산하고 있습니다. 일단 연령이 20살 이상 이라면, 성별 접두사로 'M' 또는 'F'를 출력합니다. 이어서 나이 구분에 따라 'C', 'T', '1', '2', '3' 을 출력합니다. 그리고 두 개를 CONCAT 함수로 결합합니다. 참고로 연령이 3살 이하인 사용 자의 경우 연령구분 코드가 NULL이 되어 CONCAT의 결과도 NULL이 됩니다[2].

이번에는 가공된 데이터를 사용해 COUNT 함수로 각각의 숫자를 집계해봅시다.

코드 11-7 연령별 구분의 사람 수를 계산하는 쿼리

`PostgreSQL` `Hive` `Redshift` `BigQuery` `SparkSQL`

```
WITH
mst_users_with_age AS (
 -- [코드 11-5] 참고하기
)
, mst_users_with_category AS (
 -- [코드 11-5] 참고하기
)
SELECT
    category
  , COUNT(1) AS user_count
FROM
  mst_users_with_category
GROUP BY
  category
;
```

▼

----

2 역자주_ CONCAT 함수는 매개 변수 중 하나만 NULL이어도 전체 결과가 NULL이 되기 때문입니다.

```
category | user_count
---------+------------
M3       |        235
M2       |        567
M1       |        895
F3       |        357
F2       |        534
F1       |        704
T        |       1268
C        |        345
```

원포인트

연령을 단순하게 계산하면 특징을 파악하기 힘들어, 데모그래픽(Demographic) 등에 활용하기 힘듭니다. 참고로 서비스에 따라서는 M1, F1처럼 사용자 속성을 정의하는 것이 적절하지 않을 수 있습니다. 이러한 때는 독자적으로 새로운 기준을 정의하세요. 예로 연령 폭이 넓다고 판단되면 10대, 20대, 30대 등으로 정의했던 CASE 식 부분을 수정해서 사용하기 바랍니다.

3   연령별 구분의 특징 추출하기

SQL JOIN, GROUP BY
분석 연령별 구분

서비스의 사용 형태가 사용자 속성에 따라 다르다는 것을 확인하면 상품 또는 기사를 사용자 속성에 맞게 추천할 수 있습니다. 그러면 상품을 더 구매하거나 기사를 더 클릭하게 만들 수 있습니다.

이전 절에서 사용한 연령별 구분을 사용해서 각각 구매한 상품의 카테고리를 집계하면 다음과 같은 리포트를 만들 수 있습니다.

그림 11-1 카테고리별 × 연령별 구분

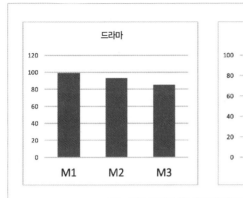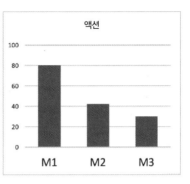

그림 11-2 연령별 구분×카테고리별

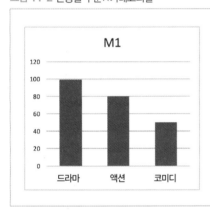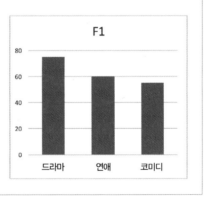

코드 11-8 연령별 구분과 카테고리를 집계하는 쿼리

`PostgreSQL` `Hive` `Redshift` `BigQuery` `SparkSQL`

```
WITH
mst_users_with_int_birth_date AS (
 -- [코드 11-5] 참고하기
)
, mst_users_with_age AS (
 -- [코드 11-5] 참고하기
)
, mst_users_with_category AS (
 -- [코드11-6] 참고하기
)
```

```
SELECT
    p.category AS product_category
  , u.category AS user_category
  , COUNT(*) AS purchase_count
FROM
    action_log AS p
  JOIN
    mst_users_with_category AS u
  ON p.user_id = u.user_id
WHERE
  -- 구매 로그만 선택하기
  action = 'purchase'
GROUP BY
p.category, u.category
ORDER BY
  p.category, u.category
;
```

▼

실행결과

```
product_category | user_category | purchase_count
-----------------+---------------+---------------
action           | M1            |       81
action           | M2            |       40
drama            | M1            |      102
...
```

이 같은 출력 결과가 있으면 [그림 11-1]처럼 카테고리 내부에서의 연령 분포를 확인할 수 있고, [그림 11-2]처럼 연령 내부에서의 카테고리 분포를 확인할 수 있습니다. 둘 중 하나만으로는 사용자들의 특징을 파악하기 힘듭니다. 따라서 두가지 그래프를 모두 확인해서 특징을 파악합시다.

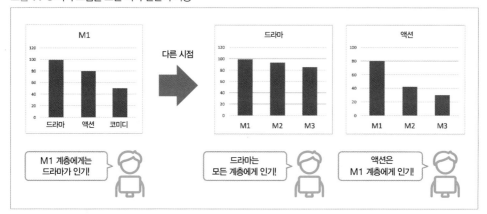

그림 11-3 여러 그림을 보면 여러 판단이 가능

원포인트

10강 2절에서 설명한 ABC 분석과 구성비누계를 리포트에 추가하면, 리포트의 내용 전달성을 향상시킬 수 있습니다.

4 사용자의 방문 빈도 집계하기

SQL SUM 윈도 함수
분석 방문 빈도

사용자가 일주일 또는 한 달 동안 서비스를 얼마나 쓰는지 알면 업무 분석에 큰 도움이 됩니다. 예를 들어 뉴스 사이트를 '일주일에 한 번만 방문하는 사용자'와 '매일 방문하는 사용자'에는 행동 패턴 등에 큰 차이가 있습니다.

이번 절에서는 '서비스를 한 주 동안 며칠 사용하는 사용자가 몇 명인지' 집계하는 방법을 소개하겠습니다. 다음 그림처럼 '일주일 동안의 사용자 사용 일수와 구성비'를 작성하는 방법을 소개하겠습니다.

그림 11-4 일주일 동안의 사용자 사용 일수와 구성비

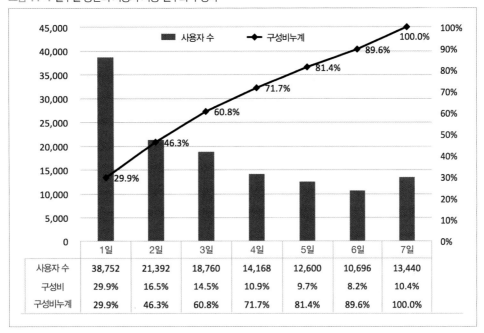

	1일	2일	3일	4일	5일	6일	7일
사용자 수	38,752	21,392	18,760	14,168	12,600	10,696	13,440
구성비	29.9%	16.5%	14.5%	10.9%	9.7%	8.2%	10.4%
구성비누계	29.9%	46.3%	60.8%	71.7%	81.4%	89.6%	100.0%

다음 코드 예는 한 주 동안 며칠 사용했는지를 집계하는 쿼리입니다. 사용자 ID, 액션, 날짜가 기록되어 있는 action_log 테이블이 있을 때 사용자 ID별로 날짜에 DISTINCT를 적용하면 사용 일수를 집계할 수 있습니다. 참고로 로그에 시각까지 기록되어 있는 경우, 시각 부분을 떼어버린 후에 집계하면 됩니다.

코드 11-9 한 주에 며칠 사용되었는지를 집계하는 쿼리

`PostgreSQL` `Hive` `Redshift` `BigQuery` `SparkSQL`

```
WITH
action_log_with_dt AS (
  SELECT *
    -- 타임스탬프에서 날짜 추출하기
    -- ■ PostgreSQL, Hive, Redshift, SparkSQL의 경우 substring으로 날짜 부분 추출하기
    , substring(stamp, 1, 10) AS dt
    -- ■ PostgreSQL, Hive, BigQuery, SparkSQL의 경우 substr 사용하기
    -- , substr(stamp, 1, 10) AS dt
  FROM action_log
)
, action_day_count_per_user AS (
```

```
SELECT
    user_id
  , COUNT(DISTINCT dt) AS action_day_count
FROM
  action_log_with_dt
WHERE
  -- 2016년 11월 1일부터 11월 7일까지의 한 주 동안을 대상으로 지정
  dt BETWEEN '2016-11-01' AND '2016-11-07'
GROUP BY
  user_id
)
SELECT
    action_day_count
  , COUNT(DISTINCT user_id) AS user_count
FROM
  action_day_count_per_user
GROUP BY
  action_day_count
ORDER BY
  action_day_count
;
```

▼

실행결과

```
action_day_count | user_count
-----------------+-----------
               1 |      38752
               2 |      21392
               3 |      18760
...
```

앞의 코드 예를 기본으로 이번 절에서 소개했던 구성비와 구성비누계를 산출하는 쿼리는 다음과 같습니다.

코드 11-10 구성비와 구성비누계를 계산하는 쿼리

```
WITH
action_day_count_per_user AS (
  -- [코드 11-9] 참고하기
)
SELECT
    action_day_count
```

```
, COUNT(DISTINCT user_id) AS user_count

-- 구성비
, 100.0
  * COUNT(DISTINCT user_id)
  / SUM(COUNT(DISTINCT user_id)) OVER()
  AS composition_ratio

-- 구성비누계
, 100.0
  * SUM(COUNT(DISTINCT user_id))
      OVER(ORDER BY action_day_count
        ROWS BETWEEN UNBOUNDED PRECEDING AND CURRENT ROW)
  / SUM(COUNT(DISTINCT user_id)) OVER()
  AS cumulative_ratio
FROM
  action_day_count_per_user
GROUP BY
  action_day_count
ORDER BY
  action_day_count
;
```

▼

실행결과

```
action_day_count | user_count | composition_ratio | cumulative_ratio
-----------------+------------+-------------------+------------------
               1 |      38752 |           29.8533 |          29.8533
               2 |      21392 |           16.4797 |          46.3330
               3 |      18760 |           14.4521 |          60.7851
...
```

정리

이번 항목의 응용으로 12강 5절에서는 사용 일수에 따라 어떤 차이가 있는지를 집계하는
방법을 소개하겠습니다.

5 벤 다이어그램으로 사용자 액션 집계하기

SQL SIGN 함수, SUM 함수, CASE 식, CUBE 구문
분석 벤 다이어그램

서비스 내부에서 여러 기능을 제공하더라도 그러한 기능을 모두 사용하는 사용자는 많지 않습니다. 따라서 여러 기능의 사용 상황을 조사한 뒤 제공하는 기능을 사용자가 받아들이는지, 예상대로 사용하는지 등을 확인해야 합니다. 이번 절에서는 다음과 같은 벤 다이어그램을 만드는 SQL을 소개하겠습니다.

그림 11-5 벤 다이어그램으로 나타낸 3개의 액션

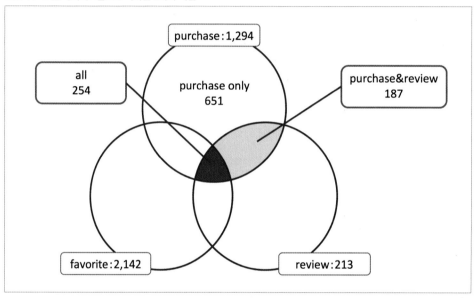

일단 사용자 단위로 로그를 집약하고 purchase, review, favorite이라는 3개의 액션을 행한 로그가 존재하는지를 0과 1 플래그로 부여합니다.

코드 11-11 사용자들의 액션 플래그를 집계하는 쿼리

PostgreSQL Hive Redshift BigQuery SparkSQL

```
WITH
user_action_flag AS (
  -- 사용자가 액션을 했으면 1, 안 했으면 0으로 플래그 붙이기
  SELECT
```

```
      user_id
    , SIGN(SUM(CASE WHEN action = 'purchase' THEN 1 ELSE 0 END)) AS has_purchase
    , SIGN(SUM(CASE WHEN action = 'review'   THEN 1 ELSE 0 END)) AS has_review
    , SIGN(SUM(CASE WHEN action = 'favorite' THEN 1 ELSE 0 END)) AS has_favorite
  FROM
    action_log
  GROUP BY
    user_id
)
SELECT *
FROM user_action_flag;
```

▼

실행결과

```
 user_id | has_purchase | has_review | has_favorite
---------+--------------+------------+---------------
 U001    |            1 |          1 |            1
 U002    |            1 |          0 |            1
 U003    |            1 |          0 |            0
 U004    |            1 |          0 |            0
...
```

출력 결과에서 has_purchase, has_review, has_favorite 컬럼은 각각 구매, 리뷰, 즐겨찾기 등록 액션을 실행했다면 1, 실행하지 않았다면 0을 나타냅니다.

참고로 대부분의 리포트 도구에는 앞의 데이터를 파일로 입력하면 곧바로 벤 다이어그램을 만들어주는 기능이 있습니다. 이번 절에서는 벤 다이어그램에 필요한 데이터 집계도 계속해서 SQL로 해보겠습니다.

벤 다이어그램을 그리려면 '구매 액션만 한 사용자 수' 또는 '구매와 리뷰 액션을 한 사용자 수'처럼 하나의 액션 또는 두 개의 액션을 한 사용자가 몇 명인지 계산해야 합니다.

표준 SQL에 정의되어 있는 CUBE 구문을 사용하면 이러한 수를 쉽게 계산할 수 있습니다. 다음 예는 CUBE 구문을 사용해 모든 액션 조합에 대한 사용자 수를 세는 쿼리입니다. 다만 이 책에서 다루는 미들웨어 중에 PostgreSQL만 CUBE 구문이 구현되어 있습니다.

코드 11-12 모든 액션 조합에 대한 사용자 수 계산하기

PostgreSQL

```
WITH
user_action_flag AS (
  -- [코드 11-11] 참고하기
)
, action_venn_diagram AS (
  -- CUBE를 사용해서 모든 액션 조합 구하기
  SELECT
    has_purchase
  , has_review
  , has_favorite
  , COUNT(1) AS users
  FROM
    user_action_flag
  GROUP BY
    CUBE(has_purchase, has_review, has_favorite)
)
SELECT *
FROM action_venn_diagram
ORDER BY
  has_purchase, has_review, has_favorite
;
```

▼

실행결과

has_purchase	has_review	has_favorite	users
0	0	0	15
0	0	1	2
0	0		17
0	1	0	6
0	1		6
0		0	21
0		1	2
0			23
1	0	0	5
1	0	1	2
1	0		7
1	1	0	4
1	1		4
1		0	9
1		1	2

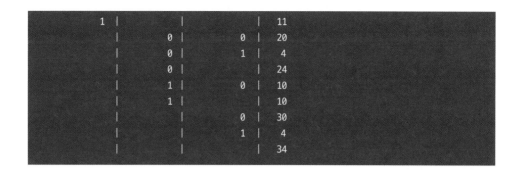

```
         1 |           |         | 11
           |     0 |         0 | 20
           |     0 |         1 | 4
           |     0 |           | 24
           |     1 |         0 | 10
           |     1 |           | 10
           |           |       0 | 30
           |           |       1 | 4
           |           |         | 34
```

앞의 출력 결과에서 has_purchase, has_review, has_favorite 컬럼의 값이 없는(NULL) 레코드는 해당 액션을 했는지 안 했는지 모르는 경우를 의미합니다.

앞의 코드 예를 CUBE 구문을 사용하지 않고 표준 SQL 구문만으로 작성하면 다음과 같습니다.

코드 11-13 CUBE 구문을 사용하지 않고 표준 SQL 구문만으로 작성한 쿼리

`PostgreSQL` `Hive` `Redshift` `BigQuery` `SparkSQL`

```sql
WITH
user_action_flag AS (
  -- [코드 11-11] 참고하기
)
, action_venn_diagram AS (
  -- 모든 액션 조합을 개별적으로 구하고 UNION ALL로 결합

  -- 3개의 액션을 모두 한 경우 집계
    SELECT has_purchase, has_review, has_favorite, COUNT(1) AS users
    FROM user_action_flag
    GROUP BY has_purchase, has_review, has_favorite

  -- 3개의 액션 중에서 2개의 액션을 한 경우 집계
  UNION ALL
    SELECT NULL AS has_purchase, has_review, has_favorite, COUNT(1) AS users
    FROM user_action_flag
    GROUP BY has_review, has_favorite
  UNION ALL
    SELECT has_purchase, NULL AS has_review, has_favorite, COUNT(1) AS users
    FROM user_action_flag
    GROUP BY has_purchase, has_favorite
  UNION ALL
    SELECT has_purchase, has_review, NULL AS has_favorite, COUNT(1) AS users
    FROM user_action_flag
```

```
    GROUP BY has_purchase, has_review

  -- 3개의 액션 중에서 1개의 액션을 한 경우 집계
  UNION ALL
    SELECT NULL AS has_purchase, NULL AS has_review, has_favorite, COUNT(1) AS users
    FROM user_action_flag
    GROUP BY has_favorite
  UNION ALL
    SELECT NULL AS has_purchase, has_review, NULL AS has_favorite, COUNT(1) AS users
    FROM user_action_flag
    GROUP BY has_review
  UNION ALL
    SELECT has_purchase, NULL AS has_review, NULL AS has_favorite, COUNT(1) AS users
    FROM user_action_flag
    GROUP BY has_purchase

  -- 액션과 관계 없이 모든 사용자 집계
  UNION ALL
    SELECT
      NULL AS has_purchase, NULL AS has_review, NULL AS has_favorite, COUNT(1) AS users
    FROM user_action_flag
)

SELECT *
FROM action_venn_diagram
ORDER BY
  has_purchase, has_review, has_favorite
;
```

앞의 코드 예는 모든 미들웨어에서 동작하지만, UNION ALL을 많이 사용하므로 성능이 좋지 않습니다.

Hive, BigQuery, SparkSQL은 앞서 7장 4절에서 소개한 방법을 응용해서 각 액션 플래그의 컬럼에 유사적으로 NULL을 포함한 레코드를 생성하여 CUBE 구문을 사용할 때와 같은 결과를 얻을 수 있습니다.

코드 11-14 유사적으로 NULL을 포함한 레코드를 추가해서 CUBE 구문과 같은 결과를 얻는 쿼리

`Hive` `BigQuery` `SparkSQL`

```
WITH
user_action_flag AS (
  -- [코드 11-11] 참고하기
)
, action_venn_diagram AS (
  SELECT
      mod_has_purchase AS has_purchase
    , mod_has_review   AS has_review
    , mod_has_favorite AS has_favorite
    , COUNT(1) AS users
  FROM
      user_action_flag
    -- 각 컬럼에 NULL을 포함하는 레코드를 유사적으로 추가하기
    -- ■ BigQuery의 경우 CROSS JOINとunnest 함수 사용하기
    CROSS JOIN unnest(array[has_purchase, NULL]) AS mod_has_purchase
    CROSS JOIN unnest(array[has_review,   NULL]) AS mod_has_review
    CROSS JOIN unnest(array[has_favorite, NULL]) AS mod_has_favorite
    -- ■ Hive, SparkSQL의 경우 LATERAL VIEW와 explode 함수 사용하기
    -- LATERAL VIEW explode(array(has_purchase, NULL)) e1 AS mod_has_purchase
    -- LATERAL VIEW explode(array(has_review,   NULL)) e2 AS mod_has_review
    -- LATERAL VIEW explode(array(has_favorite, NULL)) e3 AS mod_has_favorite
  GROUP BY
    mod_has_purchase, mod_has_review, mod_has_favorite
)
SELECT *
FROM action_venn_diagram
ORDER BY
  has_purchase, has_review, has_favorite
;
```

이전에 설명한 [코드 11-12]에서처럼 벤 다이어그램을 응용할 수도 있습니다. 이때 가독성이 높은 형식이 되도록 쿼리의 결과를 가공하겠습니다. 또한 각 액션 구조에서의 사용자 수와 구성 비율도 함께 구하겠습니다.

`PostgreSQL` `Hive` `Redshift` `BigQuery` `SparkSQL`

```
WITH
user_action_flag AS (
  -- [코드 11-11] 참고하기
)
, action_venn_diagram AS (
  -- [코드 11-12] ~ [코드 11-14] 참고하기
)
SELECT
  -- 0, 1 플래그를 문자열로 가공하기
  CASE has_purchase
    WHEN 1 THEN 'purchase' WHEN 0 THEN 'not purchase' ELSE 'any'
  END AS has_purchase
, CASE has_review
    WHEN 1 THEN 'review' WHEN 0 THEN 'not review' ELSE 'any'
  END AS has_review
, CASE has_favorite
    WHEN 1 THEN 'favorite' WHEN 0 THEN 'not favorite' ELSE 'any'
  END AS has_favorite
, users
  -- 전체 사용자 수를 기반으로 비율 구하기
, 100.0 * users
  / NULLIF(
  -- 모든 액션이 NULL인 사용자 수가 전체 사용자 수를 나타내므로
  -- 해당 레코드의 사용자 수를 Window 함수로 구하기
    SUM(CASE WHEN has_purchase IS NULL
            AND has_review   IS NULL
            AND has_favorite IS NULL
            THEN users ELSE 0 END) OVER()
    , 0)
  AS ratio
FROM
  action_venn_diagram
ORDER BY
  has_purchase, has_review, has_favorite
;
```

▼

```
has_purchase | has_review | has_favorite | users |   ratio
-------------+------------+--------------+-------+----------
any          | any        | any          |   34  | 100.0000
any          | any        | favorite     |    4  |  11.7647
any          | any        | not favorite |   30  |  88.2352
any          | review     | any          |   10  |  29.4
any          | review     | not favorite |   10  |  29.4117
any          | not review | any          |   24  |  70.5882
any          | not review | favorite     |    4  |  11.7647
any          | not review | not favorite |   20  |  58.8235
not purchase | any        | any          |   23  |  67.6470
not purchase | any        | favorite     |    2  |   5.8823
not purchase | any        | not favorite |   21  |  61.7647
not purchase | review     | any          |    6  |  17.6470
not purchase | review     | not favorite |    6  |  17.6470
not purchase | not review | any          |   17  |  50.0000
not purchase | not review | favorite     |    2  |   5.8823
not purchase | not review | not favorite |   15  |  44.1176
purchase     | any        | any          |   11  |  32.3529
purchase     | any        | favorite     |    2  |   5.8823
purchase     | any        | not favorite |    9  |  26.4705
purchase     | review     | any          |    4  |  11.7647
purchase     | review     | not favorite |    4  |  11.7647
purchase     | not review | any          |    7  |  20.5882
purchase     | not review | favorite     |    2  |   5.8823
purchase     | not review | not favorite |    5  |  14.7058
```

코드의 출력 결과를 더 알아보기 쉽게 그림으로 나타내면 다음 [그림 11-6]과 같습니다.

예를 들어 'has_purchase / has_review / has_favorite'이 'purchase / any / any'로 되어
있는 레코드는 구매 액션을 한 사용자를 나타냅니다. 'purchase / not review / any' 레코드
는 구매 액션을 했지만 리뷰를 작성하지 않은 사용자를 나타냅니다. 참고로 'any / any / any'
는 모든 사용자의 수를 나타냅니다.

그림 11-6 데이터가 나타내는 범위

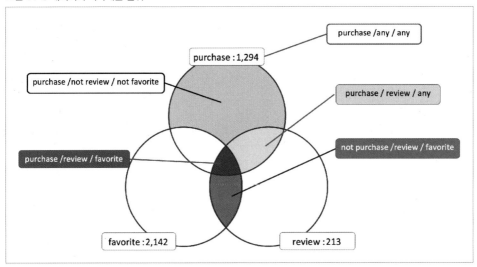

이번 절의 예는 EC 사이트를 기준으로 했지만, SNS 등의 사이트도 다음과 같은 형태로 적용할 수 있습니다.

- 글을 작성하지 않고 다른 사람의 글만 확인하는 사용자
- 글을 많이 작성하는 사용자
- 글을 거의 작성하지 않지만 댓글은 많이 작성하는 사용자
- 글과 댓글 모두 적극적으로 작성하는 사용자

어떠한 대책을 수행했을 때, 해당 대책으로 효과가 발생한 사용자가 얼마나 되는지 벤다이어그램으로 확인하면, 대책을 제대로 세웠는지(대상을 제대로 가정했는지 등) 확인할 수 있습니다.

6 Decile 분석을 사용해 사용자를 10단계 그룹으로 나누기

SQL NTILE 윈도 함수
분석 Decile 분석

사용자 특징을 분석할 때 성별과 연령 등의 데이터가 있다면 이러한 속성에 따른 특징을 확인할 수 있습니다.

데모그래픽한 데이터가 존재하지 않는 경우, 사용자 액션으로 속성을 정의해보는 것도 좋습니다. 이번 절에서는 데이터를 10단계로 분할해서 중요도를 파악하는 'Decile 분석'이라는 방법을 소개하겠습니다(Decile 분석에서 'Decile'은 10분의 1을 의미합니다).

그림 11-7 Decile 분석

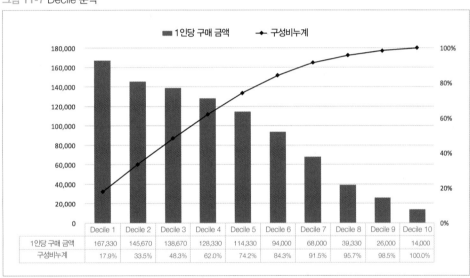

	Decile 1	Decile 2	Decile 3	Decile 4	Decile 5	Decile 6	Decile 7	Decile 8	Decile 9	Decile 10
1인당 구매 금액	167,330	145,670	138,670	128,330	114,330	94,000	68,000	39,330	26,000	14,000
구성비누계	17.9%	33.5%	48.3%	62.0%	74.2%	84.3%	91.5%	95.7%	98.5%	100.0%

이번에는 사용자의 구매 금액에 따라 순위를 구분하고 중요도를 파악하는 리포트를 만들어보겠습니다. Decile 분석 과정은 다음과 같습니다.

❶ 사용자를 구매 금액이 많은 순으로 정렬합니다.
❷ 정렬된 사용자 상위부터 10%씩 Decile1부터 Decile10까지의 그룹을 할당합니다.
❸ 각 그룹의 구매 금액 합계를 집계합니다.
❹ 전체 구매 금액에 대해 각 Decile의 구매 금액 비율(구성비)를 계산합니다.
❺ 상위에서 누적으로 어느 정도의 비율을 차지하는지 구성비누계를 집계합니다.

이 과정에 따라 [표 11-3]과 같은 리포트를 만드는 SQL 예는 [코드 11-16]과 같습니다.

표 11-3 Decile 분석

Decile	구매 금액 합계	구성비	구성비누계	1인당 구매 금액
Decile1	502,000	17.9%	17.9%	167,330
Decile2	437,000	15.6%	33.5%	145,670
Decile3	416,000	14.8%	48.3%	138,670
Decile4	385,000	13.7%	62.0%	138,670
Decile5	343,000	12.2%	74.2%	114,330
Decile6	282,000	10.0%	84.3%	94,000
Decile7	204,000	7.3%	91.5%	68,000
Decile8	118,000	4.2%	95.7%	39,330
Decile9	78,000	2.8%	98.5%	26,000
Decile10	42,000	1.5%	100.0%	14,000

일단 사용자를 구매 금액이 많은 순서로 정렬하고, 정렬된 사용자의 상위에서 10%씩 Decile1
부터 Decile10까지의 그룹을 할당하겠습니다. 같은 수로 데이터 그룹을 만들 때는 NTILE 윈
도 함수를 사용합니다.

코드 11-16 구매액이 많은 순서로 사용자 그룹을 10등분하는 쿼리

`PostgreSQL` `Hive` `Redshift` `BigQuery` `SparkSQL`

```
WITH
user_purchase_amount AS (
  SELECT
      user_id
    , SUM(amount) AS purchase_amount
  FROM
    action_log
  WHERE
    action = 'purchase'
  GROUP BY
    user_id
)
, users_with_decile AS (
  SELECT
      user_id
```

```
    , purchase_amount
    , ntile(10) OVER (ORDER BY purchase_amount DESC) AS decile
  FROM
    user_purchase_amount
)
SELECT *
FROM users_with_decile
;
```

▼

```
 user_id   | purchase_amount  | decile
---------+------------------+---------
  U019    |        178000    |    1
  U006    |        167000    |    1
  U013    |        157000    |    1
  U021    |        147000    |    2
  U029    |        146000    |    2
  U004    |        144000    |    2
 ...
  U005    |         32000    |    9
  U012    |         25000    |    9
  U002    |         21000    |    9
  U016    |         21000    |   10
  U023    |         20000    |   10
  U018    |          1000    |   10
```

이어서 각 그룹의 합계, 평균 구매 금액, 누계 구매 금액, 전체 구매 금액 등의 집약을 계산합니
다. GROUP BY로 Decile들을 집약하고, 집약 함수와 윈도 함수를 조합해서 한 번에 이러한
값들을 계산합시다.

코드 11-17 10분할한 Decile들을 집계하는 쿼리

`PostgreSQL` `Hive` `Redshift` `BigQuery` `SparkSQL`

```sql
WITH
user_purchase_amount AS (
  -- [코드 11-16] 참고하기
)
, users_with_decile AS (
  -- [코드 11-16] 참고하기
)
, decile_with_purchase_amount AS (
  SELECT
    decile
    , SUM(purchase_amount) AS amount
    , AVG(purchase_amount) AS avg_amount
    , SUM(SUM(purchase_amount)) OVER (ORDER BY decile) AS cumulative_amount
    , SUM(SUM(purchase_amount)) OVER () AS total_amount
  FROM
    users_with_decile
  GROUP BY
    decile
)
SELECT *
FROM
  decile_with_purchase_amount
;
```

▼

실행결과

```
 decile | amount  | avg_amount  | cumulative_amount | total_amount
--------+---------+-------------+-------------------+--------------
      1 | 502000  | 167330.33   |            502000 |      2807000
      2 | 437000  | 145660.66   |            939000 |      2807000
      3 | 416000  | 138660.66   |           1355000 |      2807000
      4 | 385000  | 128330.33   |           1740000 |      2807000
      5 | 343000  | 114330.33   |           2083000 |      2807000
      6 | 282000  |  94000.00   |           2365000 |      2807000
      7 | 204000  |  68000.00   |           2569000 |      2807000
      8 | 118000  |  39330.33   |           2687000 |      2807000
      9 |  78000  |  26000.00   |           2765000 |      2807000
     10 |  42000  |  14000.00   |           2807000 |      2807000
```

마지막으로 구성비와 구성비누계를 계산합니다.

코드 11-18 구매액이 많은 Decile 순서로 구성비와 구성비누계를 계산하는 쿼리

`PostgreSQL` `Hive` `Redshift` `BigQuery` `SparkSQL`

```
WITH
user_purchase_amount AS (
  -- [코드 11-16] 참고하기
)
, users_with_decile AS (
  -- [코드 11-16] 참고하기
)
, decile_with_purchase_amount AS (
  -- [코드 11-17] 참고하기
)
SELECT
    decile
, amount
, avg_amount
, 100.0 * amount / total_amount AS total_ratio
, 100.0 * cumulative_amount / total_amount AS cumulative_ratio
FROM
  decile_with_purchase_amount;
```

▼

실행결과

```
decile | amount | avg_amount | total_ratio | cumulative_ratio
--------+--------+------------+-------------+------------------
     1 | 502000 |  167330.33 |       17.88 |           170.88
     2 | 437000 |  145660.66 |       15.56 |           330.45
     3 | 416000 |  138660.66 |       14.82 |           480.27
     4 | 385000 |  128330.33 |       13.71 |           610.98
     5 | 343000 |  114330.33 |       12.21 |           740.20
     6 | 282000 |   94000.00 |       10.04 |           840.25
     7 | 204000 |   68000.00 |        7.26 |           910.52
     8 | 118000 |   39330.33 |        4.20 |           950.72
     9 |  78000 |   26000.00 |        2.77 |           980.50
    10 |  42000 |   14000.00 |        1.49 |          1000.00
```

이번 절에서 소개한 Decile 분석을 시행하고, Decile의 특징을 다른 분석 방법으로 세분화해서 조사하면 사용자의 속성을 자세하게 파악할 수 있습니다.

예를 들어 Decile 7~10은 정착되지 않은 고객을 나타냅니다. 따라서 메일 매거진 등으로 리텐션[3]을 높이는 등의 대책을 세울 수 있습니다. 만약 메일 메거진을 이미 보내고 있다면, 메일 메거진을 보낼 때 추가적인 데이터를 수집해서 Decile 7~10에 해당하는 사람들의 속성과 관련된 데이터를 더 수집하고 활용할 수 있을 것입니다.

7 RFM 분석으로 사용자를 3가지 관점의 그룹으로 나누기

SQL CASE 식, generate_series 함수
분석 RFM 분석

이전 절에서는 사용자의 구매 금액 합계를 기반으로 사용자를 10개의 그룹으로 분할하는 Decile 분석에 대해서 알아보았습니다.

그런데 Decile 분석은 데이터 검색 기간에 따라 문제가 있습니다. 예를 들어 검색 기간이 너무 장기간이면 과거에는 우수 고객이었어도, 현재는 다른 서비스를 사용하는 휴면 고객이 포함될 가능성이 있습니다. 반대로 검색 대상이 단기간이라면 정기적으로 구매하는 안정 고객이 포함되지 않고, 해당 기간 동안에만 일시적으로 많이 구매한 사용자가 우수 고객으로 취급될 수 있습니다.

이번 절에서 소개하는 RFM 분석은 Decile 분석보다도 자세하게 사용자를 그룹으로 나눌 수 있는 분석 방법입니다.

RFM 분석의 3가지 지표 집계하기

RFM 분석에서는 다음과 같은 3가지 지표를 기반으로 사용자를 그룹화합니다.

----

3 역자주_ 리텐션(retention)이란 고객 유지 비율을 나타냅니다.

- **Recency : 최근 구매일**

  최근 무언가를 구매한 사용자를 우량 고객으로 취급
- **Frequency : 구매 횟수**

  사용자가 구매한 횟수를 세고, 많을수록 우량 고객으로 취급
- **Monetary : 구매 금액 합계**

  사용자의 구매 금액 합계를 집계하고, 금액이 높을수록 우량 고객으로 취급

Recency, Frequency, Monetary라는 3개의 앞 글자를 따서 RFM 분석이라고 부르는 것입니다. Decile 분석에서는 한 번의 구매로 비싼 물건을 구매한 사용자와 정기적으로 저렴한 물건을 여러 번 구매한 사용자가 같은 그룹으로 판정되기도 하지만, RFM 분석은 이러한 사용자들도 구분할 수 있습니다.

다음 코드 예는 사용자별로 RFM을 집계하는 쿼리입니다.

코드 11-19 사용자별로 RFM을 집계하는 쿼리

| PostgreSQL | Hive | Redshift | BigQuery | SparkSQL |

```
WITH
purchase_log AS (
  SELECT
      user_id
    , amount
    -- 타임스탬프를 기반으로 날짜 추출하기
    -- ■ PostgreSQL, Hive, Redshift, SparkSQL의 경우 substring으로 날짜 부분 추출하기
    , substring(stamp, 1, 10) AS dt
    -- ■ PostgreSQL, Hive, BigQuery, SparkSQL의 경우 substr 사용하기
    -- , substr(stamp, 1, 10) AS dt
  FROM
    action_log
  WHERE
    action = 'purchase'
)
, user_rfm AS (
  SELECT
      user_id
    , MAX(dt) AS recent_date
    -- ■ PostgreSQL, Redshift의 경우 날짜 형식끼리 빼기 연산 가능
    , CURRENT_DATE - MAX(dt::date) AS recency
    -- ■ BigQuery의 경우 date_diff 함수 사용하기
    -- , date_diff(CURRENT_DATE, date(timestamp(MAX(dt))), day) AS recency
```

```
  -- ■ Hive, SparkSQL의 경우 datediff 함수 사용하기
  -- , datediff(CURRENT_DATE(), to_date(MAX(dt))) AS recency
  , COUNT(dt) AS frequency
  , SUM(amount) AS monetary
FROM
  purchase_log
GROUP BY
  user_id
)
SELECT *
FROM
  user_rfm
;
```

▼

실행결과

```
user_id | recent_date | recency | frequency | monetary
--------+-------------+---------+-----------+----------
U040    | 2016-12-03  |    2 |        7 |   223400
U140    | 2016-11-23  |   12 |       11 |   276400
U128    | 2016-11-23  |   12 |        6 |   185500
U203    | 2016-11-06  |   29 |        3 |   104300
U058    | 2016-12-03  |    2 |        2 |    29700
U144    | 2016-10-31  |   35 |        5 |   133600
U213    | 2016-11-29  |    6 |        4 |   153000
U014    | 2016-11-03  |   32 |        6 |   171600
U154    | 2016-10-25  |   41 |        6 |   152300
U120    | 2016-10-31  |   35 |        4 |   100200
U251    | 2016-10-06  |   60 |        2 |    65800
...
```

RFM 랭크 정의하기

RFM 분석에서는 3개의 지표를 각각 5개의 그룹으로 나누는 것이 일반적입니다. 이렇게 하면 125(= 5 × 5 × 5)개의 그룹으로 사용자를 나눠 파악할 수 있습니다.

방금 살펴보았던 코드의 출력 결과를 기반으로 다음 표와 같이 RFM 단계를 정의하겠습니다.

표 11-4 RFM 랭크 정의 테이블

랭크	R: 최근 구매일	F: 누계 구매 횟수	M: 누계 구매 금액
5	14일 이내	20회 이상	300만원 이상
4	28일 이내	10회 이상	100만원 이상
3	60일 이내	5회 이상	30만원 이상
2	90일 이내	2회 이상	5만원 이상
1	91일 이내	1회	5만원 미만

코드 11-20 사용자들의 RFM 랭크를 계산하는 쿼리

PostgreSQL   Hive   Redshift   BigQuery   SparkSQL

```
WITH
user_rfm AS (
  -- [코드 11-19] 참고하기
)
, user_rfm_rank AS (
  SELECT
      user_id
    , recent_date
    , recency
    , frequency
    , monetary
    , CASE
        WHEN recency < 14 THEN 5
        WHEN recency < 28 THEN 4
        WHEN recency < 60 THEN 3
        WHEN recency < 90 THEN 2
        ELSE 1
      END AS r
    , CASE
        WHEN 20 <= frequency THEN 5
        WHEN 10 <= frequency THEN 4
        WHEN  5 <= frequency THEN 3
        WHEN  2 <= frequency THEN 2
        WHEN  1  = frequency THEN 1
      END AS f
    , CASE
        WHEN 300000 <= monetary THEN 5
        WHEN 100000 <= monetary THEN 4
        WHEN  30000 <= monetary THEN 3
        WHEN   5000 <= monetary THEN 2
```

```
        ELSE 1
      END AS m
  FROM
    user_rfm
)
SELECT *
FROM
  user_rfm_rank
;
```

▼

```
 user_id | recent_date | recency | frequency | monetary | r | f | m
---------+-------------+---------+-----------+----------+---+---+---
  U040   | 2016-12-03  |       2 |         7 |   223400 | 5 | 3 | 2
  U140   | 2016-11-23  |      12 |        11 |   276400 | 5 | 4 | 2
  U128   | 2016-11-23  |      12 |         6 |   185500 | 5 | 3 | 2
  U203   | 2016-11-06  |      29 |         3 |   104300 | 3 | 2 | 2
  U058   | 2016-12-03  |       2 |         2 |    29700 | 5 | 2 | 1
  U144   | 2016-10-31  |      35 |         5 |   133600 | 3 | 3 | 2
  U213   | 2016-11-29  |       6 |         4 |   153000 | 5 | 2 | 2
  U014   | 2016-11-03  |      32 |         6 |   171600 | 3 | 3 | 2
  U154   | 2016-10-25  |      41 |         6 |   152300 | 3 | 3 | 2
  U120   | 2016-10-31  |      35 |         4 |   100200 | 3 | 2 | 2
  U251   | 2016-10-06  |      60 |         2 |    65800 | 2 | 2 | 2
  U043   | 2016-11-22  |      13 |         2 |    32000 | 5 | 2 | 1
  U129   | 2016-09-21  |      75 |         2 |    88300 | 2 | 2 | 2
  U057   | 2016-11-22  |      13 |         6 |   224800 | 5 | 3 | 2
  U085   | 2016-11-13  |      22 |         6 |   156600 | 4 | 3 | 2
  U290   | 2016-09-20  |      76 |         2 |    84900 | 2 | 2 | 2
...
```

앞의 출력 결과를 기반으로 [표 11-4]의 각 그룹에 속한 사람 수를 확인하는 쿼리는 다음과 같습니다.

코드 11-21 각 그룹의 사람 수를 확인하는 쿼리

PostgreSQL   Hive   Redshift   BigQuery   SparkSQL

```
WITH
user_rfm AS (
  -- [코드 11-19] 참고하기
)
```

```
, user_rfm_rank AS (
  -- [코드 11-20] 참고하기
)
, mst_rfm_index AS (
  -- 1부터 5까지의 숫자를 가지는 테이블 만들기
  -- PostgreSQL의 generate_series 등수 등으로도 대체 가능
            SELECT 1 AS rfm_index
  UNION ALL SELECT 2 AS rfm_index
  UNION ALL SELECT 3 AS rfm_index
  UNION ALL SELECT 4 AS rfm_index
  UNION ALL SELECT 5 AS rfm_index
)
, rfm_flag AS (
  SELECT
      m.rfm_index
    , CASE WHEN m.rfm_index = r.r THEN 1 ELSE 0 END AS r_flag
    , CASE WHEN m.rfm_index = r.f THEN 1 ELSE 0 END AS f_flag
    , CASE WHEN m.rfm_index = r.m THEN 1 ELSE 0 END AS m_flag
  FROM
      mst_rfm_index AS m
    CROSS JOIN
      user_rfm_rank AS r
)
SELECT
    rfm_index
  , SUM(r_flag) AS r
, SUM(f_flag) AS f
  , SUM(m_flag) AS m
FROM
  rfm_flag
GROUP BY
  rfm_index
ORDER BY
  rfm_index DESC
;
```

▼

실행결과

```
rfm_index |  r  |  f  |  m
----------+-----+-----+-----
        5 | 100 |   1 |   2
        4 |  77 |  13 |   2
        3 |  84 | 159 |   6
        2 |  23 | 108 | 259
        1 |  12 |  15 |  27
```

극단적으로 적은 사용자 수의 그룹이 발생한다면 RFM 랭크 정의를 수정하기 바랍니다. 어쨌거나 이러한 결과를 3차원 그래프로 표현하면 다음과 같습니다. 이렇게 그룹이 구분되면, 각각의 RFM 랭크별로 어떠한 대책을 수행할지 검토할 수 있습니다.

그림 11-8 RFM 분석

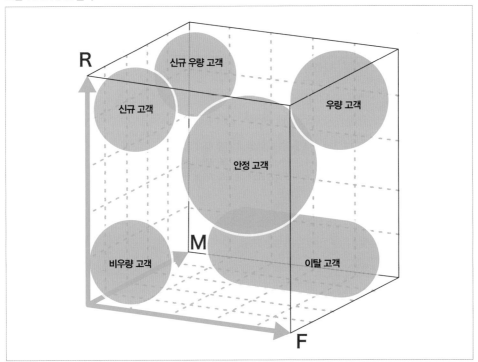

다만 이번 절의 RFM 랭크 정의에 따르면 125개의 그룹이 발생합니다. 이를 관리하는 것은 굉장히 힘든 일이므로, 조금 적게 그룹을 나누어 관리하는 방법을 소개하겠습니다.

사용자를 1차원으로 구분하기

RFM 분석을 3차원으로 표현하면 125개의 그룹이 발생하므로 굉장히 관리하기 어렵습니다. 이번 절에서는 RFM의 각 랭크 합계를 기반으로 13개 그룹으로 나누어 관리하는 방법을 소개하겠습니다.

다음 표와 같이 R+F+M 값을 통합 랭크로 계산하는 쿼리를 살펴봅시다.

표 11-5 통합 랭크별 사용자 수

통합 랭크	R	F	M	사용자 수
15	5	5	5	9
14	5	5	4	13
	5	4	5	15
	4	5	5	16
13	5	5	3	26
	5	4	4	31
...	...	...	...	...
3	1	1	1	842

그림 11-9 RFM 분석을 1차원으로 나타내기

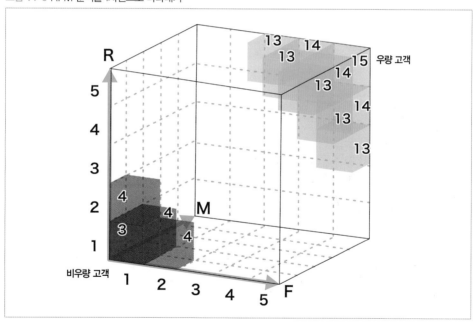

코드 11-22 통합 랭크를 계산하는 쿼리

| PostgreSQL | Hive | Redshift | BigQuery | SparkSQL |

```
WITH
user_rfm AS (
  -- [코드 11-19] 참고하기
)
, user_rfm_rank AS (
  -- [코드 11-20] 참고하기
)
SELECT
   r + f + m AS total_rank
 , r , f , m
 , COUNT(user_id)
FROM
  user_rfm_rank
GROUP BY
  r, f, m
ORDER BY
  total_rank DESC, r DESC, f DESC, m DESC;
```

▼

실행결과

```
total_rank | r | f | m | count
-----------+---+---+---+-------
        15 | 5 | 5 | 5 |     1
        14 | 5 | 5 | 4 |     1
        14 | 5 | 4 | 5 |     1
        12 | 5 | 4 | 3 |     4
        11 | 5 | 4 | 2 |     3
        11 | 4 | 4 | 3 |     1
        10 | 5 | 3 | 2 |    69
        10 | 4 | 4 | 2 |     2
...
```

이어서 계산한 종합 랭크별로 사용자 수를 집계하는 코드는 다음과 같습니다.

코드 11-23 종합 랭크별로 사용자 수를 집계하는 쿼리

| PostgreSQL | Hive | Redshift | BigQuery | SparkSQL |

```
WITH
user_rfm AS (
  -- [코드 11-19] 참고하기
)
, user_rfm_rank AS (
  -- [코드 11-20] 참고하기
)
SELECT
   r + f + m AS total_rank
 , COUNT(user_id)
FROM
  user_rfm_rank
GROUP BY
  -- ■ PostgreSQL, Redshift, BigQuery의 경우
-- SELECT 구문에서 정의한 별칭을 GROUP BY 구문에 지정할 수 있음
   total_rank
  -- ■ PostgreSQL, Hive, Redshift, SparkSQL의 경우
-- SELECT 구문에서 별칭을 지정하기 전의 식을 GROUP BY 구문에 지정할 수 있음
  -- r + f + m
ORDER BY
  total_rank DESC;
```

▼

실행결과

```
total_rank | count
-----------+-------
        15 |     1
        14 |     2
        12 |     4
        11 |     4
        10 |    72
         9 |    69
         8 |    65
         7 |    41
         6 |    21
         5 |     5
         4 |     6
         3 |     7
```

2차원으로 사용자 인식하기

RFM 지표 2개를 사용해서 사용자 층을 정의하는 방법도 있습니다. 다음 [그림 11-10]처럼 구성해두면 각 사용자 층에 대해 어떤 마케팅 대책을 실시할지, 각 사용자 층을 보다 상위 사용자 층으로 어떻게 옮길 수 있을까 등을 생각할 수 있습니다. 이번 절에서는 예로 'R'과 'F'를 사용해 집계해보겠습니다.

그림 11-10 R과 F를 사용해 2차원으로 사용자 인식하기

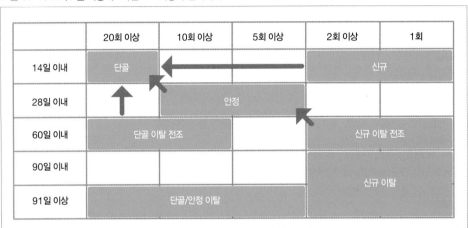

이 그림의 각 셀에 사용자가 얼마나 있는지 산출하는 쿼리는 다음과 같습니다. 사용자 수를 집계했다면, 높은 랭크로 사용자를 이동시키려면 어떤 대책이 필요할지 검토하기 바랍니다.

코드 11-24 R과 F를 사용해 2차원 사용자 층의 사용자 수를 집계하는 쿼리

`PostgreSQL` `Hive` `Redshift` `BigQuery` `SparkSQL`

```
WITH
user_rfm AS (
  -- [코드 11-19] 참고하기
)
, user_rfm_rank AS (
  -- [코드 11-20] 참고하기
)
SELECT
    CONCAT('r_', r) AS r_rank
-- ■ BigQuery의 경우 CONCAT 함수의 매개 변수를 string으로 변환해야 함
  -- CONCAT('r_', CAST(r AS string)) AS r_rank
```

```
  , COUNT(CASE WHEN f = 5 THEN 1 END) AS f_5
  , COUNT(CASE WHEN f = 4 THEN 1 END) AS f_4
  , COUNT(CASE WHEN f = 3 THEN 1 END) AS f_3
  , COUNT(CASE WHEN f = 2 THEN 1 END) AS f_2
  , COUNT(CASE WHEN f = 1 THEN 1 END) AS f_1
FROM
  user_rfm_rank
GROUP BY
  r
ORDER BY
  r_rank DESC;
```

▼

실행결과

```
 r_rank | f_5 | f_4 | f_3 | f_2 | f_1
--------+-----+-----+-----+-----+-----
 r_5    |  1  |  8  | 69  | 21  |  1
 r_4    |  0  |  3  | 48  | 25  |  1
 r_3    |  0  |  2  | 39  | 39  |  4
 r_2    |  0  |  0  |  3  | 18  |  2
 r_1    |  0  |  0  |  0  |  5  |  7
```

그림 11-11 어떤 대책을 실시할지 생각해보기

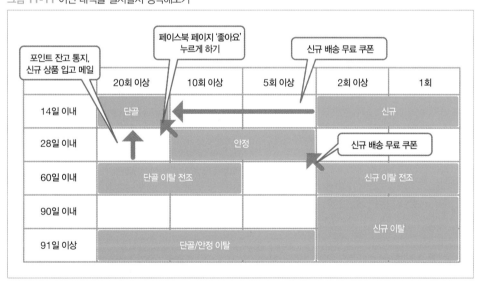

RFM 분석의 각 지표 Recency, Frequency, Monetary에 따라 사용자의 속성을 정의하고 1차원, 2차원, 3차원으로 표현하는 방법을 살펴보았습니다. 서비스 개선 검토, 사용자에 따른 메일 최적화 등 다양한 용도로 활용하기 바랍니다.

12강

시계열에 따른 사용자 전체의 상태 변화 찾기

사용자는 서비스 사용 시작일로부터 시간이 지나면 '충성도 높은 사용자로 성장', '사용을 중지', '가입은 되어 있지만 사용하지 않는 상태(휴면)' 등으로 상태 변화가 일어납니다.

- 사용자가 계속해서 사용(리피트)
- 사용자가 사용을 중단(탈퇴/휴면)

서비스를 운영하는 입장에서는 당연히 사용자가 계속해서 사용하기를 원할 것입니다. 그러려면 사용자가 어느 정도 계속해서 사용하고 있는지 파악하고, 목표와의 괴리를 어떻게 해결할지 검토해야 합니다. 추가로 잠시 서비스를 사용하지 않게 되어버린 휴면 사용자를 어떻게 하면 다시 사용하게 만들지도 계속해서 생각해야 합니다.

완전히 탈퇴한 사용자에게는 어떠한 대책도 적용하기 힘들지만, 휴면 사용자는 메일 매거진/CM/광고 등을 활용해 다시 사용하게 만들 수 있습니다.

이번 절에서는 사용자의 서비스 사용을 시계열로 수치화하고 변화를 시각화하는 방법을 소개하겠습니다. 이를 활용하면 현재 상태를 파악할 수 있으며, 대책의 효과를 파악하거나 이후의 계획을 세울 때 큰 도움이 될 것입니다.

샘플 데이터

이번 절에서는 다음과 같은 두 개의 테이블(사용자 마스터와 액션 로그)을 사용해 설명하겠습니다. SNS 서비스에서 쓰이는 데이터라고 생각해주세요.

데이터 12-1 사용자 마스터(mst_users)

```
user_id | sex | birth_date | register_date | register_device | withdraw_date
--------+-----+------------+---------------+-----------------+---------------
U001    | M   | 1977-06-17 | 2016-10-01    | pc              |
U002    | F   | 1953-06-12 | 2016-10-01    | sp              | 2016-11-10
```

데이터 12-2 액션 로그(action_log)

```
session | user_id | action  |        stamp
--------+---------+---------+--------------------
037f2   | U001    | view    | 2016-11-03 18:00:00
037f2   | U001    | post    | 2016-11-03 18:03:12
037f2   | U001    | view    | 2016-11-03 18:09:44
037f2   | U001    | follow  | 2016-11-03 18:12:15
037f2   | U001    | view    | 2016-11-03 18:15:31
037f2   | U001    | like    | 2016-11-03 18:16:58
037f2   | U001    | like    | 2016-11-03 18:17:09
037f2   | U001    | comment | 2016-11-03 18:21:37
c07d1   | U002    | view    | 2016-11-03 18:22:03
c07d1   | U002    | comment | 2016-11-03 18:23:59
c07d1   | U002    | follow  | 2016-11-03 18:25:20
a9338   | U001    | view    | 2016-11-04 09:31:51
a9338   | U001    | like    | 2016-11-04 09:33:01
6ceab   | U002    | view    | 2016-11-04 11:27:30
6ceab   | U002    | comment | 2016-11-04 11:29:13
```

1 등록 수의 추이와 경향 보기

SQL COUNT(DISTINCT~)
분석 등록 수, 작대비

사용자 등록이 필요한 서비스에서 등록 수는 중요한 지표 중 하나입니다. 등록자가 감소 경향을 보인다면 서비스를 활성화하기 어려워진다는 의미이고, 반대로 등록자가 증가 경향을 보인다면 사용자가 서비스에서 이탈할지 아닐지를 분석해서 서비스 활성화와 연결할 수 있어야 합니다. 그럼 일단 사용자가 서비스에서 이탈할지 아닐지를 분석해보기 전에, 현재 등록 수를 파악하는 SQL을 소개하겠습니다.

날짜별 등록 수의 추이

표 12-1 날짜별 등록 수의 추이

날짜	등록 수
2016/1/1	417
2016/1/2	424
2016/1/3	413

사용자 수를 집계할 때는 사용자를 유일하게 식별할 수 있는 ID(사용자 ID)로 중복을 제거(DISTINCT)해서 셉니다. 물론 회원 테이블(mst_users)이므로 사용자 ID가 중복해서 등록되는 상황이 없을 것이라 예상되지만, 이 책에서는 등록 수도 등록한 사용자 수로 다룬다고 정의하고, 정의에 따라 중복을 생략하고 집계하도록 코드를 구성하겠습니다.

다음 코드 예는 사용자 등록 수를 날짜별로 집계하는 SQL입니다.

코드 12-1 날짜별 등록 수의 추이를 집계하는 쿼리

PostgreSQL | Hive | Redshift | BigQuery | SparkSQL

```
SELECT
    register_date
  , COUNT(DISTINCT user_id) AS register_count
FROM
  mst_users
GROUP BY
```

```
  register_date
ORDER BY
  register_date
;
```

▼

실행결과

```
register_date | register_count
--------------+----------------
 2016-10-01   |           423
 2016-10-02   |           465
 2016-10-03   |           434
 2016-10-04   |           421
 2016-10-05   |           416
 2016-10-06   |           474
 2016-10-07   |           436
 2016-10-08   |           399
 2016-10-09   |           423
 2016-10-10   |           413
 2016-10-11   |           384
...
 2016-11-28   |           446
 2016-11-29   |           456
 2016-11-30   |           471
```

이 코드 예를 등록 수 집계의 기본 형태로 사용해서, 여러 가지 속성을 추가로 파악해봅시다.

월별 등록 수 추이

월별로 등록 수를 집계하고, 이번 절까지 소개한 SQL을 사용해 다음 표처럼 월별 등록 수와 전월비[4]를 집계해보겠습니다. 월별 집계를 해야 하므로, 일단 날짜 자료형의 데이터에서 연과 월 데이터만을 추출해서 year_month 컬럼에 저장합니다. 이어서 이러한 year_month로 집약해서 등록 수를 집계합니다. 전월 등록 수와 비율을 집계할 때는 LAG 윈도 함수를 사용합니다.

---

4 역자주_ 전월비는 이전 달과의 비율을 의미합니다.

표 12-2 월별 등록 수와 전월비

연월	등록 수	전월비
2016년 1월	12,935	
2016년 2월	13,169	101.8%
2016년 3월	12,831	97.4%

코드 12-2 매달 등록 수와 전월비를 계산하는 쿼리

| PostgreSQL | Hive | Redshift | BigQuery | SparkSQL |

```
WITH
mst_users_with_year_month AS (
  SELECT
    *
-- ■ PostgreSQL, Hive, Redshift, SparkSQL의 경우 substring으로 연-월 부분 추출하기
  , substring(register_date, 1, 7) AS year_month
    -- ■ PostgreSQL, Hive, BigQuery, SparkSQL의 경우 substr 사용하기
    -- , substr(register_date, 1, 7) AS year_month
  FROM
    mst_users
)
SELECT
    year_month
  , COUNT(DISTINCT user_id) AS register_count
  , LAG(COUNT(DISTINCT user_id)) OVER(ORDER BY year_month)
  -- ■ SparkSQL의 경우는 다음과 같이 사용하기
  -- , LAG(COUNT(DISTINCT user_id))
  --     OVER(ORDER BY year_month ROWS BETWEEN 1 PRECEDING AND 1 PRECEDING)
    AS last_month_count
  , 1.0
    * COUNT(DISTINCT user_id)
    / LAG(COUNT(DISTINCT user_id)) OVER(ORDER BY year_month)
  -- ■ SparkSQL의 경우는 다음과 같이 사용하기
  -- / LAG(COUNT(DISTINCT user_id))
  --     OVER(ORDER BY year_month ROWS BETWEEN 1 PRECEDING AND 1 PRECEDING)
    AS month_over_month_ratio
FROM
  mst_users_with_year_month
GROUP BY
  year_month
;
```

```
year_month | register_count | last_month_count | month_over_month_ratio
------------+----------------+------------------+------------------------
 2016-10    |          12895 |                  |
 2016-11    |          11436 |            12895 |                 0.8868
```

등록 디바이스별 추이

월별 등록자를 집계했다면, 레코드 내에 저장된 정보를 사용해서 여러 가지 내역을 집계할 수 있습니다. 이번 절에서는 등록한 디바이스가 어떤 것인지를 나타내는 mst_users의 device 컬럼을 사용해서 등록 수 내역을 집계하겠습니다.

등록 디바이스와 마찬가지로 등록과 동시에 추가되는 정보가 있다면, 다음 코드 예의 device를 해당 컬럼으로 변경해서 해당 컬럼과 관련된 내역을 집계할 수 있습니다(예: 성별 또는 지역).

표 12-3 디바이스별 등록 수

연월	등록 수	PC 등록 수	SP 등록 수	애플리케이션 등록 수
2016년 1월	12,935	3049	4,382	5,504
2016년 2월	13,169	3,593	4,492	5,084
2016년 3월	12,831	4,108	4,792	3,931

코드 12-3 디바이스들의 등록 수를 집계하는 쿼리

PostgreSQL   Hive   Redshift   BigQuery   SparkSQL

```
WITH
mst_users_with_year_month AS (
    -- [코드 12-2] 참고하기
)
SELECT
    year_month
  , COUNT(DISTINCT user_id) AS register_count
  , COUNT(DISTINCT CASE WHEN register_device = 'pc'  THEN user_id END) AS register_pc
  , COUNT(DISTINCT CASE WHEN register_device = 'sp'  THEN user_id END) AS register_sp
  , COUNT(DISTINCT CASE WHEN register_device = 'app' THEN user_id END) AS register_app
```

```
FROM
  mst_users_with_year_month
GROUP BY
  year_month
;
```

▼

실행결과

```
year_month | register_count | register_pc | register_sp | register_app
-----------+----------------+-------------+-------------+--------------
2016-10    |          12895 |        3485 |        6439 | 2971
2016-11    |          11436 |        2962 |        6712 | 1762
```

원포인트

등록한 디바이스에 따라 사용자 행동이 다를 수 있습니다. 이후에 설명할 분석을 등록 디바이스별로 실시해보면 재미있는 경향이 나올 것입니다. 추가로 여러 장치를 사용하는 사용자(멀티 디바이스 사용자)가 있을 수 있습니다. 이러한 사용자의 존재도 파악해두면 여러 도움이 될 것입니다.

2 지속률과 정착률 산출하기

SQL COUNT(DISTINCT ~)
분석 지속률과 정착률

사용자가 등록하더라도 서비스를 지속해서 사용하지 않는다면, 사용자가 아무리 많아도 활용으로 이어지지 않는다는 의미입니다. 사용자가 지속해서 사용하지 않으면, 예를 들어 트위터로 대표되는 SNS의 경우 사용자를 팔로우하더라도 피드를 받을 수 없을 것입니다. 또한 소셜 게임이라면 경쟁 상대가 없어져서 지속 의욕이 감소할 것입니다. 등록 시점을 기준으로 일정 기간 동안 사용자가 지속해서 사용하고 있는지를 조사할 때, 지속률과 정착률을 사용하면 경향을 쉽게 파악할 수 있습니다.

이번 절에서는 지속률과 정착률이라는 지표를 정의하고, 이를 기반으로 사용자가 등록한 후 얼마나 지속해서 서비스를 사용하는지 파악하는 방법을 소개하겠습니다.

지속률과 정착률의 정의

지속률과 정착률은 이름이 비슷하지만 계산 방법이 조금 다릅니다. 각 지표의 용도와 계산 방법에 대해서 정리해봅시다.

| 지속률: 등록일 기준으로 이후 지정일 동안 사용자가 서비스를 얼마나 이용했는지 나타내는 지표 |

다음 [표 12-4]에 나타난 것처럼 6월 12일에 등록한 사용자가 다음날에도 서비스를 사용했다면 1일 사용자, 2일 후에도 사용하고 있다면 2일 지속자입니다. 추가로 [표 12-5]처럼 매일 서비스를 사용하지 않더라도, 판정 날짜에 사용했다면 지속자로 취급합니다.

표 12-4 지속률 판정 날짜

지표 이름	6/12	6/13	6/14	6/15
1일 지속	●	○		
2일 지속	●		○	
3일 지속	●			○

●등록일 ○사용일

표 12-5 모두 3일 지속자로 취급

지표 이름	6/12	6/13	6/14	6/15
3일 지속	●	○	○	○
3일 지속	●		○	○
3일 지속	●			○

●등록일 ○사용일

지속률은 다음 [표 12-6]과 같이 등록자와 사용자 수를 집계하고 〈사용자 수〉 ÷ 〈등록 수〉로 구합니다. 6월 12일을 기준으로 1일 지속률은 80%, 2일 지속률은 60%입니다.

표 12-6 날짜별 등록 수, n일 지속자 수, 지속률

등록일	등록 수	6월 13일 사용자 수	6월 14일 사용자 수	6월 15일 사용자 수	다음날 지속률	2일 지속률	3일 지속률
6월 12일	100	80	60	40	80%	60%	40%
6월 13일	200	–	150	100	75%	50%	–
6월 14일	150	–	–	75	50%	–	–

| 정착률: 등록일 기준으로 이후 지정한 7일 동안 사용자가 서비스를 사용했는지 나타내는 지표 |

정착은 지속과는 다르게 7일이라는 기간에 한 번이라도 서비스를 사용했다면 정착자로 다룹니다. 다음 그림은 정착률 판정 기간을 나타냅니다.

그림 12-1 정착률 판정 기간

일	월	화	수	목	금	토
1	2	3 등록일	4	5	6	7
			7일 정착률 판정 기간			
8	9	10	11	12	13	14
			14일 정착률 판정 기간			
15	16	17	18	19	20	21
			21일 정착률 판정 기간			
22	23	24	25	26	27	28
			28일 정착률 판정 기간			
29	30	31				

7일 정착률은 등록 후 1일부터 7일까지의 정착률을 기준으로 산출합니다. 14일 정착률은 이후의 7일이 판정 기간입니다. 예를 들어 14일 정착률은 등록일부터 8일 후부터 14일까지의 정착률을 기준으로 판정합니다. 추가로 7일 동안 서비스를 사용한 날짜가 하루든 3일이든 상관없이 정착률은 모두 1로 취급합니다.

정착률 산출 방법은 다음 표처럼 나타난 등록 수와 사용자 수를 집계하고, 〈사용자 수〉÷〈등록 수〉로 구합니다. 예를 들어 6월 12일의 7일 정착률은 80%, 14일 정착률은 60%입니다.

표 12-7 n일 사용자 수와 정착률

등록일	등록 수				
6월 12일	100	6/13~6/19 사용자 수	6/20~6/26 사용자 수	7일 정착률	14일 정착률
		80	60	80%	60%
6월 13일	200	6/14~6/20 사용자 수	6/21~6/27 사용자 수	7일 정착률	14일 정착률
		150	100	75%	50%

지속률과 정착률 사용 구분하기

사용자에게 기대하는 사용 사이클은 서비스별로 다릅니다. 예를 들어 소셜 게임과 뉴스 사이트는 사용자가 틈틈이 계속 이용하기를 기대할 것입니다. EC 사이트는 매일 쇼핑할 것을 기대하고, 리뷰 사이트는 사용자가 무언가를 체험할 때마다 사용하기를 기대할 것입니다.

서비스의 목적과 용도에 따라서 어떤 것이 더 중요한지 검토한 뒤, 정기적으로 해당 값을 확인하기 바랍니다.

표 12-8 지속률과 정착률의 사용 구분 포인트

지표	용도
지속률	사용자가 매일 사용했으면 하는 서비스 예) 뉴스 사이트, 소셜 게임, SNS 등
정착률	사용자에게 어떤 목적이 생겼을 때 사용했으면 하는 서비스 예) EC 사이트, 리뷰 사이트, Q&A 사이트, 사진 투고 사이트 등

지속률과 관계있는 리포트

지속률과 관계있는 리포트를 만드는 SQL을 살펴보겠습니다.

| 날짜별 n일 지속률 추이 |

지속률을 올릴 수 있는 대책의 효과가 의도한 대로 수행되는지를 확인하려면, 지속률을 날짜에 따라 집계한 리포트를 만들어야 합니다. 등록 바로 다음 날부터 서비스를 사용하지 않는다면, 이후 습관적으로 서비스를 사용하도록 만들기 어려워질 가능성이 높습니다. 따라서 서비스를 더 활발하게 하려면 당장 다음 날의 지속률을 높이는 것이 중요합니다.

표 12-9 날짜별 등록 수와 n일 지속률

날짜	등록 수	1일 지속률	2일 지속률	3일 지속률	…	7일 지속률
2016/6/1	1,632	74.2%	62.4%	47.3%	…	12.1%
2016/6/2	1,579	75.9%	62.1%	49.8%	…	13.0%
2016/6/3	1,601	73.6%	63.1%	51.0%	…	13.2%

이러한 리포트를 만들려면 일단 '다음날(1일) 지속률'을 집계하는 방법을 생각해봐야 합니다. 다음날 지속률의 정의는 '지정한 날짜에 등록한 사용자 중에서 다음날에도 서비스를 사용한 사람의 비율'을 의미합니다. 단순하게 사용자 수를 센 뒤 나누어 비율을 집계해도 괜찮지만, 지정한 날짜 다음에 사용한 사용자에 1, 사용하지 않은 사용자에 0이라는 플래그를 붙이고, 이러한 값에 AVG 함수를 적용해 평균을 구하는 방법이 훨씬 간단합니다.

이때 주의할 점이 있습니다. 다음날 지속률을 집계하려면 다음날의 로그 데이터가 모두 쌓여 있어야 합니다. 등록일 다음날에 작업한 사용자가 정말 0명인 경우와 로그가 아직 쌓이지 않아서 0명으로 나오는 경우를 구분해야 하기 때문입니다. 이번 절에서는 로그 집계 기간 중에 가장 최신 날짜를 추출하고, 이러한 최신 일자를 넘는 기간의 지속률은 NULL로 출력하게 만들어 이처럼 문제가 될 수 있는 부분을 해결하겠습니다.

다음 코드 예는 다음날 지속률 집계를 위한 사전 준비로 '로그의 최근 날짜'와 '사용자별 등록일과 다음날의 날짜'를 집계하는 쿼리입니다.

코드 12-4 '로그 최근 일자'와 '사용자별 등록일의 다음날'을 계산하는 쿼리

PostgreSQL   Hive   Redshift   BigQuery   SparkSQL

```
WITH
action_log_with_mst_users AS (
  SELECT
     u.user_id
   , u.register_date
   -- 액션 날짜와 로그 전체의 최신 날짜를 날짜 자료형으로 변환하기
   , CAST(a.stamp AS date) AS action_date
```

```
    , MAX(CAST(a.stamp AS date)) OVER() AS latest_date
    -- ■ BigQuery의 경우 한번 타임스탬프 자료형으로 변환하고 날짜 자료형으로 변환하기
    -- , date(timestamp(a.stamp)) AS action_date
    -- , MAX(date(timestamp(a.stamp))) OVER() AS latest_date

    -- 등록일 다음날의 날짜 계산하기
    -- ■ PostgreSQL의 경우는 다음과 같이 사용하기
    , CAST(u.register_date::date + '1 day'::interval AS date)
    -- ■ Redshift의 경우는 다음과 같이 사용하기
    -- , dateadd(day, 1, u.register_date::date)
    -- ■ BigQuery의 경우는 다음과 같이 사용하기
    -- , date_add(CAST(u.register_date AS date), interval 1 day)
    -- ■ Hive, SparkSQL의 경우는 나음과 같이 사용하기
    -- , date_add(CAST(u.register_date AS date), 1)
      AS next_day_1
  FROM
    mst_users AS u
  LEFT OUTER JOIN
    action_log AS a
  ON u.user_id = a.user_id
)
SELECT *
FROM
  action_log_with_mst_users
ORDER BY
  register_date
;
```

▼

실행결과

user_id	register_date	action_date	latest_date	next_day_1
U001	2016-10-01	2016-10-01	2016-11-28	2016-10-02
U001	2016-10-01	2016-10-01	2016-11-28	2016-10-02
U001	2016-10-01	2016-10-02	2016-11-28	2016-10-02
U001	2016-10-01	2016-10-02	2016-11-28	2016-10-02
U001	2016-10-01	2016-10-03	2016-11-28	2016-10-02
U001	2016-10-01	2016-10-03	2016-11-28	2016-10-02
U001	2016-10-01	2016-10-07	2016-11-28	2016-10-02
U001	2016-10-01	2016-10-07	2016-11-28	2016-10-02
U001	2016-10-01	2016-11-01	2016-11-28	2016-10-02
U001	2016-10-01	2016-11-01	2016-11-28	2016-10-02
...				

```
U023    | 2016-11-04    | 2016-11-04    | 2016-11-28    | 2016-11-05
U024    | 2016-11-05    | 2016-11-05    | 2016-11-28    | 2016-11-06
U025    | 2016-11-05    | 2016-11-05    | 2016-11-28    | 2016-11-06
U026    | 2016-11-10    | 2016-11-10    | 2016-11-28    | 2016-11-11
U027    | 2016-11-10    | 2016-11-10    | 2016-11-28    | 2016-11-11
U028    | 2016-11-15    | 2016-11-15    | 2016-11-28    | 2016-11-16
U029    | 2016-11-28    | 2016-11-28    | 2016-11-28    | 2016-11-29
U030    | 2016-11-28    | 2016-11-28    | 2016-11-28    | 2016-11-29
```

이어서 지정한 날의 다음날에 액션을 했는지 0과 1의 플래그로 표현합니다. 이때 '지정한 날의 다음날'이 로그의 가장 최근 날짜를 넘는 경우에는 플래그를 NULL로 나타냅니다.

코드 12-5 사용자의 액션 플래그를 계산하는 쿼리

| PostgreSQL | Hive | Redshift | BigQuery | SparkSQL |

```sql
WITH
action_log_with_mst_users AS (
  -- [코드 12-4] 참고하기
)
, user_action_flag AS (
  SELECT
      user_id
    , register_date
    -- 4. 등록일 다음날에 액션을 했는지 안 했는지를 플래그로 나타내기
    , SIGN(
        -- 3. 사용자별로 등록일 다음날에 한 액션의 합계 구하기
        SUM(
          -- 1. 등록일 다음날이 로그의 최신 날짜 이전인지 확인하기
          CASE WHEN next_day_1 <= latest_date THEN
            -- 2. 등록일 다음날의 날짜에 액션을 했다면 1, 안 했다면 0 지정하기
            CASE WHEN next_day_1 = action_date THEN 1 ELSE 0 END
          END
        )
      ) AS next_1_day_action
  FROM
    action_log_with_mst_users
  GROUP BY
    user_id, register_date
)
SELECT *
FROM
  user_action_flag
```

```
ORDER BY
  register_date, user_id ;
```

▼

실행결과

```
 user_id | register_date | next_1_day_action
---------+---------------+------------------
 U001    | 2016-10-01    |                 1
 U002    | 2016-10-01    |                 1
 U003    | 2016-10-01    |                 1
 U004    | 2016-10-05    |                 0
 U005    | 2016-10-05    |                 0
 U006    | 2016-10-10    |                 0
...
 U027    | 2016-11-10    |                 0
 U028    | 2016-11-15    |                 0
 U029    | 2016-11-30    |
 U030    | 2016-11-30    |
...
```

이번 절에서 사용한 로그의 가장 최근 날짜는 '2016-11-30'이므로, 등록일이 '2016-11-30'
인 사용자는 다음날의 액션 플래그가 NULL이 됩니다.

사용자의 액션 플래그를 0과 1로 표현했다면, 그래프의 값에 100.0을 곱하고 AVG 함수로 평
균을 구해 퍼센트 단위로 나타냅니다.

코드 12-6 다음날 지속률을 계산하는 쿼리

PostgreSQL   Hive   Redshift   BigQuery   SparkSQL

```
WITH
action_log_with_mst_users AS (
  -- [코드 12-4] 참고하기
)
, user_action_flag AS (
  -- [코드 12-5] 참고하기
)
SELECT
    register_date
  , AVG(100.0 * next_1_day_action) AS repeat_rate_1_day
FROM
```

```
  user_action_flag
GROUP BY
  register_date
ORDER BY
  register_date
;
```

▼

실행결과

```
register_date | repeat_rate_1_day
--------------+-------------------
2016-10-01    |          43.2354
2016-10-02    |          41.3456
2016-10-03    |          36.3289
2016-10-04    |          38.9874
2016-10-05    |          40.8762
2016-10-06    |          39.7642
2016-10-07    |          37.9614
2016-10-08    |          38.9691
2016-10-09    |          40.7982
2016-10-10    |          41.9623
2016-10-11    |          42.8791
...
2016-11-28    |          37.2457
2016-11-29    |          38.6923
2016-11-30    |
```

2일째 이후의 지속률을 계산할 경우에도 비슷합니다. action_log_with_mst_users 테이블을 기반으로 등록으로부터 n번째 후의 날짜를 계산하면 됩니다.

그런데 각 지속률 값을 테이블의 컬럼으로 표현하면, 복잡한 쿼리가 되어 관리하기 힘들어질 수 있습니다. 따라서 지금부터는 지표를 관리하는 일시 테이블을 사용해 각각의 지표를 세로 기반으로 표현하는 방법에 대해 살펴보겠습니다.

이전 코드에서 지표 정보를 다음과 같이 index_name과 interval_date를 가진 테이블로 변환해서 저장합니다. 이때 index_name은 지표의 이름, interval_date는 등록 후 며칠째의 지표인지를 나타냅니다.

코드 12-7 지속률 지표를 관리하는 마스터 테이블을 작성하는 쿼리

`PostgreSQL` `Hive` `Redshift` `BigQuery` `SparkSQL`

```sql
WITH
repeat_interval(index_name, interval_date) AS (
  -- ■ PostgreSQL의 경우 VALUES 구문으로 일시 테이블 생성 가능
  -- ■ Hive, Redshift, BigQuery, SparkSQL의 경우 UNION ALL 등으로 대체 가능
  -- 8강 5절 참고하기
  VALUES
    ('01 day repeat', 1)
  , ('02 day repeat', 2)
  , ('03 day repeat', 3)
  , ('04 day repeat', 4)
  , ('05 day repeat', 5)
  , ('06 day repeat', 6)
  , ('07 day repeat', 7)
)
SELECT *
FROM repeat_interval
ORDER BY index_name
;
```

▼

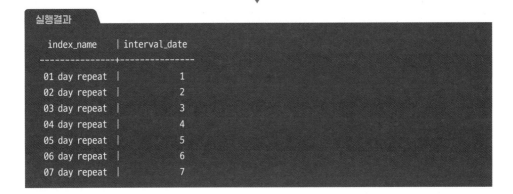

실행결과

```
 index_name   | interval_date
--------------+---------------
 01 day repeat |       1
 02 day repeat |       2
 03 day repeat |       3
 04 day repeat |       4
 05 day repeat |       5
 06 day repeat |       6
 07 day repeat |       7
```

이러한 지표 마스터를 사용해 이전과 같은 과정으로 지속률을 구합니다. [코드 12-6]과 다른 부분은 코드에 강조 표시해 놓았습니다.

코드 12-8 지속률을 세로 기반으로 집계하는 쿼리

```sql
WITH
repeat_interval AS (
  -- [코드 21-7] 참고하기
```

```
)
, action_log_with_index_date AS (
  SELECT
      u.user_id
  , u.register_date
  -- 액션의 날짜와 로그 전체의 최신 날짜를 날짜 형식으로 변환하기
  , CAST(a.stamp AS date) AS action_date
  , MAX(CAST(a.stamp AS date)) OVER() AS latest_date
  -- ■ BigQuery의 경우 한 번 타임스탬프 자료형으로 변환하고 날짜 자료형으로 변환하기
  -- , date(timestamp(a.stamp)) AS action_date
  -- , MAX(date(timestamp(a.stamp))) OVER() AS latest_date

  -- 등록일로부터 n일 후의 날짜 계산하기
  , r.index_name

  -- ■ PostgreSQL의 경우는 다음과 같이 사용하기
  , CAST(CAST(u.register_date AS date) + interval '1 day' * r.interval_date AS date)
  -- ■ Redshift의 경우는 다음과 같이 사용하기
  -- , dateadd(day, r.interval_date, u.register_date::date)
  -- ■ BigQuery의 경우는 다음과 같이 사용하기
  -- , date_add(CAST(u.register_date AS date), interval r.interval_date day)
  -- ■ Hive, SparkSQL의 경우는 다음과 같이 사용하기
  -- , date_add(CAST(u.register_date AS date), r.interval_date)
      AS index_date
  FROM
      mst_users AS u
  LEFT OUTER JOIN
      action_log AS a
  ON u.user_id = a.user_id
  CROSS JOIN
      repeat_interval AS r
)
, user_action_flag AS (
  SELECT
      user_id
  , register_date
  , index_name
      -- 4. 등록일로부터 n일 후에 액션을 했는지 플래그로 나타내기
  , SIGN(
      -- 3. 사용자별로 등록일로부터 n일 후에 한 액션의 합계 구하기
      SUM(
        -- 1. 등록일로부터 n일 후가 로그의 최신 날짜 이전인지 확인하기
        CASE WHEN index_date <= latest_date THEN
          -- 2. 등록일로부터 n일 후의 날짜에 액션을 했다면 1, 아니라면 0 지정하기
```

```
        CASE WHEN index_date = action_date THEN 1 ELSE 0 END
      END
    )
  ) AS index_date_action
FROM
  action_log_with_index_date
GROUP BY
  user_id, register_date, index_name, index_date
)
SELECT
  register_date
, index_name
, AVG(100.0 * index_date_action) AS repeat_rate
FROM
  user_action_flag
GROUP BY
  register_date, index_name
ORDER BY
  register_date, index_name
;
```

▼

register_date	index_name	repeat_rate
2016-10-01	01 day repeat	43.2354
2016-10-01	02 day repeat	33.3476
2016-10-01	03 day repeat	21.2456
2016-10-01	04 day repeat	18.9871
2016-10-01	05 day repeat	15.2389
2016-10-01	06 day repeat	12.8972
2016-10-01	07 day repeat	9.8991
2016-10-02	01 day repeat	41.3456
2016-10-02	02 day repeat	35.8972
...		
2016-11-23	06 day repeat	11.8741
2016-11-23	07 day repeat	
...		

출력 결과를 보면 n일 지속률을 계산하기 위해 필요한 판정 기간의 로그가 존재하지 않는 경우, 지표가 NULL로 출력되는 것을 알 수 있습니다.

정착률 관련 리포트

지속률을 살펴볼 때와 같은 데이터를 사용해 정착률과 관련된 리포트, 그리고 리포트를 작성하기 위한 SQL을 소개하겠습니다.

| 매일의 n일 정착률 추이 |

지속률과 마찬가지로, 대책이 의도한 대로의 효과가 있는지 확인하려면 정착률을 매일 집계한 리포트가 필요합니다. 참고로 7일 정착률이 극단적으로 낮은 경우에는 정착률이 아니라 '다음 날 지속률' ~ '7일 지속률'을 확인해서 문제를 검토하는 것이 일반적입니다.

표 12-10 매일의 n일 정착률 추이

날짜	등록일	7일 정착률	14일 정착률	21일 정착률	28일 정착률
2016/6/1	1,632	85.2%	60.1%	24.6%	18.4%
2016/6/2	1,579	82.5%	60.7%	26.7%	20.8%
2016/6/3	1,601	83.3%	61.4%	26.2%	19.9%

정착률을 산출할 경우 대상이 되는 기간이 여러 일자에 걸쳐 있으므로, 이전에 살펴보았던 [코드 12-7]에서 만든 repeat_interval 테이블의 interval_date을 다음과 같이 interval_begin_date와 interval_end_date로 확장해야 합니다.

코드 12-9 정착률 지표를 관리하는 마스터 테이블을 작성하는 쿼리

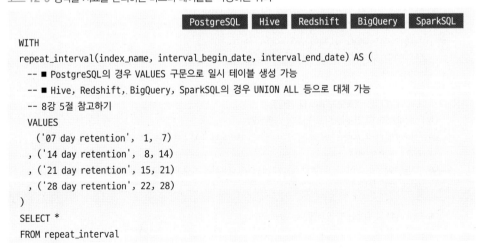

```
                                    PostgreSQL   Hive   Redshift   BigQuery   SparkSQL

WITH
repeat_interval(index_name, interval_begin_date, interval_end_date) AS (
  -- ■ PostgreSQL의 경우 VALUES 구문으로 일시 테이블 생성 가능
  -- ■ Hive, Redshift, BigQuery, SparkSQL의 경우 UNION ALL 등으로 대체 가능
  -- 8강 5절 참고하기
  VALUES
    ('07 day retention',  1,  7)
  , ('14 day retention',  8, 14)
  , ('21 day retention', 15, 21)
  , ('28 day retention', 22, 28)
)
SELECT *
FROM repeat_interval
```

```
ORDER BY index_name
;
```

```
    index_name     | interval_begin_date | interval_end_date
-------------------+---------------------+------------------
 07 day retention  |                   1 |                 7
 14 day retention  |                   8 |                14
 21 day retention  |                  15 |                21
 28 day retention  |                  22 |                28
```

이어서 지속률의 경우와 마찬가지로 각 지표의 정착률을 계산합니다.

코드 12-10 정착률을 계산하는 쿼리

`PostgreSQL`　`Hive`　`Redshift`　`BigQuery`　`SparkSQL`

```
WITH
repeat_interval AS (
  -- [코드 12-9] 참고하기
)
, action_log_with_index_date AS (
  SELECT
      u.user_id
    , u.register_date
    -- 액션의 날짜와 로그 전체의 최신 날짜를 날짜 자료형으로 변환하기
    , CAST(a.stamp AS date) AS action_date
    , MAX(CAST(a.stamp AS date)) OVER() AS latest_date
    -- ■ BigQuery의 경우 한 번 타임스탬프 자료형으로 변환하고 날짜 자료형으로 변환하기
    -- , date(timestamp(a.stamp)) AS action_date
    -- , MAX(date(timestamp(a.stamp))) OVER() AS latest_date
    , r.index_name

    -- 지표의 대상 기간 시작일과 종료일 계산하기
    -- ■ PostgreSQL의 경우는 다음과 같이 사용하기
    , CAST(u.register_date::date + '1 day'::interval * r.interval_begin_date AS date)
      AS index_begin_date
    , CAST(u.register_date::date + '1 day'::interval * r.interval_end_date AS date)
      AS index_end_date

    -- ■ Redshift의 경우는 다음과 같이 사용하기
    -- , dateadd(day, r.interval_begin_date, u.register_date::date) AS index_begin_date
```

```
    -- , dateadd(day, r.interval_end_date , u.register_date::date) AS index_end_date
    -- ■ BigQuery의 경우는 다음과 같이 사용하기
    -- , date_add(CAST(u.register_date AS date), interval r.interval_begin_date day)
    --   AS index_begin_date
    -- , date_add(CAST(u.register_date AS date), interval r.interval_end_date day)
    --   AS index_end_date
    -- ■ Hive, SparkSQL의 경우는 다음과 같이 사용하기
    -- , date_add(CAST(u.register_date AS date), r.interval_begin_date)
    --   AS index_begin_date
    -- , date_add(CAST(u.register_date AS date), r.interval_end_date)
    --   AS index_end_date
  FROM
     mst_users AS u
   LEFT OUTER JOIN
     action_log AS a
   ON u.user_id = a.user_id
   CROSS JOIN
     repeat_interval AS r
)
, user_action_flag AS (
  SELECT
     user_id
   , register_date
   , index_name
    -- 4. 지표의 대상 기간에 액션을 했는지 플래그로 나타내기
   , SIGN(
      -- 3. 사용자 별로 대상 기간에 한 액션의 합계 구하기
      SUM(
        -- 1. 대상 기간의 종료일이 로그의 최신 날짜 이전인지 확인하기
        CASE WHEN index_end_date <= latest_date THEN
          -- 2. 지표의 대상 기간에 액션을 했다면 1, 안 했다면 0 지정하기
          CASE WHEN action_date BETWEEN index_begin_date AND index_end_date
             THEN 1 ELSE 0
          END
        END
      )
    ) AS index_date_action
  FROM
    action_log_with_index_date
  GROUP BY
    user_id, register_date, index_name, index_begin_date, index_end_date
)
SELECT
    register_date
```

```
    , index_name
    , AVG(100.0 * index_date_action) AS index_rate
FROM
    user_action_flag
GROUP BY
    register_date, index_name
ORDER BY
    register_date, index_name
;
```

▼

실행결과

```
register_date  |    index_name    | index_rate
---------------+------------------+-----------
2016-10-01     | 07 day retention |   72.2136
2016-10-01     | 14 day retention |   56.2363
2016-10-01     | 21 day retention |   21.2367
2016-10-01     | 28 day retention |    8.2378
2016-10-02     | 07 day retention |   70.2169
2016-10-02     | 14 day retention |   52.2374
2016-10-02     | 21 day retention |   20.9871
...
2016-11-10     | 07 day retention |   68.9871
2016-11-10     | 14 day retention |   55.1467
2016-11-10     | 21 day retention |
2016-11-10     | 28 day retention |
...
```

| n일 지속률과 n일 정착률의 추이 |

다음 그림의 리포트처럼 'n일 지속률'과 'n일 정착률'을 따로 집계하면, 등록 후 며칠간 사용자
가 안정적으로 서비스를 사용하는지, 며칠 후에 서비스를 그만두는 사용자가 많아지는지 등을
알 수 있습니다. 만약 지속률과 정착률이 극단적으로 떨어지는 시점이 있다면, 해당 시점을 기
준으로 공지사항 등을 전달하거나 n일 이상 사용한 사용자에게 보너스를 주는 등의 대책을 수
행해서 지속률과 정착률이 다시 안정적으로 돌아오는 날까지 사용자를 붙잡아 둘 수 있을 것입
니다.

그림 12-2 n일 지속률과 n일 정착률의 추이

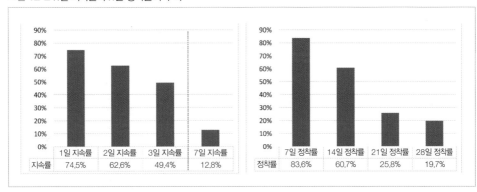

정착률을 계산하기 위해 만들었던 repeat_interval 테이블의 형식을 수정하면 지속률도 계산할 수 있습니다. 일단 repeat_interval 테이블을 다음과 같이 수정해봅시다.

코드 12-11 지속률 지표를 관리하는 마스터 테이블을 정착률 형식으로 수정한 쿼리

PostgreSQL　Hive　Redshift　BigQuery　SparkSQL

```
WITH
repeat_interval(index_name, interval_begin_date, interval_end_date) AS (
  -- ■ PostgreSQL의 경우 VALUES 구문으로 일시 테이블 생성 가능
  -- ■ Hive, Redshift, BigQuery, SparkSQL의 경우 UNION ALL 등으로 대체 가능
  -- 8강 5절 참고하기
  VALUES
    ('01 day repeat'   , 1,  1)
  , ('02 day repeat'   , 2,  2)
  , ('03 day repeat'   , 3,  3)
  , ('04 day repeat'   , 4,  4)
  , ('05 day repeat'   , 5,  5)
  , ('06 day repeat'   , 6,  6)
  , ('07 day repeat'   , 7,  7)
  , ('07 day retention', 1,  7)
  , ('14 day retention', 8, 14)
  , ('21 day retention', 15, 21)
  , ('28 day retention', 22, 28)
)
SELECT *
FROM repeat_interval
ORDER BY index_name
;
```

실행결과

```
    index_name     | interval_begin_date | interval_end_date
-------------------+---------------------+-------------------
 01 day repeat     |                   1 |                 1
 02 day repeat     |                   2 |                 2
 03 day repeat     |                   3 |                 3
 04 day repeat     |                   4 |                 4
 05 day repeat     |                   5 |                 5
 06 day repeat     |                   6 |                 6
 07 day repeat     |                   7 |                 7
 07 day retention  |                   1 |                 7
 14 day retention  |                   8 |                14
 21 day retention  |                  15 |                21
 28 day retention  |                  22 |                28
```

간단한 예로 repeat과 관련된 행만 남기고 실행한 코드를 살펴봅시다.

코드 12-12 n일 지속률들을 집계하는 쿼리

PostgreSQL　Hive　Redshift　BigQuery　SparkSQL

```
WITH
repeat_interval AS (
  -- [코드 12-11] 참고하기
)
, action_log_with_index_date AS (
  -- [코드 12-10] 참고하기
)
, user_action_flag AS (
  -- [코드 12-10] 참고하기
)
SELECT
    index_name
  , AVG(100.0 * index_date_action) AS repeat_rate
FROM
  user_action_flag
GROUP BY
  index_name
ORDER BY
  index_name
;
```

```
index_name    | repeat_rate
--------------+-------------
01 day repeat |    42.1346
02 day repeat |    30.2389
03 day repeat |    22.9713
04 day repeat |    18.9873
05 day repeat |    15.1246
06 day repeat |    12.9712
07 day repeat |     9.2362
```

원포인트

지속률과 정착률은 모두 등록일 기준으로 n일 후의 행동을 집계하는 것입니다. 따라서 등록일로부터 n일 경과하지 않은 상태라면 집계가 불가능합니다. 그러므로 30일 지속률과 60일 지속률처럼 값을 구하기 위해 시간이 오래 걸리는 지표보다는 1일 지속률, 7일 지속률, 7일 정착률처럼 단기간에 결과를 보고 대책을 세울 수 있는 지표를 활용하는 것이 좋습니다.

추가로 정착률은 7일 동안의 기간을 집계하므로, 실제로 며칠 사용했는지는 알 수 없습니다. 만약 '14일의 정착률 기간 동안 70%의 사용자는 1~2일 정도 사용에 그친다' 등을 알고 싶다면, 5강 4절에서 살펴보았던 SQL을 참고하기 바랍니다.

3　지속과 정착에 영향을 주는 액션 집계하기

SQL CROSS JOIN, CASE 식, AVG 함수

분석 지속률, 정착률

앞서 2절에서 지속률과 정착률이라는 지표를 살펴보았습니다. 이러한 지속률과 정착률의 추이를 계산해서 사용자의 상황을 이해하는 것도 중요하지만, 무엇 때문에 그러한 추이가 발생하는지 모르면 대책을 제대로 세울 수 없습니다.

이러한 지표와 리포트를 만들 때는 'OO율을 올리자'처럼 새로운 목표와 과제가 있어야 하고, 그 목표를 위해 무엇을 해야 할지 구체적인 대책을 제시해야 합니다. 그럼 일단 'OO하는 사용자는 무엇에 영향을 주는지'를 구하는 방법에 대해 알아봅시다.

1일 지속률을 개선하려면 등록한 당일 사용자들이 무엇을 했는지 확인하면 됩니다. 14일 정착률을 개선하고 싶다면 7일 정착률의 판정 기간 동안 사용자가 어떠한 행동을 했는지 조사하면 됩니다. 다음 그림과 같은 리포트를 만들면 지속률과 정착률에 영향을 주는 액션이 무엇인지 알 수 있습니다. 이번 절에서는 1일 지속률을 개선하기 위해 '등록일의 액션 사용 여부'와 이에 따라 1일 지속률에 어떤 차이가 있는지를 집계하는 SQL을 살펴보겠습니다.

그림 12-3 액션에 따른 사용자, 비사용자의 1일 지속률 비교

액션	사용자 수	사용률	사용자 1일 지속률	비사용자 1일 지속률
profile_regist	2,411	80.1%	52.1%	10.2%
tutorial-step1	2,371	78.7%	53.8%	10.8%
tutorial-step2	2,340	77.7%	55.5%	10.9%
tutorial-end	2,309	76.7%	55.9%	24.4%
post	681	22.6%	81.8%	39.2%
comment	477	15.8%	67.3%	51.3%
follow	1,691	56.2%	53.2%	42.0%

사용자의 1일 지속률이 높고, 비사용자의 1일 지속률이 낮은 액션이 1일 지속률에 더 영향을 준다고 할 수 있습니다[5]. 추가로 사용에 영향을 많이 주는 액션의 사용률이 낮다면, 사용자들이 해당 액션을 할 수 있게 설명을 추가하거나 이벤트를 통해 액션 사용을 촉진하고, 사이트의 디자인과 동선 등도 함께 검토해야 합니다.

각 액션에 대한 사용자와 비사용자의 다음날 지속률을 한꺼번에 계산하려면, 모든 사용자와 모

---

5 역자주_ 예를 들어 [그림 12-3]을 보면 사용자 중에 post 액션을 사용한 사용자는 다음날에도 81.8%나 사용합니다. 사용자가 post 액션을 한 번이라도 하게 만든 뒤 '이거 괜찮네'라고 느끼게 만드는 것이 중요합니다. 반대로 비사용자의 1일 지속률은 profile_regist가 굉장히 낮습니다. 따라서 서비스에 처음 진입할 때 '가입 귀찮아'라고 생각하고, 곧바로 포기하기 때문에 이런 결과가 나온다고 생각할 수 있습니다. 따라서 가입 절차를 간소화하는 등의 대책을 세울 수 있습니다.

든 액션의 조합을 만든 뒤 사용자의 액션 실행 여부를 0과 1로 나타내는 테이블을 만들어 집계하는 것이 좋습니다.

일단 모든 사용자와 액션의 조합을 만들어봅시다. 사용자 마스터 테이블과 액션 마스터 테이블을 CROSS JOIN하면 간단하게 만들 수 있습니다.

코드 12-13 모든 사용자와 액션의 조합을 도출하는 쿼리

| PostgreSQL | Hive | Redshift | BigQuery | SparkSQL |

```sql
WITH
repeat_interval(index_name, interval_begin_date, interval_end_date) AS (
  -- ■ PostgreSQL의 경우 VALUES 구문으로 일시 테이블 생성 가능
  -- ■ Hive, Redshift, BigQuery, SparkSQL의 경우 SELECT 구문으로 대체 가능
  -- 4강 5절 참고하기
  VALUES ('01 day repeat', 1, 1)
)
, action_log_with_index_date AS (
  -- [코드 12-10] 참고하기
)
, user_action_flag AS (
  -- [코드 12-10] 참고하기
)
, mst_actions AS (
            SELECT 'view'    AS action
  UNION ALL SELECT 'comment' AS action
  UNION ALL SELECT 'follow'  AS action
)
, mst_user_actions AS (
  SELECT
    u.user_id
  , u.register_date
  , a.action
  FROM
    mst_users AS u
    CROSS JOIN
    mst_actions AS a
)
SELECT *
FROM mst_user_actions
ORDER BY user_id, action
;
```

▼

```
  index_name    | interval_begin_date | interval_end_date
----------------+---------------------+------------------
07 day retention |                   1 |                 7
14 day retention |                   8 |                14
21 day retention |                  15 |                21
28 day retention |                  22 |                28
```

이어서 각 사용자에 대해, 사용자 등록일과 다음날에 액션이 있는지 없는지를 0과 1이라는 플래그로 나타냅니다.

코드 12-14 사용자의 액션 로그를 0, 1의 플래그로 표현하는 쿼리

PostgreSQL   Hive   Redshift   BigQuery   SparkSQL

```sql
WITH
repeat_interval AS (
  -- [코드 12-13] 참고하기
)
, action_log_with_index_date AS (
  -- [코드 12-10] 참고하기
)
, user_action_flag AS (
  -- [코드 12-10] 참고하기
)
, mst_actions AS (
  -- [코드 12-13] 참고하기
)
, mst_user_actions AS (
  -- [코드 12-13] 참고하기
)
, register_action_flag AS (
  SELECT DISTINCT
      m.user_id
    , m.register_date
    , m.action
    , CASE
        WHEN a.action IS NOT NULL THEN 1
        ELSE 0
      END AS do_action
    , index_name
    , index_date_action
```

```
FROM
    mst_user_actions AS m
  LEFT JOIN
    action_log AS a
    ON m.user_id = a.user_id
    AND CAST(m.register_date AS date) = CAST(a.stamp AS date)
    -- ■ BigQuery의 경우 한 번 타임스탬프 자료형으로 변환한 뒤 날짜 자료형으로 변환하기
   -- AND CAST(m.register_date AS date) = date(timestamp(a.stamp))
    AND m.action = a.action
  LEFT JOIN
    user_action_flag AS f
    ON m.user_id = f.user_id
  WHERE
    f.index_date_action IS NOT NULL
)
SELECT
  *
FROM
  register_action_flag
ORDER BY
  user_id, index_name, action
;
```

실행결과

```
 user_id | register_date | action   | do_action | index_name   | index_date_action
---------+---------------+----------+-----------+--------------+-------------------
 U001    | 2016-10-01    | comment  |         0 | 01 day repeat |                 1
 U001    | 2016-10-01    | follow   |         1 | 01 day repeat |                 1
 U001    | 2016-10-01    | view     |         1 | 01 day repeat |                 1
 U002    | 2016-10-01    | comment  |         0 | 01 day repeat |                 1
 U002    | 2016-10-01    | follow   |         0 | 01 day repeat |                 1
 U002    | 2016-10-01    | view     |         1 | 01 day repeat |                 1
 U003    | 2016-10-01    | comment  |         0 | 01 day repeat |                 1
 U003    | 2016-10-01    | follow   |         0 | 01 day repeat |                 1
 U003    | 2016-10-01    | view     |         1 | 01 day repeat |                 1
 ...
```

실행 결과를 읽기 약간 힘들 수 있으므로 사용자 'U001'을 기준으로 살펴봅시다. 사용자 'U001'의 레코드는 등록일(2016-10-01)에 'follow'와 'view' 액션을 실행했으며, 다음날 지속률 판정 기간(1일) 동안 'comment', 'follow', 'view'라는 액션을 실행했다는 의미입니다.

사용자의 액션 로그가 0과 1이라는 플래그로 표현되었다면, 이제 전제 조건에 따라 비율을 AVG 함수로 구하면 됩니다. 등록일에 해당 액션을 사용한 사용자는 'do_action = 1'이며, 등록일에 해당 액션을 사용하지 않은 사용자는 'do_action = 0'으로 구분할 수 있습니다. 이러한 사용자와 비사용자를 기반으로 index_date_action의 평균을 계산하면 1일 지속률을 구할 수 있습니다.

코드 12-15 액션에 따른 지속률과 정착률을 집계하는 쿼리

`PostgreSQL`　`Hive`　`Redshift`　`BigQuery`　`SparkSQL`

```
WITH
repeat_interval AS (
  -- [코드 12-13] 참고하기
)
, action_log_with_index_date AS (
  -- [코드 12-10] 참고하기
)
, user_action_flag AS (
  -- [코드 12-10] 참고하기
)
, mst_actions(action) AS (
  -- [코드 12-13] 참고하기
)
, mst_user_actions AS (
  -- [코드 12-13] 참고하기
)
, register_action_flag AS (
  -- [코드 12-14] 참고하기
)
SELECT
    action
  , COUNT(1) users
  , AVG(100.0 * do_action) AS usage_rate
  , index_name
  , AVG(CASE do_action WHEN 1 THEN 100.0 * index_date_action END) AS idx_rate
  , AVG(CASE do_action WHEN 0 THEN 100.0 * index_date_action END) AS no_action_idx_rate
FROM
  register_action_flag
GROUP BY
  index_name, action
ORDER BY
  index_name, action
;
```

```
action   | users | usage_rate |   index_name   | idx_rate | no_action_idx_rate
---------+-------+------------+----------------+----------+-------------------
comment  | 28    |   7.1429   | 01 day repeat  |   0.0000 |  15.3846
follow   | 28    |   7.1429   | 01 day repeat  |  50.0000 |  11.5385
view     | 28    | 100.0000   | 01 day repeat  |  14.2857 |
```

원포인트

특정 액션의 실행이 지속률과 정착률 상승으로 이어질 것으로 보여도, 해당 액션을 실행하는 진입 장벽이 높다면, 지속률과 정착률에 영향을 조금 주더라도 액션을 실행하는 진입 장벽이 낮은 액션을 기반으로 대책을 세우는 것이 좋습니다(예: 동영상 업로드보다는 이미지 업로드 촉진하기 등).

이번 절에서는 액션 여부를 기준으로 집계했지만, 액션 수에 따라서도 차이가 있을 수 있습니다. 다음 절에서는 액션 수에 주목해서 정착률을 집계해보도록 합시다.

4 액션 수에 따른 정착률 집계하기

SQL CROSS JOIN, CASE 식, AVG 함수

분석 정착률

페이스북과 트위터 등 대표적인 SNS 사례 중에 '등록 후 1주일 이내에 10명을 팔로우하면, 해당 사용자는 서비스를 계속해서 사용한다'는 말을 들어본 적이 있나요? 그래서 '알 수도 있는 사람', '○○님을 함께 알고 있습니다'를 화면에 출력하게 만들거나, 인기 사용자를 팔로우하는 튜토리얼을 만들어 서비스 활성화를 유도하는 것입니다.

이번 절에서는 예를 들어 다음 그림과 같이 등록일과 이후 7일 동안(7일 정착률 기간)에 실행한 액션 수에 따라 14일 정착률이 어떻게 변화하는지 살펴보겠습니다.

그림 12-4 이번 예제의 액션 집계일과 정착률 판정 기간

최종적으로 다음 그림처럼 각 액션별로 도수 분포표를 만들고, 달성자의 14일 정착률을 집계하는 쿼리를 알아보겠습니다.

그림 12-5 액션 수에 따른 정착률

액션	단계	달성자	달성자의 14일 정착률
post	0	2,250	49.4%
	1 이상 5 이하	665	45.1%
	6 이상 10 이하	391	76.7%
	11 이상	225	88.9%
follow	0	1,201	43.6%
	1 이상 5 이하	923	56.4%
	6 이상 10 이하	791	59.5%
	11 이상	595	67.1%

일단 앞의 그림에 나타난 액션 단계 마스터를 일시 테이블로 정의하고, CROSS JOIN을 사용해 사용자와 액션 조합을 만들겠습니다.

코드 12-16 액션의 계급 마스터와 사용자 액션 플래그의 조합을 산출하는 쿼리

| PostgreSQL | Hive | Redshift | BigQuery | SparkSQL |

```
WITH
repeat_interval(index_name, interval_begin_date, interval_end_date) AS (
  -- ■ PostgreSQL의 경우 VALUES 구문으로 일시 테이블 생성 가능
  -- ■ Hive, Redshift, BigQuery, SparkSQL의 경우 SELECT 구문으로 대체 가능
  -- 8강 5절 참고하기
  VALUES ('14 day retention',  8, 14)
)
, action_log_with_index_date AS (
  -- [코드 12-10] 참고하기
)
, user_action_flag AS (
  -- [코드 12-10] 참고하기
)
, mst_action_bucket(action, min_count, max_count) AS (
  -- 액션 단계 마스터
  -- ■ PostgreSQL의 경우 VALUES 구문으로 일시 테이블 생성 가능
  -- ■ Hive, Redshift, BigQuery, SparkSQL의 경우 SELECT 구문과 UNION ALL로 대체 가능
  VALUES
    ('comment',  0,    0)
  , ('comment',  1,    5)
  , ('comment',  6,   10)
  , ('comment', 11, 9999) -- 최댓값으로 간단하게 9999 입력
  , ('follow' ,  0,    0)
  , ('follow' ,  1,    5)
  , ('follow' ,  6,   10)
  , ('follow' , 11, 9999) -- 최댓값으로 간단하게 9999 입력
)
, mst_user_action_bucket AS (
  -- 사용자 마스터와 액션 단계 마스터 조합하기
  SELECT
     u.user_id
   , u.register_date
   , a.action
   , a.min_count
   , a.max_count
  FROM
     mst_users AS u
```

```
    CROSS JOIN
        mst_action_bucket AS a
)
SELECT *
FROM
  mst_user_action_bucket
ORDER BY
  user_id, action, min_count
;
```

▼

실행결과

```
user_id | register_date | action  | min_count | max_count
--------+---------------+---------+-----------+-----------
U001    | 2016-01-01    | comment |         0 |         0
U001    | 2016-01-01    | comment |         1 |         5
U001    | 2016-01-01    | comment |         6 |        10
U001    | 2016-01-01    | comment |        11 |      9999
U001    | 2016-01-01    | follow  |         0 |         0
U001    | 2016-01-01    | follow  |         1 |         5
U001    | 2016-01-01    | follow  |         6 |        10
U001    | 2016-01-01    | follow  |        11 |      9999
U002    | 2016-01-01    | comment |         0 |         0
...
```

앞의 코드 출력 결과에 등록 후 7일 동안의 로그를 LEFT JOIN하고, 등록 후 7일 동안의 액션 수를 집계하면 다음과 같은 쿼리가 됩니다.

참고로 다음 [코드 12-17]에서는 등록 후 7일 동안의 로그를 결합할 수 있게 JOIN 구문 내부에 BETWEEN 구문을 사용했지만, 이는 Hive에서는 동작하지 않습니다. Hive에서는 별도의 WHERE 구문을 추가로 사용해야 하지만, 이와 관련된 내용은 설명을 생략하겠습니다.

코드 12-17 등록 후 7일 동안의 액션 수를 집계하는 쿼리

PostgreSQL   Redshift   BigQuery   SparkSQL

```
WITH
repeat_interval AS (
  -- [코드 12-16] 참고하기
)
, action_log_with_index_date AS (
  -- [코드 12-10] 참고하기
```

```
)
, user_action_flag AS (
  -- [코드 12-10] 참고하기
)
, mst_action_bucket AS (
  -- [코드 12-16] 참고하기
)
, mst_user_action_bucket AS (
  -- [코드 12-16] 참고하기
)
, register_action_flag AS (
  -- 등록일에서 7일 후까지의 액션 수를 세고,
  -- 액션 단계와 14일 정착 달성 플래그 계산하기
  SELECT
      m.user_id
    , m.action
    , m.min_count
    , m.max_count
    , COUNT(a.action) AS action_count
    , CASE
        WHEN COUNT(a.action) BETWEEN m.min_count AND m.max_count THEN 1
        ELSE 0
      END AS achieve
    , index_name
    , index_date_action
  FROM
      mst_user_action_bucket AS m
    LEFT JOIN
      action_log AS a
      ON m.user_id = a.user_id
      -- 등록일 당일부터 7일 후까지의 액션 로그 결합하기
      -- ■ PostgreSQL, Redshift의 경우
      AND CAST(a.stamp AS date)
          BETWEEN CAST(m.register_date AS date)
              AND CAST(m.register_date AS date) + interval '7 days'
      -- ■ BigQuery의 경우
      -- AND date(timestamp(a.stamp))
      --     BETWEEN CAST(m.register_date AS date)
      --         AND date_add(CAST(m.register_date AS date), interval 7 day)
      -- ■ SparkSQL의 경우
      -- AND CAST(a.stamp AS date)
      --     BETWEEN CAST(m.register_date AS date)
      --         AND date_add(CAST(m.register_date AS date), 7)
      -- ■ Hive의 경우 JOIN 구문에 BETWEEN 구문을 사용할 수 없으므로 WHERE 구문을 사용해야 함
```

```
        AND m.action = a.action
    LEFT JOIN
      user_action_flag AS f
      ON m.user_id = f.user_id
  WHERE
    f.index_date_action IS NOT NULL
  GROUP BY
      m.user_id
    , m.action
    , m.min_count
    , m.max_count
    , f.index_name
    , f.index_date_action
)
SELECT *
FROM
  register_action_flag
ORDER BY
  user_id, action, min_count
;
```

▼

```
-[ RECORD 1 ]-----+-----------------
user_id           | U001
action            | comment
min_count         | 0
max_count         | 0
action_count      | 0
achieve           | 1
index_name        | 14 day retention
index_date_action | 1
-[ RECORD 2 ]-----+-----------------
user_id           | U001
action            | comment
min_count         | 1
max_count         | 5
action_count      | 0
achieve           | 0
index_name        | 14 day retention
index_date_action | 1
...
```

마지막으로, 앞의 코드 예에서 구한 액션 횟수를 기반으로 14일 정착률을 집계합니다.

코드 12-18 등록 후 7일 동안의 액션 횟수별로 14일 정착률을 집계하는 쿼리

| | | | PostgreSQL | Redshift | BigQuery | SparkSQL |

```
WITH
repeat_interval AS (
  -- [코드 12-16] 참고하기
)
, action_log_with_index_date AS (
  -- [코드 12-10] 참고하기
)
, user_action_flag AS (
  -- [코드 12-10] 참고하기
)
, mst_action_bucket AS (
  -- [코드 12-16] 참고하기
)
, mst_user_action_bucket AS (
  -- [코드 12-16] 참고하기
)
, register_action_flag AS (
  -- [코드 12-17] 참고하기
)
SELECT
    action
  -- ■ PostgreSQL, Redshift의 경우는 다음과 같이 문자열 연결하기
  , min_count || ' ~ ' || max_count AS count_range
  -- ■ BigQuery의 경우는 다음과 같이 문자열 연결하기
  -- , CONCAT(CAST(min_count AS string), ' ~ ', CAST(max_count AS string))
  --   AS count_range
  , SUM(CASE achieve WHEN 1 THEN 1 ELSE 0 END) AS achieve
  , index_name
  , AVG(CASE achieve WHEN 1 THEN 100.0 * index_date_action END) AS achieve_index_rate
FROM
    register_action_flag
GROUP BY
    index_name, action, min_count, max_count
ORDER BY
    index_name, action, min_count;
```

▼

실행결과

```
action   | count_range | achieve |    index_name    | achieve_index_rate
---------+-------------+---------+------------------+--------------------
comment  | 0 ~ 0       |      24 | 14 day retention |             4.1666
comment  | 1 ~ 5       |       3 | 14 day retention |            33.3333
comment  | 6 ~ 10      |       0 | 14 day retention |
comment  | 11 ~ 9999   |       0 | 14 day retention |
follow   | 0 ~ 0       |      25 | 14 day retention |             4.0000
follow   | 1 ~ 5       |       2 | 14 day retention |            50.0000
follow   | 6 ~ 10      |       0 | 14 day retention |
follow   | 11 ~ 9999   |       0 | 14 day retention |
```

이번 절에서는 사용자의 액션을 기반으로 사용자를 집계하는 방법에 대해서 알아보았습니다. 이처럼 액션별로 사용자를 집계하면, 사용자가 어떤 기능을 더 많이 사용하도록 유도해야 하는지 알 수 있습니다.

5   사용 일수에 따른 정착률 집계하기

SQL COUNT 함수, SUM 윈도 함수, AVG 함수

분석 정착률

이번 절에서는 7일 정착 기간 동안 사용자가 며칠 사용했는지가 이후 정착률에 어떠한 영향을 주는지 확인하는 방법을 소개하겠습니다. 특정 날짜에 등록한 사용자가 '등록 다음날부터 7일 중에 며칠을 사용했는지'를 집계하고, '28일 정착률(등록일 21일 후부터 28일 후까지도 사용한 사용자 비율)'을 집계한 뒤 다음 [그림 12-6]과 같은 리포트를 만들어봅시다.

이러한 리포트를 확인하면 다음과 같은 내용을 알 수 있습니다.

- 약 70%의 사용자가 7일 정착 판정 기간(등록 다음날부터 7일 이내)에 1일~4일밖에 사용하지 않았다.
- 7일 정착 판정 기간 동안 1일밖에 사용하지 않은 사용자의 28일 정착률은 20.8%이다.
- 5일 동안 사용한 사용자의 28일 정착률은 45%이다.
- 그런데 6일 동안 사용한 사용자의 28일 정착률은 55.5%로, 3일 동안의 사용자와 비교해서 10.5pt 높다는 것을 알 수 있다.

그림 12-6 등록일 다음날부터 7일 이내의 사용일에 따른 28일 정착률

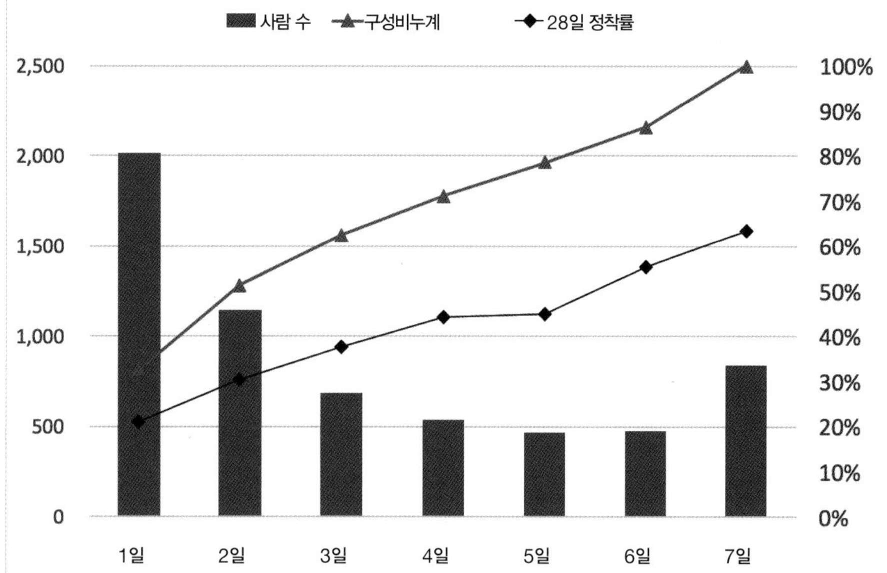

사용 일수	1일	2일	3일	4일	5일	6일	7일
사람 수	2,012	1,143	682	536	464	476	839
비율	32.7%	18.6%	11.1%	8.7%	7.5%	7.7%	13.6%
구성비누계	32.7%	51.3%	62.4%	71.1%	78.6%	86.4%	100.0%
28일 정착자 수	419	348	256	237	209	264	533
28일 정착률	20.8%	30.4%	37.5%	44.2%	45.0%	55.5%	63.5%

매일 사용하는 사용자가 당연히 오래 사용하겠지만, 리포트로 만들면 이를 수치화해서 근거를 명확하게 제시할 수 있습니다. 따라서 이러한 리포트를 활용하면, 등록 후 7일 동안 사용자가 계속해서 사용하게 만드는 대책 등을 세울 수 있습니다.

예를 들어 소셜 게임이라면, 등록 직후 사용자에게 1일~5일 동안 연속 접속 로그인 보상 등을 제공하고, 6일이 되었을 때는 굉장히 큰 보너스를 주어서 어떻게든 6일간 계속해서 사용하도록 만드는 대책을 만들 수 있을 것입니다.

앞의 [그림 12-6]과 같은 리포트를 만드는 방법을 정리하면 다음과 같습니다.

❶ 등록일 다음날부터 7일 동안의 사용 일수를 집계

❷ 사용 일수별로 집계한 사용자 수의 구성비와 구성비누계를 계산

❸ 사용 일수별로 집계한 사용자 수를 분모로 두고, 28일 정착률을 집계한 뒤 그 비율을 계산

일단 정착률 지표 마스터를 만들고, 내부에 user_action_flag를 집계하겠습니다. 이어서 사용자 마스터에 등록일 다음날부터 7일 이내의 액션 로그를 결합하고, 해당 기간의 사용 일수를 세겠습니다.

다음 코드는 이렇게 구한 사용 일수와 user_action_flag를 결합하고, 양쪽의 관계를 확인하기 위한 테이블(rcgistcr_action_flag)을 생성하는 코드입니다.

코드 12-19 등록일 다음날부터 7일 동안의 사용 일수와 28일 정착 플래그를 생성하는 쿼리

`PostgreSQL` `Redshift` `BigQuery` `SparkSQL`

```
WITH
repeat_interval(index_name, interval_begin_date, interval_end_date) AS (
  -- ■ PostgreSQL의 경우 VALUES 구문으로 일시 테이블 생성 가능
  -- ■ Hive, Redshift, BigQuery, SparkSQL의 경우 SELECT 구문으로 대체 가능
  -- 8강 5절 참고하기
  VALUES ('28 day retention', 22, 28)
)
, action_log_with_index_date AS (
  -- [코드 12-10] 참고
)
, user_action_flag AS (
  -- [코드 12-10] 참고
)
, register_action_flag AS (
  SELECT
      m.user_id
    , COUNT(DISTINCT CAST(a.stamp AS date)) AS dt_count
    -- ■ BigQuery의 경우 다음과 같이 사용하기
    -- , COUNT(DISTINCT date(timestamp(a.stamp))) AS dt_count
    , index_name
    , index_date_action
  FROM
    mst_users AS m
  LEFT JOIN
    action_log AS a
    ON m.user_id = a.user_id
    -- 등록 다음날부터 7일 이내의 액션 로그 결합하기
```

```
                -- ■ PostgreSQL, Redshift의 경우 다음과 같이 사용하기
            AND CAST(a.stamp AS date)
                BETWEEN CAST(m.register_date AS date) + interval '1 day'
                    AND CAST(m.register_date AS date) + interval '8 days'
            -- ■ BigQuery의 경우 다음과 같이 사용하기
            -- AND date(timestamp(a.stamp))
            --      BETWEEN date_add(CAST(m.register_date AS date), interval 1 day)
            --          AND date_add(CAST(m.register_date AS date), interval 8 day)
            -- ■ SparkSQL의 경우 다음과 같이 사용하기
            -- AND CAST(a.stamp AS date)
            --      BETWEEN date_add(CAST(m.register_date AS date), 1)
            --          AND date_add(CAST(m.register_date AS date), 8)
            -- ■ Hive의 경우 JOIN 구문에 BETWEEN 구문을 사용 할 수 없으므로
            --      WHERE 구문을 사용해야 함
        LEFT JOIN
            user_action_flag AS f
            ON m.user_id = f.user_id
    WHERE
        f.index_date_action IS NOT NULL
    GROUP BY
        m.user_id
        , f.index_name
        , f.index_date_action
)
SELECT *
FROM
    register_action_flag;
```

▼

실행결과

```
 user_id | dt_count |    index_name    | index_date_action
---------+----------+------------------+-------------------
  U027   |        1 | 28 day retention |         0
  U021   |        1 | 28 day retention |         0
  U020   |        1 | 28 day retention |         0
  U002   |        2 | 28 day retention |         0
  U003   |        2 | 28 day retention |         0
  U004   |        2 | 28 day retention |         0
  U008   |        3 | 28 day retention |         1
  U015   |        3 | 28 day retention |         1
  U001   |        4 | 28 day retention |         0
```

등록일 다음날부터 7일 동안의 사용 일수와 해당 사용자의 28일 정착 플래그를 생성했습니다.

앞의 결과를 사용 일수별로 집약해서 사용 일수에 따른 정착율을 집계합시다. 다음 코드 예는
사용 일수에 따라 정착율을 집계하는 쿼리입니다.

코드 12-20 사용 일수에 따른 정착율을 집계하는 쿼리

`PostgreSQL` `Redshift` `BigQuery` `SparkSQL`

```
WITH
repeat_interval AS (
  -- [코드 12-19] 참고
)
, action_log_with_index_date AS (
  -- [코드 12-10] 참고
)
, user_action_flag AS (
  -- [코드 12-10] 참고
)
, register_action_flag AS (
  -- [코드 12-19] 참고
)
SELECT
    dt_count AS dates
  , COUNT(user_id) AS users
  , 100.0 * COUNT(user_id) / SUM(COUNT(user_id)) OVER() AS user_ratio
  , 100.0
    * SUM(COUNT(user_id))
      OVER(ORDER BY index_name, dt_count
        ROWS BETWEEN UNBOUNDED PRECEDING AND CURRENT ROW)
    / SUM(COUNT(user_id)) OVER() AS cum_ratio
  , SUM(index_date_action) AS achieve_users
  , AVG(100.0 * index_date_action) AS achieve_ratio
FROM
  register_action_flag
GROUP BY
  index_name, dt_count
ORDER BY
  index_name, dt_count;
```

▼

```
 dates | users | user_ratio | cum_ratio | achieve_users | achieve_ratio
-------+-------+------------+-----------+---------------+---------------
     1 |  2102 |       32.7 |      32.7 |           419 |          20.8
     2 |  1143 |       18.6 |      51.3 |           348 |          30.4
     3 |   682 |       11.1 |      62.4 |           256 |          37.5
     4 |   536 |        8.7 |      71.1 |           237 |          44.2
...
```

원포인트

이번 절에서는 등록일 다음날부터 7일 동안의 사용 일수를 사용해 집계했지만, 사용 일수 대신 SNS 서비스에 올린 글의 개수 또는 소셜 게임의 레벨 등으로 대상을 변경해서 사용하는 경우도 많으므로 참고하기 바랍니다.

6 사용자의 잔존율 집계하기

SQL CROSS JOIN, SUM(CASE ~), AVG(CASE ~)

분석 잔존율

서비스 등록 수개월 후에 어느 정도 비율의 사용자가 서비스를 지속해서 사용하는지 대략적으로라도 파악해두면, 서비스에 어떤 문제가 있는지 찾아내거나, 과거와 현재를 비교하고 미래 목표에 대한 전망을 검토할 수 있습니다.

다음 [표 12-11]처럼 가로 축에 등록일, 세로 축에 해당 월의 서비스 사용자 수를 집계하는 표를 만들어봅시다.

표 12-11 사용자의 잔존율

	2016년 1월	2016년 2월	2016년 3월	2016년 4월	2016년 5월	2016년 6월
2016년 1월	100(100%)					
2016년 2월	90(90%)	150(100%)				
2016년 3월	80(80%)	120(80%)	120(100%)			
2016년 4월	70(70%)	90(60%)	90(75%)	200(100%)		
2016년 5월	60(60%)	60(40%)	90(75%)	150(75%)	250(100%)	
2016년 6월	50(50%)	30(20%)	30(25%)	100(50%)	125(50%)	220(100%)

이러한 표를 만들면 다음과 같은 항목에 문제점이 없는지 확인할 수 있습니다.

- **이전과 비교해 n개월 후의 잔존율이 내려갔다면?**
    - 신규 등록자가 서비스를 사용하기 위한 장벽이 높아지지는 않았는지 확인하기
- **n개월 후에 잔존율이 갑자기 낮아지는 경향이 있다면?**
    - 서비스의 사용 목적을 달성하는 기간이 예상보다 너무 짧지는 않은지 확인하기
- **오래 사용하던 사용자인데도 특정 월을 기준으로 사용하지 않게 되었다면?**
    - 사용자가 서비스 내부에서의 경쟁 등으로 빨리 지친 것은 아닌지 확인하기

사용자의 잔존율을 월 단위로 집계하려면, 일단 사용자의 서비스 등록일로부터 12개월 후까지의 월을 도출해내기 위한 추가 테이블이 필요합니다. 다음 코드와 같은 방법으로 정의합니다.

코드 12-21 12개월 후까지의 월을 도출하기 위한 보조 테이블을 만드는 쿼리

| PostgreSQL | Hive | Redshift | BigQuery | SparkSQL |

```
WITH
mst_intervals(interval_month) AS (
  -- 12개월 동안의 순번 만들기(generate_series 등으로 대체 가능)
  -- ■ PostgreSQL의 경우 VALUES 구문으로 일시 테이블 만들기
  -- ■ Hive, Redshift, BigQuery, SparkSQL의 경우 SELECT 구문과 UNION ALL로 대체 가능
  -- 8강 5절 참고하기
  VALUES (1), (2), (3), (4), (5), (6)
      , (7), (8), (9), (10), (11), (12)
)
SELECT *
FROM mst_intervals
;
```

▼

앞의 보조 테이블을 사용해 사용자의 등록일부터 12개월 후까지의 월을 사용자 마스터에 추가합니다. 그리고 액션 로그의 로그 날짜를 월 단위 표현으로 변경하고, 등록 월부터 12개월 후까지의 월을 추가한 사용자 마스터와 결합해서 월 단위 잔존율을 집계합니다.

다음 코드는 사용자의 서비스 등록 월에서 12개월 후까지의 잔존율을 집계하는 쿼리입니다.

코드 12-22 등록 월에서 12개월 후까지의 잔존율을 집계하는 쿼리

`PostgreSQL` `Hive` `Redshift` `BigQuery` `SparkSQL`

```sql
WITH
mst_intervals AS (
  -- [코드 12-21] 참고하기
)
, mst_users_with_index_month AS (
  -- 사용자 마스터에 등록 월부터 12개월 후까지의 월을 추가하기
  SELECT
    u.user_id
  , u.register_date
  -- n개월 후의 날짜, 등록일, 등록 월 n개월 후의 월 계산하기
  -- ■ PostgreSQL의 경우 다음과 같이 사용하기
  , CAST(u.register_date::date + i.interval_month * '1 month'::interval AS date)
    AS index_date
  , substring(u.register_date, 1, 7) AS register_month
  , substring(CAST(
      u.register_date::date + i.interval_month * '1 month'::interval
    AS text), 1, 7) AS index_month
  -- ■ Redshift의 경우 다음과 같이 사용하기
  -- , dateadd(month, i.interval_month, u.register_date::date) AS index_date
  -- , substring(u.register_date, 1, 7) AS register_month
  -- , substring(
```

```
  --     CAST(dateadd(month, i.interval_month, u.register_date::date) AS text), 1, 7)
  --    AS index_month
  -- ■ BigQuery의 경우 다음과 같이 사용하기
  -- , date_add(date(timestamp(u.register_date)), interval i.interval_month month)
  --    AS index_date
  -- , substr(u.register_date, 1, 7) AS register_month
  -- , substr(CAST(
  --      date_add(date(timestamp(u.register_date)), interval i.interval_month month)
  --    AS string), 1, 7) AS index_month
  -- ■ Hive, SparkSQL의 경우 다음과 같이 사용하기
  -- , add_months(u.register_date, i.interval_month) AS index_date
  -- , substring(u.register_date, 1, 7) AS register_month
  -- , substring(
  --      CAST(add_months(u.register_date, i.interval_month) AS string), 1, 7)
  --    AS index_month
  FROM
    mst_users AS u
  CROSS JOIN
    mst_intervals AS i
)
, action_log_in_month AS (
  -- 액션 로그의 날짜에서 월 부분만 추출하기
  SELECT DISTINCT
      user_id
    , substring(stamp, 1, 7) AS action_month
    -- ■ BigQuery의 경우는 substr 사용하기
    -- , substr(stamp, 1, 7) AS action_month
  FROM
    action_log
)
SELECT
  -- 사용자 마스터과 액션 로그를 결합한 뒤, 월별로 잔존율 집계하기
  u.register_month
, u.index_month
-- action_month이 NULL이 아니라면(액션을 했다면) 사용자 수 집계
, SUM(CASE WHEN a.action_month IS NOT NULL THEN 1 ELSE 0 END) AS users
, AVG(CASE WHEN a.action_month IS NOT NULL THEN 100.0 ELSE 0.0 END)
    AS retention_rate
FROM
  mst_users_with_index_month AS u
  LEFT JOIN
  action_log_in_month AS a
  ON u.user_id = a.user_id
  AND u.index_month = a.action_month
```

```
GROUP BY
  u.register_month, u.index_month
ORDER BY
  u.register_month, u.index_month
;
```

▼

실행결과

```
register_month | index_month | users | retension_rate
---------------+-------------+-------+----------------
2016-10        | 2016-10     | 12895 |       100.0000
2016-10        | 2016-11     |  8723 |        67.6463
2016-10        | 2016-12     |  4897 |        37.9759
...
2016-11        | 2016-11     | 11436 |       100.0000
2016-11        | 2016-12     |  7213 |        63.0727
2016-11        | 2017-01     |  3786 |        33.1059
...
```

원포인트

매일 확인해야 할 리포트는 아니지만, 장기적인 관점에서 사용자 등록과 지속 사용을 파악할 때는 굉장히 유용하게 활용할 수 있습니다. 참고로 이러한 리포트를 작성할 때는 해당 월에 실시한 대책 또는 캠페인 등의 이벤트를 함께 기록하면, 수치 변화의 원인 등도 쉽게 파악할 수 있어서 더 효율적으로 활용할 수 있습니다.

7 방문 빈도를 기반으로 사용자 속성을 정의하고 집계하기

SQL CASE 식, NULLIF 함수, LAG 함수
분석 MAU, 리피트, 컴백

앞서 11강 4절에서는 한 주 동안에 며칠 간 방문했는지를 집계했습니다. 이번 절에서는 서비스 사용자의 방문 빈도를 월 단위로 파악하고, 방문 빈도에 따라 사용자를 분류하고 내역을 집계하는 방법을 소개하겠습니다.

MAU

특정 월에 서비스를 사용한 사용자 수를 MAU(Monthly Active Users)라고 부릅니다. 그런데 '이번 달의 MAU는 30만이다'라고 보고받아도, 30만명 중에 몇 명이 새로운 신규 사용자인지 아니면 기존의 사용자인지는 알 수 없습니다. 이러한 내역에 따라 서비스의 가치가 달라집니다. 그리고 검토해야 하는 내용과 대책도 달라집니다.

그림 12-7 MAU 수치만으로는 서비스의 가치를 알 수 없음

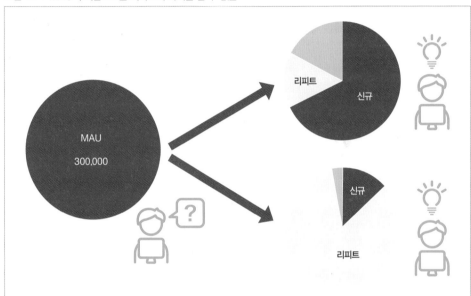

| MAU를 3개로 나누어 분석하기 |

앞의 그림과 같은 MAU 만으로는 어떤 사용자가 서비스를 사용하는지 제대로 파악할 수 없습니다. 서비스 사용자의 구성을 더 자세하게 파악하려면 MAU를 다음과 같이 3개의 속성으로 나누어 분석해야 합니다.

- 신규 사용자: 이번 달에 등록한 신규 사용자
- 리피트 사용자: 이전 달에도 사용했던 사용자
- 컴백 사용자: 이번 달의 신규 등록자가 아니고, 이전 달에도 사용하지 않았던, 한동안 사용하지 않았다가 돌아온 사용자

다음 [그림 12-8]은 10월의 MAU를 3개의 속성에 따라 분석한 것입니다.

그림 12-8 MAU를 기반으로 사용자 분류하기

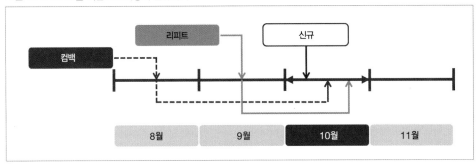

10만의 MAU가 있다는 정보를 기반으로 대책을 세운다면, 대책이 애매할 수밖에 없습니다. 신규 사용자 2만 명, 리피트 사용자 7만 명, 컴백 사용자 1만 명으로 분류하고, 그중 신규 사용자 2만 명으로 어떠한 대책을 시행할지 등을 검토하는 편이 효율적일 것입니다.

그럼 일단 MAU의 내역을 집계해봅시다. 다음 코드는 앞의 분류에 따라 MAU 내역을 집계하는 쿼리입니다.

코드 12-23 신규 사용자 수, 리피트 사용자 수, 컴백 사용자 수를 집계하는 쿼리

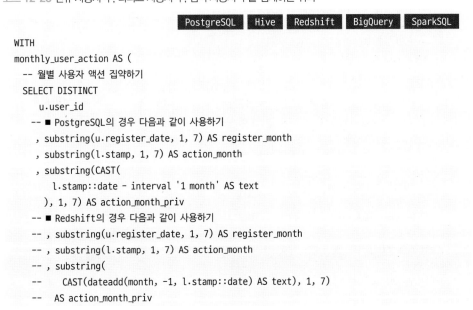

```
                              PostgreSQL   Hive   Redshift   BigQuery   SparkSQL
WITH
monthly_user_action AS (
  -- 월별 사용자 액션 집약하기
  SELECT DISTINCT
    u.user_id
  -- ■ PostgreSQL의 경우 다음과 같이 사용하기
  , substring(u.register_date, 1, 7) AS register_month
  , substring(l.stamp, 1, 7) AS action_month
  , substring(CAST(
      l.stamp::date - interval '1 month' AS text
    ), 1, 7) AS action_month_priv
  -- ■ Redshift의 경우 다음과 같이 사용하기
  -- , substring(u.register_date, 1, 7) AS register_month
  -- , substring(l.stamp, 1, 7) AS action_month
  -- , substring(
  --     CAST(dateadd(month, -1, l.stamp::date) AS text), 1, 7)
  --   AS action_month_priv
```

```
    -- ■ BigQuery의 경우 다음과 같이 사용하기
    -- , substr(u.register_date, 1, 7) AS register_month
    -- , substr(l.stamp, 1, 7) AS action_month
    -- , substr(CAST(
    --     date_sub(date(timestamp(l.stamp)), interval 1 month)
    --   AS string), 1, 7) AS action_month_priv
    -- ■ Hive, SparkSQL의 경우 다음과 같이 사용하기
    -- , substring(u.register_date, 1, 7) AS register_month
    -- , substring(l.stamp, 1, 7) AS action_month
    -- , substring(
    --     CAST(add_months(to_date(l.stamp), -1) AS string), 1, 7)
    --   AS action_month_priv

  FROM
      mst_users AS u
    JOIN
      action_log AS l
      ON u.user_id = l.user_id
)
, monthly_user_with_type AS (
  -- 월별 사용자 분류 테이블
  SELECT
      action_month
    , user_id
    , CASE
        -- 등록 월과 액션월이 일치하면 신규 사용자
        WHEN register_month = action_month THEN 'new_user'
        -- 이전 월에 액션이 있다면 리피트 사용자
        WHEN action_month_priv
            = LAG(action_month)

                OVER(PARTITION BY user_id ORDER BY action_month)
                -- ■ SparkSQL의 경우는 다음과 같이 사용하기
                -- OVER(PARTITION BY user_id ORDER BY action_month
                --   ROWS BETWEEN 1 PRECEDING AND 1 PRECEDING)

            THEN 'repeat_user'
        -- 이외의 경우는 컴백 사용자
        ELSE 'come_back_user'
      END AS c
    , action_month_priv
  FROM
    monthly_user_action
)
```

```
SELECT
    action_month

    -- 특정 달의 MAU
  , COUNT(user_id) AS mau

    -- ====================================
    -- new_users:      특정 달의 신규 사용자 수
    -- repeat_users:   특정 달의 리피트 사용자 수
    -- come_back_users: 특정 달의 컴백 사용자 수
    -- ====================================
  , COUNT(CASE WHEN c = 'new_user'       THEN 1 END) AS new_users
  , COUNT(CASE WHEN c = 'repeat_user'    THEN 1 END) AS repeat_users
  , COUNT(CASE WHEN c = 'come_back_user' THEN 1 END) AS come_back_users
FROM
    monthly_user_with_type
GROUP BY
  action_month
ORDER BY
  action_month
;
```

▼

실행결과

action_month	mau	new_users	repeat_users	come_back_users
2016-03	21931	21931	0	0
2016-04	35555	27755	7800	0
2016-05	117819	106249	10634	936
2016-06	320684	277121	40586	2977
2016-07	429247	314249	109213	5785
2016-08	293556	138463	127257	27846

출력 결과를 기반으로 2016년 8월의 MAU 3요소(신규 사용자, 리피트 사용자, 컴백 사용자)
구성을 원형 그래프로 그리면 다음과 같습니다.

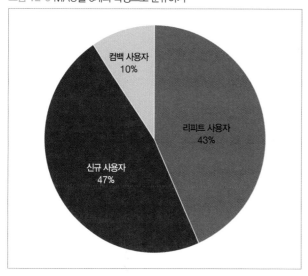

그림 12-9 MAU를 3개의 속성으로 분류하기

이처럼 구성을 그림으로 만들면 '이번 달의 MAU는 약 30만 명이다. 전체의 약 50%는 신규 사용자이며, 리피트 사용자는 약 40%이다. 남은 10%는 (이전 달에 사용하지 않않던 사용자가 다시 사용하게 된) 컴백 사용자로 구성된다'라는 식으로 MAU의 흐름을 한 번에 확인할 수 있습니다.

이어서 추가적인 상세 보고를 위한 방법을 소개하겠습니다.

| 리피트 사용자를 3가지로 분류하기 |

리피트 사용자는 이전 달에도 사용한 사용자라고 정의합니다. 그런데 이전 달의 사용자 상태에 따라 추가로 리피트 사용자를 다음 3가지로 분류할 수 있습니다.

- 신규 리피트 사용자: 이전 달에는 신규 사용자로 분류되었으며, 이번 달에도 사용한 사용자
- 기존 리피트 사용자: 이전 달도 리피트 사용자로 분류되었으며, 이번 달에도 사용한 사용자
- 컴백 리피트 사용자: 이전 달에 컴백 사용자로 분류되었으며, 이번 달에도 사용한 사용자

조금 복잡한데요. 이전에 설명한 [그림 12-8]에 10월 MAU 구분에 따른 11월 리피트 사용자 분류를 추가하면 [그림 12-10]과 같습니다.

그림 12-10 리피트 사용자의 추가적인 분류

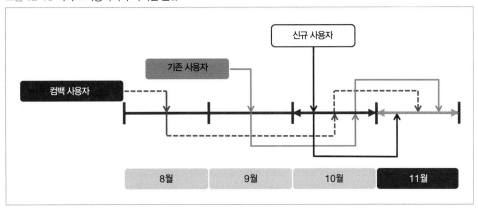

이렇게 리피트 사용자를 추가로 분류하면, 같은 리피트 사용자라도 등록한 지 얼마 안 되어 서비스 이용 경험이 적은 사용자인지 아니면 지속적으로 사용하는 사용자인지 등을 더 상세하게 파악하고 활용할 수 있습니다.

앞의 그림처럼 리피트 사용자를 3개로 분류하는 SQL은 다음과 같습니다.

코드 12-24 리피트 사용자를 세분화해서 집계하는 쿼리

| PostgreSQL | Hive | Redshift | BigQuery | SparkSQL |

```
WITH
monthly_user_action AS (
-- [코드 12-23] 참고하기
)
, monthly_user_with_type AS (
-- [코드 12-23] 참고하기
)
, monthly_users AS (
  SELECT
    m1.action_month

  , COUNT(m1.user_id) AS mau

  , COUNT(CASE WHEN m1.c = 'new_user'       THEN 1 END) AS new_users
  , COUNT(CASE WHEN m1.c = 'repeat_user'    THEN 1 END) AS repeat_users
  , COUNT(CASE WHEN m1.c = 'come_back_user' THEN 1 END) AS come_back_users
```

```
    -- =====================================
    -- new_repeat_users:
    --   해당 월에 리피트 사용자이면서, 이전 달에 신규 사용자였던 사용자 수
    -- continuous_repeat_users:
    --   해당 월에 리피트 사용자이면서, 이전 달에 리피트 사용자였던 사용자 수
    -- come_back_repeat_users:
    --   해당 월에 리피트 사용자이면서, 이전 달이 컴백 사용자였던 사용자 수
    -- =====================================
  , COUNT(
      CASE WHEN m1.c = 'repeat_user' AND m0.c = 'new_user' THEN 1 END
    ) AS new_repeat_users
  , COUNT(
      CASE WHEN m1.c = 'repeat_user' AND m0.c = 'repeat_user' THEN 1 END
    ) AS continuous_repeat_users
  , COUNT(
      CASE WHEN m1.c = 'repeat_user' AND m0.c = 'come_back_user' THEN 1 END
    ) AS come_back_repeat_users

  FROM
    -- m1: 해당 월의 사용자 분류 테이블
    monthly_user_with_type AS m1
  LEFT OUTER JOIN
    -- m0: 이전 달의 사용자 분류 테이블
    monthly_user_with_type AS m0
    ON  m1.user_id = m0.user_id
    AND m1.action_month_priv = m0.action_month
  GROUP BY
    m1.action_month
)
SELECT
  *
FROM
 monthly_users
ORDER BY
  action_month;
```

▼

```
-[ RECORD 1 ]----------+--------
action_month           | 2016-03
mau                    | 21931
new_users              | 21931
repeat_users           | 0
come_back_users        | 0
```

```
new_repeat_users        | 0
continuous_repeat_users | 0
come_back_repeat_users  | 0
-[ RECORD 2 ]-----------+--------
action_month            | 2016-04
mau                     | 35555
new_users               | 27755
repeat_users            | 7800
come_back_users         | 0
new_repeat_users        | 7800
continuous_repeat_users | 0
come_back_repeat_users  | 0
-[ RECORD 3 ]-----------+--------
action_month            | 2016-05
mau                     | 117819
new_users               | 106249
repeat_users            | 10634
come_back_users         | 936
new_repeat_users        | 7267
continuous_repeat_users | 3367
come_back_repeat_users  | 0
-[ RECORD 4 ]-----------+--------
action_month            | 2016-06
mau                     | 320684
new_users               | 277121
repeat_users            | 40586
come_back_users         | 2977
new_repeat_users        | 34593
continuous_repeat_users | 5590
come_back_repeat_users  | 403
-[ RECORD 5 ]-----------+--------
action_month            | 2016-07
mau                     | 429247
new_users               | 314249
repeat_users            | 109213
come_back_users         | 5785
new_repeat_users        | 87932
continuous_repeat_users | 20176
come_back_repeat_users  | 1105
```

앞의 코드에서는 코드의 양을 최대한 줄일 수 있게 사용자 수만 세었습니다. 참고로 MAU와 비교해서 얼마나 차지하는지 확인할 수 있게 100.0 * 〈지표〉 ÷ mau로 비율을 계산했습니다.

코드의 출력 결과를 원형 그래프로 표현해보면 다음과 같습니다. 리피트 사용자의 내역을 더 자세하게 알 수 있습니다. 왼쪽의 그래프는 MAU를 크게 3가지로 분류한 상태로 서비스 사용자 전체를 대상으로 한 비율을 나타내며, 오른쪽 그래프는 리피트 사용자의 상세 내역을 나타냅니다.

그림 12-11 MAU를 3개 속성으로 분류하고, 리피트 사용자를 3가지로 분류한 그래프

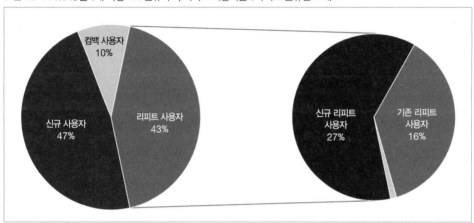

MAU 속성별 반복률 계산하기

지금까지 MAU를 몇 가지 속성으로 분류하고 사용자 수를 계산해서 원형 그래프로 그리는 방법을 살펴보았습니다. 하지만 구성비만으로는 '이전 달의 신규 등록 사용자 중에 어느 정도가 리피트 사용자로 전환되었는가', '이전 달에 시행한 컴백 사용자를 늘리기 위한 캠페인의 효과가 얼마나 되는가' 등을 파악하기 어렵습니다.

이번에는 각 출력 결과를 바탕으로 다음과 같은 표를 만드는 방법을 알아봅시다. 이러한 표를 만들 수 있다면 위와 같은 질문에 쉽게 대답할 수 있습니다. 참고로 표에는 반복률을 계산할 때 사용한 값(분자와 분모에 들어가는 값)은 따로 출력하지 않았습니다.

물론 [코드 12-24]의 결과를 바탕으로 엑셀 등의 소프트웨어로 계산하면 [그림 12-11]과 같은 리포트를 쉽게 만들 수 있겠지만, 리포트를 만드는 시간을 단축할 수 있도록 MAU 속성별 반복률도 SQL로 계산하게 만들어봅시다.

표 12-12 MAU 내역과 MAU 속성들의 반복률

	2016년 3월	2016년 4월	2016년 5월	2016년 6월	2016년 7월	2016년 8월
MAU	21,931	35,555	117,819	320,684	429,247	293,566
신규 MAU	21,931	27,755	106,249	277,121	314,249	138,463
신규 반복 MAU		7,800	7,267	34,593	87,932	78,403
신규 반복률		35.6%	26.2%	32.6%	31.7%	24.9%
반복 MAU		7,800	10,634	40,586	109,213	127,257
기존 반복 MAU			3,367	5,590	20,176	47,385
기존 반복률			43.2%	52.6%	49.7%	43.4%
컴백 MAU			936	2,977	5,785	27,846
컴백 반복 MAU				403	1,105	1,469
컴백 반복률				43.1%	37.1%	25.4%

코드 12-25 MAU 내역과 MAU 속성들의 반복률을 계산하는 쿼리

| PostgreSQL | Hive | Redshift | BigQuery | SparkSQL |

```
WITH
monthly_user_action AS (
-- [코드 12-23] 참고하기
)
, monthly_user_with_type AS (
-- [코드 12-23] 참고하기
)
, monthly_users AS (
-- [코드 12-24] 참고하기
)
SELECT
    action_month
, mau
, new_users
, repeat_users
, come_back_users
, new_repeat_users
, continuous_repeat_users
, come_back_repeat_users
-- ■ PostgreSQL, Redshift, BigQuery의 경우 다음과 같이 사용하기
-- ■ Hive의 경우 NULLIF를 CASE 식으로 변경하기
-- ■ SparkSQL의 경우,
--    LAG 함수의 프레임에 ROWS BETWEEN 1 PRECEDING AND 1 PRECEDING 지정하기
```

```
    -- 이전 달에 신규 사용자이면서 해당 월에 신규 리피트 사용자인 사용자의 비율
  , 100.0 * new_repeat_users
    / NULLIF(LAG(new_users) OVER(ORDER BY action_month), 0)
    AS priv_new_repeat_ratio

-- 이전 달에 리피트 사용자이면서 해당 월에 기존 리피트 사용자인 사용자의 비율
  , 100.0 * continuous_repeat_users
    / NULLIF(LAG(repeat_users) OVER(ORDER BY action_month), 0)
    AS priv_continuous_repeat_ratio

    -- 이전 달에 컴백 사용자이면서 해당 월에 컴백 리피트 사용자인 사용자의 비율
  , 100.0 * come_back_repeat_users
    / NULLIF(LAG(come_back_users) OVER(ORDER BY action_month), 0)
    AS priv_come_back_repeat_ratio

FROM
  monthly_users
ORDER BY
  action_month
;
```

▼

실행결과

```
-[ RECORD 1 ]---------------+--------
action_month              | 2016-03
mau                       | 21931
new_users                 | 21931
repeat_users              | 0
come_back_users           | 0
new_repeat_users          | 0
continuous_repeat_users   | 0
come_back_repeat_users    | 0
priv_new_repeat_ratio     |
priv_continuous_repeat_ratio |
priv_come_back_repeat_ratio |
-[ RECORD 2 ]---------------+--------
action_month              | 2016-04
mau                       | 35555
new_users                 | 27755
repeat_users              | 7800
come_back_users           | 0
new_repeat_users          | 7800
continuous_repeat_users   | 0
```

```
come_back_repeat_users      | 0
priv_new_repeat_ratio       | 35.6
priv_continuous_repeat_ratio |
priv_come_back_repeat_ratio |
-[ RECORD 3 ]---------------+--------
action_month                | 2016-05
mau                         | 117819
new_users                   | 106249
repeat_users                | 10634
come_back_users             | 936
new_repeat_users            | 7267
continuous_repeat_users     | 3367
come_back_repeat_users      | 0
priv_new_repeat_ratio       | 26.2
priv_continuous_repeat_ratio | 43.2
priv_come_back_repeat_ratio |
-[ RECORD 4 ]---------------+--------
action_month                | 2016-06
mau                         | 320684
new_users                   | 277121
repeat_users                | 40586
come_back_users             | 2977
new_repeat_users            | 34593
continuous_repeat_users     | 5590
come_back_repeat_users      | 403
priv_new_repeat_ratio       | 32.6
priv_continuous_repeat_ratio | 52.6
priv_come_back_repeat_ratio | 43.1
-[ RECORD 5 ]---------------+--------
action_month                | 2016-07
mau                         | 429247
new_users                   | 314249
repeat_users                | 109213
come_back_users             | 5785
new_repeat_users            | 87932
continuous_repeat_users     | 20176
come_back_repeat_users      | 1105
priv_new_repeat_ratio       | 31.7
priv_continuous_repeat_ratio | 49.7
priv_come_back_repeat_ratio | 37.1
```

이번 절의 리포트는 월 단위로 집계하므로, 1일에 등록한 사용자가 30일 이상 사용하지 않으면 리피트 사용자가 되지 않지만, 월의 마지막 날에 등록한 사용자는 2일만 사용해도 리피트 사용자가 된다는 문제가 있습니다. 판정 기간에 약간 문제가 있기는 하지만, 간단하게 추이를 확인하거나 서비스끼리 비교할 때는 꽝장히 유용한 리포트입니다. 판정 기간의 차이가 신경쓰인다면 독자적인 정의를 추가로 만들고 집계하기 바랍니다.

8 방문 종류를 기반으로 성장지수 집계하기

SQL CAST 식, LAG 함수, SUM(CASE ~)
분석 성장지수

서비스를 운영할 때는 사용자 등록을 포함해 사용자의 지속 사용, 리텐션 등을 높일 수 있는 대책과 서비스 성장을 가속시키기 위한 팀이 있습니다. 일반적으로 이러한 팀을 그로스 해킹(Growth Hacking) 팀이라고 부릅니다. 이번 절에서는 서비스의 성장을 지표화하거나, 그로스 해킹 팀의 성과를 지표화하는 방법의 하나로 '성장지수'라는 지표를 알아보겠습니다.

성장지수

성장지수는 사용자의 서비스 사용과 관련한 상태 변화를 수치화해서 서비스가 성장하는지 알려주는 지표입니다. 성장지수가 1 이상이라면 서비스가 성장한다는 뜻이며, 0보다 낮다면 서비스가 퇴보중이라는 뜻입니다.

그림 12-12 성장지수 추이

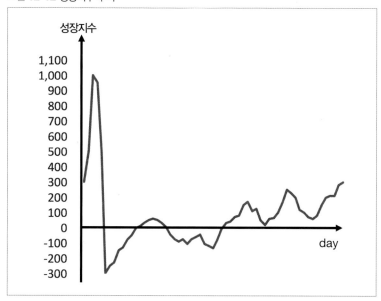

다음 표는 서비스의 성장지수 산출에 필요한 '서비스 사용과 관련된 상태 변화 패턴'입니다.

표 12-13 서비스 사용과 관련한 상태 변화 패턴

패턴	내용
Signup	신규 등록하고 사용을 시작함
Deactivation	액티브 유저가 비액티브 유저가 되었음
Reactivation	비액티브 유저가 액티브 유저로 돌아옴
Exit	서비스를 탈퇴하거나 사용을 중지함

사용자의 서비스 등록부터 서비스 탈퇴까지의 사용 상태를 기반으로 성장지수를 산출하려면 무엇이 필요한지 다음 표로 알아봅시다.

표 12-14 사용자 이용과 성장지수를 산출할 때 필요한 상태 변화 판정

날짜	10/1	10/2	10/3	10/4	10/5	10/6
이동	등록					탈퇴
사용 여부	○	×	×	○	×	○
판정	Signup	Deactivation		Reactivation	Deactivation	Exit

- 10/1에 등록했으므로 'Signup'으로 판정
- 10/2은 사용하지 않았으므로 액티브 유저에서 비액티브 유저로 상태 변화가 일어났으므로 'Deactivation'으로 판정
- 10/3은 연속해 사용하지 않았으므로 어떠한 지표로도 분류하지 않음
- 10/4은 사용했으므로 비액티브 유저에서 액티브 유저로 상태 변화가 일어났으므로 'Reactivation'으로 판정
- 10/5은 사용하지 않았으므로 액티브 유저에서 비액티브 유저가 되었으므로 'Deactivation'으로 판정
- 10/6은 사용했지만 해당 날짜에 탈퇴했으므로 'Reactivation'이 아니라 'Exit'으로 판정

앞에서와 같은 판정 결과를 냈다면, 다음과 같은 방법으로 성장지수를 계산합니다.

```
<성장지수> = Signup + Reactivation - Deactivation - Exit
------------------------------------------------------------------
(+) 5000        Signup          <신규 사용자 수>
(+) 3000        Reactivation    <비액티브 사용자가 액티브 사용자가 된 수>
(-) 4000        Deactivation    <액티브 사용자가 비액티브 사용자가 된 수>
(-) 100         Exit            <탈퇴 회원 수>
------------------------------------------------------------------
(+)3900         Growth index    <성장지수>
```

'서비스를 쓰게 된 사용자'와 '떠난 사용자'를 집계하고, 어떤 사용자가 많은지 수치화해서 나타내는 것이 성장지수라고 할 수 있습니다. 계속 사용하는 사용자와 계속 사용하지 않는 사용자는 성장지수에 영향을 주지 않습니다. 이러한 성장지수의 추이를 그림으로 나타내면 이전에 보았던 것과 같은 [그림 12-12]를 그릴 수 있습니다.

이처럼 서비스의 성장지수를 간단하게 정의하면 마케팅 담당자 이외의 사람도 쉽게 이해할 수 있습니다. 어쨌거나 성장지수를 개선하려면 다음과 같은 두 가지 방법을 생각해볼 수 있습니다.

❶ Signup과 Reactivation을 높이는 방법
❷ Deactivation을 낮추는 방법

성장지수 집계하기

성장지수를 산출하려면 사용자의 상태를 집계해야 합니다. 이때 상태로는 신규 등록인가(is_new), 탈퇴 회원인가(is_exit), 특정 날짜에 서비스에 접근했는가(is_access), 전날 서비스에 접근했는가(was_access)를 날짜별로 판정해야 합니다. 이를 집계하는 코드는 다음과 같습니다.

코드 12-26 성장지수 산출을 위해 사용자 상태를 집계하는 쿼리

`PostgreSQL` `Hive` `Redshift` `BigQuery` `SparkSQL`

```
WITH
unique_action_log AS (
  -- 같은 날짜 로그를 중복해 세지 않도록 중복 배제하기
  SELECT DISTINCT
    user_id
    , substring(stamp, 1, 10) AS action_date
    -- ■ BigQuery의 경우 다음과 같이 사용하기
    -- , substr(stamp, 1, 10) AS action_date
  FROM
    action_log
)
, mst_calendar AS (
  -- 집계하고 싶은 기간을 캘린더 테이블로 만들어두기
  -- generate_series 등으로 동적 생성도 가능
          SELECT '2016-10-01' AS dt
  UNION ALL SELECT '2016-10-02' AS dt
  UNION ALL SELECT '2016-10-03' AS dt
  -- 생략
  UNION ALL SELECT '2016-11-04' AS dt
)
, target_date_with_user AS (
  -- 사용자 마스터에 캘린더 테이블의 날짜를 target_date로 추가하기
  SELECT
    c.dt AS target_date
    , u.user_id
    , u.register_date
    , u.withdraw_date
  FROM
    mst_users AS u
  CROSS JOIN
    mst_calendar AS c
)
```

```
, user_status_log AS (
  SELECT
      u.target_date
    , u.user_id
    , u.register_date
    , u.withdraw_date
    , a.action_date
    , CASE WHEN u.register_date = a.action_date THEN 1 ELSE 0 END AS is_new
    , CASE WHEN u.withdraw_date = a.action_date THEN 1 ELSE 0 END AS is_exit
    , CASE WHEN u.target_date   = a.action_date THEN 1 ELSE 0 END AS is_access
    , LAG(CASE WHEN u.target_date = a.action_date THEN 1 ELSE 0 END)
      OVER(
        PARTITION BY u.user_id
        ORDER BY u.target_date
        -- ■ SparkSQL의 경우 다음과 같이 프레임 지정하기
        -- ROWS BETWEEN 1 PRECEDING AND 1 PRECEDING
      ) AS was_access
  FROM
      target_date_with_user AS u
    LEFT JOIN
      unique_action_log AS a
      ON u.user_id = a.user_id
      AND u.target_date = a.action_date
  WHERE
    -- 집계 기간을 등록일 이후로만 필터링하기
    u.register_date <= u.target_date
    -- 탈퇴 날짜가 포함되어 있으면, 집계 기간을 탈퇴 날짜 이전만으로 필터링하기
    AND (
        u.withdraw_date IS NULL
      OR u.target_date <= u.withdraw_date
    )
)
SELECT
    target_date
  , user_id
  , is_new
  , is_exit
  , is_access
  , was_access
FROM
  user_status_log
;
```

▼

```
target_date | user_id | is_new | is_exit | is_access | was_access
-------------+---------+--------+---------+-----------+------------
 2016-10-01  | U001    |    1   |    0    |     1     |
 2016-10-02  | U001    |    0   |    0    |     1     |      1
 2016-10-03  | U001    |    0   |    0    |     1     |      1
 2016-10-04  | U001    |    0   |    0    |     1     |      1
 2016-10-05  | U001    |    0   |    0    |     0     |      1
 2016-10-06  | U001    |    0   |    0    |     0     |      0
 ...
 2016-10-01  | U002    |    1   |    0    |     1     |
 2016-10-02  | U002    |    0   |    0    |     0     |      1
```

날짜별 사용자 상태를 판정했다면, 성장지수를 계산하는 패턴을 계산하고 최종적으로 성장지수를 계산합니다. 다음 코드는 signup, reactivation, deactivation, exit, growth_index를 날짜별로 계산하는 쿼리입니다.

코드 12-27 매일의 성장지수를 계산하는 쿼리

`PostgreSQL` `Hive` `Redshift` `BigQuery` `SparkSQL`

```sql
WITH
unique_action_log AS (
  -- [코드 12-26] 참고하기
)
, mst_calendar AS (
  -- [코드 12-26] 참고하기
)
, target_date_with_user AS (
  -- [코드 12-26] 참고하기
)
, user_status_log AS (
  -- [코드 12-26] 참고하기
)
, user_growth_index AS (
  SELECT
    *
    , CASE
        -- 어떤 날짜에 신규 등록 또는 탈퇴한 경우 signup 또는 exit으로 판정하기
        WHEN is_new + is_exit = 1 THEN
          CASE
            WHEN is_new = 1 THEN 'signup'
```

```
                    WHEN is_exit = 1 THEN 'exit'
                  END
              -- 신규 등록과 탈퇴가 아닌 경우 reactivation 또는 deactivation으로 판정하기
              -- 이때 reactivation, deactivation의 정의에 맞지 않는 경우는 NULL로 지정
              WHEN is_new + is_exit = 0 THEN
                CASE
                  WHEN was_access = 0 AND is_access = 1 THEN 'reactivation'
                  WHEN was_access = 1 AND is_access = 0 THEN 'deactivation'
                END
              -- 어떤 날짜에 신규 등록과 탈퇴를 함께 했다면(is_new + is_exit = 2) NULL로 지정
          END AS growth_index
    FROM
      user_status_log
)
SELECT
    target_date
  , SUM(CASE growth_index WHEN 'signup'       THEN  1 ELSE 0 END) AS signup
  , SUM(CASE growth_index WHEN 'reactivation' THEN  1 ELSE 0 END) AS reactivation
  , SUM(CASE growth_index WHEN 'deactivation' THEN -1 ELSE 0 END) AS deactivation
  , SUM(CASE growth_index WHEN 'exit'         THEN -1 ELSE 0 END) AS exit
      -- 성장지수 정의에 계산하기
  , SUM(
        CASE growth_index
          WHEN 'signup'       THEN  1
          WHEN 'reactivation' THEN  1
          WHEN 'deactivation' THEN -1
          WHEN 'exit'         THEN -1
          ELSE 0
        END
    ) AS growth_index
FROM
  user_growth_index
GROUP BY
  target_date
ORDER BY
  target_date
;
```

▼

```
 target_date | signup | reactivation | deactivation | exit | growth_index
-------------+--------+--------------+--------------+------+--------------
 2016-10-01  |    234 |            0 |            0 |    0 |          234
 2016-10-02  |    346 |           12 |         -123 |   -3 |          232
 2016-10-03  |    568 |           13 |         -165 |   -2 |          414
 2016-10-04  |    836 |           32 |         -489 |   -3 |          376
 2016-10-05  |    932 |           25 |         -742 |   -5 |          210
 2016-10-06  |    722 |           42 |         -976 |  -12 |         -224
 2016-10-07  |    675 |           37 |         -568 |  -23 |          121
 2016-10-08  |    462 |           24 |         -254 |  -45 |          187
 2016-10-09  |    572 |           57 |         -432 |  -54 |          143
 2016-10-10  |    468 |           63 |         -269 |  -62 |          200
 2016-10-11  |    346 |           24 |         -178 |  -45 |          147
 2016-10-12  |    435 |           37 |         -156 |  -42 |          274
 2016-10-13  |    348 |           39 |         -218 |  -74 |           95
 2016-10-14  |    435 |           26 |         -146 |  -52 |          263
 2016-10-15  |    386 |           28 |         -287 |  -59 |           68
 2016-10-16  |    538 |           31 |         -143 |  -61 |          365
 2016-10-17  |    476 |           28 |         -287 |  -45 |          172
```

실행 결과를 보면. 사용자 상태에서 signup, reactivation, deactivation, exit를 판정하고 이를 기반으로 날짜별 사용자 수를 셉니다. 사용자 수를 셀 때는 signup과 reactivation은 양수, deactivation과 exit은 음수가 됩니다. 그리고 이러한 값을 모두 더하면 성장 지표가 됩니다.

서비스 런칭 때부터의 성장지수 추이

서비스의 성장지수가 런칭 때부터 어떠한 식으로 변하는지 필자들의 경험을 바탕으로 설명하겠습니다. 나아가 성장지수를 높이려면 어떻게 해야 하는지도 함께 살펴보겠습니다.

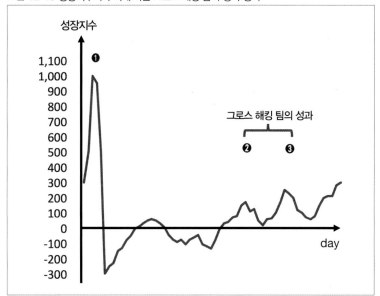

그림 12-13 성장지수의 추이에 따른 그로스 해킹 팀의 성과 평가

서비스 런칭 직후에는 사전에 계획했던 광고 등에 힘입어 등록 수가 급격하게 늘어납니다(그림의 ❶ 시점). 하지만 곧바로 80% 정도가 비액티브 유저가 되어 버립니다.

런칭 직후의 비약적인 성장이 일단락되는 시점부터는 어떠한 사용자층이 남는지, 어떻게 하면 다른 사용자를 계속 유지할 수 있는지 검토해야 합니다(그림의 ❷~❸). 런칭 시점에 맞춰 광고하면 쉽게 사용자를 획득할 수 있지만, 이는 일시적인 영향에 그칠 뿐 성장을 지속시키지 못하는 경우가 많습니다.

미디어를 통한 사용자 획득보다는, 서비스(제품)로 사용자를 획득하고 지속해서 이용하게 만들어야 안정적으로 지속해 성장할 수 있습니다. 지속해서 성장지수를 검토하고 성장시키는 것이 바로 팀의 목표이며 성과라고 할 수 있습니다.

원포인트

일상적으로 사용하는 서비스(뉴스 사이트 또는 소셜 게임 등)와, 특정 목적이 발생했을 때 사용하는 서비스(음식점 검색 서비스 또는 EC 사이트)는 사용 빈도가 서로 다릅니다. 따라서 성장지수 계산을 위해 사용하는 지표를 집계할 때는 서비스의 특성에 맞게 날짜별, 주차, 월차 등의 적절한 집계 기간을 선택하기 바랍니다.

9 지표 개선 방법 익히기

지금까지 사용자를 파악하기 위한 리포트와 SQL을 소개했습니다. 그런데 사용자 파악은 목표가 아니며, 지표를 개선하려는 과정에 지나지 않습니다. 서비스 제공자라면 당연히 매출 또는 사용자 수를 늘리는 것이 목표일 것입니다. 목표를 달성하려면 사용자를 파악하고 더 좋은 대책을 검토해야 합니다. 어떻게 하면 그렇게 할 수 있을지 생각해봅시다.

지표를 향상시키려면

다음과 같은 방법대로 분석을 진행해봅시다.

❶ 달성하고 싶은(높이고 싶은) 지표를 결정한다.
❷ 사용자 행동 중에서 지표에 영향을 많이 줄 것으로 보이는 행동을 결정한다.
❸ ❷에서 결정한 행동 여부와 횟수를 집계하고, ❶에서 결정한 지표를 만족하는 사용자의 비율을 비교한다.

예를 들어 다음날 지속률을 개선하고 싶은 경우, 앞의 방법대로라면 다음과 같습니다.

❶ 다음날 지속률을 개선하고 싶다.
❷ 다음날 지속해서 사용하는 사용자는 등록 당일에 특정 액션을 취했던 것 같다.
❸ 등록 당일에 액션을 했는지 여부를 집계하고, 다음날 지속률 비율을 비교한다.

앞서 12강 3절에서는 이 같은 과정에 따라 집계하는 방법을 소개했습니다. 달성하고 싶은 행동이 있는 경우 '어떤 액션이 영향을 주었는지 확인하는 것'이 포인트라고 할 수 있습니다.

일반적인 데모그래픽 정보를 기반으로 남성보다 여성의 다음날 지속률이 높다고 판명되었다면, 이를 기반으로 광고 배너, 사이트 디자인, 사이트 컨셉 등을 재검토할 수 있습니다. 하지만 대규모 개선이 필요하거나, 회원 구성비가 약간 바뀌는 것만으로는 서비스가 개선되었다고 말할 수 없습니다. 당연히 컨셉을 확인하거나 대상 고객층을 포함하는지 확인할 때는 중요하겠지만, 개선의 관점에서는 역시 '어떤 액션이 결과에 영향을 주었는지 확인하는 것'이 중요합니다.

앞의 설명 이외에도 다음과 같은 시점으로 집계할 수도 있습니다.

- **글의 업로드와 댓글 수를 늘리고 싶은 경우**
  - 팔로우된 사람 수에 따라 차이가 있는가?
  - 팔로우하는 사람 수에 따라 차이가 있는가?

- 프로필 사진을 등록한 사람에 따라 차이가 있는가?
- **신규 사용자의 리피트율을 개선하고 싶은 경우**
  - 등록한 달에 올린 글의 수에 따라 차이가 있는가?
  - 등록한 달에 팔로우한 사람 수에 따라 차이가 있는가?
  - 등록 다음날부터 7일 이내의 사용 일수에 따라 차이가 있는가?
- **CVR을 개선하고 싶은 경우**
  - 구매 전에 상세 페이지를 본 횟수에 따라 차이가 있는가?
  - 구매 전에 관심 상품 기능 사용 여부에 따라 차이가 있는가?

이처럼 개선하고 싶은 지표에 다양한 가설을 세워 검증해보면, 주력해야 하는 부분과 대책 등을 찾을 수 있을 것입니다. 직접 담당하는 서비스에서 다양한 관점으로 생각해보기 바랍니다.

13강

시계열에 따른 사용자의 개별적인 행동 분석하기

이번 절에서는 사용자가 취한 액션의 '시간(타이밍)'에 주목하여, 여러 액션이 어느 정도의 시간차를 두고 발생하는지, 얼마나 시간이 지나면 다음 액션을 수행하는지 등을 집계하겠습니다.

예를 들어 사용자가 최종 성과(=결과)에 도달할 때까지 어느 정도의 검토 기간(=과정)이 필요한지를 알면, 캠페인 시행 시기를 설정할 때 도움을 줄 수도 있고, 검토 기간이 예상보다 길다면 그 기간을 줄일 대책을 세울 자료가 될 수도 있습니다.

그림 13-1 다양한 서비스에서의 사용자 행동 과정과 결과

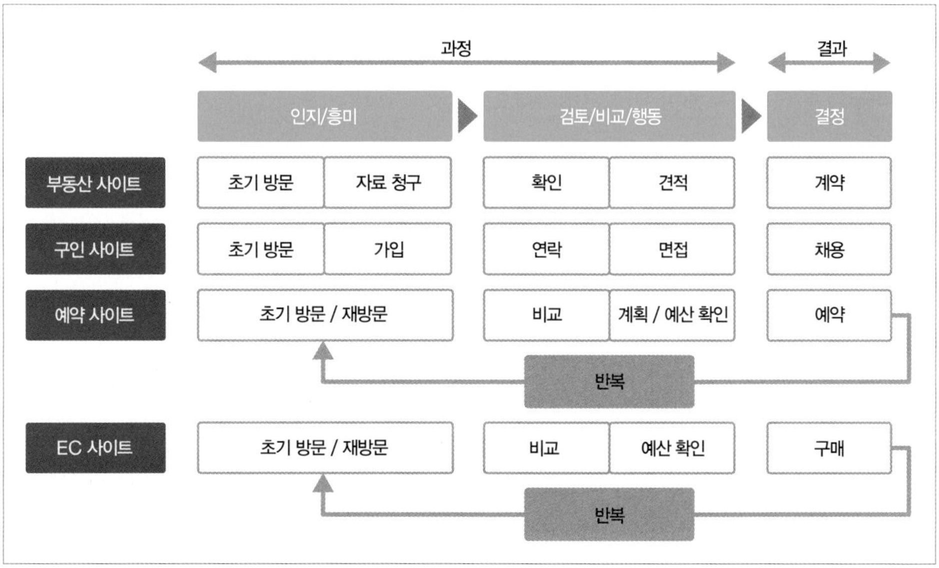

	과정			과정		결과
	인지/흥미			검토/비교/행동		결정
부동산 사이트	초기 방문	자료 청구		확인	견적	계약
구인 사이트	초기 방문	가입		연락	면접	채용
예약 사이트	초기 방문 / 재방문			비교	계획 / 예산 확인	예약
			반복			
EC 사이트	초기 방문 / 재방문			비교	예산 확인	구매
			반복			

사용자 액션을 '시간의 경과'라는 요소와 함께 고려해서 시각화하면 사용자의 성장 과정 또는 행동 패턴 등을 명확하게 할 수 있습니다. 따라서 어떤 부분을 개선할 수 있는지 등을 파악할 수 있습니다.

이번 절에서는 시간의 경과를 고려한 리포트와 SQL을 소개하겠습니다.

1 사용자의 액션 간격 집계하기

SQL 날짜 함수, LAG 함수
분석 리드 타임

사용자의 특정 액션을 기반으로 다음 액션까지의 기간을 집계하면 새로운 문제를 찾고 대책을 검토할 수 있습니다. 예를 들어 〈자료 청구〉 → 〈방문 예약〉 → 〈견적〉 → 〈계약〉의 흐름이 있다고 할 때, 실제 계약까지의 기간(리드 타임)이 예상보다 길다는 것을 발견하면, 각각의 흐름에서 문제를 찾고 이를 해결할 수 있습니다. 리드 타임이 짧아지면 계약이 더 많이 일어나므로 매출 향상을 기대할 수 있습니다.

다음 그림은 사용자의 리드 타임을 집계하고 구성비누계를 사용해 사용자의 행동을 나타낸 것입니다. 이번 절에서는 데이터 패턴에 따라 리드 타임을 계산하는 SQL을 3가지 소개하겠습니다.

참고로 다음 그림과 같은 그래프를 만들려면, 리드 타임을 계산한 뒤에 10강 2절에서 설명한 구성비누계를 집계하는 SQL을 참고해주세요.

그림 13-2 리드 타임과 구성비누계

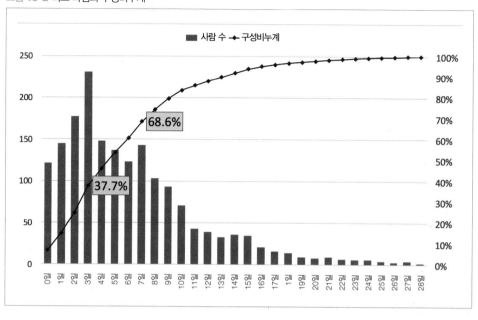

같은 레코드에 있는 두 개의 날짜로 계산할 경우

숙박 시설, 음식점 등의 예약 사이트에는 예약 정보를 저장하는 레코드에 신청일과 숙박일, 방문일을 한꺼번에 저장합니다. 따라서 날짜끼리 빼거나 datediff 함수를 써서 각 날짜의 차이를 계산하면 됩니다. 다음 코드는 신청일과 숙박일의 리드 타임을 계산하는 쿼리입니다.

코드 13-1 신청일과 숙박일의 리드 타임을 계산하는 쿼리

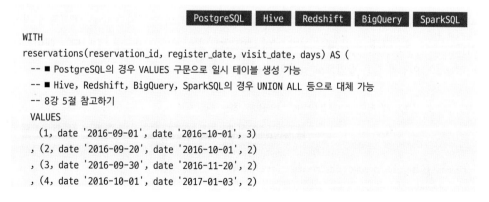

```
WITH
reservations(reservation_id, register_date, visit_date, days) AS (
    -- ■ PostgreSQL의 경우 VALUES 구문으로 일시 테이블 생성 가능
    -- ■ Hive, Redshift, BigQuery, SparkSQL의 경우 UNION ALL 등으로 대체 가능
    -- 8강 5절 참고하기
    VALUES
      (1, date '2016-09-01', date '2016-10-01', 3)
    , (2, date '2016-09-20', date '2016-10-01', 2)
    , (3, date '2016-09-30', date '2016-11-20', 2)
    , (4, date '2016-10-01', date '2017-01-03', 2)
```

```
  , (5, date '2016-11-01', date '2016-12-28', 3)
)
SELECT
    reservation_id
  , register_date
  , visit_date
  -- ■ PostgreSQL, Redshift의 경우 날짜끼리 뺄셈 가능
  , visit_date::date - register_date::date AS lead_time
  -- ■ BigQuery의 경우 date_diff 함수 사용하기
  -- , date_diff(date(timestamp(visit_date)), date(timestamp(register_date)), day)
  --   AS lead_time
  -- ■ Hive, SparkSQL의 경우 datediff 함수 사용하기
  -- , datediff(to_date(visit_date), to_date(register_date)) AS lead_time
FROM
  reservations
;
```

▼

실행결과

```
reservation_id | register_date | visit_date | lead_time
---------------+---------------+------------+-----------
             1 | 2016-09-01    | 2016-10-01 |        30
             2 | 2016-09-20    | 2016-10-01 |        11
             3 | 2016-09-30    | 2016-11-20 |        51
             4 | 2016-10-01    | 2017-01-03 |        94
             5 | 2016-11-01    | 2016-12-28 |        57
```

여러 테이블에 있는 여러 개의 날짜로 계산할 경우

자료 청구, 예측, 계약처럼 여러 단계가 존재하는 경우 각각의 데이터가 다른 테이블에 저장되는 경우가 많습니다. 이럴 때는 여러 개의 테이블에 있는 날짜를 참조할 수 있도록 테이블을 JOIN하고, 이전과 같은 방법으로 날짜의 차이를 계산합니다.

코드 13-2 각 단계에서의 리드 타임과 토탈 리드 타임을 계산하는 쿼리

| PostgreSQL | Hive | Redshift | BigQuery | SparkSQL |

```
WITH
requests(user_id, product_id, request_date) AS (
  -- ■ PostgreSQL의 경우 VALUES 구문으로 일시 테이블 생성 가능
```

```
  -- ■ Hive, Redshift, BigQuery, SparkSQL의 경우 UNION ALL 등으로 대체 가능
  -- 8강 5절 참고하기
  VALUES
    ('U001', '1', date '2016-09-01')
  , ('U001', '2', date '2016-09-20')
  , ('U002', '3', date '2016-09-30')
  , ('U003', '4', date '2016-10-01')
  , ('U004', '5', date '2016-11-01')
)
, estimates(user_id, product_id, estimate_date) AS (
  VALUES
    ('U001', '2', date '2016-09-21')
  , ('U002', '3', date '2016-10-15')
  , ('U003', '4', date '2016-10-15')
  , ('U004', '5', date '2016-12-01')
)
, orders(user_id, product_id, order_date) AS (
  VALUES
    ('U001', '2', date '2016-10-01')
  , ('U004', '5', date '2016-12-05')
)
SELECT
    r.user_id
  , r.product_id
  -- ■ PostgreSQL, Redshift의 경우 날짜끼리 뺄셈 가능
  , e.estimate_date::date - r.request_date::date  AS estimate_lead_time
  , o.order_date::date    - e.estimate_date::date AS order_lead_time
  , o.order_date::date    - r.request_date::date  AS total_lead_time
  -- ■ BigQuery의 경우 date_diff 함수 사용하기
  --, date_diff(date(timestamp(e.estimate_date)),
  --   date(timestamp(r.request_date)) , day)
  -- AS estimate_lead_time
  --, date_diff(date(timestamp(o.order_date)),
  --   date(timestamp(e.estimate_date)), day)
  -- AS order_lead_time
  --, date_diff(date(timestamp(o.order_date)),
  --   date(timestamp(r.request_date)) , day)
  -- AS total_lead_time
  -- ■ Hive, SparkSQL의 경우 datediff 함수 사용하기
  --, datediff(to_date(e.estimate_date), to_date(r.request_date))
  -- AS estimate_lead_time
  --, datediff(to_date(o.order_date)   , to_date(e.estimate_date))
  -- AS order_lead_time
  --, datediff(to_date(o.order_date)   , to_date(r.request_date))
```

```
    -- AS total_lead_time
FROM
    requests AS r
  LEFT OUTER JOIN
    estimates AS e
    ON  r.user_id    = e.user_id
    AND r.product_id = e.product_id
  LEFT OUTER JOIN
    orders AS o
    ON  r.user_id    = o.user_id
    AND r.product_id = o.product_id
;
```

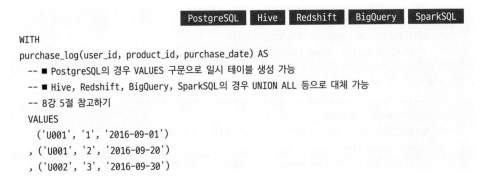

실행결과

user_id	product_id	estimate_lead_time	order_lead_time	total_lead_time
U001	1			
U001	2	1	10	11
U002	3	15		
U003	4	14		
U004	5	30	4	34

같은 테이블의 다른 레코드에 있는 날짜로 계산할 경우

EC 사이트에서 어떤 구매일로부터 다음 구매일까지의 간격을 알고 싶은 경우, 데이터가 같은 테이블에 존재할 것입니다. 이러할 때는 LAG 함수를 사용해 날짜의 차이를 계산합니다.

코드 13-3 이전 구매일로부터의 일수를 계산하는 쿼리

`PostgreSQL` `Hive` `Redshift` `BigQuery` `SparkSQL`

```
WITH
purchase_log(user_id, product_id, purchase_date) AS
    -- ■ PostgreSQL의 경우 VALUES 구문으로 일시 테이블 생성 가능
    -- ■ Hive, Redshift, BigQuery, SparkSQL의 경우 UNION ALL 등으로 대체 가능
    -- 8강 5절 참고하기
    VALUES
      ('U001', '1', '2016-09-01')
    , ('U001', '2', '2016-09-20')
    , ('U002', '3', '2016-09-30')
```

```
    , ('U001', '4', '2016-10-01')
    , ('U002', '5', '2016-11-01')
)
SELECT
    user_id
  , purchase_date
  -- ■ PostgreSQL、Redshift의 경우 날짜끼리 뺄셈 가능
  , purchase_date::date
    - LAG(purchase_date::date)
      OVER(
        PARTITION BY user_id
        ORDER BY purchase_date
        )
    AS lead_time
  -- ■ BigQuery의 경우 date_diff 함수 사용하기
  -- , date_diff(date(timestamp(purchase_date)),
  --     LAG(date(timestamp(purchase_date)))
  --      OVER(PARTITION BY user_id ORDER BY purchase_date)
  -- , day) AS lead_time
  -- ■ Hive의 경우 datediff 함수 사용하기
  -- , datediff(to_date(purchase_date),
  --     LAG(to_date(purchase_date))
  --      OVER(PARTITION BY user_id ORDER BY purchase_date))
  --   AS lead_time
  -- ■ SparkSQL의 경우 datediff 함수에 LAG 함수의 프레임 지정이 필요함
  --, datediff(to_date(purchase_date),
  --    LAG(to_date(purchase_date))
  --     OVER(PARTITION BY user_id ORDER BY purchase_date
  --       ROWS BETWEEN 1 PRECEDING AND 1 PRECEDING))
  --   AS lead_time
FROM
  purchase_log
;
```

▼

실행결과

```
 user_id | purchase_date | lead_time
---------+---------------+-----------
 U001    | 2016-09-01    |
 U001    | 2016-09-20    |        19
 U001    | 2016-10-01    |        11
 U002    | 2016-09-30    |
 U002    | 2016-11-01    |        32
```

리드 타임을 집계했다면 사용자의 데모그래픽 정보를 사용해 비교해보기 바랍니다. EC 사이트라면 수도권보다 지방이 이전 구매일로부터의 리드 타임이 짧거나, 연령별로 구분이 되는 등 다양한 경향이 나타날 것입니다.

2 카트 추가 후에 구매했는지 파악하기

SQL CASE 식, SUM 함수, AVG 함수

분석 카트 탈락률

카트에 넣은 상품을 구매하지 않고 이탈한 상황을 '카트 탈락'이라고 부릅니다. 카트에 상품을 추가했는데도 구매까지 도달하지 못했다면 다음과 같은 이유를 생각해볼 수 있습니다.

- 상품 구매까지의 절차에 어떤 문제가 있다.
- 예상하지 못한 비용(배송비 또는 수수료 등)으로 당황했다.
- 북마크 기능 대신 카트를 사용하는 사람이 많다.

카트에 상품을 추가했다고 해서 반드시 구매으로 이어지지는 않습니다. 따라서 시간에 따라 구매로 이어지는 비율이 어느 정도 되는지 리포트로 만들어보는 것이 좋습니다. 리포트로 만들면 다음 그림과 같습니다.

그림 13-3 카트 추가 후 경과 시간에 따른 구매 수 추이

| 날짜 | 카트 추가 수 | 구매수 / 구매율 | | | | | | | | 카트 탈락 | |
		1시간 이내		6시간 이내		24시간 이내		48시간 이내			
2016/10/14	4,301	2,988	69.5%	3,101	72.1%	3,129	72.8%	3,316	77.1%	985	22.9%
2016/10/15	4,539	2,987	65.8%	3,098	68.3%	3,125	68.8%	3,413	75.2%	1,126	24.8%

이번 절에서는 카트에 추가된지 48시간 이내에 구매되지 않은 상품을 '카트 탈락'이라고 부르고, 카트에 추가된 상품 수를 분모로 넣어 구한 비율을 '카트 탈락률'이라고 정의하겠습니다. 그

럼 다음과 같은 데이터를 사용해서 카트 탈락률을 집계해봅시다.

데이터 13-1 액션 로그(action_log)

```
    dt      | session | user_id | action   | products |       stamp
------------+---------+---------+----------+----------+--------------------
 2016-10-14 | A       | U001    | add_cart | 1        | 2016-10-14 18:00:00
 2016-10-14 | A       | U001    | add_cart | 2        | 2016-10-14 18:01:00
 2016-10-14 | A       | U001    | add_cart | 3,4      | 2016-10-14 18:02:00
 2016-10-14 | A       | U001    | purchase | 1,2,3,4  | 2016-10-14 18:10:00
 2016-10-14 | B       | U002    | add_cart | 1        | 2016-10-14 19:00:00
 2016-10-14 | B       | U002    | purchase | 1        | 2016-10-14 20:00:00
 2016-10-14 | B       | U002    | add_cart | 2        | 2016-10-14 20:30:00
 2016-10-15 | C       | U001    | add_cart | 4        | 2016-10-15 12:00:00
 2016-10-15 | C       | U001    | add_cart | 5        | 2016-10-15 12:00:00
 2016-10-15 | C       | U001    | add_cart | 6        | 2016-10-15 12:00:00
 2016-10-15 | D       | U002    | purchase | 2        | 2016-10-15 13:00:00
 2016-10-15 | D       | U001    | purchase | 5,6      | 2016-10-15 15:00:00
```

참고로 데이터에서 session:A 레코드는 카트에 상품이 1개씩 2번 추가되고, 이후에 2개의 상품을 한 번에 카트에 추가하고, 마지막으로 카트 내부에 있는 4개의 상품을 한 번에 구매한 상태를 나타냅니다.

다음 코드 예는 '여러 개의 상품이 한 레코드에 쉼표로 구분된 데이터'를 한 레코드에 하나의 상품만 되도록 가공하고, 데이터들이 카트에 추가된 시각과 구매된 시각을 산출합니다. 또한 카트 추가부터 구매까지 필요한 시간을 계산합니다.

코드 13-4 상품들이 카트에 추가된 시각과 구매된 시각을 산출하는 쿼리

> PostgreSQL | Hive | BigQuery | SparkSQL

```
WITH
row_action_log AS (
  SELECT
    dt
  , user_id
  , action
  -- 쉼표로 구분된 product_id 리스트 전개하기
  -- ■ PostgreSQL의 경우 regexp_split_to_table 함수 사용 가능
  , regexp_split_to_table(products, ',') AS product_id
  -- ■ Hive, BigQuery, SparkSQL의 경우 FROM 구문으로 전개하고 product_id 추출하기
```

```
-- , product_id
, stamp
FROM
  action_log
-- ■ BigQuery의 경우는 다음 코드 추가하기
-- CROSS JOIN unnest(split(products, ',')) AS product_id
-- ■ Hive, SparkSQL의 경우는 다음 코드 추가하기
-- LATERAL VIEW explode(split(products, ',')) e AS product_id
)
, action_time_stats AS (
  -- 사용자와 상품 조합의 카드 추가 시간과 구매 시간 추출하기
  SELECT
    user_id
  , product_id
  , MIN(CASE action WHEN 'add_cart' THEN dt END) AS dt
  , MIN(CASE action WHEN 'add_cart' THEN stamp END) AS add_cart_time
  , MIN(CASE action WHEN 'purchase' THEN stamp END) AS purchase_time
-- ■ PostgreSQL의 경우 timestamp 자료형으로 변환해서 간격을 구한 뒤
  --     EXTRACT(epoc ~)로 초 단위 변환
  , EXTRACT(epoch from
        MIN(CASE action WHEN 'purchase' THEN stamp::timestamp END)
      - MIN(CASE action WHEN 'add_cart' THEN stamp::timestamp END))
  -- ■ BigQuery의 경우 unix_seconds 함수로 초 단위 UNIX 시간 추출 후 차이 구하기
  -- ,   MIN(CASE action WHEN 'purchase' THEN unix_seconds(timestamp(stamp)) END)
  --   - MIN(CASE action WHEN 'add_cart' THEN unix_seconds(timestamp(stamp)) END)
  -- ■ Hive, SparkSQL의 경우
  -- unix_timestamp 함수로 초 단위 UNIX 시간 추출 후 차이 구하기
  -- ,   MIN(CASE action WHEN 'purchase' THEN unix_timestamp(stamp) END)
  --   - MIN(CASE action WHEN 'add_cart' THEN unix_timestamp(stamp) END)
    AS lead_time

  FROM
    row_action_log
  GROUP BY
    user_id, product_id
)
SELECT
    user_id
  , product_id
  , add_cart_time
  , purchase_time
  , lead_time
FROM
  action_time_stats
```

```
ORDER BY
  user_id, product_id
;
```

▼

실행결과

```
user_id | product_id |     add_cart_time    |     purchase_time    | lead_time
--------+------------+----------------------+----------------------+----------
U001    | 1          | 2016-10-14 18:00:00  | 2016-10-14 18:10:00  |    600
U001    | 2          | 2016-10-14 18:01:00  | 2016-10-14 18:10:00  |    540
U001    | 3          | 2016-10-14 18:02:00  | 2016-10-14 18:10:00  |    480
U001    | 4          | 2016-10-15 12:00:00  |                      |
U001    | 5          | 2016-10-15 12:00:00  | 2016-10-15 15:00:00  |  10800
U001    | 6          | 2016-10-15 12:00:00  | 2016-10-15 15:00:00  |  10800
U002    | 1          | 2016-10-14 19:00:00  | 2016-10-14 20:00:00  |   3600
U002    | 2          | 2016-10-14 20:30:00  | 2016-10-15 13:00:00  |  59400
```

마지막으로 카트 추가부터 구매까지 필요한 시간에 따라 분류하고, 구매된 상품 수와 구매율을
계산합니다.

코드 13-5 카트 추가 후 n시간 이내에 구매된 상품 수와 구매율을 집계하는 쿼리

```
WITH
row_action_log AS (
  -- [코드 13-4] 참고하기
)
, action_time_stats AS (
  -- [코드 13-4] 참고하기
)
, purchase_lead_time_flag AS (
SELECT
    user_id
  , product_id
  , dt
  , CASE WHEN lead_time <=  1 * 60 * 60 THEN 1 ELSE 0 END AS purchase_1_hour
  , CASE WHEN lead_time <=  6 * 60 * 60 THEN 1 ELSE 0 END AS purchase_6_hours
  , CASE WHEN lead_time <= 24 * 60 * 60 THEN 1 ELSE 0 END AS purchase_24_hours
  , CASE WHEN lead_time <= 48 * 60 * 60 THEN 1 ELSE 0 END AS purchase_48_hours
  , CASE
      WHEN lead_time IS NULL OR NOT (lead_time <= 48 * 60 * 60) THEN 1
      ELSE 0
    END AS not_purchase
```

```
FROM
  action_time_stats
)
SELECT
    dt
  , COUNT(*) AS add_cart
  , SUM(purchase_1_hour  ) AS purchase_1_hour
  , AVG(purchase_1_hour  ) AS purchase_1_hour_rate
  , SUM(purchase_6_hours ) AS purchase_6_hours
  , AVG(purchase_6_hours ) AS purchase_6_hours_rate
  , SUM(purchase_24_hours) AS purchase_24_hours
  , AVG(purchase_24_hours) AS purchase_24_hours_rate
  , SUM(purchase_48_hours) AS purchase_48_hours
  , AVG(purchase_48_hours) AS purchase_48_hours_rate
  , SUM(not_purchase     ) AS not_purchase
  , AVG(not_purchase     ) AS not_purchase_rate
FROM
  purchase_lead_time_flag
 GROUP BY
    dt
;
```

▼

실행결과

```
-[ RECORD 1 ]----------+----------------------
dt                     | 2016-10-14
add_cart               | 4301
purchase_1_hour        | 2988
purchase_1_hour_rate    | 69.5
purchase_6_hours       | 3101
purchase_6_hours_rate   | 72.1
purchase_24_hours      | 3129
purchase_24_hours_rate  | 72.8
purchase_48_hours      | 3316
purchase_48_hours_rate  | 77.1
not_purchase           | 985
not_purchase_rate       | 22.9
-[ RECORD 2 ]----------+----------------------
dt                     | 2016-10-15
add_cart               | 4539
purchase_1_hour        | 2987
purchase_1_hour_rate    | 65.8
purchase_6_hours       | 3098
```

```
purchase_6_hours_rate   | 68.3
purchase_24_hours       | 3125
purchase_24_hours_rate  | 68.8
purchase_48_hours       | 3413
purchase_48_hours_rate  | 75.2
not_purchase            | 1126
not_purchase_rate       | 24.8
```

앞의 코드 결과는 컬럼 수가 많으므로, 컬럼을 세로로 출력한 형식으로 표기해 보았습니다.

> **원포인트**
>
> 카트 탈락 상품이 있는 사용자에게 메일 매거진 등의 푸시로 쿠폰 또는 할인 정보를 보내
> 주어 구매를 유도하는 방법 등을 고려해봅시다.

3 등록으로부터의 매출을 날짜별로 집계하기

SQL CROSS JOIN, CASE 식, AVG 함수
분석 ARPU, ARPPU, LTV

서비스 운영 측은 사용자를 얻기 위해 광고와 제휴 등의 비용을 치릅니다. 그리고 사용자 등록
으로부터 시간 경과에 따른 매출을 집계해서 광고와 제휴 등에 비용이 적절하게 투자되었는지
판단합니다.

이번 절에서는 사용자 등록을 월별로 집계하고, n일 경과 시점의 1인당 매출 금액을 집계하는
방법을 소개하겠습니다.

표 13-1 월별 등록자와 경과일별 매출

등록 월	등록자 수	1인당 30일 매출 금액	1인당 45일 매출 금액	1인당 60일 매출 금액
2016년 1월	12,937	4,890	7,830	8,590
2016년 2월	12,101	5,290	7,710	9,000

이번 절의 쿼리를 설계하는 기본적인 방법은 지금까지 설명했던 지속률 또는 정착율을 산출하는 쿼리와 거의 같습니다. 다만 0과 1의 액션 플래그가 아닌 '매출액'을 집계한다는 점이 다릅니다. 일단 집계 대상이 되는 지표 마스터를 생성하고 사용자 마스터의 등록일과 구매 로그를 결합한 뒤, 집계에 필요한 데이터를 구합니다.

코드 13-6 사용자들의 등록일부터 경과한 일수별 매출을 계산하는 쿼리

```
                              PostgreSQL   Hive   Redshift   BigQuery   SparkSQL
WITH
index_intervals(index_name, interval_begin_date, interval_end_date) AS (
  -- ■ PostgreSQL의 경우 VALUES 구문으로 일시 테이블 생성 가능
  -- ■ Hive, Redshift, BigQuery, SparkSQL의 경우 UNION ALL 등으로 대체 가능
  -- 8강 5절 참고하기
  VALUES
    ('30 day sales amount'    ,  0, 30)
  , ('45 day sales amount'    ,  0, 45)
  , ('60 day sales amount'    ,  0, 60)
)
, mst_users_with_base_date AS (
  SELECT
      user_id

    -- 기준일로 등록일 사용하기
    , register_date AS base_date

    -- 처음 구매한 날을 기준으로 삼고 싶다면 다음과 같이 사용하기
    -- , first_purchase_date AS base_date
  FROM
    mst_users
)
, purchase_log_with_index_date AS (
  SELECT
      u.user_id
    , u.base_date
    -- 액션의 날짜와 로그 전체의 최신 날짜를 날짜 자료형으로 변환하기
    , CAST(p.stamp AS date) AS action_date
    , MAX(CAST(p.stamp AS date)) OVER() AS latest_date
    , substring(u.base_date, 1, 7) AS month
    -- ■ BigQuery의 경우 한 번 타임스탬프 자료형으로 변환하고 날짜 자료형으로 변환하기
    -- , date(timestamp(p.stamp)) AS action_date
```

```
--  , MAX(date(timestamp(p.stamp))) OVER() AS latest_date
--  , substr(u.base_date, 1, 7) AS month

  , i.index_name
--  지표 대상 기간의 시작일과 종료일 계산하기
--  ■ PostgreSQL의 경우는 다음과 같이 사용하기
  , CAST(u.base_date::date + '1 day'::interval * i.interval_begin_date AS date)
    AS index_begin_date
  , CAST(u.base_date::date + '1 day'::interval * i.interval_end_date   AS date)
    AS index_end_date
--  ■ Redshift의 경우는 다음과 같이 사용하기
--  , dateadd(day, i.interval_begin_date, u.base_date::date) AS index_begin_date
--  , dateadd(day, i.interval_end_date  , u.base_date::date) AS index_end_date
--  ■ BigQuery의 경우는 다음과 같이 사용하기
--  , date_add(CAST(u.base_date AS date), interval i.interval_begin_date day)
--    AS index_begin_date
--  , date_add(CAST(u.base_date AS date), interval i.interval_end_date day)
--    AS index_end_date
--  ■ Hive, SparkSQL의 경우는 다음과 같이 사용하기
--  , date_add(CAST(u.base_date AS date), i.interval_begin_date)
--    AS index_begin_date
--  , date_add(CAST(u.base_date AS date), i.interval_end_date)
--    AS index_end_date
  , p.amount
FROM
    mst_users_with_base_date AS u
  LEFT OUTER JOIN
    action_log AS p
    ON u.user_id = p.user_id
    AND p.action = 'purchase'
  CROSS JOIN
    index_intervals AS i
)
SELECT *
FROM
  purchase_log_with_index_date
;
```

▼

```
-[ RECORD 1 ]----+--------------------
user_id          | U001
base_date        | 2016-10-01
action_date      | 2016-11-04
latest_date      | 2016-11-04
month            | 2016-11
index_name       | 30 day sales amount
index_begin_date | 2016-10-01
index_end_date   | 2016-10-31
amount           | 1000
-[ RECORD 2 ]----+--------------------
user_id          | U001
base_date        | 2016-10-01
action_date      | 2016-11-03
latest_date      | 2016-11-04
month            | 2016-11
index_name       | 30 day sales amount
index_begin_date | 2016-10-01
index_end_date   | 2016-10-31
amount           | 2000
-[ RECORD 3 ]----+--------------------
user_id          | U001
base_date        | 2016-10-01
action_date      | 2016-11-03
latest_date      | 2016-11-04
month            | 2016-11
index_name       | 30 day sales amount
index_begin_date | 2016-10-01
index_end_date   | 2016-10-31
amount           | 2000
```

이어서, 지금까지와 마찬가지로 대상 기간에 로그 날짜가 포함되어 있는지 아닌지로 구분합니다. 다음 [코드 13-7]은 월차 리포트를 작성할 것을 가정하여 등록 월과 지표로 집약하고, 등록 후의 경과일수별로 매출을 계산합니다. 0과 1의 액션 플래그가 아니라 구매액을 리턴하다는 점에 주목해주세요.

코드 13-7 월별 등록자수와 경과일수별 매출을 집계하는 쿼리

```
                                        PostgreSQL   Hive   Redshift   BigQuery   SparkSQL
WITH
index_intervals(index_name, interval_begin_date, interval_end_date) AS (
  -- [코드 13-6] 참고하기
)
, mst_users_with_base_date AS (
  -- [코드 13-6] 참고하기
)
, purchase_log_with_index_date AS (
  -- [코드 13-6] 참고하기
)
, user_purchase_amount AS (
  SELECT
      user_id
    , month
    , index_name
      -- 3. 지표의 대상 기간에 구매한 금액을 사용자별로 합계 내기
    , SUM(
        -- 1. 지표의 대상 기간의 종료일이 로그의 최신 날짜에 포함되었는지 확인하기
        CASE WHEN index_end_date <= latest_date THEN
          -- 2. 지표의 대상 기간에 구매한 경우에는 구매 금액, 이외의 경우 0 지정하기
          CASE
            WHEN action_date BETWEEN index_begin_date AND index_end_date THEN amount
            ELSE 0
          END
        END
      ) AS index_date_amount
  FROM
    purchase_log_with_index_date
  GROUP BY
    user_id, month, index_name, index_begin_date, index_end_date
)
SELECT
    month
  -- 등록자수 세기
  -- 다만 지표의 대상 기간의 종료일이 로그의 최신 날짜 이전에 포함되지 않게 조건 걸기
  , COUNT(index_date_amount) AS users
  , index_name
  -- 지표의 대상 기간 동안 구매한 사용자 수
  , COUNT(CASE WHEN index_date_amount > 0 THEN user_id END) AS purchase_uu
  -- 지표의 대상 기간 동안의 합계 매출
```

```
  , SUM(index_date_amount) AS total_amount
  -- 등록자별 평균매출
  , AVG(index_date_amount) AS avg_amount
FROM
  user_purchase_amount
GROUP BY
  month, index_name
ORDER BY
  month, index_name
;
```

▼

실행결과

```
  month  | users | index_name          | purchase_uu | total_amount | avg_amount
---------+-------+---------------------+-------------+--------------+-----------
 2016-10 | 12937 | 30 day sales amount |        3461 |      6326193 |     489.11
 2016-10 | 12937 | 45 day sales amount |        4211 |     10129671 |     783.23
 2016-10 | 12937 | 60 day sales amount |        4565 |     11112883 |     859.41
 2016-11 | 12101 | 30 day sales amount |        3523 |      6401429 |     529.13
 2016-11 | 11436 | 45 day sales amount |        3983 |      8817156 |     771.61
 2016-11 | 10623 | 60 day sales amount |        4311 |      9560700 |     900.33
```

※ avg_amounts는 등록자 한 명당 매출을 나타냅니다.

이번 절에서는 광고로 인한 사용자 유입 비용이 타당한지를 검토할 수 있도록 등록 수를 분모에 넣어 1인당 매출을 집계해보았습니다. 만약 분모를 변경하면 다른 지표로도 활용할 수 있습니다. 서비스의 사용자 수를 분모에 넣으면 '1인당 평균 매출 금액(ARPU: Average Revenue Per User)'가 되며, 과금 사용자 수를 분모에 넣으면 '과금 사용자 1인당 평균 매출 금액(ARPPU: Average Revenue Per Paid User)'가 됩니다.

ARPU와 ARPPU는 이름이 비슷하지만 의미가 다르므로 주의해야 합니다. 단순하게 사용자별 과금 액수를 나타내는 경우는 ARPU를 사용합니다. 반면 프리미엄 모델(예: 소셜 게임)에서 무과금 사용자와 과금 사용자를 구별할 필요가 있는 경우는 ARPPU를 사용합니다.

LTV(고객 생애 가치)

이번 절에서 산출한 'n일 경과 시점에서의 1인당 매출 금액'과 비슷한 지표로 '고객 생애 가치(LTV, Life Time Value)'라는 것이 있습니다. LTV는 고객이 생애에 걸쳐 어느 정도로 이익에 기여를 하는지를 산출한 것입니다. LTV는 고객 획득 가치(CPA, Cost Per Acquistion)를 설정/관리할 때 굉장히 중요한 지표입니다. LTV는 다음과 같은 식으로 구하는 것이 일반적입니다.

$$\text{LTV(고객 생애 가치)} = \langle\text{연간 거래액}\rangle \times \langle\text{수익률}\rangle \times \langle\text{지속 연수(체류 기간)}\rangle$$

LTV는 사용자별로 산출할 수도 있지만, 실무에서는 고객 전체를 기반으로 구하는 경우가 많습니다. 추가로 수익률을 엄밀하게 산출하기는 굉장히 어렵습니다. 인터넷에서의 각종 서비스에 종사하는 이 책의 필자들은 LTV를 일반적으로 광고 예산 설정, CPA가 적절한지 확인하는 등에 사용합니다.

참고로 인터넷 서비스는 사이클이 굉장히 빠르므로 측정 단위를 몇 달 또는 반년 정도로 설정하는 것이 좋습니다.

원포인트

이번 절의 SQL은 사용자 등록일을 기준으로 1인당 n일 매출 금액을 집계하는 것이지만, 제휴의 성과 지점이 아닌 최초 판매 시점으로 설정해 등록하면, 광고 담당자의 운용에 도움을 주는 지표를 새롭게 찾을 수 있습니다. 이런 리포트를 만들고 싶다면 WITH 구문에 있는 mst_users_with_base_date 테이블의 base_date 컬럼을 최초 판매 시점으로 전환하면 됩니다.

6장

웹사이트에서의
행동을 파악하는
데이터 추출하기

웹사이트 특유의 지표와 그러한 데이터를 추출하는 방법을 살펴보겠습니다. 웹사이트 분석에서는 접근 분석 도구의 사양 또는 기능에 따라서 원하는 분석이 불가능한 경우도 있습니다. 이러한 때는 직접 SQL로 각종 데이터를 집약하고 조합해서 해결할 수 있습니다.

14강

사이트 전체의 특징/경향 찾기

이번 절에서는 웹사이트 전체의 특징과 경향을 찾기 위한 리포트와 SQL을 소개하겠습니다. 이번에 소개할 리포트는 접근 해석 도구를 도입한 서비스에서는 이미 파악한 값일 수 있습니다. 그렇다 해도 빅데이터 기반으로 같은 값을 추출하는 것은 의미 있는 작업이라고 할 수 있습니다.

접근 분석 도구로 집계한 결과 또는 리포트도 어느 정도 필터링이 가능하겠지만, 제공되는 기능 이외의 리포트는 작성할 수 없습니다. 리포트의 설계가 접근 분석 도구의 기능으로 인해 제한될 수 있다는 것입니다. 이러한 제한을 넘어 자유롭게 리포트를 설계할 수 있다는 점이 빅데이터 기반을 도입하는 장점 중 하나라고 할 수 있습니다.

접근 분석 도구에서 제공되는 결과에서 추가로 복잡한 조건으로 드릴 다운해서 상세를 찾으려면, 일단 접근 분석 도구에서는 최저한의 상태로 집계할 항목을 추출해야 합니다. 그리고 접근 분석 도구에서 활용할 수 없는 사용자 데이터 또는 상품 데이터 등의 업무 데이터와 조합하면, 지금까지는 작성할 수 없었던 리포트를 작성할 수 있습니다.

이번 절에서는 EC 사이트를 예제로 리포트와 쿼리를 소개하겠습니다.

샘플 데이터

이번 절에서는 다음과 같은 샘플 데이터(접근 로그 / 구매 로그) 테이블을 기반으로 설명하겠습니다.

데이터 14-1 접근 로그(access_log / 확장 출력)

```
-[ RECORD 1 ]-+-------------------------------------------------------
stamp         | 2016-10-01 12:00:00
short_session | 0CVKaz
long_session  | 1CwlSX
url           | http://www.example.com/?utm_source=google&utm_medium=search
referrer      | http://www.google.co.jp/xxx
-[ RECORD 2 ]-+-------------------------------------------------------
stamp         | 2016-10-01 13:00:00
short_session | 0CVKaz
long_session  | 1CwlSX
url           | http://www.example.com/detail?id=1
referrer      |
-[ RECORD 3 ]-+-------------------------------------------------------
stamp         | 2016-10-01 13:00:00
short_session | 1QceiB
long_session  | 3JMO2k
url           | http://www.example.com/list/cd
referrer      |
...
```

데이터 14-2 구매 로그(purchase_log)

```
        stamp        | short_session | long_session | purchase_id | amount
---------------------+---------------+--------------+-------------+--------
 2016-10-01 15:00:00 | 0CVKaz        | 1CwlSX       |           1 | 10000
 2016-10-01 16:00:00 | 2is8PX        | 7Dn99b       |           2 | 10000
 2016-10-01 20:00:00 | 2is8PX        | 7Dn99b       |           3 | 10000
 2016-10-02 14:00:00 | 2is8PX        | 7Dn99b       |           4 | 10000
...
```

1 날짜별 방문자 수 / 방문 횟수 / 페이지 뷰 집계하기

SQL COUNT 함수, COUNT(DISTINCT ~)
분석 방문자 수, 방문 횟수, 페이지 뷰

웹사이트에서는 방문자 수, 방문 횟수, 페이지 뷰 집계가 기본입니다. 각각의 지표가 무엇을 집계하는지 이해하고 이후의 집계 작업에 활용합시다. 다음 표는 방문자 수, 방문 횟수, 페이지 뷰의 정의입니다.

표 14-1 지표 정의

지표	집계할 내용
방문자 수	브라우저를 꺼도 사라지지 않는 쿠키의 유니크 수 ※한 명의 사용자가 1일에 3회 사이트를 방문해도 1회로 집계
방문 횟수	브라우저를 껐을 때 사라지는 쿠키의 유니크 수 ※한 명의 사용자가 1일에 3회 사이트를 방문하면 3회로 집계
페이지 뷰	페이지를 출력한 로그의 줄 수

앞의 정의와 함께 이번 절에서는 '1회 방문당 페이지 뷰'를 날짜별로 집계하고, 다음 표와 같은 데이터를 추출하는 SQL을 소개하겠습니다.

표 14-2 날짜별 접근 데이터

일자	방문자 수	방문 횟수	페이지 뷰	1번 방문당 페이지 뷰
2016/6/1	87,501	102,800	506,497	4.9
2016/6/2	89,928	105,901	508,689	4.8
2016/6/3	89,914	99,713	491,838	4.9
2016/6/4	65,027	80,679	434,543	5.4

코드 14-1 날짜별 접근 데이터를 집계하는 쿼리

`PostgreSQL` `Hive` `Redshift` `BigQuery` `SparkSQL`

```
SELECT
  -- ■ PostgreSQL, Hive, Redshift, SparkSQL의 경우 substring으로 날짜 부분 추출하기
    substring(stamp, 1, 10) AS dt
  -- ■ PostgreSQL, Hive, BigQuery, SparkSQL의 경우 substr 사용하기
-- substr(stamp, 1, 10) AS dt
```

```
    -- 쿠키 계산하기
    , COUNT(DISTINCT long_session) AS access_users
    -- 방문 횟수 계산하기
    , COUNT(DISTINCT short_session) AS access_count
    -- 페이지 뷰 계산하기
    , COUNT(*) AS page_view

    -- 1인당 페이지 뷰 수
    -- ■ PostgreSQL, Redshift, BigQuery, SparkSQL의 경우 NULLIF 함수 사용 가능
    , 1.0 * COUNT(*) / NULLIF(COUNT(DISTINCT long_session), 0) AS pv_per_user
    -- ■ Hive의 경우 NULLIF 함수 대신 CASE 식 사용하기
    -- , 1.0 * COUNT(*)
    --   / CASE
    --       WHEN COUNT(DISTINCT long_session) <> 0 THEN COUNT(DISTINCT long_session)
    --     END
    -- AS pv_per_user
FROM
  access_log
GROUP BY
  -- ■ PostgreSQL, Redshift, BigQuery의 경우
  --   SELECT 구문에서 정의한 별칭을 GROUP BY에 지정할 수 있음
  dt
  -- ■ PostgreSQL, Hive, Redshift, SparkSQL의 경우
  --   SELECT 구문에서 별칭을 지정하기 이전의 식을 GROUP BY에 지정할 수 있음
  -- substring(stamp, 1, 10)
ORDER BY
  dt
;
```

▼

```
실행결과

    dt      | access_users | access_count | page_view | pv_per_user
------------+--------------+--------------+-----------+-------------
 2016-06-01 |    87501     |    102800    |  506497   |    4.92
 2016-06-02 |    89928     |    105901    |  508689   |    4.80
 2016-06-03 |    83914     |     99713    |  491838   |    4.93
```

사이트에서 로그인 기능을 제공하는 경우, 추가로 로그인 UU와 비로그인 UU도 동시에 집계하면 좋습니다. 로그인 UU와 비로그인 UU를 집계하는 것에 관한 내용은 11강 1절의 내용을 참고해주세요.

페이지 뷰 정보만 필요하다고 해도, 그 이외의 지표를 집계할 때마다 별도의 SQL을 새로 작성해서 실행하기란 굉장히 귀찮은 일입니다. 따라서 한번에 모든 정보를 추출할 수 있는 SQL을 만들어두고 사용하기 바랍니다.

2 페이지별 쿠키 / 방문 횟수 / 페이지 뷰 집계하기

로그 데이터에는 URL이 포함된 경우가 많습니다. 그러한 URL을 집계하면 각 페이지의 방문 횟수, 페이지 뷰 등을 집계할 수 있습니다.

그런데 로그 데이터의 URL에는 화면 제어를 위한 매개변수, 광고 계측(클릭 수 계산 등)을 위한 매개변수(예: http://○○.com?utm_source=hoge) 등이 포함되는 경우가 많습니다. 따라서 한 페이지를 가리키는 여러 URL이 존재하므로 단순한 방법으로는 페이지 뷰를 제대로 구할 수 없습니다.

이번 절에서는 용도에 따라 URL에서 필요한 정보를 추출하고 집계하는 방법을 살펴보겠습니다.

URL별로 집계하기

일단 기본이 되는 URL별로 집계하는 쿼리를 살펴봅시다.

코드 14-2 URL별로 집계하는 쿼리

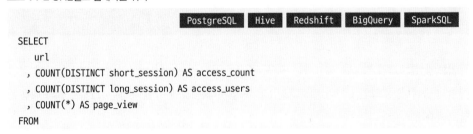

```
                              PostgreSQL  Hive  Redshift  BigQuery  SparkSQL
SELECT
    url
  , COUNT(DISTINCT short_session) AS access_count
  , COUNT(DISTINCT long_session) AS access_users
  , COUNT(*) AS page_view
FROM
```

```
  access_log
GROUP BY
  url
;
```

▼

```
              url              | access_count | access_users | page_view
-------------------------------+--------------+--------------+-----------
 http://www.example.com/       |     8925     |     7052     |   10592
 http://www.example.com/detail?id=1 |  5624   |     4568     |    8956
 http://www.example.com/detail?id=2 |  4351   |     3568     |    6578
 http://www.example.com/detail?id=3 |  3648   |     3164     |    4598
 http://www.example.com/list/cd   |   6156   |     4156     |    8435
 http://www.example.com/list/dvd  |   5198   |     3157     |    7621
 http://www.example.com/list/newly |  6289   |     3916     |    8165
 ...
```

경로별로 집계하기

방금 살펴보았던 SQL의 출력 결과에는 URL 요청 매개변수가 포함되어 있습니다. URL을 하나하나 집계할 수도 있겠지만, 집계의 밀도가 너무 작습니다. 그럼 '/detail?id=**'을 '상세 페이지'라고 집계할 수 있게, 요청 매개변수를 생략하고 경로만으로 집계를 해봅시다.

코드 14-3 경로별로 집계하는 쿼리

```
                              PostgreSQL   Hive   Redshift   BigQuery   SparkSQL
WITH
access_log_with_path AS (
  -- URL에서 경로 추출하기
  SELECT *
    -- ■ PostgreSQL의 경우 정규 표현식으로 경로 부분 추출하기
    , substring(url from '//[^/]+([^?#]+)') AS url_path
    -- ■ Redshift의 경우 regexp_substr 함수와 regexp_replace 함수를 조합해서 사용하기
    -- , regexp_replace(regexp_substr(url, '//[^/]+[^?#]+'), '//[^/]+', '') AS url_path
    -- ■ BigQuery의 경우 정규 표현식에 regexp_extract 사용하기
    -- , regexp_extract(url, '//[^/]+([^?#]+)') AS url_path
    -- ■ Hive,SparkSQL의 경우는 parse_url 함수로 URL 경로 부분 추출하기
```

```
    -- , parse_url(url, 'PATH') AS url_path
  FROM access_log
)
SELECT
    url_path
  , COUNT(DISTINCT short_session) AS access_count
  , COUNT(DISTINCT long_session) AS access_users
  , COUNT(*) AS page_view
FROM
  access_log_with_path
GROUP BY
  url_path
;
```

▼

실행결과

```
  url_path    | access_count | access_users | page_view
--------------+--------------+--------------+-----------
  /           |         8925 |         7052 |     10592
  /detail     |        11562 |         9513 |     20132
  /list/cd    |         6156 |         4156 |      8435
  /list/dvd   |         5198 |         3157 |      7621
  /list/newly |         6289 |         3916 |      8165
  ...
```

URL에 의미를 부여해서 집계하기

경로별로 집계하는 쿼리의 출력 결과를 보면, '/detail?id=**'을 '/detail'로 묶어 상세 페이지를 한꺼번에 묶어 놓았습니다. 하지만 '/list/cd' 또는 '/list/dvd' 등의 리스트 페이지는 카테고리별로 나누어져 있습니다.

그럼 이를 '카테고리/리스트 페이지'로 묶어 보겠습니다. 이때 '/list/newly/'는 카테고리/리스트 페이지가 아니라, '신상품 리스트 페이지'라고 묶어 URL에 의미를 부여해보겠습니다.

코드 14-4 URL에 의미를 부여해서 집계하는 쿼리

| PostgreSQL | Hive | Redshift | BigQuery | SparkSQL |

```
WITH
access_log_with_path AS (
  -- [코드 14-3] 참고하기
)
, access_log_with_split_path AS (
  -- 경로의 첫 번째 요소와 두 번째 요소 추출하기
  SELECT *
    -- ■ PostgreSQL, Redshift의 경우 split_part로 n번째 요소 추출하기
    , split_part(url_path, '/', 2) AS path1
    , split_part(url_path, '/', 3) AS path2
    -- ■ BigQuery의 경우 split 함수로 배열로 분해하고 추출하기
    -- , split(url_path, '/')[SAFE_ORDINAL(2)] AS path1
    -- , split(url_path, '/')[SAFE_ORDINAL(3)] AS path2
    -- ■ Hive, SparkSQL도 split 함수로 배열로 분해하고 추출하기
    -- 다만 배열의 인덱스가 0부터 시작되므로 주의하기
    -- , split(url_path, '/')[1] AS path1
    -- , split(url_path, '/')[2] AS path2
  FROM access_log_with_path
)
, access_log_with_page_name AS (
  -- 경로를 슬래시로 분할하고, 조건에 따라 페이지 이름 붙이기
  SELECT *
    , CASE
        WHEN path1 = 'list' THEN
          CASE
            WHEN path2 = 'newly' THEN 'newly_list'
            ELSE 'category_list'
          END
        -- 이외의 경우는 경로를 그대로 사용하기
        ELSE url_path
      END AS page_name
  FROM access_log_with_split_path
)
SELECT
    page_name
  , COUNT(DISTINCT short_session) AS access_count
  , COUNT(DISTINCT long_session) AS access_users
  , COUNT(*) AS page_view
FROM access_log_with_page_name
GROUP BY page_name
ORDER BY page_name
;
```

```
  page_name    | access_count | access_users | page_view
---------------+--------------+--------------+-----------
       /        |        8925  |        7052  |     10592
    /detail     |       11562  |        9513  |     20132
 category_list  |       10562  |        6015  |     16056
  newly_list    |        6289  |        3916  |      8165
```

이상으로 전체 페이지 뷰를 최상위 페이지, 카테고리/리스트 페이지, 상세 페이지로 큰 밀도로
집계하는 방법을 소개했습니다. category_list와 newly_list에는 CASE 식으로 정의한 명칭,
이외의 경우는 경로를 기반으로 만들어진 이름이므로 '/'이 포함되어 있습니다. 구하고자 하는
리포트의 용도에 따라 집계의 밀도를 정하고 집계하도록 합시다.

원포인트

로그를 저장할 때 해당 페이지에 어떤 의미가 있는지 알려주는 '페이지 이름'을 따로 전송
하면, 집계할 때 굉장히 편리해집니다. 로그를 설계할 때 이후의 집계 작업을 내다보고 설
계하고 검토하도록 합시다.

3 유입원별로 방문 횟수 또는 CVR 집계하기

SQL 정규 표현식, URL 함수
분석 유입원, URL 생성 도구, CVR

웹사이트에 접근할 때는 브라우저에 직접 URL을 입력하는 방법 이외에 다른 사이트의 링크 등
을 클릭하는 방법도 있습니다. 몇 가지 주요 유입 경로를 정리하면 다음과 같습니다.

- 검색 엔진
- 검색 연동형 광고
- 트위터, 페이스북 등의 소셜 미디어
- 제휴 사이트

- 광고 네트워크(ad network)
- 다른 웹사이트에 붙은 링크(블로그 소개 기사 등)

앞의 유입 경로를 개별적으로 집계하면, 웹사이트의 방문자가 어떤 행동을 해서 우리 웹사이트를 방문하는 것인지 알 수 있습니다. 추가로 검색 연동형 광고, 제휴, 광고 네트워크 등을 관리하는 마케팅 부문의 효과를 시각적으로 표현하는 목적으로도 사용할 수 있습니다.

유입원 판정

유입원을 판정하는 방법을 정리해봅시다. 직전 페이지의 URL을 레퍼러(referer)라고 부릅니다. 이러한 레퍼러 등을 활용하면 다음과 같은 방법으로 URL을 판정할 수 있습니다.

- URL 매개변수 기반 판정
- 레퍼러 도메인과 랜딩 페이지를 사용한 판정

| URL 매개변수 기반 판정 |

광고 담당자는 광고가 어느 정도 널리 퍼졌는지 집계하고자 URL에 광고 계측 전용 매개변수를 설정합니다. 대표적으로 구글 애널리틱스(Google Analytics)를 도입하면, URL 생성 도구를 기반으로 매개변수를 추가하는 방법을 사용하는 경우가 많습니다.

구글 애널리틱스는 URL 생성 도구로 만들어지는 매개변수를 사용해 유입 수를 리포트하는 기능을 제공합니다.

그럼 지금부터 URL 생성 도구를 설명하겠습니다. 구글 애널리틱스에서 사용하는 URL 생성 도구 'Campaign URL Builder'[1]는 웹사이트의 'URL' 또는 'Campaign Source' 등 필요한 매개변수를 입력하면 URL을 생성해줍니다.

URL 생성 도구인 'Campaign URL Builder'을 사용해 생성된 URL을 살펴봅시다. 출력된 URL은 다음과 같은 규칙을 따릅니다.

```
www.~~~.com?utm_source=google&utm_medium=cpc&utm_campaign=spring_sale
```

....
1 저자주_ https://ga-dev-tools.appspot.com/campaign-url-builder/

표 14-3 URL 생성 도구의 매개변수

URL 생성 도구 항목	URL 매개변수	용도
Campaign Source(필수)	utm_source	The referrer 사이트 이름 또는 매체의 명칭
Campaign Medium	utm_medium	Marketing medium 유입 분류
Campaign Name	utm_campaign	Product, promo code, or slogan 캠페인 페이지의 이름
Campaign Term	utm_term	Identify the paid keywords 유입 키워드
Campaign Content	utm_content	Use to differentiate ads 광고를 분류하는 식별자

예를 들어 utm_soruce 〉 utm_medium 〉 utm_campaign이라는 계층 구조를 가지면 다음과 같이 나타낼 수 있습니다.

- yahoo 〉 cpc 〉 201608
- yahoo 〉 cpc 〉 201609
- yahoo 〉 banner 〉 2016spring_sale

URL 매개변수를 사용하면 다양한 유입 계측이 가능합니다. 예를 들어 URL에 여러 가지 매개변수를 지정하고 이를 활용해 QR 코드를 만들면, QR 코드를 전단지와 잡지에 넣어 오프라인 광고 효과도 계측해볼 수 있습니다.

| 레퍼러 도메인과 랜딩 페이지를 사용한 판정 |

참고로 검색 엔진, 개인 블로그, 트위터처럼 광고 담당자가 조작할 수 없는 영역은 URL 매개변수를 활용할 수 없습니다[2]. 이러한 경우에는 레퍼러를 사용해야만 어떤 곳에서 유입되는지 파악할 수 있습니다.

추가로 전단지와 잡지 등에서 회사 이름과 상품 이름이 아닌 특징적인 어구를 넣고, 이를 검색하게 유도한 뒤 이벤트 사이트로 들어오게 해서 오프라인 광고의 효과를 계측할 수도 있습니다.

---

2 **역자주_** 예를 들어 http://example.com이라는 사이트 이름을 개인이 그대로 복사해서 블로그, SNS에 올리는 경우를 생각해봅시다. 이러한 경우 매개변수 지정이 되어 있지 않으므로 추출할 URL 매개변수 자체가 없습니다. 따라서 URL 매개변수를 활용할 수 없는 것입니다.

유입원별 방문 횟수 집계하기

이번 절에서 소개할 SQL은 레퍼러가 있는 경우, 해당 도메인이 자신의 사이트가 아닌 경우라는 두 가지 조건을 만족할 때 다음과 같은 로직으로 유입원별 방문 횟수를 집계합니다.

표 14-4 유입원 판단 로직

유입 경로	판정 방법	집계 방법
검색 연동 광고	URL 생성 도구로 만들어진 매개변수	URL에 utm_source, utm_medium이 있을 경우, 이러한 두 개의 문자열을 결합해서 집계
제휴 마케팅 사이트		
AD 네트워크		
검색 엔진	도메인	레퍼러의 도메인이 다음과 같은 검색 엔진일 때 • search.naver.com • www.google.co.kr
소셜 미디어		레퍼러의 도메인이 다음과 같은 소셜 미디어일 때 • twitter.com • www.facebook.com
기타 사이트		위에 언급한 도메인이 아닐 경우 other라는 이름으로 집계

이 정의에 따라 쿼리를 만들면 다음과 같습니다.

코드 14-5 유입원별로 방문 횟수를 집계하는 쿼리

`PostgreSQL` `Hive` `Redshift` `BigQuery` `SparkSQL`

```
WITH
access_log_with_parse_info AS (
  -- 유입원 정보 추출하기
  SELECT *
    -- ■ PostgreSQL의 경우 정규 표현식으로 유입원 정보 추출하기
  , substring(url from 'https?://([^/]*)') AS url_domain
  , substring(url from 'utm_source=([^&]*)') AS url_utm_source
  , substring(url from 'utm_medium=([^&]*)') AS url_utm_medium
  , substring(referrer from 'https?://([^/]*)') AS referrer_domain
    -- ■ Redshift의 경우 regexp_substr 함수와 regexp_replace 함수를 조합해서 사용하기
  -- , regexp_replace(regexp_substr(url, 'https?://[^/]*'), 'https?://', '')
  --   AS url_domain
  -- , regexp_replace(regexp_substr(url, 'utm_source=[^&]*'), 'utm_source=', '')
  --   AS url_utm_source
  -- , regexp_replace(regexp_substr(url, 'utm_medium=[^&]*'), 'utm_medium=', '')
  --   AS url_utm_medium
  -- , regexp_replace(regexp_substr(referrer, 'https?://[^/]*'), 'https?://', '')
```

```
  --   AS referrer_domain
  -- ■ BigQuery의 경우 정규 표현식に regexp_extract 사용하기
  -- , regexp_extract(url , 'https?://([^/]*)') AS url_domain
  -- , regexp_extract(url , 'utm_source=([^&]*)') AS url_utm_source
  -- , regexp_extract(url , 'utm_medium=([^&]*)') AS url_utm_medium
  -- , regexp_extract(referrer, 'https?://([^/]*)') AS referrer_domain
  -- ■ Hive,SparkSQL의 경우 parse_url 함수로 URL의 내용 추출하기
  -- , parse_url(url, 'HOST') AS url_domain
  -- , parse_url(url, 'QUERY', 'utm_source') AS url_utm_source
  -- , parse_url(url, 'QUERY', 'utm_medium') AS url_utm_medium
  -- , parse_url(referrer, 'HOST') AS referrer_domain
  FROM access_log
)
, access_log_with_via_info AS (
  SELECT *
    , ROW_NUMBER() OVER(ORDER BY stamp) AS log_id
    , CASE
        WHEN url_utm_source <> '' AND url_utm_medium <> ''
          -- ■ PostgreSQL, Hive, BigQuery, SparkSQL의 경우 concat 함수에 여러 매개변수 사용 가능
          THEN concat(url_utm_source, '-', url_utm_medium)
          -- ■ PostgreSQL, Redshift의 경우 문자열 결합에 || 연산자 사용 가능
          -- THEN url_utm_source || '-' || url_utm_medium
        WHEN referrer_domain IN ('search.yahoo.co.jp', 'www.google.co.jp') THEN 'search'
        WHEN referrer_domain IN ('twitter.com', 'www.facebook.com') THEN 'social'
        ELSE 'other'
        -- ELSE referrer_domain로 변경하면 도메인별로 집계 가능
      END AS via
  FROM access_log_with_parse_info
  -- 레퍼러가 없는 경우와 우리 사이트 도메인의 경우는 제외
  WHERE COALESCE(referrer_domain, '') NOT IN ('', url_domain)
)
SELECT via, COUNT(1) AS access_count
FROM access_log_with_via_info
GROUP BY via
ORDER BY access_count DESC;
```

▼

실행결과

```
      via        | access_count
-----------------+--------------
 social          |    13205
 other           |    12564
 search          |    10515
```

```
google-search       |    9502
yahoo-search        |    7515
mynavi-affiliate    |    7246
```

유입원별로 CVR 집계하기

앞의 출력 결과에서 각 방문에서 구매한 비율(CVR)을 집계하는 쿼리를 살펴봅시다. 이번 코드 예에서는 구매 비율을 집계합니다만, 만약 WITH 구문의 access_log_with_purchase_amount 테이블을 수정하면 다양한 액션의 비율을 집계할 수 있으므로 목적에 따라 적절하게 수정하기 바랍니다.

코드 14-6 각 방문에서 구매한 비율(CVR)을 집계하는 쿼리

PostgreSQL | Hive | Redshift | BigQuery | SparkSQL

```
WITH
access_log_with_parse_info AS (
 -- [코드 14-5] 참고하기
)
, access_log_with_via_info AS (
 -- [코드 14-5] 참고하기
)
, access_log_with_purchase_amount AS (
SELECT
    a.log_id
  , a.via
  , SUM(
    CASE
      -- ■ PostgreSQL의 경우 interval 자료형의 데이터로 날짜와 시간 사칙연산 가능
      WHEN p.stamp::date BETWEEN a.stamp::date AND a.stamp::date + '1 day'::interval
      -- ■ Redshift의 경우 dateadd 함수 사용하기
      -- WHEN p.stamp::date BETWEEN a.stamp::date AND dateadd(day, 1, a.stamp::date)
      -- ■ BigQuery의 경우 date_add 함수 사용하기
      -- WHEN date(timestamp(p.stamp))
      --   BETWEEN date(timestamp(a.stamp))
      --     AND date_add(date(timestamp(a.stamp)), interval 1 day)
      -- ■ Hive, SparkSQL의 경우 date_add 함수 사용하기
      --   ※ BigQuery의 경우는 서식이 조금 다름
      -- WHEN to_date(p.stamp)
      --   BETWEEN to_date(a.stamp) AND date_add(to_date(a.stamp), 1)
```

```
        THEN amount
      END
    ) AS amount
FROM
    access_log_with_via_info AS a
  LEFT OUTER JOIN
    purchase_log AS p
    ON a.long_session = p.long_session
GROUP BY a.log_id, a.via
)
SELECT
  via
, COUNT(1) AS via_count
, COUNT(amount) AS conversions
, AVG(100.0 * SIGN(COALESCE(amount, 0))) AS cvr
, SUM(COALESCE(amount, 0)) AS amount
, AVG(1.0 * COALESCE(amount, 0)) AS avg_amount
FROM
  access_log_with_purchase_amount
GROUP BY via
ORDER BY cvr DESC
;
```

▼

실행결과

```
      via        | via_count | conversions |  cvr  | amount | avg_amount
-----------------+-----------+-------------+-------+--------+-------------
social           |     13205 |         214 |  1.62 | 214000 |    16.2059
mynavi-affiliate |      7246 |         105 |  1.44 | 105000 |    14.4907
yahoo-search     |      7515 |          75 |  0.99 |  75000 |     9.9800
search           |     10515 |          95 |  0.90 |  95000 |     9.0347
google-search    |      9502 |          84 |  0.88 |  84000 |     8.8402
other            |     12564 |          20 |  0.15 |  20000 |     1.5918
```

정리

앞의 결과를 사용하면, 어떤 유입 경로에 더 신경써야 하는지 등을 판단할 수 있습니다.
추가로 극단적으로 유입이 낮은 경로는 원인을 찾아내 해결하고, 비용이 너무 많이 지출
되는 경우라면 경로 자체를 제거하는 등의 판단을 내리도록 합시다.

4 접근 요일, 시간대 파악하기

SQL 날짜 함수, 문자열 함수
분석 요일, 시간대

사용자가 접근하는 요일과 시간대는 서비스에 따라 특징이 있습니다. 토요일에 많이 쓰는 서비스, 휴일 전에 많이 쓰는 서비스, 요일/시간대와 상관없이 틈틈이 많이 사용되는 서비스 등의 다양한 패턴이 있을 수 있습니다. 이러한 특성을 파악하면 공지사항 또는 메일 매거진 발신 시점, 캠페인 시작 지점과 종료 시점 등을 검토할 때 활용할 수 있습니다.

참고로 외부 미디어에 대한 노출이 순간적으로 증가했을 때, 공지사항 또는 메일 매거진을 전달하면 효과가 크게 나타납니다.

그림 14-1 요일/시간대별 페이지뷰

요일	17:00	17:30	18:00	18:30	19:00	19:30	20:00	20:30	21:00	21:30	22:00	22:30	23:00	23:30
일	4,897	5,058	5,093	5,122	7,323	5,986	6,089	6,208	6,243	6,377	6,798	6,656	6,584	6,692
월	5,206	5,505	5,564	5,718	5,787	5,897	6,346	6,694	6,746	6,926	7,526	7,583	7,650	7,408
화	4,985	5,222	5,405	5,524	5,601	5,699	6,325	6,665	6,764	6,981	7,117	7,360	7,209	7,026
수	4,614	4,839	4,994	5,182	5,246	5,463	5,921	6,370	6,728	6,635	6,894	6,962	6,999	6,944
목	5,548	5,596	5,696	5,963	7,929	7,030	7,108	7,296	7,398	7,685	7,635	7,871	7,786	7,595
금	4,821	4,923	5,207	5,358	5,647	6,417	6,232	6,622	6,550	6,837	7,162	11,124	8,390	7,670
토	4,911	5,094	5,103	5,324	5,145	5,222	5,567	5,905	6,156	6,484	6,735	6,861	6,947	6,930

이러한 리포트를 만드는 과정을 정리하면 다음과 같습니다.

❶ 24시간에서 추출하고자 하는 단위를 결정(10분 간격, 15분 간격, 30분 간격 등)
❷ 접근한 시간을 해당 단위로 집계하고, 요일과 함께 방문자 수를 집계

다음 코드 예는 이와 같은 과정을 SQL로 나타낸 것입니다. 30분 간격으로 집계했습니다. 또한 날짜 함수를 사용해 요일 번호를 구하고 이를 CASE 식으로 전개하는 방법을 사용했습니다. 다만 요일 번호 정의는 미들웨어에 따라 다르므로 주의해야 합니다.

다음 [표 14-5]는 미들웨어별로 요일 번호를 구하는 SQL 구문과 요일 번호 출력 형식을 정리한 것입니다. 코드를 보면, 이 표를 기반으로 요일을 조정합니다. 추가로 시간대를 구하는 부분은 시간을 00:00:00 이후 얼마나 지났는지 초로 환산하고, 이를 기반으로 숫자를 자른 뒤,

다시 시간 표기로 바꾸는 방법을 사용했습니다.

표 14-5 요일 번호를 추출하는 SQL 구문과 출력 형식

지원 미들웨어	SQL 구문	요일 번호 출력 형식
PostgreSQL, Redshift	date_part('dow', timestamp)	일요일(0) ~ 토요일(6)
PostgreSQL	date_part('isodow', timestamp)	월요일(1) ~ 일요일(7)
BigQuery	EXTRACT(dayofweek from timestamp)	일요일(1) ~ 토요일(7)
Hive, SparkSQL	from_unixtime(unitimestamp, 'u')	월요일(1) ~ 일요일(7)

코드 14-7 요일/시간대별 방문자 수를 집계하는 쿼리

`PostgreSQL`　`Hive`　`Redshift`　`BigQuery`　`SparkSQL`

```
WITH
access_log_with_dow AS (
  SELECT
    stamp
  -- 일요일(0)부터 토요일(6)까지의 요일 번호 추출하기
  -- ■ PostgreSQL, Redshift의 경우 date_part 함수 사용하기
  , date_part('dow', stamp::timestamp) AS dow
  -- ■ BigQuery의 경우 EXTRACT(dayofweek from ~) 함수 사용하기
  -- , EXTRACT(dayofweek from timestamp(stamp)) - 1 AS dow
  -- ■ Hive, SparkSQL의 경우 from_unixtime 함수 사용하기
  -- , from_unixtime(unix_timestamp(stamp), 'u') % 7 AS dow

  -- 00:00:00부터의 경과 시간을 초 단위로 계산하기
  -- ■ PostgreSQL, Hive, Redshift, SparkSQL의 경우
  --   substring 함수를 사용해 시, 분, 초를 추출하고 초 단위로 환산해서 더하기
  -- ■ BigQuery의 경우 substring을 substr, int를 int64로 수정하기
  ,   CAST(substring(stamp, 12, 2) AS int) * 60 * 60
    + CAST(substring(stamp, 15, 2) AS int) * 60
    + CAST(substring(stamp, 18, 2) AS int)
    AS whole_seconds

  -- 시간 간격 정하기
  -- 현재 예제에서는 30분(1800초)으로 지정했음
  , 30 * 60 AS interval_seconds
  FROM access_log
)
, access_log_with_floor_seconds AS (
  SELECT
```

```
      stamp
    , dow
    -- 00:00:00부터의 경과 시간을 interval_seconds로 나누기
    -- ■ PostgreSQL, Hive, Redshift, SparkSQL의 경우는 다음과 같이 사용하기
    -- ■ BigQuery의 경우 int를 int64로 수정하기
    , CAST((floor(whole_seconds / interval_seconds) * interval_seconds) AS int)
      AS floor_seconds
  FROM access_log_with_dow
)
, access_log_with_index AS (
  SELECT
      stamp
    , dow
    -- 초를 다시 타임스탬프 형식으로 변환하기
    -- ■ PostgreSQL, Redshift의 경우는 다음과 같이 하기
    ,   lpad(floor(floor_seconds / (60 * 60))::text              , 2, '0') || ':'
        || lpad(floor(floor_seconds % (60 * 60) / 60)::text, 2, '0') || ':'
        || lpad(floor(floor_seconds % 60)::text              , 2, '0')
    -- ■ BigQuery의 경우는 다음과 같이 하기
    -- , concat(
    --     lpad(CAST(floor(floor_seconds / (60 * 60))      AS string), 2, '0'), ':'
    --   , lpad(CAST(floor(mod(floor_seconds, 60 * 60)) / 60 AS string), 2, '0'), ':'
    --   , lpad(CAST(floor(mod(floor_seconds, 60))       AS string), 2, '0')
    -- ■ Hive, SparkSQL의 경우는 다음과 같이 하기
    -- , concat(
    --     lpad(CAST(floor(floor_seconds / (60 * 60))      AS string), 2, '0'), ':'
    --   , lpad(CAST(floor(floor_seconds % (60 * 60) / 60) AS string), 2, '0'), ':'
    --   , lpad(CAST(floor(floor_seconds % 60)          AS string), 2, '0')
      AS index_time
  FROM access_log_with_floor_seconds
)
SELECT
    index_time
  , COUNT(CASE dow WHEN 0 THEN 1 END) AS sun
  , COUNT(CASE dow WHEN 1 THEN 1 END) AS mon
  , COUNT(CASE dow WHEN 2 THEN 1 END) AS tue
  , COUNT(CASE dow WHEN 3 THEN 1 END) AS wed
  , COUNT(CASE dow WHEN 4 THEN 1 END) AS thu
  , COUNT(CASE dow WHEN 5 THEN 1 END) AS fri
  , COUNT(CASE dow WHEN 6 THEN 1 END) AS sat
FROM
  access_log_with_index
GROUP BY
  index_time
```

```
ORDER BY
  index_time
;
```

▼

실행결과

```
index_time | sun | mon | tue | wed | thu | fri | sat
-----------+-----+-----+-----+-----+-----+-----+-----
19:00:00   | 7323| 5787| 5601| 5246| 7929| 5647| 5145
19:30:00   | 5986| 5897| 5699| 5463| 7030| 6417| 5222
20:00:00   | 6089| 6346| 6325| 5921| 7108| 6232| 5567
20:30:00   | 6208| 6694| 6665| 6370| 7296| 6622| 5905
21:00:00   | 6243| 6746| 6764| 6728| 7398| 6550| 6156
21:30:00   | 6377| 6926| 6981| 6635| 7685| 6837| 6484
```

원포인트

사용자의 방문이 많은 시간대에 캠페인을 실시하는 것이 안정적이며 일반적인 경우라고 할 수 있습니다. 반대로 사용자가 적은 시간대를 사용하면 EC 사이트의 경우 타임 세일, 소셜 게임의 경우 아이템 획득율 상승 등의 이벤트를 검토할 수도 있답니다.

참고   디바이스에 따라 사용자의 행동이 다를 수 있음을 의식하기

PC 사이트와 스마트폰 사이트는 사용자가 사용하는 방식이나 사용 장소가 서로 다를 수 있습니다. 이는 곧 사용 목적이 다를 수도 있다는 의미입니다.

PC 사이트는 주로 가정 또는 직장에서 사용하는 경우가 많습니다. 사용자의 행동 패턴으로는 천천히 비교하며 검토하거나, 스마트폰으로는 입력이 귀찮아서 사용하는 경우 등을 생각해볼 수 있습니다. 반면 스마트폰 사이트는 가정 또는 직장이 아닌, 외부 장소 또는 이동 중에 사용하는 경우가 더 많을 수 있습니다. 외부 장소에서는 그에 따른 다양한 상황을 고려해야 합니다. 예를 들어 지도를 활용한다던지, 쿠폰을 제공한다던지, 전화를 바로 걸수 있게 한다던지 등의 상황이 있겠지요.

유명한 웹사이트의 PC 사이트와 스마트폰 사이트 구성을 비교해보면, 스마트폰에서는 이 같은 상황과 관련된 액션 모듈을 PC 사이트보다 더 잘 보이게 배치하는 경향이 있습니다.

PC 사이트와 스마트폰 사이트는 사용자의 패턴, 요구하는 정보 등이 다르다는 것을 의식하고 서비스를 운영하기 바랍니다. 또한 분석할 때도 사용 상태를 집계할 때 PC 사이트와 스마트폰 사이트를 구분해서 집계하는 편이 좋습니다.

15강

사이트 내의 사용자 행동 파악하기

이번 절에서는 웹사이트에서의 특징적인 지표(방문자 수, 방문 횟수, 직귀율, 이탈률 등), 리포트(폴아웃 리포트 또는 사용자 흐름 등)를 작성하는 SQL을 소개합니다.

접근 분석 도구를 사용하는 서비스라면 이러한 지표를 이미 파악했을 것입니다. 하지만 빅데이터 기반으로 데이터를 추출할 수 있게 되면, 접근 분석 도구와는 다르게 사용자 또는 상품 데이터 등의 각종 업무 데이터와 조합해서 사용할 수 있어 더 상세하게 분석할 수 있습니다.

추가로 직귀율과 이탈률은 비슷해 보이지만 실제로 지표의 정의가 완전히 다릅니다. 따라서 이러한 지표의 정의도 확실하게 이해할 수 있도록 합시다.

샘플 데이터

이번 절에서는 일부 요소를 제외한 간단한 구인/구직 서비스를 가정해서 설명하겠습니다. 물론 구인/구직 서비스 이외에도 적용 가능한 내용입니다. 다음 그림은 이번 절에서 다룰 데이터의 주요 이동 흐름을 나타낸 것입니다.

그림 15-1 15강에서 다룰 사이트맵

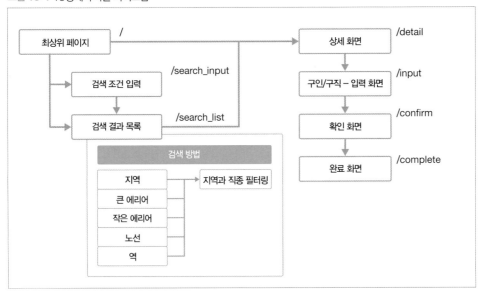

이번 절에서 다루는 구인/구직 서비스는 검색 결과 목록에서 지역과 직종을 조건으로 지정할 수 있다고 합시다. 지역은 '수도권(지역) – 성남시(큰 에리어) – 분당구(작은 에리어)'처럼 여러 단계로 지정할 수 있으며 직종은 '인사', '영업', '기술'처럼 지정할 수 있습니다. 그리고 이러한 검색 결과 목록 페이지에서 검색을 하면 다음과 같은 로그를 저장한다고 합시다.

표 15-1 검색 결과 목록에 포함된 조건과 검색 타입(1)

지역	큰 에리어	작은 에리어	직종	검색 타입
수도권	–	–	–	Pref
수도권	서울시	–	–	Area-L
수도권	서울시	강남구	–	Area-S
수도권	서울시	종로구	–	Area-S
수도권	–	–	인사	Pref-with-Job
수도권	서울시	–	영업	Area-L-with-Job
수도권	성남시	분당구	기술	Area-S-with-Job

추가로 지하철 역 등을 사용해 검색하는 방법을 제공하는 경우도 생각해봅시다. 이러한 때는 다음과 같이 로그를 만들 수 있을 것입니다.

표 15-2 검색 결과 목록에 포함된 조건과 검색 타입(2)

지역	호선	역	직종	검색 타입
수도권	2호선	–	–	Line
수도권	2호선	시청역	–	Station
수도권	2호선	강남역	–	Station
수도권	분당선	–	영업	Line-with-Job
수도권	분당선	판교역	인사	Station-with-Job

이번 절에서는 이러한 서비스의 로그를 사용해서 사이트 내부의 사용자 행동을 파악할 때 활용할 수 있는 방법과 SQL을 소개하겠습니다.

데이터 15-1 검색 타입을 포함한 액션 로그(activity_log) 테이블

```
    stamp        | session  | action | option | path           | search_type
-----------------+----------+--------+--------+----------------+-----------------
 2016.. 21:47:15 | 0d486d94 | view   | page   | /              |
 2016.. 21:48:11 | 0d486d94 | view   | search | /search_list   | Area-S-with-Job
 2016.. 21:48:35 | 0d486d94 | view   | detail | /detail        |
 2016.. 21:49:26 | 0d486d94 | view   | page   | /              |
 2016.. 21:50:05 | 0d486d94 | view   | search | /search_list   | Area-S
 2016.. 21:47:15 | d9da20ba | view   | page   | /search_input  |
 2016.. 21:47:55 | d9da20ba | view   | page   | /              |
 2016.. 21:47:15 | 8af209cf | view   | search | /search_list   | Area-L-with-Job
 2016.. 21:47:33 | 8af209cf | view   | detail | /detail        |
 2016.. 21:48:13 | 8af209cf | view   | search | /search_list   | Area-S
 ..
```

1 입구 페이지와 출구 페이지 파악하기

SQL FIRST_VALUE 함수, LAST_VALUE 함수
분석 입구 페이지, 출구 페이지

입구 페이지는 사이트에 방문했을 때 처음 접근한 페이지를 나타냅니다. 일부 접근 분석 도구에 따라서는 랜딩 페이지라고도 부릅니다. 출구 페이지는 마지막으로 접근한 페이지, 이탈한 페이지를 나타냅니다. 접근 분석 도구에 따라서는 이탈 페이지라고 부르기도 합니다.

입구 페이지와 출구 페이지 집계하기

일단 다음 표와 같은 결과를 구하는 쿼리를 생각해봅시다.

표 15-3 입구 페이지와 출구 페이지 집계하기

type	경로	입구 수/출구 수
landing	/detail	3,539
landing	/search_list	2,330
exit	/detail	3,663
exit	/search_list	2,571

접근 로그의 각 세션에서 입구 페이지와 출구 페이지의 URL을 추출하려면 다음 코드처럼 FIRST_VALUE / LAST_VALUE 윈도 함수를 사용합니다. OVER 구문 지정에는 ORDER BY stamp ASC로 타임 스탬프를 오름차순으로 지정했는데요. ORDER BY를 지정한 경우의 윈도 함수의 파티션은 디폴트로 첫 행부터 현재 행까지이므로, ROWS BETWEEN ~ 을 사용 해서 각 세션 내부의 모든 행을 대상으로 지정합니다.

코드 15-1 각 세션의 입구 페이지와 출구 페이지 경로를 추출하는 쿼리

```
WITH
activity_log_with_landing_exit AS (
  SELECT
      session
  , path
  , stamp
  , FIRST_VALUE(path)
    OVER(
      PARTITION BY session
      ORDER BY stamp ASC
        ROWS BETWEEN UNBOUNDED PRECEDING
                AND UNBOUNDED FOLLOWING
    ) AS landing
  , LAST_VALUE(path)
    OVER(
      PARTITION BY session
      ORDER BY stamp ASC
        ROWS BETWEEN UNBOUNDED PRECEDING
                AND UNBOUNDED FOLLOWING
    ) AS exit
```

```
    FROM activity_log
)
SELECT *
FROM
  activity_log_with_landing_exit
;
```

▼

실행결과

```
 session   |     path       |       stamp         |   landing      |    exit
-----------+----------------+---------------------+----------------+----------------
 0006fbb5  | /search_list   | 2016-12-29 21:47:15 | /search_list   | /detail
 0006fbb5  | /              | 2016-12-29 21:48:21 | /search_list   | /detail
 0006fbb5  | /search_input  | 2016-12-29 21:49:58 | /search_list   | /detail
 0006fbb5  | /search_list   | 2016-12-29 21:50:52 | /search_list   | /detail
 0006fbb5  | /detail        | 2016-12-29 21:51:49 | /search_list   | /detail
 0007a5f9  | /              | 2016-12-29 21:47:17 | /              | /search_list
 0007a5f9  | /detail        | 2016-12-29 21:47:17 | /              | /search_list
 0007a5f9  | /search_list   | 2016-12-29 21:48:19 | /              | /search_list
 ...
```

이 출력 결과로 각 세션에 입구 페이지와 출구 페이지의 URL이 추가된 것을 알 수 있습니다.

각 세션의 입구 페이지와 출구 페이지의 URL을 추출했다면, 다음 코드처럼 입구 페이지와 출구 페이지의 URL을 기반으로 유니크한 세션의 수를 집계합니다. 이렇게 하면 방문 횟수를 구할 수 있습니다.

코드 15-2 각 세션의 입구 페이지와 출구 페이지를 기반으로 방문 횟수를 추출하는 쿼리

`PostgreSQL` `Hive` `Redshift` `BigQuery` `SparkSQL`

```
WITH
activity_log_with_landing_exit AS (
  -- [코드 15-1] 참고하기
)
, landing_count AS (
  -- 입구 페이지의 방문 횟수 집계하기
  SELECT
      landing AS path
    , COUNT(DISTINCT session) AS count
  FROM
    activity_log_with_landing_exit
```

```
    GROUP BY landing
)
, exit_count AS (
  -- 출구 페이지의 방문 횟수 집계하기
  SELECT
     exit AS path
   , COUNT(DISTINCT session) AS count
  FROM
    activity_log_with_landing_exit
  GROUP BY exit
)
  -- 입구 페이지와 출구 페이지 방문 횟수 결과를 한꺼번에 출력하기
  SELECT 'landing' AS type, * FROM landing_count
UNION ALL
  SELECT 'exit'   AS type, * FROM exit_count
;
```

▼

실행결과

```
 type    |      path       | count
---------+-----------------+-------
 landing | /               | 1561
 landing | /detail         | 3539
 landing | /search_input   |  763
 landing | /search_list    | 2330
 exit    | /               |  993
 exit    | /complete       |   44
 exit    | /confirm        |    5
 exit    | /detail         | 3663
 exit    | /input          |  211
 exit    | /search_input   |  706
 exit    | /search_list    | 2571
```

어디에서 조회를 시작해서, 어디에서 이탈하는지 집계하기

앞서 살펴본 코드 예에서 입구 페이지와 출구 페이지의 방문 횟수를 알 수 있었지만, 어떤 페이지에서 조회하기 시작해서 어떤 페이지에서 이탈하는지는 파악할 수 없었습니다. 조회 시작 페이지와 이탈 페이지의 조합을 집계하는 쿼리를 살펴봅시다.

표 15-4 세션별 입구 페이지와 출구 페이지의 조합과 방문 횟수

입구 페이지	출구 페이지	방문 횟수
/search_list	/search_list	1,128
/search_list	/detail	750
/search_list	/	232
/search_list	/search_input	146

코드 15-3 세션별 입구 페이지와 출구 페이지의 조합을 집계하는 쿼리

| PostgreSQL | Hive | Redshift | BigQuery | SparkSQL |

```sql
WITH
activity_log_with_landing_exit AS (
  -- [코드 15-1] 참고하기
)
SELECT
    landing
  , exit
  , COUNT(DISTINCT session) AS count
FROM
  activity_log_with_landing_exit
GROUP BY
  landing, exit
;
```

▼

실행결과

```
   landing      |      exit       | count
----------------+-----------------+-------
 /search_list   | /               |  232
 /search_list   | /complete       |   14
 /search_list   | /confirm        |    2
 /search_list   | /detail         |  750
 /search_list   | /input          |   58
 /search_list   | /search_input   |  146
 /search_list   | /search_list    | 1128
 ...
```

웹사이트 담당자는 최상위 페이지부터 사이트 설계를 시작합니다. 하지만 최상위 페이지부터 조회를 시작하는 사용자는 의외로 거의 없습니다. 상세 페이지부터 조회를 시작하는 사용자가 많은 사이트도 존재합니다. 사용자가 어디로 유입되는지 입구 페이지를 파악하면 사이트를 더 매력적으로 설계할 수 있을 것입니다.

2 이탈률과 직귀율 계산하기

SQL ROW_NUMBER 함수, COUNT 윈도 함수, AVG(CASE ~ END)

분석 이탈률, 직귀율

1절에서 출구 페이지와 관련한 내용을 살펴보았습니다. 2절에서는 앞서 구한 출구 페이지를 사용해서 이탈률을 계산하고, 문제가 되는 페이지를 찾아내는 방법을 알아보겠습니다.

추가로 직귀율도 알아보겠습니다. 직귀율은 특정 페이지만 조회하고 곧바로 이탈한 비율을 나타내는 지표입니다. 직귀율이 높은 페이지는 성과로 이어지지 않을 가능성이 높으므로 확인하고 대책을 세워야 합니다. 예를 들어 광고로 수익을 얻는 사이트는 여러 페이지를 조회해야 수익을 많이 낼 수 있습니다. 만약 메인 페이지에서 직귀율이 높게 나오면 사이트 내부에서 사용자가 어떤 정보를 찾을 동기가 약하기 때문이라고 판단하고, 사이트 배치 등을 재검토해볼 수 있습니다.

이탈률과 직귀율은 비슷하지만 굉장히 다른 지표입니다. 각각의 정의와 계산 방법을 살펴봅시다.

이탈률 집계하기

이탈률을 구할 때는 다음과 같은 공식을 사용합니다.

$$\langle 이탈률 \rangle = \langle 출구\ 수 \rangle / \langle 페이지\ 뷰 \rangle$$

단순하게 이탈률이 높은 페이지가 나쁘다고 할 수는 없습니다. 사용자가 만족해서 이탈하는 페이지(구매 완료 페이지 또는 기사 상세 화면 페이지)는 당연히 이탈률이 높아야 하며 문제가 되지 않습니다. 하지만 사용자가 만족하지 못해서 중간 과정에 이탈하는 부분이 있다면, 그러한 부분은 개선을 검토해봐야 합니다.

다음 표와 같은 이탈률 리포트(경로, 출구 수, 페이지 뷰, 이탈률)을 만드는 쿼리를 살펴봅시다.

표 15-5 이탈률

경로	출구 수	페이지 뷰	이탈률
/detail	3,667	9,365	39.1%
/search_list	2,574	8,516	30.2%

코드 15-4 경로별 이탈률을 집계하는 쿼리

PostgreSQL   Hive   Redshift   BigQuery   SparkSQL

```
WITH
activity_log_with_exit_flag AS (
 SELECT
    *
   -- 출구 페이지 판정
  , CASE
     WHEN ROW_NUMBER() OVER(PARTITION BY session ORDER BY stamp DESC) = 1  THEN 1
     ELSE 0
    END AS is_exit
 FROM
   activity_log
)
SELECT
  path
, SUM(is_exit) AS exit_count
, COUNT(1) AS page_view
, AVG(100.0 * is_exit) AS exit_ratio
FROM
 activity_log_with_exit_flag
GROUP BY path
;
```

▼

```
   path         | exit_count | page_view | exit_ratio
----------------+------------+-----------+------------
 /confirm       |          5 |        67 |        7.46
 /              |        994 |      4604 |       21.58
 /search_input  |        698 |      2640 |       26.43
 /detail        |       3667 |      9365 |       39.15
 /complete      |         44 |        52 |       84.61
 /input         |        211 |       327 |       64.52
 /search_list   |       2574 |      8516 |       30.22
```

직귀율 집계하기

직귀율은 직귀 수(한 페이지만을 조회한 방문 횟수)를 구한 뒤 다음과 같은 식을 사용해 계산합니다.

$$\langle 직귀율 \rangle = \langle 직귀 수 \rangle / \langle 입구 수 \rangle$$

또는 다음과 같은 식으로도 구할 수 있습니다.

$$\langle 직귀율 \rangle = \langle 직귀 수 \rangle / \langle 방문 횟수 \rangle$$

순수하게 랜딩 페이지에서 다른 페이지로 이동하는지를 평가할 때는, 전자의 지표가 직귀율로 더 바람직한 계산식이라고 할 수 있습니다. 이 책에서도 전자를 직귀율 공식으로 사용합니다.

특정 페이지를 조회하고 곧바로 이탈하는 원인으로는, 연관 기사 또는 상품으로 사용자를 이동시키는 모듈이 기능하지 않는 점을 생각해볼 수 있습니다. 또한 페이지 자체의 콘텐츠에 사용자가 만족하지 않는 경우나, 이동이 복잡해서 다음 단계로 이동하지 못하는 경우 등 여러 가지 이유를 생각해볼 수 있습니다.

다음 표와 같은 직귀율 리포트(경로, 직귀 수, 입구 수, 직귀율)를 작성하는 쿼리와 결과를 살펴봅시다.

표 15-6 직귀율

경로	직귀 수	입구 수	직귀율
/detail	1,652	3,539	46.6%
/search_list	585	2,330	25.1%

코드 15-5 경로들의 직귀율을 집계하는 쿼리

| PostgreSQL | Hive | Redshift | BigQuery | SparkSQL |

```sql
WITH
activity_log_with_landing_bounce_flag AS (
  SELECT
    *
    -- 입구 페이지 판정
    , CASE
        WHEN ROW_NUMBER() OVER(PARTITION BY session ORDER BY stamp ASC) = 1 THEN 1
        ELSE 0
      END AS is_landing
    -- 직귀 판정
    , CASE
        WHEN COUNT(1) OVER(PARTITION BY session) = 1 THEN 1
        ELSE 0
      END AS is_bounce
  FROM
    activity_log
)
SELECT
  path
, SUM(is_bounce) AS bounce_count
, SUM(is_landing) AS landing_count
, AVG(100.0 * CASE WHEN is_landing = 1 THEN is_bounce END) AS bounce_ratio
FROM
activity_log_with_landing_bounce_flag
GROUP BY path
;
```

▼

```
     path      | bounce_count | landing_count | bounce_ratio
---------------+--------------+---------------+-------------
 /confirm      |            0 |             0 |
 /             |          236 |          1561 |     15.11
 /search_input |          228 |           763 |     29.88
 /detail       |         1652 |          3539 |     46.67
 /complete     |            0 |             0 |
 /input        |            0 |             0 |
 /search_list  |          585 |          2330 |     25.10
```

컴퓨터 전용 사이트와 스마트폰 전용 사이트가 개별적으로 존재하는 경우, 사용자가 원하는 콘텐츠나 콘텐츠 배치에 차이가 있을 수 있습니다. 따라서 이러한 경우에는 컴퓨터 전용 사이트와 스마트폰 전용 사이트를 따로따로 집계해보기 바랍니다.

3 성과로 이어지는 페이지 파악하기

SQL SIGN 함수, SUM 윈도 함수

분석 CVR

방문 횟수를 아무리 늘려도, 성과와 관계없는 페이지로만 사용자가 유도된다면 성과가 발생하지 않습니다. 따라서 성과와 직결되는 페이지로 유도해야 웹사이트 전체의 CVR을 향상시킬 수 있습니다. 예를 들어 여러 가지 검색 기능을 제공할 때, 성과에 이르는 비율이 적은 검색 기능이 있다면 위치를 옮기거나 삭제하는 등의 방안을 검토해서 서비스를 개선할 수 있습니다.

추가로, 페이지들을 비교했을 때 조회 수는 높지 않지만 성과에 이르는 비율이 높다면 해당 페이지의 중요도가 높다고 할 수 있습니다. 따라서 페이지의 구성을 검토할 때 좋은 정보가 될 수 있습니다.

이번 절에서는 어떤 페이지로 방문했을 때 성과로 빠르게 연결될 수 있는지 파악할 수 있게 '페이지 또는 경로에 대한 방문 횟수'와 '방문이 성과로 연결되는지'를 집계해보겠습니다.

기능 기반 비교, 페이지 기반 비교, 캠페인 기반 비교, 콘텐츠 종류 기반 비교 등 다양한 비교 패턴을 정리하면 다음과 같습니다.

그림 15-2 다양한 비교 패턴

표 15-7 경로들의 방문 횟수와 성과

경로	방문 횟수	성과수	CVR
/detail	5,894	52	0.88%
/search_list	5,045	31	0.61%

이번 절의 분석에서는 완료 화면(/complete)에 도달하는 것을 성과(컨버전)로 정의하고, 완료 화면에 도달할 때까지 사용자가 방문한 경로를 계산하겠습니다.

다음 코드 예는 컨버전 페이지보다 이전 접근에 플래그를 추가하는 쿼리입니다. 윈도 함수를 사용해 세션들을 타임 스탬프 내림차순으로 정렬하고, /complete 페이지에 접근할 때까지의 접근 로그에 플래그를 추가합니다.

코드 15-6 컨버전 페이지보다 이전 접근에 플래그를 추가하는 쿼리

`PostgreSQL` `Hive` `Redshift` `BigQuery` `SparkSQL`

```
WITH
, activity_log_with_conversion_flag AS (
  SELECT
      session
    , stamp
    , path
    -- 성과를 발생시키는 컨버전 페이지의 이전 접근에 플래그 추가하기
    , SIGN(SUM(CASE WHEN path = '/complete' THEN 1 ELSE 0 END)
        OVER(PARTITION BY session ORDER BY stamp DESC
          ROWS BETWEEN UNBOUNDED PRECEDING AND CURRENT ROW))
      AS has_conversion
  FROM
    activity_log
)
SELECT *
FROM
  activity_log_with_conversion_flag
ORDER BY
  session, stamp
;
```

▼

실행결과

```
 session  |        stamp        |     path      | has_conversion
----------+---------------------+---------------+----------------
 0006fbb5 | 2016-12-29 21:47:15 | /search_list  |             0
 0006fbb5 | 2016-12-29 21:48:21 | /             |             0
 0006fbb5 | 2016-12-29 21:49:58 | /search_input |             0
 0006fbb5 | 2016-12-29 21:50:52 | /search_list  |             0
 0006fbb5 | 2016-12-29 21:51:49 | /detail       |             0
 ...
 05e9cc2b | 2016-12-29 21:49:50 | /search_list  |             1
 05e9cc2b | 2016-12-29 21:50:21 | /detail       |             1
 05e9cc2b | 2016-12-29 21:50:37 | /input        |             1
 05e9cc2b | 2016-12-29 21:51:03 | /confirm      |             1
 05e9cc2b | 2016-12-29 21:52:39 | /complete     |             1
 05e9cc2b | 2016-12-29 21:54:05 | /             |             0
 05e9cc2b | 2016-12-29 21:54:46 | /detail       |             0
 ...
```

출력 결과를 확인하면, /complete로의 접근을 포함한 세션(05e9cc2b) 로그에서는 /complete에 도달할 때까지의 접근 로그의 has_session_conversion 컬럼에 1이라는 플래그가 붙습니다. /complete 이후의 접근에서는 페이지 가치의 계산에 포함되지 않으므로 플래그가 0이 됩니다. 추가로 /complete로의 접근을 포함하지 않는 세션은 모든 로그 플래그가 0입니다.

이어서 경로들의 방문 횟수와 구성 수를 집계해서 CVR을 계산합니다. 여기에서의 비율 계산에는 분모가 세션의 유니크 수(DISTINCT)이므로, 단순한 컨버전 플래그의 AVG가 아니라 SUM/COUNT로 계산했습니다.

코드 15-7 경로들의 방문 횟수와 구성 수를 집계하는 쿼리

`PostgreSQL` `Hive` `Redshift` `BigQuery` `SparkSQL`

```
WITH
activity_log_with_conversion_flag AS (
  -- [코드 15-6] 참고하기
)
SELECT
   path
 -- 방문 횟수
 , COUNT(DISTINCT session) AS sessions
 -- 성과 수
 , SUM(has_conversion) AS conversions
 -- <성과 수> / <방문 횟수>
 , 1.0 * SUM(has_conversion) / COUNT(DISTINCT session) AS cvr
FROM
  activity_log_with_conversion_flag
-- 경로별로 집약하기
GROUP BY path
;
```

실행결과

```
     path      | sessions | conversions | cvr
---------------+----------+-------------+-------
 /confirm      |       65 |          52 | 0.800
 /             |     3445 |          18 | 0.005
 /search_input |     2182 |           7 | 0.003
 /detail       |     5894 |          52 | 0.008
 /complete     |       52 |          52 | 1.000
 /input        |      314 |          52 | 0.165
 /search_list  |     5045 |          31 | 0.006
```

상품 구매, 자료 청구, 회원 등록 등을 성과라고 하면, 성과 직전에 있는 페이지는 CVR이 굉장히 높게 측정됩니다. 같은 계층의 콘텐츠, 유사한 콘텐츠들을 비교해보기 바랍니다.

4 페이지 가치 산출하기

SQL ROW_NUMBER 함수
분석 페이지 평가

성과로 이어지지 않는 페이지로 사용자를 유도하는 것보다는 성과로 이어지는 페이지로 유도하는 편이 웹사이트 매출 향상에 도움을 줄 수 있습니다. 특정 페이지를 경유한 사용자가 더 높은 성과로 이어진다면, 사이트 맵을 변경해서 해당 페이지를 경유하게 만들거나 해당 페이지의 콘텐츠와 광고를 다른 페이지에도 적용하는 것이 좋습니다.

앞서 15강 3절에서 소개한 방법으로도 성과로 이어지기 쉬운 페이지를 확인할 수 있지만, 추가로 금액이라는 개념을 사용해 성과를 고려하는 '페이지 가치'라는 지표를 사용하면 더 자세하게 페이지를 분석할 수 있습니다.

페이지 가치 집계 준비하기

페이지의 가치를 계산하려면 성과를 수치화해야 합니다. 그렇다면 어떻게 성과를 수치화할 수 있을까요? 나아가 무엇을 평가해야 할까요?

| 성과를 수치화하기 |

해당 사이트에서의 성과가 '구매'라면, 구매 금액을 기반으로 성과를 수치화할 수 있습니다.

성과는 자료 청구, 견적 의뢰 신청 등으로 설정할 수도 있고, 이러한 처리를 하는 페이지로 이동하는 버튼을 클릭하는 것으로 설정할 수도 있습니다. 이러한 설정을 기반으로 자료 청구, 견적 의뢰 등을 할 때마다 1이라는 점수를 부여하거나, 자료를 청구했을 때의 매출 등을 점수로 부여하는 방법이 있습니다.

매출 금액 등의 구체적인 정보를 산출할 수 없는 경우, 임시로 1CV라는 가치를 1,000으로 설정해보세요. 이렇게 하면 페이지의 가치를 상대적으로 비교할 수 있습니다.

│ 페이지 가치를 할당하는 방법 │

페이지 가치로 어떤 판단을 내리고 싶은지에 따라 페이지에 가치를 할당하는 로직이 달라집니다. 페이지 가치를 계산하는 로직은 굉장히 많은데요. 이번 절에서는 다음과 같은 5가지를 살펴보겠습니다.

- **마지막 페이지에 할당하기**
  직접적인 효과가 있다고 판단할 수 있는 페이지에 성과를 모두 할당합니다. 이를 활용하면 매출에 직접적으로 기여하는 페이지를 판단할 수 있습니다.

- **첫 페이지에 할당하기**
  성과로 이어지는 계기가 되었던 첫 번째 페이지에 성과를 모두 할당합니다. 이를 활용하면 매출에 간접적으로 기여하는 페이지를 판단할 수 있습니다. 예를 들어 광고 또는 검색 엔진 등의 외부 유입에서 어떤 페이지가 가치가 높은지 찾아낼 수 있습니다.

- **균등하게 분산하기**
  성과에 이르기까지 거쳤던 모든 페이지에 성과를 균등하게 할당합니다. 어떤 페이지를 경유했을 때 사용자가 성과에 이르는지를 판단할 수 있습니다. 적은 페이지를 거쳐 성과로 연결된 경우와 반복적으로 방문하는 페이지의 경우에 해당 페이지의 가치가 높게 측정됩니다.

- **성과 지점에서 가까운 페이지에 더 높게 할당하기**
  마지막 페이지에 가까울수록 높은 가치를 할당합니다.

- **성과 지점에서 먼 페이지에 더 높게 할당하기**
  첫 페이지에 가까울수록 높은 가치를 할당합니다.

그림 15-3 페이지에 가치를 할당하는 5가지 방법

특정한 계급 수로 히스토그램 만들기

페이지의 가치를 구하려면 '무엇을 성과 수치로 사용할 것인가'와 '무엇을 평가할 것인가'를 결정해야 합니다. 이를 결정했다면 SQL을 사용해 실제로 집계해봅시다.

이번 절에서는 '신청 입력 양식을 제출하고 완료 화면이 출력된 경우'를 성과로 잡고, 이때 성과 수치를 1,000으로 계산하여 경유했던 페이지에 균등하게 할당하겠습니다. 추가로 페이지를 평가할 때 입력 ~ 확인 ~ 완료 페이지를 포함하면 집계가 제대로 이루어지지 않으므로, 이는 집계 대상에서 제외하겠습니다[3].

다음 코드는 페이지 가치 할당을 계산하는 쿼리입니다. 페이지 가치 계산 대상 조건은 앞서 [코드 15-6]에서 살펴보았던 has_conversion 플래그가 1인, '입력/ 확인/ 완료' 페이지 이외의 접근 로그입니다. 이러한 조건은 WHERE 구문에 지정했습니다.

SELECT 구문 내부에서 한 컨버전에 1,000이라는 가치를 할당하고 하나의 로그별 가치를 윈도 함수로 계산했습니다.

---

3 역자주_ 입력, 확인, 완료 페이지는 '신청할 때 무조건 거치는 페이지'입니다. 따라서 따로 집계할 필요가 없습니다.

코드 15-8 페이지 가치 할당을 계산하는 쿼리

`PostgreSQL` `Hive` `Redshift` `BigQuery` `SparkSQL`

```
WITH
activity_log_with_session_conversion_flag AS (
  -- [코드 15-6] 참고하기
)
, activity_log_with_conversion_assing AS (
  SELECT
      session
    , stamp
    , path
    -- 성과에 이르기까지의 접근 로그를 오름차순으로 정렬하기
    , ROW_NUMBER() OVER(PARTITION BY session ORDER BY stamp ASC) AS asc_order
    -- 성과에 이르기까지의 접근 로그에 내림차순으로 순번 붙이기
    , ROW_NUMBER() OVER(PARTITION BY session ORDER BY stamp DESC) AS desc_order
    -- 성과에 이르기까지의 접근 수 세기
    , COUNT(1) OVER(PARTITION BY session) AS page_count

    -- 1. 성과에 이르기까지의 접근 로그에 균등한 가치 부여하기
    , 1000.0 / COUNT(1) OVER(PARTITION BY session) AS fair_assign

    -- 2. 성과에 이르기까지의 접근 로그의 첫 페이지에 가치 부여하기
    , CASE
        WHEN ROW_NUMBER() OVER(PARTITION BY session ORDER BY stamp ASC) = 1
          THEN 1000.0
          ELSE 0.0
      END AS first_assign

    -- 3. 성과에 이르기까지의 접근 로그의 마지막 페이지에 가치 부여하기
    , CASE
        WHEN ROW_NUMBER() OVER(PARTITION BY session ORDER BY stamp DESC) = 1
          THEN 1000.0
          ELSE 0.0
      END AS last_assign

    -- 4. 성과에 이르기까지의 접근 로그의 성과 지점에서 가까운 페이지에 높은 가치 부여하기
    , 1000.0
      * ROW_NUMBER() OVER(PARTITION BY session ORDER BY stamp ASC)
      -- 순번 합계로 나누기( N*(N+1)/2 )
      / (   COUNT(1) OVER(PARTITION BY session)
        * (COUNT(1) OVER(PARTITION BY session) + 1)
        / 2)
```

```
      AS decrease_assign

   -- 5. 성과에 이르기까지의 접근 로그의 성과 지점에서 먼 페이지에 높은 가치 부여하기
   , 1000.0
     * ROW_NUMBER() OVER(PARTITION BY session ORDER BY stamp DESC)
       -- 순번 합계로 나누기( N*(N+1)/2 )
     / (   COUNT(1) OVER(PARTITION BY session)
       * (COUNT(1) OVER(PARTITION BY session) + 1)
       / 2)
     AS increase_assign
  FROM activity_log_with_conversion_flag
  WHERE
    -- 컨버전으로 이어지는 세션 로그만 추출하기
    has_conversion = 1
    -- 입력, 확인, 완료 페이지 제외하기
    AND path NOT IN ('/input', '/confirm', '/complete')
)
SELECT
    session
  , asc_order
  , path
  , fair_assign AS fair_a
  , first_assign AS first_a
  , last_assign AS last_a
  , decrease_assign AS dec_a
  , increase_assign AS inc_a
FROM
  activity_log_with_conversion_assing
ORDER BY
  session, asc_order;
```

▼

실행결과

```
 session  | asc_order |     path      | fair_a | first_a | last_a |  dec_a |  inc_a
----------+-----------+---------------+--------+---------+--------+--------+--------
 1551f4aa |         1 | /search_list  | 500.00 | 1000.0  |    0.0 | 333.33 | 666.66
 1551f4aa |         2 | /detail       | 500.00 |    0.0  | 1000.0 | 666.66 | 333.33
 168c11f3 |         1 | /             | 166.66 | 1000.0  |    0.0 |  47.61 | 285.71
 168c11f3 |         2 | /search_list  | 166.66 |    0.0  |    0.0 |  95.23 | 238.09
 168c11f3 |         3 | /detail       | 166.66 |    0.0  |    0.0 | 142.85 | 190.47
 168c11f3 |         4 | /detail       | 166.66 |    0.0  |    0.0 | 190.47 | 142.85
 168c11f3 |         5 | /detail       | 166.66 |    0.0  |    0.0 | 238.09 |  95.23
 168c11f3 |         6 | /detail       | 166.66 |    0.0  | 1000.0 | 285.71 |  47.61
```

```
361e0cac |        1 | /search_list | 250.00 | 1000.0 |  0.0 | 100.00 | 400.00
361e0cac |        2 | /detail      | 250.00 |    0.0 |  0.0 | 200.00 | 300.00
361e0cac |        3 | /search_list | 250.00 |    0.0 |  0.0 | 300.00 | 200.00
...
```

출력 결과를 확인하면 한 컨버전에 1,000의 가치가 부여됨을 알 수 있습니다. fair_assign의 경우는 세션의 수로 나눈 평균값이 할당됩니다. first_assign의 경우는 처음 접근에만, last_assign의 경우는 마지막 접근에만 할당됨을 확인할 수 있습니다.

이어서 페이지 가치의 합계를 경로별로 집계합니다. 다음 코드 예의 쿼리 출력 결과를 사용하면 페이지의 가치를 판정할 수 있습니다. 다만 현재 상태에서는 페이지 뷰가 많은 페이지에서는 페이지 가치가 높게 판정되는 경향이 있습니다.

코드 15-9 경로별 페이지 가치 합계를 구하는 쿼리

| PostgreSQL | Hive | Redshift | BigQuery | SparkSQL |

```sql
WITH
activity_log_with_session_conversion_flag AS (
  -- [코드 15-6] 참고하기
)
, activity_log_with_conversion_assing AS (
  -- [코드 15-8] 참고하기
)
, page_total_values AS (
  -- 페이지 가치 합계 계산하기
  SELECT
      path
    , SUM(fair_assign)  AS fair_assign
    , SUM(first_assign) AS first_assign
    , SUM(last_assign)  AS last_assign
  FROM
    activity_log_with_conversion_assing
  GROUP BY
    path
)
SELECT * FROM page_total_values;
```

▼

```
    path      | sum_fair | sum_first | sum_last | sum_dec  | sum_inc
--------------+----------+-----------+----------+----------+----------
 /detail      | 34347.61 | 27000.0   | 43000.0  | 36744.58 | 32194.37
 /search_list | 6578.57  | 8000.0    | 2000.0   | 5419.69  | 7588.96
 /            | 3154.76  | 7000.0    | 0.0      | 2332.90  | 3881.38
 /search_input| 919.04   | 3000.0    | 0.0      | 502.81   | 1335.28
```

페이지 가치의 합계를 구했다면, 페이지 뷰가 적으면서도 높은 페이지 가치를 가진 페이지를 찾습니다. 간단하게 페이지의 가치를 페이지 방문 횟수 또는 페이지 뷰로 나누면 됩니다.

코드 15-10 경로들의 평균 페이지 가치를 구하는 쿼리

| PostgreSQL | Hive | Redshift | BigQuery | SparkSQL |

```
WITH
activity_log_with_session_conversion_flag AS (
  -- [코드 15-6] 참고하기
)
, activity_log_with_conversion_assing AS (
  -- [코드 15-8] 참고하기
)
, page_total_values AS (
  -- [코드 15-9] 참고하기
)
, page_total_cnt AS (
  -- 페이지 뷰 계산하기
  SELECT
      path
    , COUNT(1) AS access_cnt  -- 페이지 뷰
    -- 방문 횟수로 나누고 싶은 경우는 다음 코드 사용하기
    -- , COUNT(DISTINCT session) AS access_cnt
  FROM
    activity_log
  GROUP BY
    path
)
SELECT
  -- 한 번의 방문에 따른 페이지 가치 계산하기
    s.path
  , s.access_cnt
  , v.sum_fair / s.access_cnt AS avg_fair
```

```
    , v.sum_first / s.access_cnt AS avg_first
    , v.sum_last  / s.access_cnt AS avg_last
    , v.sum_dec   / s.access_cnt AS avg_dec
    , v.sum_inc   / s.access_cnt AS avg_inc
FROM
    page_total_cnt AS s
JOIN
    page_total_values AS v
    ON s.path = v.path
ORDER BY
  s.access_cnt DESC;
```

▼

실행결과

```
      path      | access_cnt | avg_fair | avg_first | avg_last | avg_dec | avg_inc
--------------+------------+----------+-----------+----------+---------+---------
  /detail      |     5708   |   6.01   |    4.73   |   7.53   |  6.43   |  5.64
  /search_list |     5066   |   1.29   |    1.57   |   0.39   |  1.06   |  1.49
  /            |     3554   |   0.88   |    1.96   |   0.00   |  0.65   |  1.09
  /search_input|     2492   |   0.36   |    1.20   |   0.00   |  0.20   |  0.53
```

정리

대부분의 접근 분석 도구는 페이지의 평가를 산출하는 로직이 한정되는 경우가 많습니다. 무엇을 평가하고 싶은지를 명확하게 생각하고 자유롭게 계산할 수 있게 되면, 접근 분석 도구의 제한 없이 새로운 가치를 분석할 수 있을 것입니다.

5 검색 조건들의 사용자 행동 가시화하기

SQL SIGN 함수, SUM(CASE~END), AVG(CASE~END), LAG 함수

분석 CTR, CVR

상품 또는 정보를 검색하는 사이트에서는 다양한 검색 방법을 제공하는 경우가 많습니다. 예를 들어 EC 사이트에서는 카테고리, 제조사, 가격대 등의 필터 기능을 제공합니다. 구인/구직 사이트의 경우는 지역, 직종 등의 필터 기능을 제공합니다.

검색 조건을 더 자세하게 지정해서 사용하는 사용자는 동기가 명확하다는 의미이므로, 성과로 이어지는 비율이 높습니다. 검색 조건이 미흡하다면 검색 조건 지정을 유도해 행동으로 이어지게 만들어서 성과를 높일 수 있습니다.

검색 조건들을 사용해 상세 페이지로 이동한 비율(CTR)과 상세 페이지 조회 후에 성과로 이어지는 비율(CVR)을 2개의 축으로 표현하면 [그림 15-4]와 같습니다. 각 검색 타입에서 원의 크기는 방문 횟수를 나타냅니다. CTR과 CVR 모두 높고, 왼쪽 위의 검색조건 쪽으로 사용자를 이동시키면 성과가 늘어날 수 있습니다. 이러한 검색 조건을 사용할 수 있도록 UI (사용자 인터페이스) 또는 조건 정렬 순서를 고민해봐야 합니다.

그림 15-4 검색 타입별 CTR, CVR과 방문 횟수

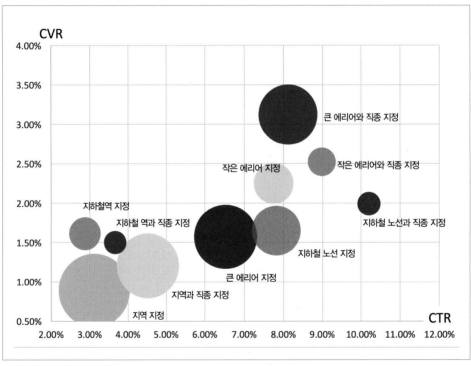

이 그림을 작성하려면 다음과 같은 표의 결과를 집계해야 합니다. 검색 타입은 검색 결과 페이지의 URL 매개변수를 분석해서 분류합니다. CTR의 경우 검색 화면에서 상세 화면으로 1회 이동하건 3회 이동하건 상관없이 이동 수를 모두 1로 취급합니다.

표 15-8 검색 타입별 CTR, CVR과 방문 횟수

검색 타입	방문 횟수	CTR	상세 화면 이동 세션 수	CVR	성과 세션 수
지역	1,683	51.4%	866	1.2%	11
큰 에리어	1,199	50.9%	611	1.1%	7
큰 에리어 + 직종 지정	603	56.0%	338	0.2%	1

이와 같은 항목을 집계하는 쿼리는 다음과 같습니다. 상세 페이지로의 이동을 의미하는 클릭 플래그와, 최종적으로 컨버전까지 도달했는지를 판별하는 컨버전 플래그를 윈도 함수로 집계했습니다.

코드 15-11 클릭 플래그와 컨버전 플래그를 계산하는 쿼리

`PostgreSQL` `Hive` `Redshift` `BigQuery` `SparkSQL`

```
WITH
activity_log_with_session_click_conversion_flag AS (
  SELECT
      session
  , stamp
  , path
  , search_type
    -- 상세 페이지 이전 접근에 플래그 추가하기
  , SIGN(SUM(CASE WHEN path = '/detail' THEN 1 ELSE 0 END)
        OVER(PARTITION BY session ORDER BY stamp DESC
          ROWS BETWEEN UNBOUNDED PRECEDING AND CURRENT ROW))
    AS has_session_click
    -- 성과를 발생시키는 페이지의 이전 접근에 플래그 추가하기
  , SIGN(SUM(CASE WHEN path = '/complete' THEN 1 ELSE 0 END)
        OVER(PARTITION BY session ORDER BY stamp DESC
          ROWS BETWEEN UNBOUNDED PRECEDING AND CURRENT ROW))
    AS has_session_conversion
  FROM
    activity_log
)
SELECT
    session
  , stamp
  , path
  , search_type
  , has_session_click AS click
  , has_session_conversion AS cnv
```

```
FROM
  activity_log_with_session_click_conversion_flag
ORDER BY
  session, stamp
;
```

▼

```
 session   |        stamp        |     path      |   search_type    | click | cnv
-----------+---------------------+---------------+------------------+-------+-----
 0006fbb5  | 2016-12-29 21:47:15 | /search_list  | Area-L           |   1   |  0
 0006fbb5  | 2016-12-29 21:48:21 | /             |                  |   1   |  0
 0006fbb5  | 2016-12-29 21:49:58 | /search_input |                  |   1   |  0
 0006fbb5  | 2016-12-29 21:50:52 | /search_list  | Area-S-with-Job  |   1   |  0
 0006fbb5  | 2016-12-29 21:51:49 | /detail       |                  |   1   |  0
 0007a5f9  | 2016-12-29 21:47:17 | /             |                  |   1   |  0
 0007a5f9  | 2016-12-29 21:47:17 | /detail       |                  |   1   |  0
 0007a5f9  | 2016-12-29 21:48:19 | /search_list  | Station-with-Job |   0   |  0
 ...
 05e9cc2b  | 2016-12-29 21:47:15 | /search_list  | Area-S-with-Job  |   1   |  1
 05e9cc2b  | 2016-12-29 21:48:02 | /search_list  | Area-L           |   1   |  1
 05e9cc2b  | 2016-12-29 21:49:04 | /search_input |                  |   1   |  1
 05e9cc2b  | 2016-12-29 21:49:50 | /search_list  | Pref             |   1   |  1
 05e9cc2b  | 2016-12-29 21:50:21 | /detail       |                  |   1   |  1
 05e9cc2b  | 2016-12-29 21:50:37 | /input        |                  |   1   |  1
 05e9cc2b  | 2016-12-29 21:51:03 | /confirm      |                  |   1   |  1
 05e9cc2b  | 2016-12-29 21:52:39 | /complete     |                  |   1   |  1
```

앞의 쿼리에서 클릭 플래그와 컨버전 플래그를 계산하면, 이어서 다음 코드처럼 검색 로그로 압축해서 접근 수, 클릭 수, 전환 수 ,CTR, CVR을 계산합니다.

코드 15-12 검색 타입별 CTR, CVR을 집계하는 쿼리

PostgreSQL　Hive　Redshift　BigQuery　SparkSQL

```
WITH
activity_log_with_session_click_conversion_flag AS (
  -- [코드 15-11] 참고하기
)
SELECT
    search_type
  , COUNT(1) AS count
  , SUM(has_session_click) AS detail
```

```
  , AVG(has_session_click) AS ctr
  , SUM(CASE WHEN has_session_click = 1 THEN has_session_conversion END) AS conversion
  , AVG(CASE WHEN has_session_click = 1 THEN has_session_conversion END) AS cvr
FROM
  activity_log_with_session_click_conversion_flag
WHERE
  -- 검색 로그만 추출하기
  path = '/search_list'
-- 검색 조건으로 집약하기
GROUP BY
  search_type
ORDER BY
  count DESC
;
```

▼

실행결과

```
search_type      | count | detail |  ctr   | conversion |  cvr
-----------------+-------+--------+--------+------------+--------
Pref             |  1896 |    691 | 0.3644 |          9 | 0.0130
Area-L           |  1239 |    474 | 0.3825 |         10 | 0.0210
Area-S           |  1252 |    493 | 0.3937 |         15 | 0.0304
Line-with-Job    |   661 |    256 | 0.3872 |          3 | 0.0117
Pref-with-Job    |   656 |    252 | 0.3841 |          8 | 0.0317
Area-L-with-Job  |   623 |    232 | 0.3723 |          9 | 0.0387
Station-with-Job |   614 |    246 | 0.4006 |          1 | 0.0040
Station          |   609 |    222 | 0.3645 |          3 | 0.0135
Area-S-with-Job  |   579 |    222 | 0.3834 |          5 | 0.0225
Line             |   563 |    201 | 0.3570 |          5 | 0.0248
```

앞의 코드 예에서는 1회의 방문에서 여러 개의 검색 타입으로 검색한 경우 각각 모두 카운트 됩니다. 전체적인 느낌을 파악할 때는 괜찮지만, 성과 직전의 검색 결과만을 원할 때는 앞의 WITH 구문을 다음과 같이 수정해서 사용하기 바랍니다.

LAG 함수를 사용해 상세 페이지로 접근하기 직전의 접근에 플래그를 붙였습니다. 참고로 이 처럼 LAG 함수의 OVER 구문에서 'ORDER BY stamp DESC'와 타임스탬프를 내림차순으 로 하는 것은, has_session_conversion 컬럼의 OVER 구문과 정렬 조건으로 효율적인 정렬 처리를 실현하려는 것입니다.

코드 15-13 클릭 플래그를 직전 페이지에 한정하는 쿼리

```
                                    PostgreSQL   Hive   Redshift   BigQuery   SparkSQL
WITH
activity_log_with_session_click_conversion_flag AS (
  SELECT
      session
    , stamp
    , path
    , search_type
      -- 상세 페이지의 직전 접근에 플래그 추가하기
    , CASE
        WHEN LAG(path) OVER(PARTITION BY session ORDER BY stamp DESC) = '/detail'
          THEN 1
          ELSE 0
      END AS has_session_click
      -- 성과가 발생하는 페이지의 이전 접근에 플래그 추가하기
    , SIGN(
        SUM(CASE WHEN path = '/complete' THEN 1 ELSE 0 END)
          OVER(PARTITION BY session ORDER BY stamp DESC
            ROWS BETWEEN UNBOUNDED PRECEDING AND CURRENT ROW)
      ) AS has_session_conversion
  FROM
    activity_log
)
SELECT
    session
  , stamp
  , path
  , search_type
  , has_session_click AS click
  , has_session_conversion AS cnv
FROM
  activity_log_with_session_click_conversion_flag
ORDER BY
  session, stamp
;
```

▼

```
 session  |        stamp        |     path      |   search_type    | click | cnv
----------+---------------------+---------------+------------------+-------+-----
 0006fbb5 | 2016-12-29 21:47:15 | /search_list  | Area-L           |     0 |   0
 0006fbb5 | 2016-12-29 21:48:21 | /             |                  |     0 |   0
 0006fbb5 | 2016-12-29 21:49:58 | /search_input |                  |     0 |   0
 0006fbb5 | 2016-12-29 21:50:52 | /search_list  | Area-S-with-Job  |     1 |   0
 0006fbb5 | 2016-12-29 21:51:49 | /detail       |                  |     0 |   0
 0007a5f9 | 2016-12-29 21:47:17 | /             |                  |     0 |   0
 0007a5f9 | 2016-12-29 21:47:17 | /detail       |                  |     0 |   0
 0007a5f9 | 2016-12-29 21:48:19 | /search_list  | Station-with-Job |     0 |   0
 ...
 05e9cc2b | 2016-12-29 21:47:15 | /search_list  | Area-S-with-Job  |     0 |   1
 05e9cc2b | 2016-12-29 21:48:02 | /search_list  | Area-L           |     0 |   1
 05e9cc2b | 2016-12-29 21:49:04 | /search_input |                  |     0 |   1
 05e9cc2b | 2016-12-29 21:49:50 | /search_list  | Pref             |     1 |   1
 05e9cc2b | 2016-12-29 21:50:21 | /detail       |                  |     0 |   1
 05e9cc2b | 2016-12-29 21:50:37 | /input        |                  |     0 |   1
 05e9cc2b | 2016-12-29 21:51:03 | /confirm      |                  |     0 |   1
 05e9cc2b | 2016-12-29 21:52:39 | /complete     |                  |     0 |   1
 05e9cc2b | 2016-12-29 21:54:05 | /             |                  |     1 |   0
 05e9cc2b | 2016-12-29 21:54:46 | /detail       |                  |     0 |   0
 ...
```

원포인트

조건을 상세하게 지정하더라도 검색에 걸리는 항목이 적거나 없으면 사용자가 이탈할 확률이 높습니다. 각각의 검색 조건과 히트되는 항목 수의 균형을 고려해서 카테고리를 어떻게 묶을지 검토하고 개선하기 바랍니다.

6 폴아웃 리포트를 사용해 사용자 회유를 가시화하기

SQL LAG 함수, FIRST_VALUE 함수
분석 폴아웃

최상위 페이지에서의 검색 조건 입력, 검색 결과 목록에서 상세 화면으로의 이동, 입력 양식 입력부터 확인/완료 화면까지 이어지는 사용자 회유 흐름 중 어디에서 이탈이 많은지, 얼마나 이동이 이루어지는지를 확인하고 개선할 수 있다면 전체적인 CVR을 향상시킬 수 있습니다.

이전 절까지의 SQL에서는 해당 페이지를 조회한 사용자가 최종적으로 성과에 도달할 때까지 확인하는 방법을 소개했습니다. 이번 절에서는 중간 지점의 도달률도 함께 집계하는 방법을 소개하겠습니다.

어떤 지점에서 어떤 지점으로 옮겨가는 것을 폴스루(Fall Through)라고 부르며, 어떤 지점에서의 이탈을 폴아웃(Fall Out)이라고 부릅니다. 예를 들어 다음 그림처럼 이러한 여러 지점에서의 이동률을 집계한 리포트를 폴아웃 리포트라고 부릅니다.

그림 15-5 폴아웃 리포트

단계	방문 횟수	선두로부터의 이동률	직전까지의 이동률
/	30,841	100.0%	100.0%
/list	15,603	50.6%	50.6%
/detail	12,042	39.0%	77.2%
/input	565	1.8%	4.7%
/complete	188	0.6%	33.3%

이 그림의 URL에 기재한 지점 간의 이동은 접속자가 다른 페이지를 경유했거나 직후에 이동했는지와는 관계 없이, 다음 지점에 도달한 방문 횟수를 센 것입니다. 따라서 표의 URL 순서대로 이동했다는 의미가 아닙니다. 만약 직전과 직후의 이동에 관해 알고 싶다면 15강 7절을 참고하기 바랍니다.

이러한 데이터를 SQL로 추출하는 과정은 조금 복잡합니다. 일단 다음 코드 예처럼 단계(step) 순서를 번호로 명시한 마스터 테이블(mst_fallout_step)을 작성하고 로그 데이터와 결합합니다. 추가로 세션들을 스텝 순서(와 URL)로 집계해서, 폴아웃 리포트에서 필요한 로

그를 선별하는 컬럼을 몇 가지 계산했습니다.

코드 15-14 폴아웃 단계 순서를 접근 로그와 결합하는 쿼리

| PostgreSQL | Hive | Redshift | BigQuery | SparkSQL |

```
WITH
mst_fallout_step AS (
  -- 폴아웃 단계와 경로의 마스터 테이블
            SELECT 1 AS step, '/'           AS path
  UNION ALL SELECT 2 AS step, '/search_list' AS path
  UNION ALL SELECT 3 AS step, '/detail'     AS path
  UNION ALL SELECT 4 AS step, '/input'      AS path
  UNION ALL SELECT 5 AS step, '/complete'   AS path
)
, activity_log_with_fallout_step AS (
  SELECT
      l.session
    , m.step
    , m.path
    -- 첫 접근과 마지막 접근 시간 구하기
    , MAX(l.stamp) AS max_stamp
    , MIN(l.stamp) AS min_stamp
  FROM
    mst_fallout_step AS m
    JOIN
    activity_log AS l
    ON m.path = l.path
  GROUP BY
    -- 세션별로 단계 순서와 경로를 사용해 집약하기
    l.session, m.step, m.path
)
, activity_log_with_mod_fallout_step AS (
  SELECT
      session
    , step
    , path
    , max_stamp
    -- 직전 단계에서의 첫 접근 시간 구하기
    , LAG(min_stamp)
      OVER(PARTITION BY session ORDER BY step)
    -- ■ SparkSQL의 경우 LAG 함수에 프레임 지정해야 함
    -- OVER(PARTITION BY session ORDER BY step
    --   ROWS BETWEEN 1 PRECEDING AND 1 PRECEDING)
    AS lag_min_stamp
```

```
    -- 세션에서의 단계 순서 최소값 구하기
  , MIN(step) OVER(PARTITION BY session) AS min_step
    -- 해당 단계에 도달할 때까지 걸린 단계 수 누계
  , COUNT(1)
    OVER(PARTITION BY session ORDER BY step
      ROWS BETWEEN UNBOUNDED PRECEDING AND CURRENT ROW)
    AS cum_count
  FROM
    activity_log_with_fallout_step
)
SELECT
  *
FROM
  activity_log_with_mod_fallout_step
ORDER BY
  session, step
;
```

▼

실행결과

```
  session  | step |     path      |   max_stamp    | lag_min_stamp  | min_step | cum_count
-----------+------+---------------+----------------+----------------+----------+----------
  0006fbb5 |  1   | /             | ... 21:48:21   |                |    1     |    1
  0006fbb5 |  2   | /search_list  | ... 21:50:52   | ... 21:48:21   |    1     |    2
  0006fbb5 |  3   | /detail       | ... 21:51:49   | ... 21:47:15   |    1     |    3
  0007a5f9 |  1   | /             | ... 21:47:17   |                |    1     |    1
  0007a5f9 |  2   | /search_list  | ... 21:48:19   | ... 21:47:17   |    1     |    2
  0007a5f9 |  3   | /detail       | ... 21:47:17   | ... 21:48:19   |    1     |    3
  00090424 |  3   | /detail       | ... 21:47:16   |                |    3     |    1
  000db23c |  3   | /detail       | ... 21:47:17   |                |    3     |    1
  00175f4b |  2   | /search_list  | ... 21:47:16   |                |    2     |    1
  003106eb |  3   | /detail       | ... 21:47:15   |                |    3     |    1
  003241dc |  1   | /             | ... 21:47:17   |                |    1     |    1
  003241dc |  3   | /detail       | ... 21:48:08   | ... 21:47:17   |    1     |    2
  003ce216 |  2   | /search_list  | ... 21:47:17   |                |    2     |    1
  003ce216 |  3   | /detail       | ... 21:47:40   | ... 21:47:17   |    2     |    2
  003ce216 |  4   | /input        | ... 21:48:46   | ... 21:47:40   |    2     |    3
  00406196 |  2   | /search_list  | ... 21:47:17   |                |    2     |    1
  004deefc |  3   | /detail       | ... 21:47:16   |                |    3     |    1
  00525285 |  2   | /search_list  | ... 21:47:17   |                |    2     |    1
  00525285 |  3   | /detail       | ... 21:48:55   | ... 21:47:17   |    2     |    2
  005b0933 |  1   | /             | ... 21:47:15   |                |    1     |    1
  ...
```

결과를 이해하기 조금 힘들 수 있는데요. 순서에 따라 풀어서 적어보면 다음과 같습니다.

❶ session에 step=1인 URL이 있는 경우
❷ 현재 step이 해당 step에 도달할 때까지의 누계 step 수와 같은지 확인
❸ 바로 전의 step에 처음 접근한 시각이 현재 step의 최종 접근 시각보다 이전인지 확인

❶은 원래 step=1 URL(현재 예제의 경우 최상위 페이지 '/')에 접근하지 않은 경우, 폴아웃 리포트 대상에서 제외하라는 의미입니다.

❷는 step=2 페이지(/search_list)를 스킵하고, step=3 페이지(/detail)에 직접 접근한 로그 등을 제외하려는 조건입니다.

❸은 step=3 페이지에 접근한 후에 step=2로 돌아간 경우, step=3에 접근했던 로그를 제외하라는 의미입니다. 이는 'step=2에 처음 접근한 시각이 step=3의 최종 접근 시각보다 이전인지 확인하는 방법'으로 구현합니다. 다만 step=1의 경우 앞에 페이지가 따로 존재하지 않으므로 예외적으로 다뤄야 합니다.

앞의 압축 조건을 SQL로 표현하면 다음과 같습니다.

코드 15-15 폴아웃 리포트에 필요한 로그를 압축하는 쿼리

```
WITH
mst_fallout_step AS (
  -- [코드 15-14] 참고하기
)
, activity_log_with_fallout_step AS (
  -- [코드 15-14] 참고하기
)
, activity_log_with_mod_fallout_step AS (
  -- [코드 15-14] 참고하기
)
, fallout_log AS (
  -- 폴아웃 리포트에 사용할 로그만 추출하기
  SELECT
    session
  , step
  , path
  FROM
    activity_log_with_mod_fallout_step
  WHERE
```

```
        -- 세션에서 단계 순서가 1인지 확인하기
        min_step = 1
        -- 현재 단계 순서가 해당 단계의 도달할 때까지의 누계 단계 수와 같은지 확인하기
    AND step = cum_count
        -- 직전 단계의 첫 접근 시간이
        -- NULL 또는 현재 시간의 최종 접근 시간보다 이전인지 확인하기
    AND (lag_min_stamp IS NULL
        OR max_stamp >= lag_min_stamp)
)
SELECT
  *
FROM
  fallout_log
ORDER BY
  session, step
;
```

▼

```
실행결과

  session  | step |      path
-----------+------+----------------
 0006fbb5  |  1   | /
 0006fbb5  |  2   | /search_list
 0006fbb5  |  3   | /detail
 0007a5f9  |  1   | /
 0007a5f9  |  2   | /search_list
 003241dc  |  1   | /
 005b0933  |  1   | /
 005b0933  |  2   | /search_list
 005fce13  |  1   | /
 00745cc1  |  1   | /
 00745cc1  |  2   | /search_list
 007da4b9  |  1   | /
 0087634d  |  1   | /
 0087634d  |  2   | /search_list
 009a1f8f  |  1   | /
 009a1f8f  |  2   | /search_list
 00d5b1cd  |  1   | /
 00d5b1cd  |  3   | /detail
 00dc5d86  |  1   | /
 00dc5d86  |  2   | /search_list
 ..
```

이 코드 예의 출력 결과까지 로그를 가공했다면, 이제 스탭 순서와 URL로 집약하고 접근 수와 페이지 이동률을 집계하면 됩니다. 다음 코드 예는 스탭들의 접근 수와 페이지 이동률을 집계하는 쿼리입니다.

코드 15-16 폴아웃 리포트를 출력하는 쿼리

`PostgreSQL` `Hive` `Redshift` `BigQuery` `SparkSQL`

```
WITH
mst_fallout_step AS (
  -- [코드 15-14] 참고하기
)
, activity_log_with_fallout_step AS (
  -- [코드 15-14] 참고하기
)
, fallout_log AS (
  -- [코드 15-15] 참고하기
)
SELECT
    step
, path
, COUNT(1) AS count
  -- <단계 순서> = 1인 URL부터의 이동률
, 100.0 * COUNT(1)
  / FIRST_VALUE(COUNT(1))
     OVER(ORDER BY step ASC ROWS BETWEEN UNBOUNDED PRECEDING AND UNBOUNDED FOLLOWING)
  AS first_trans_rate
  -- 직전 단계까지의 이동률
, 100.0 * COUNT(1)
  / LAG(COUNT(1)) OVER(ORDER BY step ASC)
  -- ■ SparkSQL의 경우 LAG 함수에 프레임 지정해야 함
  -- / LAG(COUNT(1)) OVER(ORDER BY step ASC ROWS BETWEEN 1 PRECEDING AND 1 PRECEDING)
  AS step_trans_rate
FROM
  fallout_log
GROUP BY
  step, path
ORDER BY
  step
;
```

▼

step	path	count	first_trans_rate	step_trans_rate
1	/	3445	100.0000000000000000	
2	/search_list	2128	61.7706821480406386	61.7706821480406386
3	/detail	1505	43.6865021770682148	70.7236842105263158
4	/input	92	2.6705370101596517	6.1129568106312292
5	/complete	14	0.4063860667634252	15.2173913043478261

정리

폴아웃 리포트는 웹사이트가 사용자를 어떻게 유도하는지를 대략적으로 파악하고 싶을 때 굉장히 유용한 리포트입니다. 성과로 이어진 사용자와 이어지지 못한 사용자를 따로 구분해보면 유용한 정보를 더 얻을 수 있을 것입니다.

7 사이트 내부에서 사용자 흐름 파악하기

SQL LAG 함수, LEAD 함수, SUM 윈도 함수
분석 사용자 흐름

웹사이트가 사용자를 어떻게 유도하는지 파악하면 사이트맵, 메뉴와 모듈 배치 등을 개선할 수 있습니다. 사용자가 쓰는 기능이 서비스 제공자가 생각하는 것과 다르다는 것을 깨달으면, 서비스 사용자의 요구에 맞게 사이트 구성을 변경하거나, 사용자가 서비스 제공자의 의도에 맞게 서비스를 사용하도록 유도하는 등의 개선을 검토할 수 있습니다.

앞서 15강 6절에서는 특정 페이지를 조회한 사용자인지, 특정 페이지로 이동한 사용자가 어느 정도 존재하는지 확인하는 방법을 소개했는데요. 이번 절에서는 더 상세하게 파악할 때 활용할 수 있는 사용자 흐름 분석 방법을 소개하겠습니다.

그림 15-6 구글 애널리틱스의 사용자 흐름 그래프

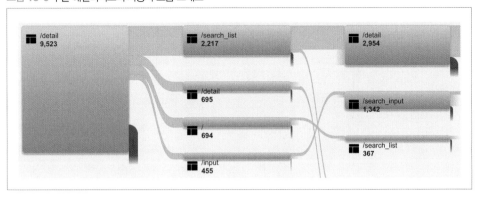

앞의 그림처럼 사용자 흐름 그래프를 추출하려면 일단 무엇을 분석할지 결정하고, 시작 지점으로 삼을 페이지를 결정해야 합니다.

- **최상위 페이지에서 어떤 식으로 유도하는가?**
  - 일단 검색을 사용하기는 하는가?
  - 서비스를 소개하는 페이지를 보기는 보는가?
- **상세 화면 전후에서 어떤 행동을 하는가?**
  - 검색이 아니라 추천을 사용하는 경우가 있는가?
  - 검색 결과에서 상세 화면으로 이동하는 비율이 얼마나 되는가?
  - 상세 화면 출력 후 '갖고 싶은 물건'에 추가하거나 '장바구니'에 담는 행동을 하는가?
  - 상세 화면 출력 후 추천으로 다른 상품의 상세 화면으로 이동하는가?

다음 페이지 집계하기

시작 지점이 되는 페이지를 설정하면, 다음 [표 15-9]와 같이 시작 지점에서부터 어떤 형태로 유도되는지 정리한 표를 집계하는 SQL을 살펴봅시다.

표 15-9 사용자 흐름을 표 형식으로 표현(다음 페이지)

시작 지점	방문 횟수	다음 페이지1	방문 횟수1	비율1	다음 페이지2	방문 횟수2	비율2
/detail	16,930	/detail	5,683	33.6%	/	1,793	31.6%
					/list	2,426	42.7%
					NULL	1,464	25.8%
		/list	3,048	18.0%	/map	1,532	50.3%
					/	493	16.2%
					NULL	1,023	33.6%
		...	...	...	...	...	...
		NULL	5,301	31.3%	NULL	5,301	31.3%

앞의 사용자 흐름은 /detail 페이지로 진입했을 때, 이어서 어떤 페이지로 가는지를 표로 정리한 것입니다. 전환할 때의 비율은 이전 페이지 방문 횟수를 분모에 넣어 계산합니다. 이때 다음 페이지가 NULL이라면 다음 페이지를 보지 않고 이탈한 경우를 의미합니다.

코드 15-17 /detail 페이지 이후의 사용자 흐름을 집계하는 쿼리

PostgreSQL · Hive · Redshift · BigQuery · SparkSQL

```
WITH
activity_log_with_lead_path AS (
  SELECT
    session
  , stamp
  , path AS path0
    -- 곧바로 접근한 경로 추출하기
  , LEAD(path, 1) OVER(PARTITION BY session ORDER BY stamp ASC) AS path1
    -- 이어서 접근한 경로 추출하기
  , LEAD(path, 2) OVER(PARTITION BY session ORDER BY stamp ASC) AS path2
  FROM
    activity_log
)
, raw_user_flow AS(
  SELECT
    path0
    -- 시작 지점 경로로의 접근 수
  , SUM(COUNT(1)) OVER() AS count0
    -- 곧바로 접근한 경로 (존재하지 않는 경우 문자열 NULL)
  , COALESCE(path1, 'NULL') AS path1
    -- 곧바로 접근한 경로로의 접근 수
```

```
        , SUM(COUNT(1)) OVER(PARTITION BY path0, path1) AS count1
          -- 이어서 접근한 경로(존재하지 않는 경우 문자열로 'NULL' 지정)
        , COALESCE(path2, 'NULL') AS path2
          -- 이어서 접근한 경로로의 접근 수
        , COUNT(1) AS count2
    FROM
      activity_log_with_lead_path
    WHERE
      -- 상세 페이지를 시작 지점으로 두기
      path0 = '/detail'
    GROUP BY
      path0, path1, path2
)
SELECT
    path0
  , count0
  , path1
  , count1
  , 100.0 * count1 / count0 AS rate1
  , path2
  , count2
  , 100.0 * count2 / count1 AS rate2
FROM
  raw_user_flow
ORDER BY
    count1 DESC   , count2 DESC
;
```

▼

실행결과

path0	count0	path1	count1	rate1	path2	count2	rate2
/detail	9365	NULL	3663	39.11	NULL	3663	100.00
/detail	9365	/search_list	2164	23.10	NULL	697	32.20
/detail	9365	/search_list	2164	23.10	/detail	691	31.93
/detail	9365	/search_list	2164	23.10	/search_list	288	13.30
/detail	9365	/search_list	2164	23.10	/	283	13.07
/detail	9365	/search_list	2164	23.10	/search_input	191	8.82
/detail	9365	/search_list	2164	23.10	/input	14	0.64
/detail	9365	/detail	1717	18.33	NULL	582	33.89
/detail	9365	/detail	1717	18.33	/search_list	445	25.91
/detail	9365	/detail	1717	18.33	/detail	328	19.10
/detail	9365	/detail	1717	18.33	/	280	16.30
/detail	9365	/detail	1717	18.33	/input	73	4.25
/detail	9365	/detail	1717	18.33	/search_input	9	0.52

출력 결과를 보면 중복된 데이터가 많이 나와서 흐름을 쉽게 파악할 수 없습니다. 리포트 도구 등의 사용자 흐름 기능을 사용한다면 이를 쉽게 해결할 수 있습니다. 일단 SQL로도 중복을 제거해서 쉽게 볼 수 있도록 가공해봅시다.

다음 코드는 바로 위의 레코드와 같은 값을 가졌을 때 출력하지 않게 데이터를 가공하는 쿼리입니다. LAG 함수를 사용해서 바로 위에 있는 레코드의 경로 이름을 추출한 뒤, 값이 다를 경우에만 출력하게 만들었습니다. 이때 LAG 함수 값이 NULL이 될 가능성이 있으므로 COALESCE 함수를 사용해서 적당한 디폴트 값을 설정했습니다.

코드 15-18 바로 위의 레코드와 같은 값을 가졌을 때 출력하지 않게 데이터 가공하기

| PostgreSQL | Hive | Redshift | BigQuery | SparkSQL |

```
WITH
activity_log_with_lead_path AS (
  -- [코드 15-17]
)
, raw_user_flow AS(
  -- [코드 15-17]
)
SELECT
    CASE
      WHEN
        COALESCE(
          -- 바로 위의 레코드가 가진 path0 추출하기(존재하지 않는 경우 NOT FOUND로 지정)
          LAG(path0)
            OVER(ORDER BY count1 DESC, count2 DESC)
        , 'NOT FOUND') <> path0
      THEN path0
    END AS path0
, CASE
      WHEN
        COALESCE(
          LAG(path0)
            OVER(ORDER BY count1 DESC, count2 DESC)
        , 'NOT FOUND') <> path0
      THEN count0
    END AS count0
, CASE
      WHEN
        COALESCE(
          -- 바로 위의 레코드가 가진 여러 값을 추출할 수 있게 문자열 결합 후 추출하기
```

```
      -- ■ PostgreSQL, Redshift의 경우 || 연산자 사용하기
      -- ■ Hive, BigQuery, SparkSQL의 경우concat 함수 사용하기
        LAG(path0 || path1)
          OVER(ORDER BY count1 DESC, count2 DESC)
      , 'NOT FOUND') <> (path0 || path1)
    THEN path1
  END AS page1
, CASE
    WHEN
      COALESCE(
        LAG(path0 || path1)
          OVER(ORDER BY count1 DESC, count2 DESC)
      , 'NOT FOUND') <> (path0 || path1)
    THEN count1
  END AS count1
, CASE
    WHEN
      COALESCE(
        LAG(path0 || path1)
          OVER(ORDER BY count1 DESC, count2 DESC)
      , 'NOT FOUND') <> (path0 || path1)
    THEN 100.0 * count1 / count0
  END AS rate1
, CASE
    WHEN
      COALESCE(
        LAG(path0 || path1 || path2)
          OVER(ORDER BY count1 DESC, count2 DESC)
      , 'NOT FOUND') <> (path0 || path1 || path2)
    THEN path2
  END AS page2
, CASE
    WHEN
      COALESCE(
        LAG(path0 || path1 || path2)
          OVER(ORDER BY count1 DESC, count2 DESC)
      , 'NOT FOUND') <> (path0 || path1 || path2)
    THEN count2
  END AS count2
, CASE
    WHEN
      COALESCE(
        LAG(path0 || path1 || path2)
          OVER(ORDER BY count1 DESC, count2 DESC)
```

```
        , 'NOT FOUND') <> (path0 || path1 || path2)
      THEN 100.0 * count2 / count1
    END AS rate2
FROM
  raw_user_flow
ORDER BY
    count1 DESC
  , count2 DESC
;
```

▼

실행결과

```
 path0    | count0 |   path1      | count1 | rate1 |    path2       | count2 | rate2
----------+--------+--------------+--------+-------+----------------+--------+-------
 /detail  |  9365  | NULL         |  3663  | 39.11 | NULL           |  3663  | 100.00
          |        | /search_list |  2164  | 23.10 | NULL           |   697  |  32.20
          |        |              |        |       | /detail        |   691  |  31.93
          |        |              |        |       | /search_list   |   288  |  13.30
          |        |              |        |       | /              |   283  |  13.07
          |        |              |        |       | /search_input  |   191  |   8.82
          |        |              |        |       | /input         |    14  |   0.64
          |        | /detail      |  1717  | 18.33 | NULL           |   582  |  33.89
          |        |              |        |       | /search_list   |   445  |  25.91
          |        |              |        |       | /detail        |   328  |  19.10
          |        |              |        |       | /              |   280  |  16.30
          |        |              |        |       | /input         |    73  |   4.25
          |        |              |        |       | /search_input  |     9  |   0.52
```

이전 페이지 집계하기

지금까지 다음 페이지를 집계하는 내용을 살펴보았습니다. 이번에는 이전 페이지를 집계해봅시다.

다음 표는 사용자 흐름에서 /detail 페이지를 시작 지점으로, 이전 흐름 두 단계까지를 집계한 것입니다. 이전 페이지가 NULL 레코드인 것은 이전 페이지를 조회한 로그가 없다는 뜻이므로, 해당 페이지로 곧바로 방문했다는 의미입니다.

표 15-10 사용자 흐름을 표 형식으로 표현(이전 페이지)

이전 페이지2	방문 횟수2	이동률 2	이전 페이지1	방문 횟수1	이동률 1	시작 지점	방문 횟수
/	3,781	61.1%	/list	6,191	36.6%	/detail	16,930
/detail	1,983	32.0%					
NULL	427	6.9%					
/list	302	15.2%	/	1,981	11.7%		
/detail	692	34.9%					
NULL	987	49.8%					
...	...		...	...	...		
NULL	6,049	35.7%	NULL	6,049	35.7%		

이러한 집계 결과를 구하는 쿼리는 다음과 같습니다. 이전에 살펴보았던 [코드 15-18]과 거의
비슷합니다. LEAD 함수를 LAG 함수로 변경하기만 하면 됩니다.

코드 15-19 /detail 페이지 이전의 사용자 흐름을 집계하는 쿼리

```
WITH
activity_log_with_lag_path AS (
  SELECT
    session
  , stamp
  , path AS path0
    -- 바로 전에 접근한 경로 추출하기(존재하지 않는 경우 문자열 'NULL'로 지정)
  , COALESCE(LAG(path, 1) OVER(PARTITION BY session ORDER BY stamp ASC), 'NULL') AS path1
    -- 그 전에 접근한 추출하기(존재하지 않는 경우 문자열 'NULL'로 지정)
  , COALESCE(LAG(path, 2) OVER(PARTITION BY session ORDER BY stamp ASC), 'NULL') AS path2
  FROM
    activity_log
)
, raw_user_flow AS(
  SELECT
    path0
    -- 시작 지점 경로로의 접근 수
  , SUM(COUNT(1)) OVER() AS count0
  , path1
    -- 바로 전의 경로로의 접근 수
  , SUM(COUNT(1)) OVER(PARTITION BY path0, path1) AS count1
  , path2
    -- 그 전에 접근한 경로로의 접근 수
```

```
    , COUNT(1) AS count2
  FROM
    activity_log_with_lag_path
  WHERE
    -- 상세 페이지를 시작 지점으로 두기
    path0 = '/detail'
  GROUP BY
    path0, path1, path2
)
SELECT
    path2
, count2
, 100.0 * count2 / count1 AS rate2
, path1
, count1
, 100.0 * count1 / count0 AS rate1
, path0
, count0
FROM
  raw_user_flow
ORDER BY
    count1 DESC
  , count2 DESC
;
```

▼

path2	count2	rate2	path1	count1	rate1	path0	count0
NULL	3539	100.00	NULL	3539	37.78	/detail	9365
NULL	903	30.47	/search_list	2963	31.63	/detail	9365
/detail	691	23.32	/search_list	2963	31.63	/detail	9365
/	548	18.49	/search_list	2963	31.63	/detail	9365
/search_list	462	15.59	/search_list	2963	31.63	/detail	9365
/search_input	355	11.98	/search_list	2963	31.63	/detail	9365
/input	3	0.10	/search_list	2963	31.63	/detail	9365
/confirm	1	0.03	/search_list	2963	31.63	/detail	9365
NULL	614	35.76	/detail	1717	18.33	/detail	9365
/search_list	573	33.37	/detail	1717	18.33	/detail	9365
/detail	328	19.10	/detail	1717	18.33	/detail	9365
/	189	11.00	/detail	1717	18.33	/detail	9365
/search_input	9	0.52	/detail	1717	18.33	/detail	9365
/input	3	0.17	/detail	1717	18.33	/detail	9365
/complete	1	0.05	/detail	1717	18.33	/detail	9365

8 페이지 완독률 집계하기

SQL SUM(CASE~END)
분석 완독률

직귀율, 이탈률, 페이지 뷰를 확인해봐도 사용자가 페이지를 끝까지 조회했는지는 알 수 없습니다. 따라서 페이지의 내용에 만족한 뒤 이탈했는지, 만족하지 못해서 중간에 이탈했는지 알 수 없습니다. 정보 제공 사이트에서 사용자가 끝까지 페이지를 조회하지 않았다면, 사용자에게 가치를 제대로 제공하지 못했다는 의미입니다. 이를 판단하면 개선하여 사용자에게 더 많은 가치를 제공하고, 서비스를 더욱 높은 수준으로 끌어올릴 수 있을 것입니다.

다음 그림처럼 페이지를 끝까지 읽었는지를 비율로 나타낸 것을 '완독률'이라고 합니다. 이를 집계하면 사용자에게 가치를 제대로 전달했는지 확인할 수 있습니다.

그림 15-7 완독률 집계

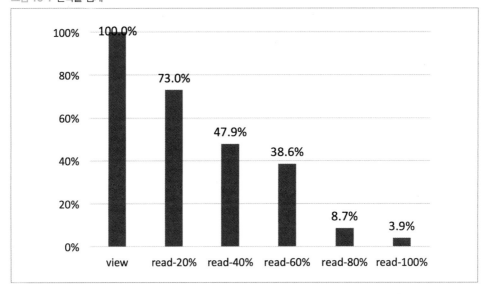

예를 들어 특정 콘텐츠의 완독률이 높거나 낮다면, 해당 종류의 콘텐츠가 사용자가 원하는 콘텐츠인지 아닌지 확인할 수 있습니다. 또한 전체적인 완독률이 낮다면 페이지의 가독성이 낮을 가능성이 높습니다. 따라서 이러한 경우에는 페이지의 폰트 변경 등으로 가독성을 높여 개선할 수 있습니다.

완독률을 집계하려면 페이지 조회 로그와 함께 어디까지 조회했는지를 파악할 수 있게 다음과 같은 로그 데이터가 있어야 합니다. 이러한 로그를 만들려면 자바스크립트를 사용해서 어디까지 읽었는지를 전송할 수 있는 시스템이 구축되어 있어야 합니다.

데이터 15-2 완독률을 집계하는 로그 예 1

```
      stamp          | session  | action    |         url
---------------------+----------+-----------+----------------------
 2016-12-29 21:45:47 | afbd3d09 | view      | http://...?id=news341
 2016-12-29 21:45:47 | df6eb25d | view      | http://...?id=news731
 2016-12-29 21:45:56 | df6eb25d | read-20%  | http://...?id=news731
 2016-12-29 21:46:05 | df6eb25d | read-40%  | http://...?id=news731
 2016-12-29 21:46:13 | df6eb25d | read-60%  | http://...?id=news731
 2016-12-29 21:46:22 | df6eb25d | read-80%  | http://...?id=news731
 2016-12-29 21:46:25 | df6eb25d | read-100% | http://...?id=news731
...
```

이는 자바스크립트를 사용해서 해당 페이지의 길이를 판단한 뒤에 30%, 60%를 조회했다는 정보를 전송하고, 서버에서 이를 로그로 기록하는 방법을 사용한 로그입니다.

페이지에 따라서는 이렇게 어디까지 조회했는지보다는 어떤 부분까지 조회했는지를 기록하는 것이 좋을 수도 있습니다. 그러한 경우에는 로그를 다음과 같이 기록하면 좋습니다. 두 가지 모두 참고하기 바랍니다.

데이터 15-3 완독률을 집계하는 로그 예 2

```
      stamp         | session  |      action       |          url
--------------------+----------+-------------------+----------------------
 2016-12-29 21:45:47 | afbd3d09 | view              | http://...?id=news341
 2016-12-29 21:45:47 | df6eb25d | view              | http://...?id=news731
 2016-12-29 21:45:56 | df6eb25d | read-news-start   | http://...?id=news731
 2016-12-29 21:46:05 | df6eb25d | read-recommend    | http://...?id=news731
 2016-12-29 21:46:13 | df6eb25d | read-ranking      | http://...?id=news731
 2016-12-29 21:46:22 | df6eb25d | read-newly-news   | http://...?id=news731
 2016-12-29 21:46:25 | df6eb25d | read-finish       | http://...?id=news731
...
```

다음 코드는 이전 데이터(데이터 15-2)를 사용해 완독률을 집계하는 SQL입니다.

코드 15-20 완독률을 집계하는 쿼리

`PostgreSQL` `Hive` `Redshift` `BigQuery` `SparkSQL`

```sql
SELECT
    url
  , action
  , COUNT(1) AS count
  , 100.0
    * COUNT(1)
    / SUM(CASE WHEN action = 'view' THEN COUNT(1) ELSE 0 END)
        OVER(PARTITION BY url)
    AS action_per_view
FROM read_log
GROUP BY
  url, action
ORDER BY
  url, count DESC
;
```

```
         url              |  action   | count | action_per_view
--------------------------------+-----------+-------+----------------
http://.../article?id=news731   | view      | 1655  |      100.00
http://.../article?id=news731   | read-20%  | 1012  |       61.14
http://.../article?id=news731   | read-40%  |  903  |       54.56
http://.../article?id=news731   | read-60%  |  774  |       46.76
http://.../article?id=news731   | read-80%  |  620  |       37.46
http://.../article?id=news731   | read-100% |  517  |       31.23
http://.../article?id=trend925  | view      | 1709  |      100.00
http://.../article?id=trend925  | read-20%  |  979  |       57.28
http://.../article?id=trend925  | read-40%  |  877  |       51.31
http://.../article?id=trend925  | read-60%  |  745  |       43.59
http://.../article?id=trend925  | read-80%  |  583  |       34.11
http://.../article?id=trend925  | read-100% |  486  |       28.43
```

원포인트

EC 사이트에서는 상품 상세 정보 아래에 '추천 상품'을 출력하는 모듈, 뉴스 사이트에서는 기사 마지막에 '관련 기사'를 출력하는 모듈이 설치되어 있는 경우가 많습니다. 이러한 모듈은 일반적으로 상품 정보와 기사를 끝까지 읽어야 보이므로, 해당 페이지의 완독률이 낮으면 모듈을 아무리 설치해도 의미가 없습니다. 따라서 이러한 모듈을 사용할 때는 페이지의 완독률을 확인하고, 모듈의 효과가 충분히 효과가 발생할지 고민해보기 바랍니다.

9 사용자 행동 전체를 시각화하기

이 책에서 소개하는 각각의 리포트를 기반으로 현재 상황을 분석하고 대책을 세우는 것은 당연한 일입니다. 하지만 이러한 데이터는 어디까지나 단편적이며 굉장히 국소적인 정보입니다.

각각의 항목에서 배웠던 내용과 접근 분석 도구에서 출력해주는 리포트는 어디까지나 정보의 '점'에 불과합니다. 따라서 전체적인 느낌을 파악하기 어려운 면이 있습니다. 결과적으로 점과 같은 정보를 기반으로 대책을 세우고 시도해도, 개선 폭은 국소적으로만 이루어지고 효과도 제한적인 경우가 많습니다. 따라서 점과 점을 이어 선으로 만들고, 선과 선을 이어 면으로 만들면서 전체적인 흐름을 파악할 수 있어야 합니다. 이것이 가능해지면 무엇을 해야 할지 명확하게 보일 것입니다.

예를 들어 살펴봅시다. 페이지 이탈률을 확인하는 방법은 '점'에 지나지 않습니다. 그리고 입력 양식에서 입력, 확인, 완료에 이르는 일련의 흐름에서 이탈률을 계산하면 이는 '선'이 됩니다. 이러한 정보를 입력 양식을 개선하는 팀과 검색 기능을 개선하는 팀 모두에게 주면, 문제를 빠르게 찾고 효과적으로 문제를 개선할 수 있을 것입니다.

조감도를 사용해 사용자 행동 시각화하기

그렇다면 어떤 보고서로 상황을 파악하면 좋을까요? 일반적으로는 서비스 전체를 파악할 수 있는 조감도를 만드는 것이 좋습니다. 다음은 간단한 조감도 예입니다.

그림 15-8 사용자 유도 조감도

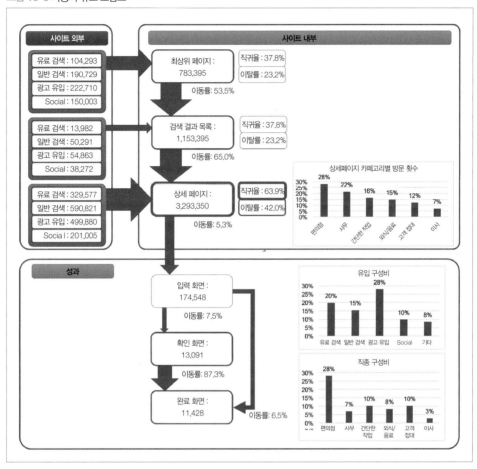

[그림 15-8]의 조감도는 이번 절에서 소개할 SQL과 접근 분석 도구를 통해 얻은 정보를 조합해서 직접 그림으로 그린 그림입니다.

조감도를 작성하면 사이트와 조직의 전체적인 이미지를 파악할 수 있고 어디에 문제가 있는지, 어떤 부분을 개선할 수 있는지, 팀을 개선할 수 있는지 등을 확인할 수 있습니다. '숲을 보고 나무를 본다'라는 말처럼 먼저 숲을 파악하고 나무를 파악해야 하지만, 사실 현장에서는 나무만 보는 경우가 꽤 많습니다.

예를 들어봅시다. 다음과 같이 단순하게 담당 업무에만 집중하다가 후회한 경험이 없나요?

- 사용자가 최상위 페이지를 기반으로 접근할 것으로 생각해서 최상위 페이지를 최적화했지만, 실제로 사용자는 구글 검색 등을 통해 상세 화면부터 들어오는 경우가 많아 최적화에 아무 의미가 없었다.
- 입력 양식 최적화에 주력했는데, 알고 보니 사람들이 입력 양식까지 가는 것이 힘들었던 것이라 최적화에 큰 의미가 없었다.

따라서 새로운 서비스를 담당한다면 반드시 이러한 조감도를 작성하고, 주력해야 하는 부분과 따로 주력하지 않아도 되는 부분을 파악한 뒤 각 범위마다 자세히 분석해보기 바랍니다.

서비스 형태에 맞게 조감도 작성하기

서비스 전체를 파악하는 조감도는 웹사이트 이외의 경우에도 활용할 수 있습니다. 다양한 서비스를 포함하는 플랫폼도 서비스의 이용 상황과 매출처럼 개별적인 서비스 상황을 파악할 때 활용 할 수 있습니다. 이를 활용하면 각각의 서비스를 담당하는 팀에게 정보를 전달해 서비스를 최적화할 수 있을 것입니다.

어쨌거나 조감도를 어떻게 표현해야 하는지는 서비스에 따라 다릅니다. 누가 보아도 쉽고 확실하게 이해할 수 있는 조감도가 좋은 조감도입니다. 이러한 좋은 조감도를 만드는 것은 분석 담당자의 실력이라고 할 수 있습니다.

> **정리**
>
> 데이터 추출만 분석 담당자의 역할이라고 생각하는 경우가 많지만, 그러한 결과를 바탕으로 서비스와 조직을 개선하는 것도 분석 담당자의 역할입니다. 따라서 조감도를 사용해 서비스와 조직의 상태를 파악하고, 멤버 전원이 서비스의 상황을 이해할 수 있도록 하고 길을 제시할 수 있어야 합니다. 데이터 추출은 이러한 과정 중 하나라고 할 수 있습니다.
>
> 하지만 데이터 추출에는 시간이 걸리고, 추출 방법과 요령을 잘 몰라 고생하는 경우도 많을 것입니다. 알고 싶은 정보를 자유롭게 꺼낼 수 있도록 이 책의 SQL을 꼭 몸에 익히기 바랍니다.

입력 양식 최적화하기

자료 청구 양식과 구매 양식 등을 엔트리폼(Entry Form)이라고 부릅니다. 이번 절에서는 간단하게 입력 양식이라고만 표현하겠습니다. 입력 양식의 항목이 너무 많으면 사용자가 스트레스를 받게 되고 중간에 이탈하는 경우가 많습니다.

이러한 이탈을 막고 성과를 높이고자 입력 양식을 최적화하는 것을 '입력 양식 최적화(EFO, Entry Form Optimization)'라고 부릅니다.

입력 양식 최적화에는 주로 다음과 같은 방법을 사용합니다.

- **필수 입력과 선택 입력을 명확하게 구분해서 입력 수를 줄인다.**
    - 필수 입력 항목을 위로 올려 배치한다.
- **오류 발생 빈도를 줄인다.**
    - 입력 예를 보여준다.
    - 제대로 입력하지 않았다고 실시간으로 알려준다.
- **쉽게 입력할 수 있게 만든다.**
    - 입력 항목을 줄인다.
    - 우편번호와 주소 등의 자동 완성 기능을 사용한다.
- **이탈할 만한 요소를 제거한다.**
    - 불필요한 링크를 제거한다(네비게이션 메뉴 단순화 등).
    - 실수로 이탈하지 않게 페이지를 벗어날 때 확인 대화 상자를 띄워 이탈할 것인지 다시 한 번 묻는다.

이러한 방법을 실시하기 전에 어떤 문제가 있는지 명확하게 파악해야 합니다. 따라서 입력 양식을 사용하는 동안 사용자가 얼마나 이탈하는지, 이를 수정했을 경우 얼마나 이탈률이 개선되는지, 더 개선의 여지가 있는지 모두 수치화할 수 있어야 합니다.

이번 절에서는 EFO 과정 자체는 물론 EFO 시 사용하는 대표적인 지표와 리포트도 소개하겠습니다. 기본적으로는 이번 절에서 소개할 과정을 사용해서 각종 집계를 할 수 있지만, 같은 호칭의 지표라도 입력 양식에 따라 다른 경우도 있으므로 함께 정리해서 소개하겠습니다.

1 오류율 집계하기

SQL SUM(CASE ~), AVG(CASE ~)
분석 오류율

입력 양식 중에는 발생한 오류를 같은 URL에 재출력하여 통지하는 경우가 있습니다(그림 16-1 참고). 이러한 경우 URL만으로는 확인 화면으로의 이동율을 제대로 집계할 수 없습니다.

그림 16-1 같은 URL이라도 출력하는 내용이 다른 경우

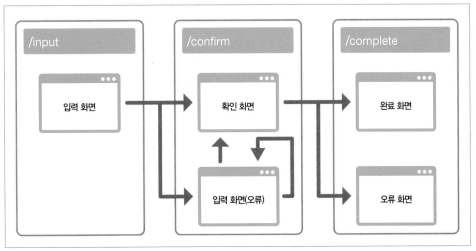

확인 화면으로 이동했을 때 정상 화면인지 오류 화면인지를 집계할 수 있게 로그를 기록하면 다음과 같습니다. 다음 로그 데이터는 오류가 발생했을 때 페이지 열람 로그에 error라는 상태를 출력합니다. 이번 절에서는 이러한 로그 데이터를 사용해 오류율을 집계하겠습니다.

데이터 16-1 입력 양식에서의 출력 로그와 오류 로그

```
      stamp          | session   | action |      url           | status
---------------------+-----------+--------+--------------------+--------
 2016-12-30 00:56:08 | 004a26c5  | view   | /regist/input      |
 2016-12-30 00:57:17 | 004a26c5  | view   | /regist/confirm    |
 2016-12-30 00:58:57 | 004a26c5  | view   | /regist/complete   |
 2016-12-30 00:56:08 | 5a53b5c2  | view   | /regist/input      |
 2016-12-30 00:57:21 | 5a53b5c2  | view   | /regist/confirm    | error
 2016-12-30 01:00:08 | 5a53b5c2  | view   | /regist/confirm    |
 2016-12-30 01:01:33 | 5a53b5c2  | view   | /regist/complete   |
```

다음 코드는 /confirm 페이지에서 오류가 발생해서 재입력 화면을 출력한 경우를 집계하는 쿼리입니다. 분모로 URL이 '/regist/confirm'인 경우를 지정하고, 상태 오류를 CASE 식을 사용해 플래그로 변환해서 SUM 함수와 AVG 함수로 오류율을 집계합니다.

코드 16-1 확인 화면에서의 오류율을 집계하는 쿼리

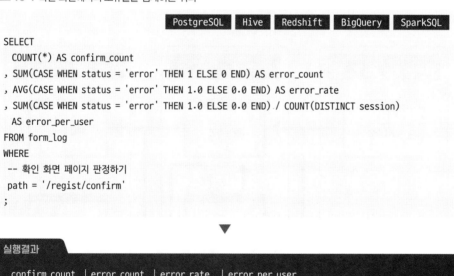

```
                                PostgreSQL   Hive   Redshift   BigQuery   SparkSQL
SELECT
  COUNT(*) AS confirm_count
, SUM(CASE WHEN status = 'error' THEN 1 ELSE 0 END) AS error_count
, AVG(CASE WHEN status = 'error' THEN 1.0 ELSE 0.0 END) AS error_rate
, SUM(CASE WHEN status = 'error' THEN 1.0 ELSE 0.0 END) / COUNT(DISTINCT session)
  AS error_per_user
FROM form_log
WHERE
  -- 확인 화면 페이지 판정하기
  path = '/regist/confirm'
;
```

▼

실행결과

```
 confirm_count | error_count | error_rate | error_per_user
---------------+-------------+------------+-----------------
          1294 |         331 |      0.255 |          0.334
```

오류율이 높다면, 오류 통지 방법에 문제가 있어 사용자가 이해하지 못해 반복적으로 문제를 발생시키는 경우일 수 있습니다. 이때는 오류 통지 방법을 변경해보기 바랍니다.

2 입력~확인~완료까지의 이동률 집계하기

SQL LAG 함수, MIN 함수, COUNT 윈도 함수, FIRST_VALUE 함수

분석 확정률, 이탈률

입력 양식을 최적화할 때는 일단 '입력~확인~완료'까지의 폴아웃 리포트를 확인해야 합니다. 하지만 앞서 16강 1절에서 설명했던 것처럼, URL만으로는 확인 화면을 출력한 것인지 아니면 오류를 출력한 뒤 다시 입력 화면을 재출력한 것인지 판별하기 어렵습니다. 따라서 별도의 상태 필드를 포함시켜 오류 상태를 함께 로그에 저장하는 편이 좋습니다. 폴아웃 리포트를 집계하는 방법은 15강 6절을 참고해주세요.

표 16-1 입력 양식을 활용한 폴아웃 리포트

단계	방문횟수	입력 화면부터의 이동률		직전으로부터의 이동률	
Input	7,292		100.0%		100.0%
Confirm	1,234		16.9%	※1	16.9%
Complete	1,033	※2	14.2%		83.7%

입력 양식 최적화에서는 입력 시작부터 확인 화면까지의 이동 비율(표의 ※1)을 '확정률'이라고 부릅니다. 마찬가지로 완료 화면까지 이동한 비율(표의 ※2)을 'CVR', 100%에서 '완료 화면까지 이동한 비율(CVR)'을 뺀 값을 '이탈률'이라고 부릅니다.

16강 1절에서 사용한 로그를 사용해 폴아웃 리포트를 만드는 쿼리는 다음과 같습니다.

코드 16-2 입력 양식의 폴아웃 리포트

```
                                       PostgreSQL  Hive   Redshift   BigQuery   SparkSQL
WITH
mst_fallout_step AS (
 -- /regist 입력 양식의 폴아웃 단계와 경로 마스터
          SELECT 1 AS step, '/regist/input'    AS path
 UNION ALL SELECT 2 AS step, '/regist/confirm'  AS path
 UNION ALL SELECT 3 AS step, '/regist/complete' AS path
)
, form_log_with_fallout_step AS (
SELECT
   l.session
 , m.step
 , m.path
  -- 특정 단계 경로의 처음/마지막 접근 시간 구하기
 , MAX(l.stamp) AS max_stamp
 , MIN(l.stamp) AS min_stamp
FROM
   mst_fallout_step AS m
  JOIN
   form_log AS l
   ON m.path = l.path
-- 확인 화면의 상태가 오류인 것만 추출하기
WHERE status = ''
-- 세션별로 단계 순서와 경로 집약하기
GROUP BY l.session, m.step, m.path
)
, form_log_with_mod_fallout_step AS (
SELECT
   session
 , step
 , path
 , max_stamp
   -- 직전 단계 경로의 첫 접근 시간
 , LAG(min_stamp)
    OVER(PARTITION BY session ORDER BY step)
    -- ■ SparkSQL의 경우 LAG 함수에 프레임 지정 필요
    -- OVER(PARTITION BY session ORDER BY step
    --   ROWS BETWEEN 1 PRECEDING AND 1 PRECEDING)
   AS lag_min_stamp
   -- 세션 내부에서 단계 순서 최솟값
 , MIN(step) OVER(PARTITION BY session) AS min_step
   -- 해당 단계에 도달할 때까지의 누계 단계 수
```

```
      , COUNT(1)
          OVER(PARTITION BY session ORDER BY step
            ROWS BETWEEN UNBOUNDED PRECEDING AND CURRENT ROW)
        AS cum_count
 FROM form_log_with_fallout_step
)
, fallout_log AS (
-- 폴아웃 리포트에 필요한 정보 추출하기
SELECT
    session
  , step
  , path
FROM
  form_log_with_mod_fallout_step
WHERE
      -- 세션 내부에서 단계 순서가 1인 URL에 접근하는 경우
      min_step = 1
      -- 현재 단계 순서가 해당 단계의 도착할 때까지의 누계 단계 수와 같은 경우
  AND step = cum_count
      -- 직전 단계의 첫 접근 시간이
      -- NULL 또는 현재 단계의 최종 접근 시간보다 앞인 경우
  AND (lag_min_stamp IS NULL
        OR max_stamp >= lag_min_stamp)
)
SELECT
  step
, path
, COUNT(1) AS count
  -- <단계 순서> = 1인 URL로부터의 이동률
, 100.0 * COUNT(1)
  / FIRST_VALUE(COUNT(1))
      OVER(ORDER BY step ASC ROWS BETWEEN UNBOUNDED PRECEDING AND UNBOUNDED FOLLOWING)
  AS first_trans_rate
  -- 직전 단계로부터의 이동률
, 100.0 * COUNT(1)
  / LAG(COUNT(1)) OVER(ORDER BY step ASC)
  -- ■ SparkSQL의 경우 LAG 함수에 프레임 지정 필요
  -- / LAG(COUNT(1)) OVER(ORDER BY step ASC ROWS BETWEEN 1 PRECEDING AND 1 PRECEDING)
  AS step_trans_rate
FROM
 fallout_log
GROUP BY
 step, path
ORDER BY
```

```
  step
;
```

▼

실행결과

```
 step |       path        | count | first_trans_rate | step_trans_rate
------+-------------------+-------+------------------+------------------
    1 | /regist/input     |  3068 |           100.00 |
    2 | /regist/confirm   |   991 |            32.30 |            32.30
    3 | /regist/complete  |   782 |            25.48 |            78.91
```

원포인트

다만 앞의 리포트는 입력 화면에서 사용자가 입력의 의사가 있었는지 없었는지는 판별할 수 없습니다[3]. 따라서 입력 의사를 확인하고 싶다면 최초 입력 항목을 클릭할 때 또는 최초 입력 시 자바스크립트를 사용해서 추가 로그를 전송하게 해야 합니다. 이렇게 하면 확실하게 '입력 화면 출력 ~ 입력 시작 ~ 확인 화면 출력 ~ 완료 화면 출력'까지의 폴아웃 리포트를 작성할 수 있습니다.

3 입력 양식 직귀율 집계하기

SQL SUM(CASE ~), SIGN 함수
분석 입력 양식 직귀율

입력 화면으로 이동한 후 입력 시작, 확인 화면, 오류 화면으로 이동한 로그가 없는 상태의 레코드 수를 센 것을 '입력 양식 직귀율'이라고 부릅니다.

입력 양식 직귀 수가 높다면, 사용자가 입력을 중간에 포기할 만큼 입력 항목이 많다거나, 출력 레이아웃이 난잡하다는 등의 이유가 있을 수 있습니다. 추가로 입력 화면으로 이동하는 과정에서 사용자의 모티베이션 환기가 충분하지 않으면, 아무 이유 없이 입력 양식이 출력되는 인상을 주는 문제도 있습니다.

---

4 역자주_ 실수로 버튼을 눌러 화면이 이동된 경우 등이 있기 때문입니다.

표 16-2 입력 양식 직귀율

일자	입력 양식 방문 횟수	입력 양식 직귀 수	입력 양식 직귀율
2016/11/1	1,382	692	50.1%
2016/11/2	1,463	677	46.3%
2016/11/3	1,311	568	45.6%
2016/11/4	1,289	569	44.1%

입력 양식 직귀율은 입력 화면 방문 횟수를 분모에 두고, 입력 양식 직귀 수의 비율을 집계하면 계산할 수 있습니다. 16강 1절의 데이터를 활용해 입력 양식 직귀율을 집계해보면 다음과 같습니다.

코드 16-3 입력 양식 직귀율을 집계하는 쿼리

PostgreSQL　Hive　Redshift　BigQuery　SparkSQL

```
WITH
form_with_progress_flag AS (
  SELECT
  -- ■ PostgreSQL, Hive, Redshift, SparkSQL의 경우 substring으로 날짜 부분 추출하기
    substring(stamp, 1, 10) AS dt
  -- ■ PostgreSQL, Hive, BigQuery, SparkSQL의 경우 substr 사용하기
  -- substr(stamp, 1, 10) AS dt

  , session
  -- 입력 화면으로의 방문 플래그계산하기
  , SIGN(
      SUM(CASE WHEN path IN ('/regist/input') THEN 1 ELSE 0 END)
    ) AS has_input
  -- 입력 확인 화면 또는 완료 화면으로의 방문 플래그 계산하기
  , SIGN(
      SUM(CASE WHEN path IN ('/regist/confirm', '/regist/complete') THEN 1 ELSE 0 END)
    ) AS has_progress
  FROM form_log
  GROUP BY
  -- ■ PostgreSQL, Redshift, BigQuery의 경우
  -- SELECT 구문에서 정의한 별칭을 GROUP BY에 지정할 수 있음
  dt, session
  -- ■ PostgreSQL, Hive, Redshift, SparkSQL의 경우
  -- SELECT 구문에서 별칭을 지정하기 이전의 식을 GROUP BY에 지정할 수 있음
  -- substring(stamp, 1, 10), session
)
```

```
SELECT
  dt
, COUNT(1) AS input_count
, SUM(CASE WHEN has_progress = 0 THEN 1 ELSE 0 END) AS bounce_count
, 100.0 * AVG(CASE WHEN has_progress = 0 THEN 1 ELSE 0 END) AS bounce_rate
FROM
  form_with_progress_flag
WHERE
  -- 입력 화면에 방문했던 세션만 추출하기
  has_input = 1
GROUP BY
  dt
;
```

▼

실행결과

```
     dt     | input_count | bounce_count | bounce_rate
------------+-------------+--------------+-------------
 2016-12-30 |        3068 |         2077 |       67.69
```

일단 세션[5]별로 입력 화면(/regist/input) 방문 횟수, 확인 화면(/regist/confirm) 방문 횟수, 완료 화면(/regist/complete) 방문 횟수를 SUM(CASE ~) 구문으로 세고, SIGN 함수를 사용해 플래그로 변환합니다. 그리고 입력 화면을 방문하고 있는 세션이라는 조건을 사용한 뒤, 마찬가지로 SUM(CASE ~) 구문으로 직귀 수를 계산하고 AVG(CASE ~) 구문으로 직귀율을 계산합니다.

원포인트

페이지 열람 로그를 사용해서 앞의 리포트를 작성해도, 입력 시작 후에 이탈했는지 또는 입력도 하지 않고 이탈했는지는 판별할 수 없습니다. 앞서 16강 2절에서 설명했듯이 처음 입력한 항목을 클릭한 때 또는 처음 입력한 때에 자바스크립트로 로그를 송신해서 활용해야만 더 정밀하게 직귀율을 계산할 수 있습니다.

---

5 역주: 세션(session)은 특정 웹 브라우저 접근으로 생각하면 쉽습니다. 세션 쿠키가 발급되는 단위입니다.

4 오류가 발생하는 항목과 내용 집계하기

SQL SUM 윈도 함수

입력 양식에서의 오류율 집계는 16강 1절에서 소개했지만, 그 방법만으로는 발생한 오류가 어떤 원인으로 발생했는지 알 수 없습니다. 원인을 파악해야 근거를 가지고 적절히 대응할 수 있습니다.

입력 양식에서 오류가 발생한 경우에는 다음 데이터처럼 적절한 오류 로그를 출력하도록 하면 좋습니다.

데이터 16-2 입력 양식 오류 로그(form_error_log)

```
       stamp        | session | form   | field | error_type   | value
--------------------+---------+--------+-------+--------------+--------------
 2016-12-30 00:56:08 | 004dc3ef | regist | email | require      |
 2016-12-30 00:56:08 | 004dc3ef | regist | eng   | require      |
 2016-12-30 00:57:21 | 004dc3ef | regist | zip   | format_error | 101-
 2016-12-30 00:56:08 | 00700be4 | cart   | email | format_error | xxx---.co.kr
 2016-12-30 00:56:09 | 01061716 | regist | email | format_error | xxx@---cokr
 2016-12-30 00:56:42 | 01061716 | regist | eng   | not_eng      | 윤인성
 2016-12-30 00:56:09 | 02596e8a | regist | eng   | require      |
 2016-12-30 00:56:09 | 035a1ebb | cart   | tel   | format_error | 03-99999999
```

참고로 이 데이터는 입력 양식을 입력할 때 무엇을 입력했는지 리포트하고자 입력된 문자열을 로그로 그대로 출력합니다. 하지만 입력 양식에는 개인 정보가 포함될 가능성도 있으므로, 개인 정보 관련 항목은 입력된 문자열을 직접 저장하지 않게 주의해야 합니다. 또한 필요에 따라 저장해야 할 경우에는 관련된 보안 대책 등이 필요합니다. 소속된 조직의 규정대로 대응하기 바랍니다.

로그 출력 결과를 집계하고, 어떤 항목에 어떤 오류가 발생했는지를 정리한 리포트의 예를 들면 다음과 같습니다. share 필드는 폼 단위로 비율을 집계한 것입니다.

표 16-3 각 폼의 오류 발생 장소와 원인

form	name	error_type	count	share
cart	eng	require	30	60%
cart	eng	not_eng	10	20%
cart	email	require	10	20%
contact	email	require	3	60%
contact	tel	length_less	2	40%

다음 코드는 '각 입력 양식의 오류 발생 위치와 원인'을 정리해 리포트로 작성하는 쿼리입니다. 입력 양식의 종류, 입력 항목, 오류 종류로 집약하고 오류 수와 전체에서 차지하는 비율을 계산합니다. 전체에서 차지하는 비율을 구하고자 SUM 윈도 함수로 전체 오류 수의 모수(母数)를 구했습니다.

코드 16-4 각 입력 양식의 오류 발생 장소와 원인을 집계하는 쿼리

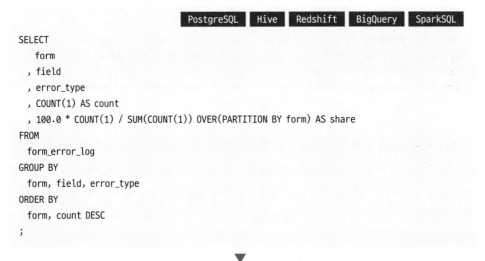

```
PostgreSQL   Hive   Redshift   BigQuery   SparkSQL
SELECT
    form
  , field
  , error_type
  , COUNT(1) AS count
  , 100.0 * COUNT(1) / SUM(COUNT(1)) OVER(PARTITION BY form) AS share
FROM
  form_error_log
GROUP BY
  form, field, error_type
ORDER BY
  form, count DESC
;
```

▼

```
  form    |    field     |    error_type      | count | share
----------+--------------+--------------------+-------+-------
  cart    | email        | format_error       |  106  | 14.68
  cart    | name         | require            |   75  | 10.38
  cart    | zip          | format_error       |   73  | 10.11
  cart    | tel          | format_error       |   72  |  9.97
...
  cart    | eng          | require            |   67  |  9.27
  cart    | email        | require            |   62  |  8.58
  cart    | email        | invalid_character  |   55  |  7.61
  contact | email        | format_error       |  109  | 16.07
  contact | eng          | require            |   77  | 11.35
...
```

원포인트

오류 발생율이 높은 항목부터 16강 첫 소절에서 설명한 대책을 실시하면 좋습니다.

장기간의 지표 추이를 꺾은선 그래프로 표현한 리포트를 작성한 경우를 생각해봅시다. 특정 기간과 기간 사이에 어느 정도의 성장이 이루어졌는지 또는 쇠퇴가 이루어졌는지 판단할 때, 해당 기간의 간격이 길다면 쉽게 판별하기 어려울 수 있습니다.

예를 들어 다음 그림의 기간A와 기간B에서 2개의 지표가 어느 정도 성장하는지 확인해봅시다. 녹색 지표는 성장세를 확실하게 알 수 있지만, 회색 지표는 성장과 쇠퇴를 판단하기 어렵습니다.

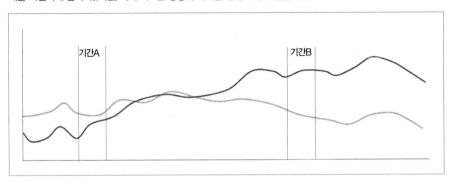

성장/쇠퇴를 파악하고 싶다면 종이로 출력해서 기간A의 종료일과 기간B의 시작일이 겹치게 접어보세요. 접은 종이는 다음과 같습니다. 결과를 보면 녹색 지표는 분명하게 성장했다는 것을 알 수 있습니다. 반면 회색 지표는 딱히 성장도 쇠퇴도 하지 않았음을 알 수 있습니다.

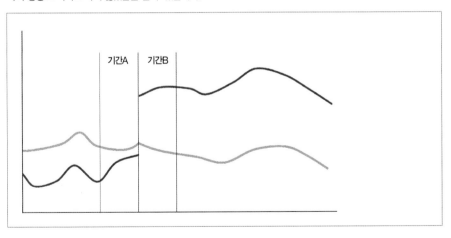

종이이므로 할 수 있는 간단한 방법입니다. 필자가 이렇게 리포트를 설명했을 때 다른 사람들이 굉장히 참신하다고 호평을 해주었는데요. 꼭 활용해보기 바랍니다.

7장

데이터 활용의
정밀도를 높이는
분석 기술

- -

데이터를 가공하여 데이터 부족과 노이즈 등의 문제를 해결하고, 원하는 분석을
제대로 할 수 있게 해주는 기술을 살펴봅시다.

17강

데이터를 조합해서 새로운 데이터 만들기

데이터를 분석할 때 '이런 데이터가 있다면 이런 분석도 할 수 있을 텐데'라는 아쉬운 상황이 꽤 많이 발생합니다. 하지만 그렇다고 분석을 단념해버리면 새로운 발전이 없을 것입니다.

데이터베이스를 아무리 잘 설계하더라도 시간이 지나면서 분석할 데이터가 부족해질 수 있습니다. 처음부터 서비스 운영을 목적으로 데이터를 설계하고, 분석을 아예 고려하지 않았다면 이러한 문제가 더 커집니다. 이때 새로운 데이터를 준비할 수 있다면 완전히 새로운 데이터 분석을 할 수 있습니다.

최근에는 국가, 대학, 연구 기관 등에서 공개하는 오픈 데이터를 쉽게 활용할 수 있습니다. 직접 구하기 어려운 데이터들은 이러한 오픈 데이터를 활용해 서비스와 결합해보기 바랍니다. 새로운 발견을 할 수 있을 것입니다.

이번 절에서는 외부 데이터를 읽어 들이는 방법과 데이터를 가공하는 방법을 알아보고, 이를 통해 분석의 폭을 넓히고 데이터의 정밀도를 높이는 방법을 소개하겠습니다.

1 IP 주소를 기반으로 국가와 지역 보완하기

SQL inet 자료형

분석 국가와 지역 판정

사용자 로그에 IP 주소가 있다면 국가와 지역을 보완할 수 있습니다. 이를 활용하면 사용자를 지역별로 구분하거나 타임존에 따라 구분해서 분석할 수 있습니다. 이번 절에서는 무료로 사용할 수 있는 지오로케이션 데이터베이스를 사용해 IP 주소를 기반으로 국가와 지역을 보완하는 방법을 소개하겠습니다. 참고로 코드 예는 PostgreSQL만 다루겠습니다.

이번 절에서는 다음과 같은 데이터를 사용하겠습니다.

데이터 17-1 IP 주소를 포함하는 액션 로그(action_log_with_ip) 테이블

```
 session | user_id | action |       ip        |        stamp
---------+---------+--------+-----------------+---------------------
 0CVKaz  | U001    | view   | 216.58.220.238  | 2016-11-03 18:00:00
 1QceiB  | U002    | view   | 98.139.183.24   | 2016-11-03 19:00:00
 1hI43A  | U003    | view   | 210.154.149.63  | 2016-11-03 20:00:00
```

GeoLite2 내려받기

'GeoLite2'는 맥스마인드(MaxMind)라는 업체에서 제공하는 무료 지오로케이션 데이터베이스입니다. GeoLite2 데이터베이스는 다양한 종류의 클라이언트에서 활용할 수 있는 바이너리 파일과, 데이터베이스에서 읽어 사용할 수 있는 CSV 파일 형식을 제공합니다. 일반적으로 한 달에 한 번 데이터를 업데이트합니다.

이번 절에서는 제공되는 CSV 파일을 사용해 PostgreSQL 테이블로 데이터를 읽어 들이는 방법을 소개하겠습니다. 일단 공식 다운로드 페이지[1]에 들어가서 CSV 형식의 파일을 내려받습니다. 국가 정보만 있어도 충분하다면 'GeoLite2 Country'를, 더 자세한 도시 정보까지 필요하다면 'GeoLite2 City'를 사용합니다.

---

1 저자주_ http://dev.maxmind.com/geoip/geoip2/geolite2/

그림 17-1 GeoLite2 다운로드 페이지

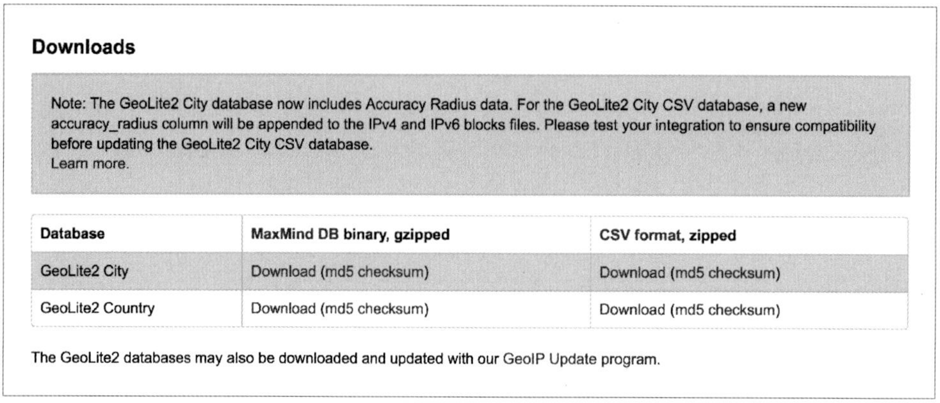

Downloads

Note: The GeoLite2 City database now includes Accuracy Radius data. For the GeoLite2 City CSV database, a new accuracy_radius column will be appended to the IPv4 and IPv6 blocks files. Please test your integration to ensure compatibility before updating the GeoLite2 City CSV database.
Learn more.

Database	MaxMind DB binary, gzipped	CSV format, zipped
GeoLite2 City	Download (md5 checksum)	Download (md5 checksum)
GeoLite2 Country	Download (md5 checksum)	Download (md5 checksum)

The GeoLite2 databases may also be downloaded and updated with our GeoIP Update program.

내려받은 ZIP 파일을 압축 해제하고, CSV 파일을 PostgreSQL 서버의 적당한 위치에 배치합니다. GeoLite2는 IPv4와 IPv6에 모두 대응합니다. 이번 절에서는 'GeoLite2-City-Blocks-IPv4.csv'를 사용하겠습니다. 추가로 지역 정보 마스터 데이터로는 영어 버전인 'GeoLite2-City-Locations-en.csv'를 사용하겠습니다. 이외의 언어가 필요한 경우 해당 언어의 파일을 사용하기 바랍니다.

이어서 CSV 파일 형식을 그대로 데이터베이스에 테이블로 만들고 읽어 들이겠습니다. CSV 파일 형식은 공식 문서[2]를 참고해주세요.

다음 코드는 2개의 CSV 파일을 테이블로 정의하고 데이터를 읽어 들이는 쿼리입니다. 네트워크 범위 정의는 PostgreSQL에서 IP 주소를 다룰 때 사용하는 inet 자료형을 사용합니다.

코드 17-1 GeoLite2의 CSV 데이터를 로드하는 쿼리

`PostgreSQL`

```
DROP TABLE IF EXISTS mst_city_ip;
CREATE TABLE mst_city_ip(
    network                           inet PRIMARY KEY
  , geoname_id                        integer
  , registered_country_geoname_id     integer
  , represented_country_geoname_id    integer
  , is_anonymous_proxy                boolean
  , is_satellite_provider             boolean
```

---

2 **저자주_** http://dev.maxmind.com/geoip/geoip2/geoip2-city-country-csv-databases/

```
    , postal_code              varchar(255)
    , latitude                 numeric
    , longitude                numeric
    , accuracy_radius          integer
);

DROP TABLE IF EXISTS mst_locations;
CREATE TABLE mst_locations(
      geoname_id                integer PRIMARY KEY
    , locale_code               varchar(255)
    , continent_code            varchar(10)
    , continent_name            varchar(255)
    , country_iso_code          varchar(10)
    , country_name              varchar(255)
    , subdivision_1_iso_code    varchar(10)
    , subdivision_1_name        varchar(255)
    , subdivision_2_iso_code    varchar(10)
    , subdivision_2_name        varchar(255)
    , city_name                 varchar(255)
    , metro_code                integer
    , time_zone                 varchar(255)
);

COPY mst_city_ip  FROM '/path/to/GeoLite2-City-Blocks-IPv4.csv' WITH CSV HEADER;
COPY mst_locations FROM '/path/to/GeoLite2-City-Locations-en.csv' WITH CSV HEADER;
```

앞의 코드 예에서 로드한 CSV 파일의 데이터 샘플은 다음과 같습니다(데이터 17-2, 데이터 17-3).

데이터 17-2 IP 주소와 지역 정보 마스터 테이블(mst_city_ip)의 샘플 데이터

```
-[ RECORD 1 ]-----------------+-----------
network                       | 1.0.0.0/24
geoname_id                    | 2077456
registered_country_geoname_id | 2077456
represented_country_geoname_id|
is_anonymous_proxy            | f
is_satellite_provider         | f
postal_code                   |
latitude                      | -33.4940
longitude                     | 143.2104
accuracy_radius               | 1000
```

```
-[ RECORD 2 ]-----------------+-----------
network                       | 1.0.1.0/24
geoname_id                    | 1810821
registered_country_geoname_id | 1814991
represented_country_geoname_id|
is_anonymous_proxy            | f
is_satellite_provider         | f
postal_code                   |
latitude                      | 26.0614
longitude                     | 119.3061
accuracy_radius               | 50
```

데이터 17-3 지역 정보 마스터 테이블(mst_locations)의 샘플 데이터

```
-[ RECORD 1 ]----------+--------------
geoname_id             | 16617
locale_code            | en
continent_code         | EU
continent_name         | Europe
country_iso_code       | CY
country_name           | Cyprus
subdivision_1_iso_code | 05
subdivision_1_name     | Pafos
subdivision_2_iso_code |
subdivision_2_name     |
city_name              | Choletria
metro_code             |
time_zone              | Asia/Nicosia
-[ RECORD 2 ]----------+--------------
geoname_id             | 49518
locale_code            | en
continent_code         | AF
continent_name         | Africa
country_iso_code       | RW
country_name           | Rwanda
subdivision_1_iso_code |
subdivision_1_name     |
subdivision_2_iso_code |
subdivision_2_name     |
city_name              |
metro_code             |
time_zone              | Africa/Kigali
```

IP 주소로 국가와 지역 정보 보완하기

GeoLite2 데이터 로드가 완료되면, 액션 로그의 IP 주소와 결합해서 국가와 지역 정보를 보완해봅시다. 다음 코드 예는 IP 주소를 기반으로 지역, 국가, 도시, 타임존 등의 지역 정보를 보완하는 쿼리입니다.

코드 17-2 액션 로그의 IP 주소로 국가와 지역 정보를 추출하는 쿼리

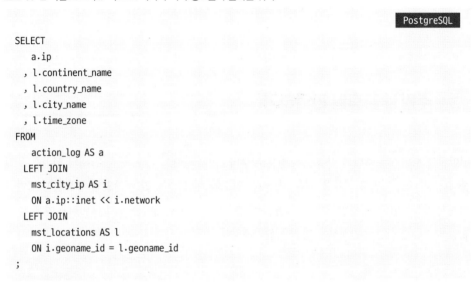

PostgreSQL

```sql
SELECT
    a.ip
  , l.continent_name
  , l.country_name
  , l.city_name
  , l.time_zone
FROM
    action_log AS a
  LEFT JOIN
    mst_city_ip AS i
    ON a.ip::inet << i.network
  LEFT JOIN
    mst_locations AS l
    ON i.geoname_id = l.geoname_id
;
```

실행결과

```
       ip       | continent_name | country_name |  city_name    |    time_zone
----------------+----------------+--------------+---------------+--------------------
 216.58.220.238 | North America  | United States | Mountain View | America/Los_Angeles
 98.139.183.24  | North America  | United States | Sunnyvale     | America/Los_Angeles
 210.154.149.63 | Asia           | Japan        |               | Asia/Tokyo
```

이 코드의 출력결과를 보면 알 수 있듯이 IP 주소를 사용하면 전 세계 모든 국가와 지역 정보를 추출해서 활용할 수 있습니다.

PostgreSQL 이외의 미들웨어에서 IP 주소를 다루는 방법은 6강 6절에서 소개했습니다. 네트워크 범위의 최소/최대 IP 주소를 계산하고, 비교 가능한 형식으로 변환해야 다양하게 활용할 수 있습니다. CSV 파일의 데이터를 전처리 해주는 'GeoIP2 CSV Format Converter[3]' 등의 도구가 있으므로 한번 살펴보기 바랍니다.

2 주말과 공휴일 판단하기

분석 주말/공휴일

일반적인 서비스는 주말과 공휴일에 방문 횟수와 CV가 늘어납니다. 물론 반대의 서비스도 있습니다. 따라서 월별로 목표를 세울 때, 해당 연도와 해당 월에 있는 주말과 공휴일이 얼마나 되는지 계산하면 더 정확한 목표를 세울 수 있습니다. 이번 절에서는 로그 데이터가 주말과 공휴일에 기록된 것인지 판정하는 방법을 살펴봅시다.

샘플 데이터

이번 절에서는 다음과 같은 접근 로그를 사용해서 주말과 공휴일을 판정하는 방법을 소개하겠습니다.

데이터 17-4 접근 로그(access_log) 테이블

```
 session | user_id | action |       stamp
---------+---------+--------+--------------------
 98900e  | U001    | view   | 2016-10-01 18:00:00
 98900e  | U001    | view   | 2016-10-02 20:00:00
 98900e  | U001    | view   | 2016-10-03 22:00:00
 1cf768  | U002    | view   | 2016-10-04 23:00:00
 1cf768  | U002    | view   | 2016-10-05 00:30:00
```

----

3 주석_ https://github.com/maxmind/geoip2-csv-converter/releases

```
1cf768   | U002   | view   | 2016-10-06 02:30:00
87b575   | U001   | view   | 2016-10-07 03:30:00
87b575   | U001   | view   | 2016-10-08 04:00:00
87b575   | U001   | view   | 2016-10-09 12:00:00
eee2b2   | U002   | view   | 2016-10-10 13:00:00
eee2b2   | U001   | view   | 2016-10-11 15:00:00
...
```

공휴일 정보 테이블

날짜 데이터를 사용하면 쉽게 토요일과 일요일을 파악할 수 있습니다. 하지만 공휴일(설날, 추석 등)은 판정할 수 없습니다. 이러한 공휴일을 판정하려면 별도의 데이터가 필요합니다.

일반적으로는 공휴일을 저장할 수 있게 공휴일 정보 테이블을 만들어서 사용합니다. 다음과 같은 형태로 테이블을 정의하고 데이터를 저장하면 됩니다.

코드 17-3 PostgreSQL에서의 주말과 공휴일을 정의하는 방법 예

`PostgreSQL`

```
CREATE TABLE mst_calendar(
    year         integer
  , month        integer
  , day          integer
  , dow          varchar(10)
  , dow_num      integer
  , holiday_name varchar(255)
);
```

데이터 17-5 mst_calendar 테이블

```
year | month | day | dow | dow_num | holiday_name
------+-------+-----+-----|---------+--------------
2015 |     1 |   1 | Thu |       4 | 신정
2015 |     1 |   2 | Fri |       5 |
2015 |     1 |   3 | Sat |       6 |
...
```

주말과 공휴일 판정하기

다음 코드는 읽어 들인 데이터들을 기반으로 주말과 공휴일을 판정하는 쿼리입니다. 전처리를 생략하고 JOIN 조건으로 곧바로 날짜를 결합하는데요. 실제 운용할 때는 퍼포먼스를 위해 미리 날짜 전용 컬럼을 만들어두는 것이 좋습니다.

코드 17-4 주말과 공휴일을 판정하는 쿼리

`PostgreSQL`　`Hive`　`Redshift`　`BigQuery`　`SparkSQL`

```
SELECT
    a.action
, a.stamp
, c.dow
, c.holiday_name
    -- 주말과 공휴일 판정
, c.dow_num IN (0, 6) -- 토요일과 일요일 판정하기
  OR c.holiday_name IS NOT NULL -- 공휴일 판정하기
  AS is_day_off
FROM
    access_log AS a
  JOIN
    mst_calendar AS c
  -- 액션 로그의 타임스탬프에서 연, 월, 일을 추출하고 결합하기
  -- ■ PostgreSQL, Hive, Redshift, SparkSQL의 경우 다음과 같이 사용
  -- ■ BigQuery의 경우 substring를 substr, int를 int64로 수정하기
  ON  CAST(substring(a.stamp, 1, 4) AS int) = c.year
  AND CAST(substring(a.stamp, 6, 2) AS int) = c.month
  AND CAST(substring(a.stamp, 9, 2) AS int) = c.day
;
```

▼

실행결과

```
 action |     action_time     | dow | holiday_name | is_day_off
--------+---------------------+-----+--------------+------------
 view   | 2016-10-01 18:00:00 | Sat |              | t
 view   | 2016-10-02 20:00:00 | Sun |              | t
 view   | 2016-10-03 22:00:00 | Mon | 개천절       | t
 view   | 2016-10-04 23:00:00 | Tue |              | f
 view   | 2016-10-05 00:30:00 | Wed |              | f
 view   | 2016-10-06 02:30:00 | Thu |              | f
 view   | 2016-10-07 03:30:00 | Fri |              | f
 view   | 2016-10-08 04:00:00 | Sat |              | t
```

```
 view  | 2016-10-09 12:00:00 | Sun |            | t
 view  | 2016-10-10 13:00:00 | Mon |            | f
 view  | 2016-10-11 15:00:00 | Tue |            | f
```

3 하루 집계 범위 변경하기

SQL 날짜/시간 함수
분석 날짜 범위

날짜별로 데이터를 집계할 경우, 그냥 집계하면 자정(0시) 기준으로 데이터가 처리됩니다. 대부분의 서비스는 자정 전후의 사용 비율이 꽤 많습니다. 그런데 이를 잘라 다른 날짜로 구분해버리면 사용자의 행동을 파악하기 어려울 수 있습니다.

예를 들어 지속률을 계산하는 경우에도 등록 시간이 23:59이라면, 날짜가 바뀌면서 한 번만 사용해도 2일간 사용자로 취급됩니다.

이번 절에서는 사용자의 활동이 가장 적은 오전 4시 정도를 기준으로, 오전 4시부터 다음 날 오전 3시 59분 59초까지를 하루로 집계할 수 있게 데이터를 가공하는 방법을 알아보겠습니다.

샘플 데이터

이번 절에서는 다음과 같은 액션 로그를 사용해서 오전 0시부터 오전 4시까지의 데이터를 이전 날의 데이터로 취급하게 데이터를 가공하겠습니다.

데이터 17-6 액션 로그(action_log) 테이블

```
 session | user_id | action |        stamp
---------+---------+--------+---------------------
 98900e  | U001    | view   | 2016-11-03 18:00:00
 98900e  | U001    | view   | 2016-11-03 20:00:00
 98900e  | U001    | view   | 2016-11-03 22:00:00
 1cf768  | U002    | view   | 2016-11-03 23:00:00
 1cf768  | U002    | view   | 2016-11-04 00:30:00
 1cf768  | U002    | view   | 2016-11-04 02:30:00
 87b575  | U001    | view   | 2016-11-04 03:30:00
```

```
87b575  | U001   | view   | 2016-11-04 04:00:00
87b575  | U001   | view   | 2016-11-04 12:00:00
eee2b2  | U002   | view   | 2016-11-04 13:00:00
eee2b2  | U001   | view   | 2016-11-04 15:00:00
```

하루 집계 범위 변경하기

하루 집계 범위를 오전 4시에서 시작하게 변경하고 싶다면, 타임스탬프의 시간을 4시간 당기면 됩니다. 다음 코드는 원래 날짜(raw_date)와 4시간 당긴 날짜(mod_date)를 구하는 예입니다. 출력 결과를 확인하면 11월 4일 오전 0시~3시 59분에 있는 로그가 11월 3일로 판정되어 있는 것을 볼 수 있습니다.

코드 17-5 날짜 집계 범위를 오전 4시부터로 변경하는 쿼리

```
WITH
action_log_with_mod_stamp AS (
  SELECT *
    -- 4시간 전의 시간 계산하기
    -- ■ PostgreSQL의 경우 interval 자료형의 데이터를 사용해 날짜를 사칙연산 할 수 있음
    , CAST(stamp::timestamp - '4 hours'::interval AS text) AS mod_stamp
    -- ■ Redshift의 경우 dateadd 함수 사용하기
    -- , CAST(dateadd(hour, -4, stamp::timestamp) AS text) AS mod_stamp
    -- ■ BigQuery의 경우 timestamp_sub 함수 사용하기
    -- , CAST(timestamp_sub(timestamp(stamp), interval 4 hour) AS string) AS mod_stamp
    -- ■ Hive, SparkSQL의 경우 한 번 unixtime으로 변환한 뒤 초 단위로 계산하고
    --    다시 타임스탬프로 변환하기
    -- , from_unixtime(unix_timestamp(stamp) - 4 * 60 * 60) AS mod_stamp
  FROM action_log
)
SELECT
    session
  , user_id
  , action
  , stamp
  -- 원래 타임스탬프(raw_date)와, 4시간 후를 나타내는 타임스탬프(mod_date) 추출하기
  -- ■ PostgreSQL, Hive, Redshift, SparkSQL의 경우 다음과 같이 사용하기
  , substring(stamp, 1, 10) AS raw_date
  , substring(mod_stamp, 1, 10) AS mod_date
  -- ■ BigQuery의 경우 substring을 substr로 수정하기
```

```
--  , substr(stamp, 1, 10) AS raw_date
--  , substr(mod_stamp, 1, 10) AS mod_date
FROM action_log_with_mod_stamp;
```

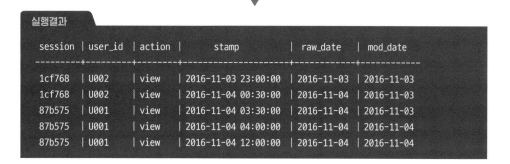

```
 session | user_id | action |        stamp        |  raw_date  | mod_date
---------+---------+--------+---------------------+------------+------------
 1cf768  | U002    | view   | 2016-11-03 23:00:00 | 2016-11-03 | 2016-11-03
 1cf768  | U002    | view   | 2016-11-04 00:30:00 | 2016-11-04 | 2016-11-03
 87b575  | U001    | view   | 2016-11-04 03:30:00 | 2016-11-04 | 2016-11-03
 87b575  | U001    | view   | 2016-11-04 04:00:00 | 2016-11-04 | 2016-11-04
 87b575  | U001    | view   | 2016-11-04 12:00:00 | 2016-11-04 | 2016-11-04
```

원포인트

하루 집계 범위를 모든 리포트에 적용한다면, 로그 수집과 데이터 집계와 관련한 배치 처리 시간을 집계 범위에 맞게 변경해야 합니다. 참고로 날짜를 기반으로 무언가를 집계/변경하는 경우 원래 데이터를 꼭 따로 백업한 뒤 가공하기 바랍니다.

이상값 검출하기

데이터 분석을 진행할 때는 데이터의 정합성 보장을 전제로 합니다. 하지만 실제 데이터를 살펴보면 빠진 부분이 있거나 노이즈가 섞인 경우가 꽤 많습니다. 예를 들어 웹사이트 접근 로그, 센서 데이터 등에는 분석 담당자가 의도하지 않은 데이터가 꽤 많이 섞여 있습니다.

이번 절에서는 웹사이트의 접근 로그를 기반으로 노이즈 등의 이상값을 검출해서, 데이터 분석의 전제라고 할 수 있는 데이터 클렌징 방법을 소개하겠습니다.

샘플 데이터

이번 절에서 사용할 액션 로그 샘플 데이터는 다음과 같습니다. 데이터의 컬럼에는 세션, 액션 종류, 상품 ID, URL, IP 주소, 사용자 에이전트, 타임스탬프가 저장됩니다.

데이터 18-1 노이즈를 포함한 액션 로그(action_log_with_noise) 샘플 데이터

```
  stamp        | session | action   | products | url     | ip      | user_agent
---------------+---------+----------+----------+---------+---------+--------------
 2016-11-03... | 1b700   | view     |          | http... | 98.1... | Mozilla/5...
 2016-11-03... | 1b700   | add_cart | D001     | http... | 98.1... | Mozilla/5...
 2016-11-03... | 1b700   | purchase | D001     | http... | 98.1... | Mozilla/5...
 2016-11-03... | 0fb22   | view     |          | http... | 210.... | Mozilla/5...
 2016-11-03... | 0fb22   | view     |          | http... | 210.... | Mozilla/5...
 2016-11-04... | fdb83   | view     |          | http... | 127.... | Mozilla/5...
 2016-11-04... | fe8df   | view     |          | http... | 192.... | Mozilla/5...
```

```
2016-11-04... | fe8df   | view     |       | http... | 192.... | Mozilla/5...
2016-11-04... | fe8df   | view     |       | http... | 192.... | Mozilla/5...
2016-11-04... | 14bec   | view     |       | http... | 10.0... | Mozilla/5...
2016-11-04... | 14bec   | view     |       | http... | 10.0... | Mozilla/5...
2016-11-04... | 739ba   | view     |       | http... | 210.... | Mozilla/5...
2016-11-04... | 739ba   | view     |       | http... | 210.... | Mozilla/5...
2016-11-04... | 739ba   | add_cart |       | http... | 210.... | Mozilla/5...
2016-11-04... | a2cfa   | view     |       | http... | 126.... | Mozilla/5...
2016-11-04... | a2cfa   | view     |       | http... | 126.... | Mozilla/5...
...
```

1 　데이터 분산 계산하기

SQL ▶ PERCENT_RANK 함수
분석 ▶ 상위 n%, 하위 n%

로그 데이터에서 이상값을 검출하는 가장 기본적인 방법은 데이터의 분산을 계산하고, 그러한 분산에서 많이 벗어난 값을 찾는 것입니다.

예를 들어 웹사이트의 접근 로그에서 어떤 세션의 페이지 조회 수가 극단적으로 많다면, 다른 업체 또는 크롤러일 가능성이 있습니다. 반대로 극단적으로 접근이 적다면 존재하지 않는 URL에 잘못 접근했을 가능성이 있습니다.

세션별로 페이지 열람 수 랭킹 비율 구하기

어떤 세션의 조회 수가 극단적으로 많은지 확인하려면, 세션별로 조회 수를 계산한 뒤 조회 수가 많은 상위 n%의 데이터를 확인합니다.

다음 코드는 세션별로 페이지 조회 수를 집계하고, PERCENT_RANK 함수를 사용해 페이지 조회 수 랭킹을 비율로 구하는 쿼리입니다. PERCENT_RANK의 값은 (rank − 1) / (〈전체 수〉 − 1)로 계산된 비율을 나타냅니다.

코드 18-1 세션별로 페이지 열람 수 랭킹 비율을 구하는 쿼리

`PostgreSQL` `Hive` `Redshift` `BigQuery` `SparkSQL`

```
WITH
session_count AS (
  SELECT
      session
    , COUNT(1) AS count
  FROM
    action_log_with_noise
  GROUP BY
    session
)
SELECT
    session
  , count
  , RANK() OVER(ORDER BY count DESC) AS rank
  , PERCENT_RANK() OVER(ORDER BY count DESC) AS percent_rank
FROM
  session_count
;
```

▼

실행결과

```
 session | count | rank | percent_rank
---------+-------+------+--------------
  c33fb  |   17  |   1  |     0.00
  7af12  |    3  |   2  |     0.14
  1b700  |    3  |   2  |     0.14
  fe8df  |    3  |   2  |     0.14
  14bec  |    2  |   5  |     0.57
  0fb22  |    2  |   5  |     0.57
  fdb83  |    1  |   7  |     0.85
  694dd  |    1  |   7  |     0.85
```

예를 들어 이번 실행 결과처럼 percent_rank가 0.05 이하인 것을 필터링하면, 세션별로 페이지 열람 수가 많은 상위 5%의 세션을 필터링할 수 있습니다.

URL 접근 수 워스트(worst) 랭킹 비율 구하기

마찬가지로 URL 접근 수 워스트 랭킹을 비율로 출력하는 쿼리를 살펴봅시다. 이번에는 접근 수가 적은 URL을 상위에 출력할 것이므로, 윈도 함수 내부의 ORDER BY 구문을 ASC로 지정했습니다.

코드 18-2 URL 접근 수 워스트 랭킹 비율을 출력하는 쿼리

| PostgreSQL | Hive | Redshift | BigQuery | SparkSQL |

```
WITH
url_count AS (
  SELECT
     url
   , COUNT(*) AS count
  FROM
    action_log_with_noise
  GROUP BY
     url
)
SELECT
   url
 , count
 , RANK() OVER(ORDER BY count ASC) AS rank
 , PERCENT_RANK() OVER(ORDER BY count ASC)
FROM
  url_count
;
```

▼

실행결과

```
url                                  | count | rank | percent_rank
-------------------------------------+-------+------+-------------
http://www.example.com/detail?id=4   |    1  |   1  |    0.0000
http://www.example.com/detail?id=1   |    9  |   2  |    0.3333
http://www.example.com/detail?id=2   |   10  |   3  |    0.6666
http://www.example.com/detail?id=3   |   12  |   4  |    1.0000
```

이러한 결과를 사용하면 접근 수가 일정 기준 이하거나 percent_rank가 지정값보다 큰 것들을 필터링해서 접근 수가 적은 레코드를 제외할 수 있습니다.

접근 로그에는 사용자 행동 이외에도 검색 엔진이나 도구(크롤러)가 접근한 로그가 섞입니다. 웹사이트에 따라서 섞이는 비율은 다르지만, 사용자의 접근 수만큼 또는 그 이상 크롤러로부터 접근이 발생하는 경우도 있습니다.

분석할 때 크롤러의 로그는 노이즈가 되므로 제거한 뒤 분석해야 합니다. 크롤러인지 사용자인지 판별하려면 사용자 에이전트 등을 보고 구분합니다.

크롤러 접근 로그를 처음부터 출력하지 않게 설정할 수도 있지만, 새로운 크롤러가 계속 개발되므로 크롤러의 접근 로그는 결국 섞이게 됩니다. 따라서 로그로 저장된 이후에 제외하는 것이 좋습니다.

추가로 크롤러 접근도 크롤러 유도를 분석할 때 사용할 수 있는 정보입니다. 따라서 일단 저장해두면 언제인가 활용할 수 있습니다.

크롤러 접근을 제외하는 방법

크롤러의 접근을 제외하는 방법은 굉장히 많습니다. 이번 절에서는 다음과 같은 두 가지 방법을 알아보겠습니다.

❶ 규칙을 기반으로 제외하기
❷ 마스터 데이터를 사용해 제외하기

| 규칙을 기반으로 제외하기 |

크롤러의 사용자 에이전트에 있는 특징들을 사용하면 쉽게 제외할 수 있습니다. 일반적으로 크롤러에는 다음과 같은 문자열이 포함되어 있거나 이름이 붙어 있습니다.

표 18-1 **크롤러를 판정할 때 사용할 수 있는 규칙**

특정 문자열 포함	bot / crawler / spider etc…
이름 포함	Googlebot / Baiduspider / Yeti / Yahoo / Tumblr etc…

이러한 규칙을 기반으로 크롤러를 제외하는 방법은 다음과 같습니다. 규칙 기반으로 제외하는 것이므로, 새로운 크롤러가 발생했을 경우에도 규칙만 조금 수정하면 쉽게 제외할 수 있습니다.

코드 18-3 규칙을 기반으로 크롤러를 제외하는 쿼리

| PostgreSQL | Hive | Redshift | BigQuery | SparkSQL |

```sql
SELECT
  *
FROM
  action_log_with_noise
WHERE
  NOT
  -- 크롤러 판정 조건
  (   user_agent LIKE'%bot%'
   OR user_agent LIKE'%crawler%'
   OR user_agent LIKE'%spider%'
   OR user_agent LIKE'%archiver%'
   -- (생략)
  )
;
```

▼

실행결과

```
    stamp      | session | action   | products | url      | ip      | user_agent
---------------+---------+----------+----------+---------+---------+--------------
 2016-11-03... | 0fb22   | view     |          | http... | 210.... | Mozilla/5...
 2016-11-03... | 0fb22   | view     |          | http... | 210.... | Mozilla/5...
 2016-11-04... | fdb83   | view     |          | http... | 127.... | Mozilla/5...
 2016-11-04... | fe8df   | view     |          | http... | 192.... | Mozilla/5...
 2016-11-04... | fe8df   | view     |          | http... | 192.... | Mozilla/5...
 2016-11-04... | fe8df   | view     |          | http... | 192.... | Mozilla/5...
 2016-11-04... | 14bec   | view     |          | http... | 10.0... | Mozilla/5...
 2016-11-04... | 14bec   | add_cart |          | http... | 10.0... | Mozilla/5...
 2016-11-04... | 694dd   | view     |          | http... | 172.... | ...
 2016-11-04... | 7af12   | view     |          | http... | 192.... | Mozilla/5...
 2016-11-04... | 7af12   | add_cart | D002     | http... | 192.... | Mozilla/5...
 2016-11-04... | 7af12   | purchase | D002     | http... | 192.... | Mozilla/5...
 2016-11-04... | c33fb   | view     |          | http... | 216.... | ...
```

마스터 데이터를 사용해 제외하기

이전 코드처럼 규칙을 사용하면, SQL에 직접 규칙을 작성하므로 규칙이 많아질수록 SQL이 길어지게 되며, 여러 곳에서 이러한 규칙을 사용할 경우 SQL들을 관리하기 번거로울 수 있습니다.

별도의 크롤러 마스터 데이터를 만들기만 하면 이러한 번거로움을 줄일 수 있습니다.

코드 18-4 마스터 데이터를 사용해 제외하는 쿼리

```sql
WITH
mst_bot_user_agent AS (
            SELECT '%bot%'      AS rule
  UNION ALL SELECT '%crawler%'  AS rule
  UNION ALL SELECT '%spider%'   AS rule
  UNION ALL SELECT '%archiver%' AS rule
)
, filtered_action_log AS (
  SELECT
     l.stamp, l.session, l.action, l.products
   , l.url , l.ip, l.user_agent
  -- UserAgent의 규칙에 해당하지 않는 로그만 남기기
  -- ■ PostgreSQL, Redshift, BigQuery의 경우
  --   WHERE 구문에 상관 서브쿼리를 사용할 수 있음
  FROM
    action_log_with_noise AS l
  WHERE
    NOT EXISTS (
      SELECT 1
      FROM mst_bot_user_agent AS m
      WHERE
        l.user_agent LIKE m.rule
    )
  -- ■ 상관 서브쿼리를 사용할 수 없는 경우
  --   CROSS JOIN으로 마스터 데이터를 결합하고,
  --   HAVING 구문으로 일치하는 규칙이 0인(없는) 레코드만 남기기
  --   ※ PostgreSQL, Hive, Redshift, BigQuery, SparkSQL의 경우
  -- FROM
  --   action_log_with_noise AS l
  --   CROSS JOIN
  --   mst_bot_user_agent AS m
  -- GROUP BY
  --   l.stamp, l.session, l.action, l.products
  --   , l.url , l.ip, l.user_agent
  -- HAVING SUM(CASE WHEN l.user_agent LIKE m.rule THEN 1 ELSE 0 END) = 0
```

```
)
SELECT
  *
FROM
  filtered_action_log
;
```

▼

실행결과

```
    stamp      | session | action   | products | url     | ip     | user_agent
---------------+---------+----------+----------+---------+--------+---------------
 2016-11-03... | 0fb22   | view     |          | http... | 210... | Mozilla/5...
 2016-11-03... | 0fb22   | view     |          | http... | 210... | Mozilla/5...
 2016-11-04... | fdb83   | view     |          | http... | 127... | Mozilla/5...
 2016-11-04... | fe8df   | view     |          | http... | 192... | Mozilla/5...
 2016-11-04... | fe8df   | view     |          | http... | 192... | Mozilla/5...
 2016-11-04... | fe8df   | view     |          | http... | 192... | Mozilla/5...
 2016-11-04... | 14bec   | view     |          | http... | 10.0... | Mozilla/5...
 2016-11-04... | 14bec   | add_cart |          | http... | 10.0... | Mozilla/5...
 2016-11-04... | 694dd   | view     |          | http... | 172... | ...
 2016-11-04... | 7af12   | view     |          | http... | 192... | Mozilla/5...
 2016-11-04... | 7af12   | add_cart | D002     | http... | 192... | Mozilla/5...
 2016-11-04... | 7af12   | purchase | D002     | http... | 192... | Mozilla/5...
 2016-11-04... | c33fb   | view     |          | http... | 216... | ...
```

크롤러 감시하기

크롤러가 새로 발생하는지를 확인하려면, 다음과 같은 코드의 쿼리를 주기적으로 실행합니다.

마스터 데이터를 사용해서 제외한 로그에서, 접근이 많은 사용자 에이전트를 순위대로 추출한 뒤 크롤러의 마스터 데이터에서 누락된 사용자 에이전트가 없는지 확인합니다.

코드 18-5 접근이 많은 사용자 에이전트를 확인하는 쿼리

PostgreSQL   Hive   Redshift   BigQuery   SparkSQL

```
WITH
mst_bot_user_agent AS (
  -- [코드 18-4] 참고하기
)
, filtered_action_log AS (
```

```
  -- [코드 18-4] 참고하기
)
SELECT
    user_agent
  , COUNT(1) AS count
  , 100.0
    * SUM(COUNT(1)) OVER(ORDER BY COUNT(1) DESC
        ROWS BETWEEN UNBOUNDED PRECEDING AND CURRENT ROW)
    / SUM(COUNT(1)) OVER() AS cumulative_ratio
FROM
  filtered_action_log
GROUP BY
  user_agent
ORDER BY
  count DESC
;
```

▼

실행결과

```
          user_agent           | count |    cumulative_ratio
-------------------------------+-------+----------------------
Mozilla/5.0 (Windows NT 6.1; ... |   3   |        46.1538
Mozilla/5.0 (Macintosh; Intel... |   3   |        46.1538
                                 |   2   |        92.3076
Mozilla/5.0 (Windows NT 10.0;... |   2   |        92.3076
Mozilla/5.0 (Macintosh; Intel... |   2   |        92.3076
Mozilla/5.0 (Windows NT 6.1; ... |   1   |       100.0000
```

이 코드 예의 cumulative_ratio는 구성비누계를 계산한 값입니다. 참고로 구성비누계와 관련된 내용은 10강 2절을 참고해주세요.

정리

지금까지는 접근이 없었던 크롤러가 어느 날을 기점으로 접근이 많아지거나, 새로운 크롤러가 추가되는 등 접근 상황은 계속 변합니다. 따라서 매주 또는 적어도 매달 크롤러 접근 로그를 확인하기 바랍니다.

3 데이터 타당성 확인하기

SQL AVG(CASE ~)
분석 데이터 검증

사용자 로그 데이터를 사용해 분석할 경우, 원래의 로그 데이터에 결손 또는 오류가 있다면 제대로 분석할 수 없습니다. 이번 절에서는 액션 로그 데이터의 타당성을 쉽게 확인하는 테크닉을 소개하겠습니다.

이번 절에서는 결손 값을 포함한 액션 로그를 샘플 데이터로 사용하겠습니다.

데이터 18-2 결손값을 포함한 액션 로그(invalid_action_log) 테이블

```
 session | user_id | action   | category | products  | amount |        stamp
---------+---------+----------+----------+-----------+--------+--------------------
 0CVKaz  | U001    | view     |          |           |        | 2016-11-03 18:00:00
 0CVKaz  | U001    | favorite | drama    | D001      |        | 2016-11-03 18:00:00
 0CVKaz  | U001    | add_cart | drama    | D002      |        | 2016-11-03 18:01:00
 0CVKaz  | U001    | add_cart | drama    |           |        | 2016-11-03 18:02:00
 0CVKaz  | U001    | purchase | drama    | D001,D002 |   2000 | 2016-11-03 18:10:00
 1QceiB  | U002    | purchase | drama    | D002      |   1000 | 2016-11-04 13:00:00
 1QceiB  | U001    | purchase | action   | A005,A006 |   1000 |
...
```

현재 액션 로그 테이블은 액션의 종류에 따라 필수 컬럼이 다릅니다. 예를 들어 view 액션에는 상품 카테고리, 상품 ID가 필요하지 않습니다. 또한 상품의 금액은 purchase 액션만 필요합니다. 로그 데이터가 이와 같은 요건들을 만족하는지 확인하는 쿼리를 작성하면 다음과 같습니다.코드 예에서는 액션들을 GROUP BY로 집약해서, 액션 또는 사용자 ID 등의 각 컬럼이 만족해야 하는 요건을 CASE 식으로 판정합니다. 이러한 컬럼의 요건을 만족하면 CASE 식의 값은 1이 되며, 만족하지 않는다면 0이 됩니다. 그리고 이러한 CASE 식의 값을 AVG 함수로 집약해서 로그 데이터 전체의 조건 만족 비율을 계산합니다.

```
                              PostgreSQL   Hive   Redshift   BigQuery   SparkSQL
SELECT
  action

  -- session은 반드시 NULL이 아니어야 함
, AVG(CASE WHEN session IS NOT NULL THEN 1.0 ELSE 0.0 END) AS session

  -- user_id은 반드시 NULL이 아니어야 함
, AVG(CASE WHEN user_id IS NOT NULL THEN 1.0 ELSE 0.0 END) AS user_id

  -- category는 action=view의 경우 NULL, 이외의 경우 NULL이 아니어야 함
, AVG(
    CASE action
      WHEN 'view' THEN
        CASE WHEN category IS NULL THEN 1.0 ELSE 0.0 END
      ELSE
        CASE WHEN category IS NOT NULL THEN 1.0 ELSE 0.0 END
    END
  ) AS category

  -- products는 action=view의 경우 NULL, 이외의 경우 NULL이 아니어야 함
, AVG(
    CASE action
      WHEN 'view' THEN
        CASE WHEN products IS NULL THEN 1.0 ELSE 0.0 END
      ELSE
        CASE WHEN products IS NOT NULL THEN 1.0 ELSE 0.0 END
    END
  ) AS products

  -- amount는 action=purchase의 경우 NULL이 아니어야 하며 이외의 경우는 NULL
, AVG(
    CASE action
      WHEN 'purchase' THEN
        CASE WHEN amount IS NOT NULL THEN 1.0 ELSE 0.0 END
      ELSE
        CASE WHEN amount IS NULL THEN 1.0 ELSE 0.0 END
    END
  ) AS amount

  -- stamp는 반드시 NULL이 아니어야 함
, AVG(CASE WHEN stamp IS NOT NULL THEN 1.0 ELSE 0.0 END) AS stamp
```

```
FROM
  invalid_action_log
GROUP BY
  action
;
```

▼

실행결과

```
action    | session | user_id | category | products | amount | stamp
----------+---------+---------+----------+----------+--------+---------
favorite  |  1.00   |  1.00   |  1.00    |  1.00    |  1.00  |  1.00
add_cart  |  1.00   |  1.00   |  1.00    |  0.92    |  1.00  |  1.00
purchase  |  1.00   |  1.00   |  1.00    |  1.00    |  1.00  |  0.75
view      |  1.00   |  1.00   |  1.00    |  1.00    |  1.00  |  1.00
review    |  1.00   |  1.00   |  1.00    |  1.00    |  1.00  |  1.00
```

출력 결과를 보면 모든 데이터가 요건을 만족하는 경우에는 컬럼 값이 1.00이 됩니다. 반면 데이터 중에 요건을 만족하지 않는 것이 있다면 컬럼의 값이 1.00보다 작습니다. 이처럼 AVG 함수와 CASE 식을 응용하면 로그 데이터의 타당성을 쉽게 확인할 수 있습니다.

4 특정 IP 주소에서의 접근 제외하기

SQL inet 자료형, 문자열 함수
분석 특정 IP 주소 제외하기

웹 서비스의 접근 로그에는 테스트 사용자로부터의 접근이나 사내에서의 접근 등이 모두 포함되는 경우가 있습니다. 나아가 특정 IP 주소에서의 부정 접근을 포함해 크롤러 등의 접근 로그까지도 포함될 수 있습니다.

정규 서비스 사용자 이외의 접근은 분석할 때 제외하고 분석하는 것이 좋습니다. 이번 절에서는 IP 주소를 기반으로 테스트 사용자 접근과 사내 접근 등을 판별하는 쿼리를 소개하겠습니다.

샘플 데이터

이번 절에서 사용할 IP 주소를 포함하는 액션 로그 테이블 샘플은 다음과 같습니다.

데이터 18-3 IP 주소를 포함한 액션 로그(action_log_with_ip) 테이블

```
 session  | user_id | action |       ip       |       stamp
----------+---------+--------+----------------+---------------------
 989004ea | U001    | view   | 216.58.220.238 | 2016-11-03 18:00:00
 47db0370 | U002    | view   | 98.139.183.24  | 2016-11-03 19:00:00
 1cf7678e | U003    | view   | 210.154.149.63 | 2016-11-03 20:00:00
 5eb2e107 | U004    | view   | 127.0.0.1      | 2016-11-03 21:00:00
 fe05e1d8 | U001    | view   | 216.58.220.238 | 2016-11-04 18:00:00
 87b5725f | U005    | view   | 10.0.0.3       | 2016-11-04 19:00:00
 5d5b0997 | U006    | view   | 172.16.0.5     | 2016-11-04 20:00:00
 111f2996 | U007    | view   | 192.168.0.23   | 2016-11-04 21:00:00
 3efe001c | U008    | view   | 192.0.0.10     | 2016-11-04 22:00:00
```

PostgreSQL에서 특정 IP 주소 제외하기

접근 로그에서 특정 IP 주소의 로그를 제외하려면, 일단 제외하고자 하는 IP 주소의 네트워크를 저장할 마스터 테이블을 만들어야 합니다. 다음 코드 예처럼 예약 IP 주소를 정의한 마스터 테이블(mst_reserved_ip)을 정의합니다.

코드 18-7 예약 IP 주소를 정의한 마스터 테이블

`PostgreSQL` `Hive` `Redshift` `BigQuery` `SparkSQL`

```
WITH
mst_reserved_ip AS (
            SELECT '127.0.0.0/8'    AS network, 'localhost'       AS description
  UNION ALL SELECT '10.0.0.0/8'     AS network, 'Private network' AS description
  UNION ALL SELECT '172.16.0.0/12'  AS network, 'Private network' AS description
  UNION ALL SELECT '192.0.0.0/24'   AS network, 'Private network' AS description
  UNION ALL SELECT '192.168.0.0/16' AS network, 'Private network' AS description
)
SELECT *
FROM mst_reserved_ip
;
```

이 마스터 테이블은 '제외하고 싶은 IP 주소의 네트워크'와 '설명(의미)'를 저장합니다. 예로 '127.0.0.0/8'이라는 네트워크는 127.0.0.0 ~ 127.255.255.255에 포함된 IP 주소를 나타내며, 로컬 호스트 IP로 사용된다는 것입니다.

이어서 다음 코드 예처럼 마스터 테이블과 액션 로그를 결합해서 IP 주소를 판정합니다. 마스터 테이블에 등록되지 않은 IP 주소의 로그도 확인할 수 있게, 액션 로그에 마스터 테이블을 LEFT JOIN으로 결합합니다.

PostgreSQL의 경우 IP 주소와 네트워크 범위를 다룰 때 inet 자료형을 사용할 수 있습니다. inet 자료형은 결합 조건으로 IP 주소가 마스터 테이블의 네트워크에 포함되었는지를 판정할 때 ≪ 연산자를 사용합니다.

코드 18-8 inet 자료형을 사용해 IP 주소를 판정하는 쿼리

`PostgreSQL`

```
WITH
mst_reserved_ip AS (
  -- [코드 18-7] 참고하기
)
, action_log_with_reserved_ip AS (
  SELECT
      l.user_id
    , l.ip
    , l.stamp
    , m.network
    , m.description
  FROM
    action_log_with_ip AS l
  LEFT JOIN
```

```
    mst_reserved_ip AS m
  ON l.ip::inet << m.network::inet
)
SELECT *
FROM action_log_with_reserved_ip;
```

▼

실행결과

```
 user_id |       ip       |    action_time      |    network    | description
---------+----------------+---------------------+---------------+-----------------
 U001    | 216.58.220.238 | 2016-11-03 18:00:00 |               |
 U002    | 98.139.183.24  | 2016-11-03 19:00:00 |               |
 U003    | 210.154.149.63 | 2016-11-03 20:00:00 |               |
 U004    | 127.0.0.1      | 2016-11-03 21:00:00 | 127.0.0.0/8   | localhost
 U001    | 216.58.220.238 | 2016-11-04 18:00:00 |               |
 U005    | 10.0.0.3       | 2016-11-04 19:00:00 | 10.0.0.0/8    | Private network
 U006    | 172.16.0.5     | 2016-11-04 20:00:00 | 172.16.0.0/12 | Private network
 U007    | 192.168.0.23   | 2016-11-04 21:00:00 | 192.168.0.0/16| Private network
 U008    | 192.0.0.10     | 2016-11-04 22:00:00 | 192.0.0.0/24  | Private network
```

이 출력 결과를 보면 IP 주소가 마스터 테이블에 정의된 경우 network와 description이 출력됩니다. 마스터 테이블에 정의 되어있는 IP 주소의 로그를 제외하려면 마지막에 WHERE 구문으로 network IS NULL을 지정합니다.

코드 18-9 예약 IP 주소의 로그를 제외하는 쿼리

`PostgreSQL`

```
WITH
mst_reserved_ip AS (
  -- [코드 18-3] 참고하기
)
, action_log_with_reserved_ip AS (
  -- [코드 18-8] 참고하기
)
SELECT *
FROM action_log_with_reserved_ip
WHERE network IS NULL;
```

▼

```
user_id |      ip       |       stamp        | network | description
--------+---------------+--------------------+---------+-------------
 U001   | 216.58.220.238 | 2016-11-03 18:00:00 |         |
 U002   | 98.139.183.24  | 2016-11-03 19:00:00 |         |
 U003   | 210.154.149.63 | 2016-11-03 20:00:00 |         |
 U001   | 216.58.220.238 | 2016-11-04 18:00:00 |         |
```

PostgreSQL 이외의 경우

IP 주소를 다루는 특별한 자료형을 제공하지 않는 다른 미들웨어에서 같은 처리를 하려면 어떻게 해야 할까요? 자세한 내용은 사실 6강 6절에서 이미 설명했습니다. 다시 정리하면 다음과 같은 두 가지 과정이 필요합니다.

❶ 네트워크 범위를 처음 IP 주소와 끝 IP 주소로 표현
❷ IP 주소를 대소 비교 가능한 형식으로 변환

❷번의 IP 주소를 대소 비교 가능한 형식으로 변환하는 두 가지 방법은 다음과 같습니다.

A. IP 주소를 정수 자료형으로 표현
B. IP 주소를 0으로 메워 문자열로 표현

그럼 'B. IP 주소를 0으로 메운 문자열로 표현'하는 방법을 써보겠습니다. 일단 예약 IP 주소 마스터 테이블에 네트워크 범위를 나타내는 처음과 끝 IP 주소를 부여한 마스터 테이블을 생성합니다.

코드 18-10 네트워크 범위를 나타내는 처음과 끝 IP 주소를 부여하는 쿼리

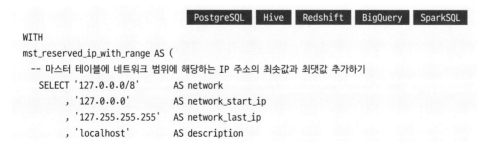

```
WITH
mst_reserved_ip_with_range AS (
  -- 마스터 테이블에 네트워크 범위에 해당하는 IP 주소의 최솟값과 최댓값 추가하기
  SELECT '127.0.0.0/8'      AS network
       , '127.0.0.0'        AS network_start_ip
       , '127.255.255.255'  AS network_last_ip
       , 'localhost'        AS description
```

```
  UNION ALL
    SELECT '10.0.0.0/8'      AS network
        , '10.0.0.0'         AS network_start_ip
        , '10.255.255.255'   AS network_last_ip
        , 'Private network'  AS description
  UNION ALL
    SELECT '172.16.0.0/12'   AS network
        , '172.16.0.0'       AS network_start_ip
        , '172.31.255.255'   AS network_last_ip
        , 'Private network'  AS description
  UNION ALL
    SELECT '192.0.0.0/24'    AS network
        , '192.0.0.0'        AS network_start_ip
        , '192.0.0.255'      AS network_last_ip
        , 'Private network'  AS description
  UNION ALL
    SELECT '192.168.0.0/16'  AS network
        , '192.168.0.0'      AS network_start_ip
        , '192.168.255.255'  AS network_last_ip
        , 'Private network'  AS description
)
SELECT *
FROM mst_reserved_ip_with_range;
```

```
   network       | network_start_ip | network_last_ip  | description
----------------+------------------+------------------+----------------
 127.0.0.0/8     | 127.0.0.0        | 127.255.255.255  | localhost
 10.0.0.0/8      | 10.0.0.0         | 10.255.255.255   | Private network
 172.16.0.0/12   | 172.16.0.0       | 172.31.255.255   | Private network
 192.0.0.0/24    | 192.0.0.0        | 192.0.0.255      | Private network
 192.168.0.0/16  | 192.168.0.0      | 192.168.255.255  | Private network
```

이어서 마스터 테이블의 IP 주소와 로그 데이터의 IP 주소를 0으로 메우고, 대소 비교 가능한
형태로 변환한 뒤, 마스터 테이블에 포함된 네트워크에 해당하는 IP 주소를 가진 로그를 제외
합니다.

코드 18-11 IP 주소를 0으로 메운 문자열로 변환하고, 특정 IP 로그를 배제하는 쿼리

```
WITH
mst_reserved_ip_with_range AS (
  -- [코드 18-10] 참고하기
)
, action_log_with_ip_varchar AS (
  -- 액션 로그의 IP 주소를 0으로 메운 문자열로 표현하기
  SELECT
      *
    -- ■ PostgreSQL, Redshift의 경우 lpad 함수로 0 메우기
    ,   lpad(split_part(ip, '.', 1), 3, '0')
     || lpad(split_part(ip, '.', 2), 3, '0')
     || lpad(split_part(ip, '.', 3), 3, '0')
     || lpad(split_part(ip, '.', 4), 3, '0')
      AS ip_varchar

    -- ■ BigQuery의 경우 split 함수를 사용해 배열로 분해하고 n번째 요소 추출하기
    --, CONCAT(
    --    lpad(split(ip, '.')[SAFE_ORDINAL(1)], 3, '0')
    --  , lpad(split(ip, '.')[SAFE_ORDINAL(2)], 3, '0')
    --  , lpad(split(ip, '.')[SAFE_ORDINAL(3)], 3, '0')
    --  , lpad(split(ip, '.')[SAFE_ORDINAL(4)], 3, '0')
    --  ) AS ip_varchar

    -- ■ Hive, SparkSQL의 경우 split 함수로 배열로 분해하고 n번째 요소 추출하기
    -- 다만 콜론(마침표)은 특수 문자이므로 역슬래시로 이스케이프 처리해야 함
    --, CONCAT(
    --    lpad(split(ip, '\\.')[0], 3, '0')
    --  , lpad(split(ip, '\\.')[1], 3, '0')
    --  , lpad(split(ip, '\\.')[2], 3, '0')
    --  , lpad(split(ip, '\\.')[3], 3, '0')
    --  ) AS ip_varchar
  FROM
    action_log_with_ip
)
, mst_reserved_ip_with_varchar_range AS (
  -- 마스터 테이블의 IP 주소를 0으로 메운 문자열로 표현하기
  SELECT
      *
    -- ■ PostgreSQL, Redshift의 경우 lpad 함수로 0 메우기
    ,   lpad(split_part(network_start_ip, '.', 1), 3, '0')
     || lpad(split_part(network_start_ip, '.', 2), 3, '0')
     || lpad(split_part(network_start_ip, '.', 3), 3, '0')
```

```
     || lpad(split_part(network_start_ip, '.', 4), 3, '0')
    AS network_start_ip_varchar
  ,   lpad(split_part(network_last_ip, '.', 1), 3, '0')
    || lpad(split_part(network_last_ip, '.', 2), 3, '0')
    || lpad(split_part(network_last_ip, '.', 3), 3, '0')
    || lpad(split_part(network_last_ip, '.', 4), 3, '0')
    AS network_last_ip_varchar

  -- ■ BigQuery의 경우 split 함수를 사용해 배열로 분해하고 n번째 요소 추출하기
  --, CONCAT(
  --    lpad(split(network_start_ip, '.')[SAFE_ORDINAL(1)], 3, '0')
  --  , lpad(split(network_start_ip, '.')[SAFE_ORDINAL(2)], 3, '0')
  --  , lpad(split(network_start_ip, '.')[SAFE_ORDINAL(3)], 3, '0')
  --  , lpad(split(network_start_ip, '.')[SAFE_ORDINAL(4)], 3, '0')
  --  ) AS network_start_ip_varchar
  --, CONCAT(
  --    lpad(split(network_last_ip, '.')[SAFE_ORDINAL(1)], 3, '0')
  --  , lpad(split(network_last_ip, '.')[SAFE_ORDINAL(2)], 3, '0')
  --  , lpad(split(network_last_ip, '.')[SAFE_ORDINAL(3)], 3, '0')
  --  , lpad(split(network_last_ip, '.')[SAFE_ORDINAL(4)], 3, '0')
  --  ) AS network_last_ip_varchar

  -- ■ Hive, SparkSQL의 경우 split 함수를 사용해 배열로 분해하고 n번째 요소 추출하기
  --    다만 콜론(마침표)은 특수 문자이므로 역슬래시로 이스케이프 처리해야 함
  --, CONCAT(
  --    lpad(split(network_start_ip, '\\.')[0], 3, '0')
  --  , lpad(split(network_start_ip, '\\.')[1], 3, '0')
  --  , lpad(split(network_start_ip, '\\.')[2], 3, '0')
  --  , lpad(split(network_start_ip, '\\.')[3], 3, '0')
  --  ) AS network_start_ip_varchar
  --, CONCAT(
  --    lpad(split(network_last_ip, '\\.')[0], 3, '0')
  --  , lpad(split(network_last_ip, '\\.')[1], 3, '0')
  --  , lpad(split(network_last_ip, '\\.')[2], 3, '0')
  --  , lpad(split(network_last_ip, '\\.')[3], 3, '0')
  --  ) AS network_last_ip_varchar
  FROM
    mst_reserved_ip_with_range
)
-- 0으로 메운 문자열로 표현한 IP 주소로, 네트워크 범위에 포함되는지 판정하기
SELECT
    l.user_id
  , l.ip
  , l.ip_varchar
```

```
   , l.stamp
FROM
    action_log_with_ip_varchar AS l
  CROSS JOIN
    mst_reserved_ip_with_varchar_range AS m
GROUP BY
l.user_id, l.ip, l.ip_varchar, l.stamp
-- 예약된 IP 주소 마스터에 포함되지 않은 IP 로그만 HAVING 구문으로 추출하기
HAVING
  SUM(CASE WHEN l.ip_varchar
    BETWEEN m.network_start_ip_varchar AND m.network_last_ip_varchar
    THEN 1 ELSE 0 END) = 0
;
```

▼

실행결과

```
 user_id |       ip       |  ip_varchar  |        stamp
---------+----------------+--------------+---------------------
 U001    | 216.58.220.238 | 216058220238 | 2016-11-03 18:00:00
 U002    | 98.139.183.24  | 098139183024 | 2016-11-03 19:00:00
 U003    | 210.154.149.63 | 210154149063 | 2016-11-03 20:00:00
 U001    | 216.58.220.238 | 216058220238 | 2016-11-04 18:00:00
```

원포인트

IP 주소를 대소비교 가능한 형식으로 변환하는 처리를 쿼리에서 반복해 실행하면 비용이
굉장히 많이 듭니다. 따라서 처음부터 원래 IP 주소와 변환된 IP 주소를 모두 저장하고 사
용하는 것이 좋습니다.

19강

데이터 중복 검출하기

RDB는 적절하게 유니크 키를 설정했을 경우, 키가 중복되면 자동으로 오류가 발생하여 데이터의 무결성이 보장됩니다. 하지만 Hive나 BigQuery와 같은 RDB가 아닌 데이터베이스에서는 데이터 중복을 사전에 확인하는 기능이 없습니다.

데이터가 눈으로 확인할 수 있는 양이라면 사람이 직접 작업할 수도 있겠지만, 사람이 하다 보면 실수가 발생할 수 있습니다. 또한 데이터의 양이 많다면 중복을 눈으로 하나하나 확인하는 것은 거의 불가능에 가깝습니다.

이번 절에서는 마스터 데이터 또는 로그 데이터의 중복을 확인하고 중복 데이터를 제외하는 방법을 소개하겠습니다. 이렇게 해야 데이터 활용의 정밀도를 조금이라도 더 올릴 수 있답니다.

1 마스터 데이터의 중복 검출하기

SQL COUNT 함수, COUNT(DISTINCT ~), HAVING 구문, COUNT 윈도 함수

마스터 데이터에 중복이 존재하는 경우, 마스터 데이터를 로그 데이터와 결합하면 로그가 여러 레코드로 카운팅되어 잘못된 분석 결과를 만들 수 있습니다. 따라서 중복이 없도록 해야 합니다. 이번 절에서는 마스터 데이터의 중복을 확인하는 몇 가지 방법을 소개하겠습니다.

키가 중복되는 데이터의 존재 확인하기

마스터 데이터의 레코드에 중복이 발생했다면 여러 가지 이유가 있을 수 있습니다. 몇 가지 이유를 예로 들면 다음과 같습니다.

❶ 데이터를 로드할 때 실수로 여러 번 로드되어 같은 데이터를 가진 레코드가 중복 생성된 경우
❷ 마스터 데이터의 값을 갱신할 때 문제가 발생해서, 오래된 데이터와 새로운 데이터가 서로 다른 레코드로 분리된 경우
❸ 운용상의 실수로 같은 ID를 다른 데이터에 재사용한 경우

어떤 경우라도 일단 마스터 데이터에 중복이 존재하는지 확인하는 것부터 시작해야 합니다. 이번 절에서는 다음과 같은 mst_categories 테이블을 샘플 데이터로 사용하겠습니다. Id = 6인 레코드가 2월 1일에 덧쓰여져서, 이전 데이터와 새 데이터가 중복되어 존재하는 상태입니다[4].

데이터 19-1 mst_categories 테이블의 출력 결과

```
 id |     name      |        stamp
----+---------------+---------------------
  1 | ladys_fashion | 2016-01-01 10:00:00
  2 | mens_fashion  | 2016-01-01 10:00:00
  3 | book          | 2016-01-01 10:00:00
  4 | game          | 2016-01-01 10:00:00
  5 | dvd           | 2016-01-01 10:00:00
  6 | food          | 2016-01-01 10:00:00
  7 | supplement    | 2016-01-01 10:00:00
  6 | cooking       | 2016-02-01 10:00:00
```

테이블 내부에 키 중복이 발생하는지 아닌지는 테이블 전체의 '레코드 수'와 '유니크한 키의 수'를 세서 비교하면 쉽게 확인할 수 있습니다.

코드 19-1 키의 중복을 확인하는 쿼리

```
SELECT
    COUNT(1) AS total_num
  , COUNT(DISTINCT id) AS key_num
```

---

4 역자주_ [데이터 19-1]에 색으로 표시한 두 부분입니다.

```
FROM
  mst_categories
;
```

▼

실행결과

```
total_num | key_num
----------+---------
        8 |       7
```

이 코드의 출력 결과를 보면 테이블 전체의 레코드 수와 유니크한 키의 수가 일치하지 않습니다. 따라서 mst_categories 테이블에는 중복이 존재한다는 것을 알 수 있습니다.

키가 중복되는 레코드 확인하기

테이블 내부에 키의 중복이 존재하는 것을 알았다면, 구체적으로 어떤 키의 레코드가 어떻게 중복되는지 확인해야 합니다. 중복되는 ID를 확인하려면 ID를 기반으로 GROUP BY를 사용해 집약하고, HAVING 구문을 사용해 레코드의 수가 1보다 큰 그룹을 찾아내면 됩니다.

이러한 ID의 레코드 값을 확인하려면 PostgreSQL과 BigQuery에서는 string_agg 함수, Redshift에서는 listagg 함수, Hive와 SparkSQL에서는 collect_list 함수와 concat_ws를 사용해서 중복된 값을 배열로 집약할 수 있습니다. 다음 코드의 출력 결과를 보면 중복이 발생한 id=6인 레코드의 이름과 타임스탬프를 확인할 수 있습니다.

코드 19-2 키가 중복되는 레코드의 값 확인하기

```
SELECT
    id
  , COUNT(*) AS record_num

  -- 데이터를 배열로 집약하고, 쉼표로 구분된 문자열로 변환하기
  -- ■ PostgreSQL, BigQuery의 경우는 string_agg 사용하기
  , string_agg(name , ',') AS name_list
  , string_agg(stamp, ',') AS stamp_list
  -- ■ Redshift의 경우는 listagg 사용하기
  -- , listagg(name , ',') AS name_list
  -- , listagg(stamp, ',') AS stamp_list
  -- ■ Hive, SparkSQL의 경우는 collect_list와 concat_ws 사용하기
```

```
-- , concat_ws(',', collect_list(name )) AS name_list
-- , concat_ws(',', collect_list(stamp)) AS stamp_list
FROM
  mst_categories
GROUP BY id
HAVING COUNT(*) > 1 -- 중복된 ID 확인하기
;
```

▼

```
 id | record_num | name_list   |           stamp_list
----+------------+-------------+---------------------------------------
  6 |          2 | food,cooking | 2016-01-01 10:00:00,2016-02-01 10:00:00
```

string_agg 함수처럼 값을 배열로 만드는 집약 함수를 사용할 수 없는 경우 또는 원래 레코드 형식을 그대로 출력하고 싶은 경우에는 다음 코드처럼 윈도 함수를 사용해서 ID의 중복을 세고, 해당 값을 기반으로 중복을 찾아내는 방법이 있습니다.

코드 19-3 윈도 함수를 사용해서 중복된 레코드를 압축하는 쿼리

| PostgreSQL | Hive | Redshift | BigQuery | SparkSQL |

```
WITH
mst_categories_with_key_num AS (
  SELECT
    *
    -- ID 중복 세기
  , COUNT(1) OVER(PARTITION BY id) AS key_num
FROM
    mst_categories
)
SELECT
  *
FROM
  mst_categories_with_key_num
WHERE
  key_num > 1 -- ID가 중복되는 경우 확인하기
;
```

▼

```
id | name    |       stamp         | key_num
---+---------+---------------------+--------
 6 | food    | 2016-01-01 10:00:00 |    2
 6 | cooking | 2016-02-01 10:00:00 |    2
```

> **정리**
>
> 마스터 데이터의 ID가 중복되는 경우는 기본적으로 어떤 실수 또는 오류가 원인일 수 있습니다. 이러할 때는 일단 마스터 데이터를 클렌징하기 바랍니다.
>
> 여러 번의 데이터 로드가 원인이라면, 데이터 로드 흐름을 수정하거나 또는 매번 데이터를 지우고 새로 저장하는 방법을 사용하여 여러 번 데이터를 로드해도 같은 실행 결과가 보증되게 만들기 바랍니다.
>
> 마스터 데이터가 도중에 갱신되어 새로운 데이터와 오래된 데이터가 중복된 경우에는 새로운 데이터만 남기거나, 타임스탬프를 포함해서 유니크 키를 구성하는 방법도 생각해볼 수 있습니다.

2 로그 중복 검출하기

SQL GROUP BY, MIN 함수, ROW_NUMBER 함수, LAG 함수

마스터 데이터와 다르게, 로그 데이터는 정상적으로 저장된 데이터도 중복되는 경우가 있습니다. 예를 들어 사용자가 버튼을 2회 연속으로 클릭하거나, 페이지의 새로고침으로 인해 로그가 2회 동시에 발생하는 경우 등입니다. 이번 절에서는 로그 데이터의 중복을 검출하고 적절하게 처리하는 방법을 소개하겠습니다.

샘플 데이터

이번 절에서는 다음과 같은 샘플 데이터를 사용합니다. 데이터 예의 dup_action_log 테이블의 데이터에는 특정 상품에 대한 사용자의 '클릭' 액션이 기록되어 있습니다. 이때 기록에는 세션 ID, 타임스탬프 등이 함께 저장되어 있습니다.

데이터 19-2 중복 있는 액션 로그(dup_action_log) 테이블

```
session | user_id | action | products |       stamp
--------+---------+--------+----------+--------------------
  A     | U001    | click  | D001     | 2016-11-03 18:00:00
  B     | U002    | click  | D002     | 2016-11-03 19:00:00
  C     | U003    | click  | A001     | 2016-11-03 20:00:00
  D     | U004    | click  | A001     | 2016-11-03 21:00:00
  D     | U004    | click  | D001     | 2016-11-03 21:00:00
  E     | U001    | click  | D001     | 2016-11-04 18:00:00
  F     | U005    | click  | A001     | 2016-11-04 19:00:00
  G     | U006    | click  | D001     | 2016-11-04 20:00:00
  H     | U007    | click  | D002     | 2016-11-04 21:00:00
  I     | U008    | click  | A001     | 2016-11-04 22:00:00
  I     | U008    | click  | A001     | 2016-11-04 22:00:10
```

중복 데이터 확인하기

첫 중복 데이터를 확인하겠습니다. 앞서 19강 1절에서 소개한 방법과 마찬가지로, 사용자와 상품의 조합을 만들고 이를 기반으로 중복 레코드를 확인합니다.

코드 19-4 사용자와 상품의 조합에 대한 중복을 확인하는 쿼리

`PostgreSQL` `Hive` `Redshift` `BigQuery` `SparkSQL`

```sql
SELECT
    user_id
  , products
  -- 데이터를 배열로 집약하고, 쉼표로 구분된 문자열로 변환하기
  -- ■ PostgreSQL, BigQuery의 경우는 string_agg 사용하기
  , string_agg(session, ',') AS session_list
  , string_agg(stamp  , ',') AS stamp_list
  -- ■ Redshift의 경우는 listagg 사용하기
  -- , listagg(session, ',') AS session_list
```

```
  -- , listagg(stamp  , ',') AS stamp_list
  -- ■ Hive, SparkSQL의 경우는 collect_list와 concat_ws 사용하기
  -- , concat_ws(',', collect_list(session)) AS session_list
  -- , concat_ws(',', collect_list(stamp  )) AS stamp_list

FROM
  dup_action_log
GROUP BY
  user_id, products
HAVING
  COUNT(*) > 1
;
```

▼

실행결과

```
 user_id | products |   session_list    |              stamp_list
---------+----------+-------------------+-------------------------------------------
 U001    | D001     | 989004ea,87b5725f | 2016-11-03 18:00:00,2016-11-04 18:00:00
 U008    | A001     | 3efe001c,3efe001c | 2016-11-04 22:00:00,2016-11-04 22:00:10
```

앞의 코드 예의 출력 결과를 확인하면 두 개의 데이터가 중복됨을 알 수 있습니다.

그럼 간단하게 데이터와 실행 결과를 확인해봅시다. 일단 '〈사용자 ID〉 = U001'과 '〈상품 ID〉 = D001'의 로그는 세션 ID가 다른 상태로 타임스탬프가 하루 정도 차이가 납니다. 따라서 사용자와 상품 조합이 같아도 별개의 액션으로 취급하는 것이 좋습니다. 반면 '〈사용자 ID〉 = U008'과 '〈상품 ID〉 = A001'의 경우 동일 세션이면서, 타임스탬프도 10초 정도밖에 차이 나지 않습니다. 따라서 이러한 경우는 중복으로 보고 배제하는 것이 좋습니다.

중복 데이터 배제하기

그럼 이러한 내용을 기반으로 중복을 배제한 액션 로그를 만들어봅시다. 중복을 배제할 때의 방침을 '같은 세션 ID, 같은 상품일 때', '타임스탬프가 가장 오래된 데이터만을 남기기'라고 해보겠습니다.

중복을 배제할 때 활용할 컬럼이 타임스탬프뿐이라면 다음 코드처럼 GROUP BY로 집약하고, MIN(stamp)으로 가장 오래된 타임스탬프만 추출하는 방법을 사용할 수 있습니다.

코드 **19-5** GROUP BY와 MIN을 사용해 중복을 배제하는 쿼리

`PostgreSQL` `Hive` `Redshift` `BigQuery` `SparkSQL`

```sql
SELECT
    session
  , user_id
  , action
  , products
  , MIN(stamp) AS stamp
FROM
  dup_action_log
GROUP BY
  session, user_id, action, products
;
```

▼

실행결과

```
 session  | user_id | action | products |        stamp
----------+---------+--------+----------+---------------------
 989004ea | U001    | click  | D001     | 2016-11-03 18:00:00
 47db0370 | U002    | click  | D002     | 2016-11-03 19:00:00
 1cf7678e | U003    | click  | A001     | 2016-11-03 20:00:00
 fe05e1d8 | U004    | click  | D001     | 2016-11-03 21:00:00
 5eb2e107 | U004    | click  | A001     | 2016-11-03 21:00:00
 87b5725f | U001    | click  | D001     | 2016-11-04 18:00:00
 eee2bb21 | U005    | click  | A001     | 2016-11-04 19:00:00
 5d5b0997 | U006    | click  | D001     | 2016-11-04 20:00:00
 111f2996 | U007    | click  | D002     | 2016-11-04 21:00:00
 3efe001c | U008    | click  | A001     | 2016-11-04 22:00:00
```

이 코드 예에서 중복된 '〈사용자 ID〉 = U008'과 '〈상품 ID〉 = A001'의 경우 타임스탬프가 오래된 로그만 남기고 있습니다.

타임스탬프 이외의 컬럼도 활용해 중복을 제거해야 하므로, MIN 함수와 MAX 함수 등의 단순 집약 함수를 적용할 수 없는 경우에는 앞의 방법을 사용할 수 없습니다.

더 일반적인 방법으로는 다음 코드처럼 원래 데이터에 ROW_NUMBER 윈도 함수를 사용해 중복된 데이터에 순번을 부여하고, 부여된 순번을 사용해 중복된 레코드 중 하나만 남기게 만드는 방법이 있습니다.

코드 19-6 ROW_NUMBER를 사용해 중복을 배제하는 쿼리

```
                           PostgreSQL   Hive   Redshift   BigQuery   SparkSQL
WITH
dup_action_log_with_order_num AS (
  SELECT
    *
    -- 중복된 데이터에 순번 붙이기
  , ROW_NUMBER()
      OVER(
        PARTITION BY session, user_id, action, products
        ORDER BY stamp
      ) AS order_num
  FROM
    dup_action_log
)
SELECT
    session
, user_id
, action
, products
, stamp
FROM
  dup_action_log_with_order_num
WHERE
  order_num = 1 -- 순번이 1인 데이터(중복된 것 중에서 가장 앞의 것)만 남기기
;
```

이 코드의 결과는 [코드 19-5]와 같습니다.

이번 절의 샘플 로그는 세션 ID를 저장하므로, 같은 사용자와 상품의 조합이라도 세션이 다르면 다른 로그로 취급했습니다. 하지만 세션 ID 등을 사용할 수 없는 경우도 있습니다. 이러한 경우에는 타임스탬프 간격을 확인해서 일정 시간 이내의 로그를 중복으로 취급하는 방법을 고려해볼 수 있습니다.

코드 19-7 이전 액션으로부터의 경과 시간을 계산하는 쿼리

```
                           PostgreSQL   Hive   Redshift   BigQuery   SparkSQL
WITH
dup_action_log_with_lag_seconds AS (
  SELECT
    user_id
```

```sql
  , action
  , products
  , stamp
  -- 같은 사용자와 상품 조합에 대한 이전 액션으로부터의 경과 시간 계산하기
  -- ■ PostgreSQL의 경우 timestamp 자료형으로 변환하고 차이를 구한 뒤
  --    EXTRACT(epoc ~)를 사용해 초 단위로 변경하기
  , EXTRACT(epoch from stamp::timestamp - LAG(stamp::timestamp)
      OVER(
        PARTITION BY user_id, action, products
        ORDER BY stamp
      )) AS lag_seconds
  -- ■ Redshift의 경우 datediff 함수를 초 단위로 지정하기
  -- , datediff(second, LAG(stamp::timestamp)
  --     OVER(
  --       PARTITION BY user_id, action, products
  --       ORDER BY stamp
  --     ), stamp::timestamp) AS lag_seconds
  -- ■ BigQuery의 경우 unix_seconds 함수로 초 단위 UNIX 타임으로 변환하고 차이 구하기
  -- , unix_seconds(timestamp(stamp)) - LAG(unix_seconds(timestamp(stamp)))
  --     OVER(
  --       PARTITION BY user_id, action, products
  --       ORDER BY stamp
  --     ) AS lag_seconds
  -- ■ Hive, SparkSQL의 경우 unix_timestamp 함수 초 단위 UNIX 타임으로 변환하고 차이 구하기
  -- , unix_timestamp(stamp) - LAG(unix_timestamp(stamp))
  --     OVER(
  --       PARTITION BY user_id, action, products
  --       ORDER BY stamp
  -- ■ SparkSQL의 경우 다음과 같이 프레임 지정 추가하기
  --       ROWS BETWEEN 1 PRECEDING AND 1 PRECEDING
  --     ) AS lag_seconds
  FROM
    dup_action_log
)
SELECT
  *
FROM
  dup_action_log_with_lag_seconds
ORDER BY
  stamp;
```

```
user_id | action | products |        stamp        | lag_seconds
--------+--------+----------+---------------------+-------------
 U001   | click  | D001     | 2016-11-03 18:00:00 |
 U002   | click  | D002     | 2016-11-03 19:00:00 |
 U003   | click  | A001     | 2016-11-03 20:00:00 |
 U004   | click  | D001     | 2016-11-03 21:00:00 |
 U004   | click  | A001     | 2016-11-03 21:00:00 |
 U001   | click  | D001     | 2016-11-04 18:00:00 |    86400
 U005   | click  | A001     | 2016-11-04 19:00:00 |
 U006   | click  | D001     | 2016-11-04 20:00:00 |
 U007   | click  | D002     | 2016-11-04 21:00:00 |
 U008   | click  | A001     | 2016-11-04 22:00:00 |
 U008   | click  | A001     | 2016-11-04 22:00:10 |       10
```

앞의 코드 예의 출력 결과에서 lag_seconds 컬럼을 살펴봅시다. 중복되지 않은 레코드에서는 NULL이 됩니다. 반대로 사용자 ID와 상품 ID가 중복되는 레코드의 경우, 타임스탬프를 기반으로 이전 액션에서의 경과 시간을 계산합니다.

이어서 산출한 경과 시간이 일정 시간보다 적을 경우 중복으로 취급해 배제하겠습니다. 다음 [코드 19-8]의 쿼리는 30분 이내에 같은 액션을 취할 경우 중복 로그로 취급해서 배제합니다.

코드 19-8 30분 이내의 같은 액션을 중복으로 보고 배제하는 쿼리

PostgreSQL　　Hive　　Redshift　　BigQuery　　SparkSQL

```
WITH
dup_action_log_with_lag_seconds AS (
  -- [코드 19-7] 참고하기
)
SELECT
    user_id
 , action
 , products
 , stamp
FROM
  dup_action_log_with_lag_seconds
WHERE
  (lag_seconds IS NULL OR lag_seconds >= 30 * 60)
```

```
ORDER BY
  stamp
;
```

▼

실행결과

```
 user_id | action | products |        stamp
---------+--------+----------+---------------------
 U001    | click  | D001     | 2016-11-03 18:00:00
 U002    | click  | D002     | 2016-11-03 19:00:00
 U003    | click  | A001     | 2016-11-03 20:00:00
 U004    | click  | D001     | 2016-11-03 21:00:00
 U004    | click  | A001     | 2016-11-03 21:00:00
 U001    | click  | D001     | 2016-11-04 18:00:00
 U005    | click  | A001     | 2016-11-04 19:00:00
 U006    | click  | D001     | 2016-11-04 20:00:00
 U007    | click  | D002     | 2016-11-04 21:00:00
 U008    | click  | A001     | 2016-11-04 22:00:00
```

이처럼 세션 ID를 사용하지 않아도, 타임스탬프를 사용하면 일정 시간 이내의 로그를 중복으로 취급하고 배제할 수 있습니다.

정리

로그 데이터에 중복이 포함된 상태로 리포트를 작성하면, 실제와 다른 값으로 리포트가 만들어져 잘못된 판단을 할 수 있습니다. 따라서 분석하는 데이터를 잘 확인하고 어떤 방침으로 이러한 중복을 제거해야 할지 검토하기 바랍니다.

여러 개의 데이터셋 비교하기

집계 작업에서는 여러 개의 데이터셋을 비교해서 어떤 판단을 내리는 경우가 많습니다. 이번 절에서는 여러 개의 데이터셋을 비교해서 데이터가 변화한 부분을 확인하거나, 어떤 차이가 있는지 등을 확인할 때 사용할 수 있는 SQL을 소개하겠습니다.

일단은 여러 개의 데이터셋을 비교해야 하는 경우를 생각해봅시다.

데이터의 차이를 추출하는 경우

'같은 성질의 데이터' 또는 '같은 SQL로 만들어진 다른 기간의 집계 결과'를 비교해서 추가/변경이 없는지, 삭제/결손이 없는지 확인하는 상황은 꽤 많습니다. 수십 개 정도의 마스터 데이터라면 눈으로 내용을 확인할 수도 있을 것입니다. 하지만 대량의 마스터 데이터에서 어떤 변경 등이 있는지 확인하려면 눈으로 확인하기란 불가능합니다.

예를 들어 지역 합병 정책 등으로 우편 번호가 대량으로 변경될 때 기존 지역이 어떤 형태로 추가, 삭제, 변경되는지 알 수 있다면 사용자와 점포 등의 주소 데이터를 적절하게 변경할 수 있을 것입니다. 이러한 것을 눈으로 확인하는 것은 불가능하지만, SQL을 사용하면 효율적으로 확인할 수 있습니다.

데이터의 순위를 비교하는 경우

예를 들어 웹사이트 내 인기 기사 순위 또는 적절한 검색 조건을 출력하는 모듈을 가정해봅시다. 인기 기사 순위 등을 화면에 출력해도 변화가 거의 없다면 자주 방문하는 사용자에게는 흥미 없는 정보가 되어 버립니다. 따라서 순위 집계 기간과 조건을 적절하게 변경해야 서비스를 더 활성화할 수 있습니다.

집계 기간 또는 출력 조건을 변경했을 때는 과거 로직과 비교해서 어떤 차이가 있었는지 등을 확실하게 확인해야 합니다. 이러한 것들을 수치화하지 않고 눈으로 대충 확인한다면 '이런 것이 아마 바뀐 것 같다' 또는 '좋아진 것 같다' 등의 모호한 판단을 내릴 수 있습니다. 따라서 로직의 결과로 출력된 순위의 유사도를 수치화해서, 새로운 로직과 과거의 로직 변화를 정량적으로 설명할 수 있어야 합니다.

이번 절에서는 앞에서와 같은 두 가지 상황에서 활용할 수 있는 절차와 SQL을 소개하겠습니다.

1 데이터의 차이 추출하기

SQL LEFT OUTER JOIN, RIGHT OUTER JOIN, FULL OUTER JOIN, IS DISTINCT FROM 연산자

마스터 데이터를 사용해서 특정 데이터를 분석할 때는 분석 시점에 따라 마스터 데이터의 내용이 달라지므로, 시점에 따라 분석 결과가 달라질 수 있습니다. 이러한 때 분석 결과가 왜 달라지는지를 설명하려면 어떤 부분이 변경되었는지 확인할 수 있어야 합니다. 이번 절에서는 다른 시점의 마스터 데이터를 사용해 데이터의 차이를 계산하는 방법을 설명하겠습니다.

이번 절에서 사용할 두 개의 마스터 테이블은 다음과 같습니다. 각각 2016년 12월 1일과 2017년 1월 1일 시점의 상품 마스터 테이블입니다. 그리고 각각 상품 ID, 상품 이름, 가격, 갱신 타임스탬프를 가집니다. 프라이머리 키는 상품 ID입니다.

데이터 **20-1** 2016년 12월 1일 시점에서의 상품 마스터(mst_products_20161201) 테이블

```
product_id | name | price |     updated_at
-----------+------+-------+--------------------
A001       | AAA  | 3000  | 2016-11-03 18:00:00
A002       | AAB  | 4000  | 2016-11-03 19:00:00
B001       | BBB  | 5000  | 2016-11-03 20:00:00
B002       | BBD  | 3000  | 2016-11-03 21:00:00
C001       | CCA  | 4000  | 2016-11-04 18:00:00
D001       | DAA  | 5000  | 2016-11-04 19:00:00
```

데이터 **20-2** 2017년 1월 1일 시점에서의 상품 마스터(mst_products_20170101) 테이블

```
product_id | name | price |     updated_at
-----------+------+-------+--------------------
A001       | AAA  | 3000  | 2016-11-03 18:00:00
A002       | AAB  | 4000  | 2016-11-03 19:00:00
B002       | BBD  | 3000  | 2016-11-03 21:00:00
C001       | CCA  | 5000  | 2016-12-04 18:00:00
D001       | DAA  | 5000  | 2016-11-04 19:00:00
D002       | DAD  | 5000  | 2016-12-04 19:00:00
```

추가된 마스터 데이터 추출하기

새로운 마스터 테이블에 추가된 레코드를 추출해봅시다. 두 개의 마스터 테이블에서 한쪽에만 존재하는 레코드를 추출할 때는 외부 결합(OUTER JOIN)을 사용합니다. 다음 코드처럼 새로운 마스터 테이블에만 존재하는 레코드를 추출할 때는 새로운 테이블을 기준으로 오래된 테이블을 LEFT OUTER JOIN하고, 오래된 테이블의 컬럼이 NULL인 레코드를 추출하면 됩니다.

코드 **20-1** 추가된 마스터 데이터를 추출하는 쿼리

```
SELECT
  new_mst.*
FROM
    mst_products_20170101 AS new_mst
  LEFT OUTER JOIN
```

```
    mst_products_20161201 AS old_mst
  ON
    new_mst.product_id = old_mst.product_id
WHERE
  old_mst.product_id IS NULL
;
```

```
 product_id | name | price |     updated_at
------------+------+-------+---------------------
 D002       | DAD  | 5000  | 2016-12-04 19:00:00
```

이 코드 예의 출력 결과를 확인하면, 12월 3일에 추가된 '〈상품 ID〉 = D002' 레코드가 추출된 다는 것을 알 수 있습니다.

제거된 마스터 데이터 추출하기

이어서 제거된 마스터 데이터를 추출하는 쿼리를 생각해봅시다. 앞에서와 반대로 오래된 테이블에만 있는 레코드를 추출합니다.

이전의 코드 예에서 LEFT OUTER JOIN의 테이블 순서로 반대로 돌려도 됩니다. 다음 코드의 경우는 테이블 순서를 그대로 두고 RIGHT OUTER JOIN을 사용해 보았습니다.

코드 20-2 제거된 마스터 데이터를 추출하는 쿼리

`PostgreSQL` `Hive` `Redshift` `BigQuery` `SparkSQL`

```
SELECT
  old_mst.*
FROM
    mst_products_20170101 AS new_mst
  RIGHT OUTER JOIN
    mst_products_20161201 AS old_mst
  ON
    new_mst.product_id = old_mst.product_id
WHERE
  new_mst.product_id IS NULL
;
```

```
product_id | name | price |    updated_at
-----------+------+-------+--------------------
 B001      | BBB  | 5000  | 2016-11-03 20:00:00
```

이 코드 예의 출력 결과를 보면, 새로운 마스터 테이블에 없는 '〈상품 ID〉 = B001' 레코드가 추출됩니다.

갱신된 마스터 데이터 추출하기

추가/제거에 이어서 갱신된 마스터 데이터를 추출하는 쿼리를 생각해봅시다. 오래된 테이블과 새로운 테이블에 모두 존재하고, 특정 컬럼의 값이 다른 레코드를 추출하면 됩니다.

다음 쿼리의 경우 내부 결합으로 두 개의 마스터 데이터를 결합하고, 타임스탬프 값이 다른 레코드를 추출합니다. 코드 예에서는 값이 변경될 때 반드시 타임스탬프 갱신이 일어난다는 것을 전제로 합니다.

코드 20-3 변경된 마스터 데이터를 추출하는 쿼리

PostgreSQL　Hive　Redshift　BigQuery　SparkSQL

```sql
SELECT
    new_mst.product_id
  , old_mst.name AS old_name
  , old_mst.price AS old_price
  , new_mst.name AS new_name
  , new_mst.price AS new_price
  , new_mst.updated_at
FROM
    mst_products_20170101 AS new_mst
  JOIN
    mst_products_20161201 AS old_mst
  ON
    new_mst.product_id = old_mst.product_id
WHERE
  -- 갱신 시점이 다른 레코드만 추출하기
  new_mst.updated_at <> old_mst.updated_at
;
```

```
product_id | old_name | old_price | new_name | new_price |     updated_at
-----------+----------+-----------+----------+-----------+--------------------
  C001     | CCA      |      4000 | CCA      |      5000 | 2016-12-04 18:00:00
```

이 코드의 결과를 확인하면 가격이 4,000원에서 5,000원으로 갱신된 '〈상품 ID〉 = C001' 레코드가 추출되는 것을 확인할 수 있습니다.

변경된 마스터 데이터 모두 추출하기

그럼 마지막으로 '추가', '제거', '갱신'된 레코드를 모두 추출하는 쿼리를 생각해봅시다. 지금까지 사용한 'LEFT OUTER JOIN', 'RIGHT OUTER JOIN', '(INNER) JOIN'을 모두 포함한 결합이 필요하므로, 다음 코드처럼 FULL OUTER JOIN을 사용합니다.

차이가 발생한, 즉 변경된 레코드의 조건은 양쪽의 타임스탬프가 일치하지 않는 것이므로, 'new.stamp 〈〉 old.stamp'라는 조건만으로 충분하리라고 생각할 수 있습니다. 하지만 OUTER JOIN의 경우 한쪽에만 데이터가 있을 때, 다른 쪽이 NULL이 되므로 〈〉 연산자만으로는 제대로 비교가 일어나지 않습니다.

한쪽에만 NULL이 있는 레코드를 확인할 때는 'IS DISTINCT FROM' 연산자를 사용합니다. 다만 IS DISTINCT FROM 연산자가 구현되지 않은 미들웨어의 경우, COALESCE 함수로 NULL을 배제하고 〈〉 연산자로 비교하는 방법을 사용해야 합니다.

다음 코드는 변경된 레코드를 추출한 뒤 SELECT 구문 내부에서 '추가(added)', '삭제(deleted)', '갱신(updated)'을 판정합니다. 오래된 테이블의 값이 NULL이라면 '추가', 새로운 테이블의 값이 NULL이라면 '삭제', 이외의 경우(타임스탬프가 다른 경우)는 '갱신'이라고 판정하면 됩니다.

코드 20-4 변경된 마스터 데이터를 모두 추출하는 쿼리

`PostgreSQL` `Hive` `Redshift` `BigQuery` `SparkSQL`

```
SELECT
    COALESCE(new_mst.product_id, old_mst.product_id) AS product_id
  , COALESCE(new_mst.name     , old_mst.name       ) AS name
  , COALESCE(new_mst.price    , old_mst.price       ) AS price
  , COALESCE(new_mst.updated_at, old_mst.updated_at) AS updated_at
  , CASE
      WHEN old_mst.updated_at IS NULL THEN 'added'
      WHEN new_mst.updated_at IS NULL THEN 'deleted'
      WHEN new_mst.updated_at <> old_mst.updated_at THEN 'updated'
    END AS status
FROM
    mst_products_20170101 AS new_mst
  FULL OUTER JOIN
    mst_products_20161201 AS old_mst
  ON
    new_mst.product_id = old_mst.product_id
WHERE
  -- ■ PostgreSQL의 경우 IS DISTINCT FROM 연산자를 사용해 NULL을 포함한 비교 가능
  new_mst.updated_at IS DISTINCT FROM old_mst.updated_at
  -- ■ Redshift, BigQuery의 경우
  --   IS DISTINCT FROM 구문 대신 COALESCE 함수로 NULL을 디폴트 값으로 변환하고 비교하기
  --   COALESCE(new_mst.updated_at, 'infinity')
  -- <> COALESCE(old_mst.updated_at, 'infinity')
;
```

▼

실행결과

```
product_id | name | price |    updated_at       | status
-----------+------+-------+---------------------+---------
C001       | CCA  |  500  | 2016-12-04 18:00:00 | updated
D002       | DAD  |  500  | 2016-12-04 19:00:00 | added
B001       | BBB  |  500  | 2016-11-03 20:00:00 | deleted
```

이 코드 예의 출력 결과를 보면 변경된 모든 레코드가 추출되는 것을 확인할 수 있습니다.

두 순위의 유사도 계산하기

데이터 분석에서는 14강 2절에서 소개한 3개의 지표 '방문 횟수', '방문자 수', '페이지 뷰'로 각 페이지의 순위를 작성하는 경우가 많습니다. 그런데 이를 어떻게 조합해야 가장 적합한 점수를 부여할 수 있을까요?

이번 절에서는 순위들의 유사도를 계산해서 어떤 순위가 효율적인지 순위를 정량적으로 평가하는 방법을 소개하겠습니다. 이번 절에서 사용할 샘플 데이터는 다음과 같은 웹 페이지 접근 로그입니다. 이를 기반으로 '방문 횟수', '방문자 수', '페이지 뷰'를 계산하고 페이지 순위를 구해봅시다.

데이터 20-3 웹 페이지 접근 로그(access_log) 테이블

```
        stamp        | short_session | long_session | path
---------------------+---------------+--------------+---------
 2016-10-01 12:00:00 | 0CVKaz        | 1CwlSX       | /detail
 2016-10-01 13:00:00 | 0CVKaz        | 1CwlSX       | /detail
 2016-10-01 13:00:00 | 1QceiB        | 3JMO2k       | /search
 2016-10-01 14:00:00 | 1QceiB        | 3JMO2k       | /detail
 2016-10-01 15:00:00 | 1hI43A        | 6SN6DD       | /search
 2016-10-01 16:00:00 | 1hI43A        | 6SN6DD       | /detail
 2016-10-01 17:00:00 | 2bGs3i        | 1CwlSX       | /top
 2016-10-01 18:00:00 | 2is8PX        | 7Dn99b       | /search
```

지표들의 순위 작성하기

다음 코드 예는 '방문 횟수', '방문자 수', '페이지 뷰'를 기반으로 순위를 작성하는 쿼리입니다.

코드 20-5 3개의 지표를 기반으로 순위를 작성하는 쿼리

```
WITH
path_stat AS (
  -- 경로별 방문 횟수, 방문자 수, 페이지 뷰 계산하기
  SELECT
      path
    , COUNT(DISTINCT long_session) AS access_users
```

```
    , COUNT(DISTINCT short_session) AS access_count
    , COUNT(*) AS page_view
FROM
  access_log
GROUP BY
  path
)
, path_ranking AS (
  -- 방문 횟수, 방문자 수, 페이지 뷰별로 순위 붙이기
  SELECT 'access_user'  AS type, path, RANK() OVER(ORDER BY access_users DESC) AS rank
  FROM path_stat
UNION ALL
  SELECT 'access_count' AS type, path, RANK() OVER(ORDER BY access_count DESC) AS rank
  FROM path_stat
UNION ALL
  SELECT 'page_view'    AS type, path, RANK() OVER(ORDER BY page_view    DESC) AS rank
  FROM path_stat
)
SELECT *
FROM
  path_ranking
ORDER BY
  type, rank
;
```

▼

실행결과

```
    type      | path    | rank
--------------+---------+------
 access_count | /top    | 1
 access_count | /detail | 2
 access_count | /search | 3
 access_user  | /detail | 1
 access_user  | /search | 2
 access_user  | /top    | 3
 page_view    | /top    | 1
 page_view    | /search | 2
 page_view    | /detail | 3
```

이 코드의 결과를 보면 type 컬럼에 지표의 종류인 방문 횟수(access_count), 방문자 수 (access_user), 페이지 뷰(page_view)가 저장됩니다. 그리고 각 지표별로 '/top', '/detail', '/search'라는 3개 페이지 순위를 출력합니다.

경로별 순위들의 차이 계산하기

방금 출력 결과를 기반으로 경로와 순위 조합을 만들고, 순위 차이를 계산해봅시다. 예를 들어 '/top'은 방문 횟수 1위, 방문자 수 3위입니다. 이때 순위의 차이(diff)는 '양쪽 순위 차이의 제곱'이라고 정의하겠습니다.

다음 코드는 경로를 키로 삼아 순위를 자기 결합하고, 두 지표 기반의 순위 차이를 계산합니다.

코드 20-6 경로들의 순위 차이를 계산하는 쿼리

`PostgreSQL` `Hive` `Redshift` `BigQuery` `SparkSQL`

```sql
WITH
path_stat AS (
 -- [코드 20-5] 참고하기
)
, path_ranking AS (
 -- [코드 20-5] 참고하기
)
, pair_ranking AS (
 SELECT
    r1.path
  , r1.type AS type1
  , r1.rank AS rank1
  , r2.type AS type2
  , r2.rank AS rank2
    -- 순위 차이 계산하기
  , POWER(r1.rank - r2.rank, 2) AS diff
 FROM
    path_ranking AS r1
   JOIN
    path_ranking AS r2
    ON r1.path = r2.path
)
SELECT
 *
FROM
 pair_ranking
ORDER BY
 type1, type2, rank1
;
```

▼

```
  path   |    type1     | rank1 |    type2     | rank2 | diff
---------+--------------+-------+--------------+-------+------
 /top    | access_count |     1 | access_count |     1 |    0
 /detail | access_count |     2 | access_count |     2 |    0
 /search | access_count |     3 | access_count |     3 |    0
 /top    | access_count |     1 | access_user  |     3 |    4
 /detail | access_count |     2 | access_user  |     1 |    1
 /search | access_count |     3 | access_user  |     2 |    1
 /top    | access_count |     1 | page_view    |     1 |    0
 /detail | access_count |     2 | page_view    |     3 |    1
 /search | access_count |     3 | page_view    |     2 |    1
 ...
```

실행 결과를 간단하게 분석해봅시다. 같은 지표를 기반으로 diff를 계산할 경우 diff 값은 당연히 0이 됩니다. 추가로 '방문 횟수'와 '방문자 수' 비교에서는 경로 '/top'이 각각 1위와 3위이므로 diff 값은 $(1-3)^2 = 4$가 됩니다.

스피어만 상관계수 계산하기

경로별로 순위의 차이를 계산했다면 이제 순위 전체의 유사도를 계산해봅시다. 이번 절에서는 스피어만 상관계수(Spearman's Rank Correlation Coefficient)로 순위의 유사도를 계산해보겠습니다.

스피어만 상관계수는 다음과 같은 식으로 계산합니다. 스피어만 상관계수는 두 개의 순위가 완전히 일치할 경우 '1.0', 완전히 일치하지 않을 경우 '−1.0'이 되는 성질을 가집니다.

$$Spearman = 1 - \frac{6 \sum diff}{N^3 - N} \quad \text{(N: 순위 페어 수)}$$

앞의 식을 기반으로 스피어만 상관계수를 계산하는 쿼리는 다음과 같습니다.

코드 20-7 스피어만 상관계수로 순위의 유사도를 계산하는 쿼리

`PostgreSQL` `Hive` `Redshift` `BigQuery` `SparkSQL`

```
WITH
path_stat AS (
  -- [코드 20-5] 참고하기
)
, path_ranking AS (
  -- [코드 20-5] 참고하기
)
, pair_ranking AS (
  -- [코드 20-6] 참고하기
)
SELECT
    type1
  , type2
  , 1 - (6.0 * SUM(diff) / (POWER(COUNT(1), 3) - COUNT(1))) AS spearman
FROM
  ir_ranking
GROUP BY
  type1, type2
ORDER BY
  type1, spearman DESC
;
```

▼

실행결과

```
    type1     |     type2     | spearman
--------------+--------------+----------
 access_count | access_count |    1.0
 access_count | page_view    |    0.5
 access_count | access_user  |   -0.5
 access_user  | access_user  |    1.0
 access_user  | access_count |   -0.5
 access_user  | page_view    |   -1.0
 page_view    | page_view    |    1.0
 page_view    | access_count |    0.5
 page_view    | access_user  |   -1.0
```

같은 지표의 순위 비교의 경우 순위가 완전히 일치하므로 스피어만 상관계수도 모두 1.0으로 나옵니다. '방문자 수'와 '페이지 뷰'의 순위 비교에서는 순위의 순위가 완전히 다르므로, 스피어만 상관계수의 값이 −1.0이 됩니다[5].

> **정리**
>
> 두 순위의 유사도를 수치로 표현할 수 있으면, 서로 다른 점수를 기반으로 만든 순위가 어떤 유사성을 갖는지 확인할 수 있습니다. 이를 활용하면 순위를 기반으로 다른 지표와의 유사성을 구하고, 이를 기반으로 이상적인 순위를 자동 생성할 수 있습니다.

---

5 **역자주_** 사실 스피어만 상관계수를 모르는 상태에서 결과를 보면 이게 무슨 의미인가 하는 생각이 들 것입니다. 현재 결과를 보면 access_count와 page_view는 0.5입니다. 이처럼 양수라면 두 순위가 어느 정도 연관성을 가진다는 의미입니다. 반대로 음수라면 두 순위의 연관성이 거의 없다는 의미입니다. 스피어만 상관계수는 일반적인 예로 성적을 기반으로 과목의 유사성을 측정할 때를 많이 듭니다. 스피어만 상관계수를 사용하면 '수학 성적이 높은 학생은 영어 성적이 높을까?', '국어 성적이 높은 학생은 영어 성적이 높을까?' 등을 확인할 수 있습니다.

데이터를 무기로 삼기
위한 분석 기술

- - - - - - - - - - - - - - - - - - -

이번 장에서는 문제 발견, 문제 해결 방법, 검색 엔진 최적화를 포함해 레커맨드 생성과 정렬 순서 최적화 등 더 발전적인 데이터 활용과 새로운 가치를 창조하는 방법을 소개하겠습니다.

검색 기능 평가하기

운용하는 서비스에서 내부 검색 기능을 제공할 경우, 사용자가 어떤 검색 쿼리를 입력하고 어떤 결과를 얻는지 분석하는 작업이 굉장히 중요합니다. 이번 절에서는 검색 관련 행동 로그와 미리 입력하여 준비한 평가 전용 데이터로 검색 기능을 정량적으로 평가하고 개선하는 방법을 소개하겠습니다.

검색하는 사용자의 행동

검색하는 사용자의 행동 패턴을 정리해보겠습니다. 사용자가 특정 검색 쿼리를 입력하면, 사용자는 해당 검색 결과를 출력하는 화면으로 이동합니다.

사용자는 검색 결과로 원하는 정보가 나오면 해당 정보의 상세 화면으로 이동할 것입니다. 반대로 원하는 정보가 없다면 다시 검색하거나 서비스를 이탈할 것입니다. 이러한 사용자의 행동을 그림으로 정리하면 다음과 같습니다.

사용자가 무엇을 검색하고 그 검색 결과에 대해 어떤 행동을 취하는지 구분할 수 있다면, 검색 기능을 담당하고 있는 엔지니어에게 기능 개선 등을 요청할 수 있을 것입니다.

그림 21-1 검색하는 사용자의 행동

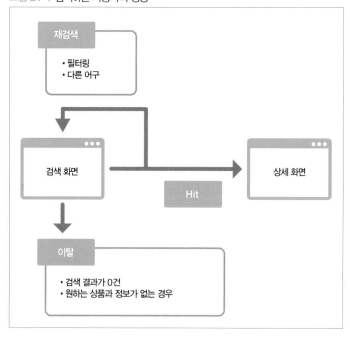

검색 기능 개선 방법

검색 기능을 개선하는 방법에는 다음과 같은 항목이 있습니다. 각각 어떤 내용인지 간단하게 설명하겠습니다.

❶ 검색 키워드의 흔들림[1]을 흡수할 수 있게 '동의어 사전 추가'하기
❷ 검색 키워드를 검색 엔진이 이해할 수 있게 '사용자 사전 추가'하기
❸ 검색 결과가 사용자가 원하는 순서로 나오게 '정렬 순서 조정'하기

| 동의어 사전 추가하기 |

사용자가 언제나 상품 이름을 정확하게 입력한다는 보장은 없습니다. 상품의 단축된 이름 또는 별칭을 사용하는 경우도 꽤 많습니다. 알파벳 이름을 가진 상품 이름을 한글로 검색하는 경우

---

1 역자주_ 검색 엔진의 키워드를 설명할 때 역시 단어가 정확하지 않고 조금 떨리는 현상을 '흔들림' 등으로 표현합니다.

도 있을 수 있습니다. 이러한 검색의 흔들림을 흡수하려면, 공식 상품 이름과 동일한 의미를 가질 수 있는 단어들을 동의어 사전에 추가해야 합니다.

| 사용자 사전 추가하기 |

검색 엔진에 따라서는 단어를 독자적인 알고리즘으로 분해하고, 이를 기반으로 인덱스를 만들어 데이터 검색에 활용합니다. 그런데 이러한 경우 서비스 제공 측이 의도한 대로 단어가 분해된다는 보장이 없습니다.

예를 들어 '위스키'라고 검색했는데 알고리즘이 '위'와 '스키'라는 단어로 분해해버렸다고 합시다. 이러한 경우에는 '스키'를 검색했을 때도 위스키가 결과로 나올 것입니다. 이런 결과를 막으려면 '위스키'가 한 단어라고 미리 사용자 사전에 선언해야 합니다.

| 정렬 순서 조정하기 |

검색 엔진은 조건에 맞는 아이템을 출력할 뿐만 아니라, 검색 쿼리와의 연관성을 수치화해서 점수가 높은 순서로 정렬해주는 순위 기능도 가집니다. 관련도 점수를 계산하려면 검색 키워드와 아이템에 포함된 문장의 출현 위치와 빈도, 아이템의 갱신 일자, 접속 수 등의 다양한 요소를 조합해야 합니다. 이처럼 데이터를 조합해 최적의 순서로 결과를 출력하려면 적절한 평가 지표와 방법이 있어야 합니다.

검색 기능을 평가하기 위한 데이터

이번 21강의 1절부터 5절까지는 [데이터 21-1]을 사용합니다. [데이터 21-1]은 검색 결과와 상세 페이지 접근 로그 데이터인데요. 이를 활용해서 사용자 행동 지표를 분석하겠습니다.

검색 결과 페이지가 많아서 여러 페이지가 나올 경우, 두 번째 이후 페이지를 눌러도 하나의 레코드만 로그로 저장하게 데이터를 가공했습니다. 이는 검색 결과의 두 번째 페이지를 열람하는 것과 새로운 검색을 확실하게 구별하기 위해서입니다[2].

---

2 역자주_ 말이 조금 어려운데요. 인터넷 쇼핑몰에서 '카메라'로 검색하면 검색 결과가 100페이지 이상 나올 것입니다. 이때 '사용자가 카메라를 검색했다는 것'에만 집중하기 위해서, 사용자가 검색 결과의 두 번째 페이지 또는 세 번째 페이지를 눌렀다고 해도 이러한 로그를 배제한다는 것입니다.

이 책에서는 텍스트 박스에 검색 키워드를 입력해서 검색하는 프리 키워드 검색(Free Keyword Search)을 전제로 리포트와 쿼리를 소개하겠습니다. 카테고리 검색에 활용할 수 있는 리포트도 있으므로 참고하기 바랍니다.

데이터 21-1 검색 결과와 상세 페이지 접근 로그(access_log) 테이블

```
-[ RECORD 1 ]---------------------------------------------------------------
stamp      | 2017-01-05 23:35:13
session    | 0CVKaz
action     | search
keyword    | sql
url        | http://www.example.com/search_result?q=sql
referrer   |
result_num | 16851
-[ RECORD 2 ]---------------------------------------------------------------
stamp      | 2017-01-05 23:36:08
session    | 0CVKaz
action     | search
keyword    | postgresql
url        | http://www.example.com/search_result?q=postgresql
referrer   |
result_num | 889
-[ RECORD 3 ]---------------------------------------------------------------
stamp      | 2017-01-05 23:37:17
session    | 0CVKaz
action     | detail
keyword    | NULL
url        | http://www.example.com/detail?id=170
referrer   | http://www.example.com/search_result?q=postgresql
result_num |
```

1 NoMatch 비율과 키워드 집계하기

SQL SUM(CASE~), AVG(CASE~)
분석 NoMatch 비율, NoMatch 키워드

사용자가 검색했을 때 원하는 결과가 나오지 않으면 부정적인 인상을 받습니다. 사용자가 다시 다른 조건으로 검색하면 좋겠지만 곧바로 이탈할 가능성도 있습니다. 사용자가 원하는 결과가

정말 없다면 어쩔 수 없지만, 검색 엔진이 키워드를 제대로 파악하지 못해서 흔들림을 흡수하지 못했다면, 여러 가지 대책을 통해 결과가 나오게 만들어야 합니다.

NoMatch 비율 집계하기

이 책에서는 검색 총 수 중에서 검색 결과를 0으로 리턴하는 검색 결과 비율을 'NoMatch 비율'이라고 부릅니다. NoMatch 비율은 다음과 같이 구할 수 있습니다.

<NoMatch 비율> = <검색 결과가 0인 수(NoMatch 수)> / <검색 총 수>

검색 엔진이 제대로 키워드를 파악하지 못하거나 검색 키워드의 흔들림을 흡수하지 못할 가능성을 알아보려면, 검색 결과가 0인 비율(NoMatch 비율)을 집계하는 것이 좋습니다. 다음 코드는 NoMatch 비율을 집계하는 쿼리입니다.

코드 21-1 NoMatch 비율을 집계하는 쿼리

`PostgreSQL` `Hive` `Redshift` `BigQuery` `SparkSQL`

```
SELECT
 -- ■ PostgreSQL, Hive, Redshift, SparkSQL의 경우 substring으로 날짜 부분 추출하기
   substring(stamp, 1, 10) AS dt
 -- ■ PostgreSQL, Hive, BigQuery, SparkSQL의 경우 substr 사용하기
 -- substr(stamp, 1, 10) AS dt
 , COUNT(1) AS search_count
 , SUM(CASE WHEN result_num = 0 THEN 1 ELSE 0 END) AS no_match_count
 , AVG(CASE WHEN result_num = 0 THEN 1.0 ELSE 0.0 END) AS no_match_rate
FROM
 access_log
WHERE
 action = 'search'
GROUP BY
 -- ■ PostgreSQL, Redshift, BigQuery의 경우
 -- SELECT 구문에서 정의한 별칭을 GROUP BY에 지정할 수 있음
 dt
 -- ■ PostgreSQL, Hive, Redshift, SparkSQL의 경우
 -- SELECT 구문에서 별칭을 지정하기 이전의 식을 GROUP BY에 지정할 수 있음
 -- substring(stamp, 1, 10)
 ;
```

▼

```
     dt     | search_count | no_match_count | no_match_rate
------------+--------------+----------------+---------------
 2017-01-05 |         3510 |            235 |        0.0669
 2017-01-06 |         3541 |            261 |        0.0737
```

NoMatch 키워드 집계하기

[코드 21-2]는 NoMatch가 될 때의 검색 키워드를 추출하는 쿼리입니다. 어떤 키워드가 0개의 결과를 내는지 집계한 뒤, 동의어 사전과 사용자 사전의 추가가 필요하다고 판단되면 이를 추가해서 검색 결과를 개선합시다.

코드 21-2 NoMatch 키워드를 집계하는 쿼리

PostgreSQL   Hive   Redshift   BigQuery   SparkSQL

```
WITH
search_keyword_stat AS (
  -- 검색 키워드 전체 집계 결과
  SELECT
     keyword
   , result_num
   , COUNT(1) AS search_count
   , 100.0 * COUNT(1) / COUNT(1) OVER() AS search_share
  FROM
    access_log
  WHERE
    action = 'search'
  GROUP BY
    keyword, result_num
)
-- NoMatch 키워드 집계 결과
SELECT
   keyword
 , search_count
 , search_share
 , 100.0 * search_count / SUM(search_count) OVER() AS no_match_share
FROM
  search_keyword_stat
WHERE
```

```
-- 검색 결과가 0개인 키워드만 추출하기
result_num = 0
;
```

▼

```
 keyword       | search_count | search_share | no_match_share
---------------+--------------+--------------+----------------
 pstgresql     |           13 |       0.1843 |        2.6209
 postgresql 10 |           25 |       0.3545 |        5.0403
...
```

원포인트

이번 절에서는 프리 키워드 검색을 전제로 설명했지만, 조건을 선택하는 카테고리 검색
에서도 NoMatch 비율이 중요한 지표가 될 수 있습니다. 어떤 경우에도 검색 결과가 0이
나오지 않게 여러 가지 대책을 세우기 바랍니다.

2 재검색 비율과 키워드 집계하기

SQL LEAD 함수, SUM(CASE~), AVG(CASE~)
분석 재검색 비율, 재검색 키워드

검색 결과에 만족하지 못해서 새로운 키워드로 검색한 사용자의 행동은, 검색을 어떻게 개선하
면 좋을지 좋은 지표가 됩니다. 여러 번 검색을 실행하며 입력했던 검색 키워드를 비교하면, 사
용자가 원하던 것이 무엇인지 파악할 수 있을 것입니다.

재검색 비율 집계하기

재검색 비율이란 사용자가 검색 결과의 출력과 관계 없이, 어떤 결과도 클릭하지 않고 새로 검
색을 실행한 비율을 나타냅니다. 이러한 재검색 비율을 사용자의 행동 로그에서 어떻게 집계할
수 있는지 생각해봅시다.

검색 결과 출력 로그(action=search)와 검색 화면에서 상세 화면으로의 이동 로그 (action=detail)를 시계열 순서로 나열해서, 각각의 줄에 다음 줄의 액션을 기록해봅시다. 다음 [코드 21-3]은 다음 줄의 액션을 윈도 함수로 추출하는 쿼리입니다.

코드 21-3 검색 화면과 상세 화면의 접근 로그에 다음 줄의 액션을 기록하는 쿼리

| PostgreSQL | Hive | Redshift | BigQuery | SparkSQL |

```
WITH
access_log_with_next_action AS (
  SELECT
      stamp
    , session
    , action
    , LEAD(action)
      -- ■ PostgreSQL, Hive, Redshift, BigQuery의 경우는 다음과 같이 하기
      OVER(PARTITION BY session ORDER BY stamp ASC)
      -- ■ SparkSQL의 경우 프레임지정 필요
      -- OVER(PARTITION BY session ORDER BY stamp ASC
      --   ROWS BETWEEN 1 FOLLOWING AND 1 FOLLOWING)
      AS next_action
  FROM
    access_log
)
SELECT *
FROM access_log_with_next_action
ORDER BY
  session, stamp
;
```

▼

실행결과

```
        stamp        | session | action | next_action
---------------------+---------+--------+-------------
 2017-01-05 23:35:13 | 0CVKaz  | search | search --> 재검색
 2017-01-05 23:36:08 | 0CVKaz  | search | detail
 2017-01-05 23:37:17 | 0CVKaz  | detail | detail
 2017-01-05 23:38:38 | 0CVKaz  | detail | search
 2017-01-05 23:40:10 | 0CVKaz  | search | detail
 2017-01-05 23:41:43 | 0CVKaz  | detail | search
 2017-01-05 23:43:10 | 0CVKaz  | search |
 2017-01-05 23:34:57 | 1QceiB  | search | search --> 재검색
 2017-01-05 23:35:37 | 1QceiB  | search | detail
```

```
2017-01-05 23:36:48  | 1QceiB  | detail  | detail
2017-01-05 23:37:27  | 1QceiB  | detail  | search
2017-01-05 23:38:52  | 1QceiB  | search  | detail
2017-01-05 23:39:50  | 1QceiB  | detail  | search
...
```

이 코드 예의 출력 결과를 통해 action과 next_action 모두가 search인 레코드는 재검색 수라고 볼 수 있을 것입니다. 추가로 action이 search인 레코드를 집계하고 이를 검색 총 수로보면, 두 값을 통해 재검색 비율을 집계할 수 있습니다.

앞의 정의에 따라 재검색 비율을 집계해봅시다.

코드 21-4 재검색 비율을 집계하는 쿼리

| PostgreSQL | Hive | Redshift | BigQuery | SparkSQL |

```
WITH
access_log_with_next_action AS (
  -- [코드 21-3] 참고하기
)
SELECT
  -- ■ PostgreSQL, Hive, Redshift, SparkSQL의 경우 substring으로 날짜 부분 추출하기
    substring(stamp, 1, 10) AS dt
  -- ■ PostgreSQL, Hive, BigQuery, SparkSQL의 경우 substr 사용하기
  -- substr(stamp, 1, 10) AS dt
  , COUNT(1) AS search_count
  , SUM(CASE WHEN next_action = 'search' THEN 1 ELSE 0 END) AS retry_count
  , AVG(CASE WHEN next_action = 'search' THEN 1.0 ELSE 0.0 END) AS retry_rate
FROM
  access_log_with_next_action
WHERE
  action = 'search'
GROUP BY
  -- ■ PostgreSQL, Redshift, BigQuery의 경우
  -- SELECT 구문에서 정의한 별칭을 GROUP BY에 지정할 수 있음
  dt
  -- ■ PostgreSQL, Hive, Redshift, SparkSQL의 경우
  -- SELECT 구문에서 별칭을 지정하기 이전의 식을 GROUP BY에 지정할 수 있음
  -- substring(stamp, 1, 10)
ORDER BY
  dt
;
```

```
실행결과
    dt      | search_count | retry_count | retry_rate
------------+--------------+-------------+------------
 2017-01-05 |         3510 |         951 |     0.2709
 2017-01-06 |         3541 |         891 |     0.2516
```

재검색 키워드 집계하기

재검색 키워드를 집계하면 동의어 사전이 흔들림을 잡지 못하는 범위를 쉽게 확인할 수 있습니다. 추가로 콘텐츠 명칭의 새로운 흔들림과 사람들이 일반적으로 해당 콘텐츠를 무엇이라고 부르는지를 찾는 계기가 될 수도 있습니다.

예를 들어 영화의 제목을 생각해봅시다. 사람들이 '어벤져스3'라고 부르는 영화가 있습니다. 그런데 실제로 해당 영화의 이름은 '어벤져스: 인피니티 워'입니다. 따라서 동의어 사전을 따로 설정하지 않으면, '어벤져스3'를 검색했을 때 '어벤져스: 인피니티 워'를 찾지 못할 것입니다. 재검색 하는 사용자도 있겠지만, 일반적으로는 대부분 검색을 중단하고 이탈합니다. 많은 사람이 '어벤져스3'라고 부르므로, 자신이 잘못 검색했다고 인지하지 않기 때문입니다.

이러한 경우 제대로 검색이 이루어지게 하려면 '어벤져스: 인피니티 워'의 동의어로 '어벤져스3'를 추가해야 합니다. 이런 경우는 많을 수 있습니다. 따라서 사용자들이 어떤 검색어로 재검색했는지 확인하고 집계해서, 대처해야 하는 부분이 있다면 동의어 사전에 반영해야 합니다.

다음 코드는 재검색 키워드를 집계하는 쿼리입니다.

코드 21-5 재검색 키워드를 집계하는 쿼리

PostgreSQL   Hive   Redshift   BigQuery   SparkSQL

```
WITH
access_log_with_next_search AS (
  SELECT
      stamp
    , session
    , action
    , keyword
    , result_num
```

```
    , LEAD(action)
        -- ■ PostgreSQL, Hive, Redshift, BigQuery의 경우는 다음과 같이 하기
        OVER(PARTITION BY session ORDER BY stamp ASC)
        -- ■ SparkSQL의 경우 프레임지정 필요
        -- OVER(PARTITION BY session ORDER BY stamp ASC
        --    ROWS BETWEEN 1 FOLLOWING AND 1 FOLLOWING)
      AS next_action
    , LEAD(keyword)
        -- ■ PostgreSQL, Hive, Redshift, BigQuery의 경우는 다음과 같이 하기
        OVER(PARTITION BY session ORDER BY stamp ASC)
        -- ■ SparkSQL의 경우 프레임지정 필요
        -- OVER(PARTITION BY session ORDER BY stamp ASC
        --    ROWS BETWEEN 1 FOLLOWING AND 1 FOLLOWING)
      AS next_keyword
    , LEAD(result_num)
        -- ■ PostgreSQL, Hive, Redshift, BigQuery의 경우는 다음과 같이 하기
        OVER(PARTITION BY session ORDER BY stamp ASC)
        -- ■ SparkSQL의 경우 프레임지정 필요
        -- OVER(PARTITION BY session ORDER BY stamp ASC
            --    ROWS BETWEEN 1 FOLLOWING AND 1 FOLLOWING)
      AS next_result_num
  FROM
    access_log
)
SELECT
   keyword
 , result_num
 , COUNT(1) AS retry_count
 , next_keyword
 , next_result_num
FROM
 access_log_with_next_search
WHERE
    action = 'search'
 AND next_action = 'search'
GROUP BY
 keyword, result_num, next_keyword, next_result_num
;
```

▼

```
    keyword     | result_num | retry_count |   next_keyword    | next_result_num
----------------+------------+-------------+-------------------+----------------
hive            |        730 |           7 | hive lateral view |              20
spark           |        646 |          36 | spark sql         |             179
pstgresql       |          0 |          13 | postgresql        |             889
postgresql 10   |          0 |           5 | postgresql        |             889
postgresql 10   |          0 |          20 | postgresql 9      |              64
...
```

원포인트

동의어 사전을 사람이 직접 관리하는 것은 굉장히 힘들며, 담당자의 실수로 인해 흔들림을 제거하지 못할 수도 있습니다. 따라서 재검색 키워드를 집계하고, 검색 시스템이 자동으로 이러한 흔들림을 제거하게 개선하는 방법도 고려하면 좋을 것입니다.

3 재검색 키워드를 분류해서 집계하기

SQL LIKE 연산자
분석 재검색 키워드

이전 절에서, 이탈하지 않고 재검색하는 사용자가 검색 서비스 개선에 큰 도움을 줄 수 있다고 언급했습니다. 사용자가 다시 검색했다는 것은 검색 결과에 만족하지 못했으며, 다른 동기가 있다는 것을 의미합니다. 어떤 상태와 동기로 재검색을 했는지 사용자의 패턴을 분석해보면 다음과 같습니다.

❶ NoMatch에서의 조건 변경

검색 결과가 0개이므로 다른 검색어로 검색한다.

❷ 검색 필터링

검색 결과가 너무 많으므로 단어를 필터링한다.

❸ 검색 키워드 변경

검색 결과가 나오기는 했지만 다른 검색어로 다시 검색한다.

이러한 패턴 속에서 사용자가 어떤 키워드로 검색하고 변경했는지 알 수 있다면, 이를 동의어 사전과 사용자 사전에 추가할 후보로 볼 수 있습니다. 따라서 검색을 개선할 수 있습니다. 그럼 각각의 패턴에서 어떠한 쿼리를 사용할 수 있는지 알아봅시다.

NoMatch에서의 조건 변경

NoMatch에서 조건을 변경했다면, 해당 키워드는 동의어 사전과 사용자 사전에 추가할 키워드 후보들입니다. 다음 코드는 NoMatch에서 재검색 키워드를 집계하는 쿼리입니다.

코드 21-6 NoMatch에서 재검색 키워드를 집계하는 쿼리

PostgreSQL Hive Redshift BigQuery SparkSQL

```
WITH
access_log_with_next_search AS (
  -- [코드 21-5] 참고하기
)
SELECT
    keyword
  , result_num
  , COUNT(1) AS retry_count
  , next_keyword
  , next_result_num
FROM
  access_log_with_next_search
WHERE
    action = 'search'
  AND next_action = 'search'
  -- NoMatch 로그만 필터링하기
  AND result_num = 0
GROUP BY
  keyword, result_num, next_keyword, next_result_num
;
```

▼

실행결과

```
 keyword     | result_num | retry_count | next_keyword | next_result_num
-------------+------------+-------------+--------------+----------------
 pstgresql   |      0 |          13 | postgresql   |       889
 ...
```

검색 결과 필터링

재검색한 검색 키워드가 원래의 검색 키워드를 포함하고 있다면, 검색을 조금 더 필터링하고 싶다는 의미라고 생각할 수 있습니다. 자주 사용되는 필터링 키워드가 있다면, 이를 원래 검색 키워드로 검색했을 때 연관 검색어 등으로 출력해서 사용자가 요구하는 콘텐츠로 빠르게 유도할 수 있습니다.

코드 21-7 검색 결과 필터링 시의 재검색 키워드를 집계하는 쿼리

PostgreSQL　　Hive　　Redshift　　BigQuery　　SparkSQL

```
WITH
access_log_with_next_search AS (
  -- [코드 21-5] 참고하기
)
SELECT
   keyword
, result_num
, COUNT(1) AS retry_count
, next_keyword
, next_result_num
FROM
 access_log_with_next_search
WHERE
     action = 'search'
 AND next_action = 'search'
 -- 원래 키워드를 포함하는 경우만 추출하기
 -- ■ PostgreSQL, Hive, BigQuery, SparkSQL의 경우 concat 함수 사용하기
 AND next_keyword LIKE concat('%', keyword, '%')
 -- ■ PostgreSQL, Redshift의 경우 || 연산자 사용하기
 -- AND next_keyword LIKE '%' || keyword || '%'
GROUP BY
 keyword, result_num, next_keyword, next_result_num
;
```

▼

실행결과

```
  keyword    | result_num | retry_count |     next_keyword      | next_result_num
-------------+------------+-------------+-----------------------+-----------------
 fab         |        646 |           1 | fabulous              |             179
 yamada taro |        367 |           1 | yamada taro football  |             105
 english     |        343 |           1 | history of english    |             757
```

검색 키워드 변경

완전히 다른 검색 키워드를 사용해 재검색을 했다면, 원래 검색 키워드를 사용한 검색 결과에 원하는 내용이 없다는 의미입니다. 즉 동의어 사전이 제대로 기능하지 못한다는 것입니다.

예를 들어 미국과 일본의 경우는 여성이 결혼했을 때 남성의 성을 따라갑니다. 원래 이름으로 앨범을 검색했는데 원하는 앨범이 없으면, 완전히 다른 키워드로 검색을 하게 될 것입니다. 조금 한정적인 예이지만, 이처럼 완전히 다른 검색 키워드로 검색을 했다면 분명 어떤 이유가 있을 것입니다. 이를 집계해서 실마리를 찾을 수 있게 해봅시다. 다음 코드는 검색 키워드를 변경한 경우를 집계합니다.

코드 21-7 검색 키워드 변경 때 재검색을 집계하는 쿼리

`PostgreSQL` `Hive` `Redshift` `BigQuery` `SparkSQL`

```
WITH
access_log_with_next_search AS (
  -- [코드 21-5] 참고하기
)
SELECT
   keyword
 , result_num
 , COUNT(1) AS retry_count
 , next_keyword
 , next_result_num
FROM
 access_log_with_next_search
WHERE
     action = 'search'
 AND next_action = 'search'
 -- 원래 키워드를 포함하지 않는 검색 결과만 추출하기
 -- ■ PostgreSQL, Hive, BigQuery, SparkSQL의 경우 concat 함수 사용하기
 AND next_keyword NOT LIKE concat('%', keyword, '%')
 -- ■ PostgreSQL, Redshift의 경우 || 연산자 사용하기
 -- AND next_keyword NOT LIKE '%'|| keyword || '%'
GROUP BY
 keyword, result_num, next_keyword, next_result_num
;
```

▼

```
  keyword         | result_num | retry_count | next_keyword    | next_result_num
------------------+------------+-------------+-----------------+-----------------
  WITH clause     |        125 |           8 | CTE             |             312
  Window function |        562 |          13 | OLAP function   |             128
  ...
```

정리

이번 절에서 소개한 세 가지 경우는 모두 굉장히 다른 결과를 냅니다. 따라서 세 가지를 모두 집계해서 활용하기 바랍니다.

4 검색 이탈 비율과 키워드 집계하기

SQL SUM(CASE~), AVG(CASE~)
분석 검색이탈률, 검색 이탈 키워드

검색 결과가 출력된 이후, 어떠한 액션도 취하지 않고 이탈한 사용자는 검색 결과를 만족하지 못한 경우라고 할 수 있습니다. 검색 결과 화면에서 사용자가 이탈했다면, 검색 결과가 0개이거나 원하는 결과가 나오지 않았다고 생각할 수 있습니다. 이러한 사용자가 얼마나 존재하는지 집계하고, 그때의 키워드를 확인하면 여러 가지를 개선할 수 있을 것입니다.

검색 이탈 집계 방법

이전에 언급했던 21강 2절의 [코드 21-3]의 출력 결과를 다시 살펴봅시다. action이 search 이고, next_action이 NULL이면 검색 이탈을 나타냅니다. 따라서 이를 집계하면 검색 이탈 수를 구할 수 있습니다. 추가로 action이 search인 것을 검색 총 수로 사용해서, 검색 이탈 수를 검색 총 수로 나누면 '검색 이탈 비율'을 구할 수 있습니다.

이러한 정의에 따라 검색 이탈 비율을 집계해봅시다.

코드 21-9 [코드 21-3]의 출력 결과

```
        stamp        | session | action | next_action
---------------------+---------+--------+-------------
 2017-01-05 23:35:13 | 0CVKaz  | search | search
 2017-01-05 23:36:08 | 0CVKaz  | search | detail
 2017-01-05 23:37:17 | 0CVKaz  | detail | detail
 2017-01-05 23:38:38 | 0CVKaz  | detail | search
 2017-01-05 23:40:10 | 0CVKaz  | search | detail
 2017-01-05 23:41:43 | 0CVKaz  | detail | search
 2017-01-05 23:43:10 | 0CVKaz  | search |             --> 검색 이탈
 2017-01-05 23:34:57 | 1QceiB  | search | search
 2017-01-05 23:35:37 | 1QceiB  | search | detail
 2017-01-05 23:36:48 | 1QceiB  | detail | detail
 2017-01-05 23:37:27 | 1QceiB  | detail | search
 2017-01-05 23:38:52 | 1QceiB  | search | detail
 2017-01-05 23:39:50 | 1QceiB  | detail | search
...
```

코드 21-10 검색 이탈 비율을 집계하는 쿼리

`PostgreSQL` `Hive` `Redshift` `BigQuery` `SparkSQL`

```
WITH
access_log_with_next_action AS (
  -- [코드 21-9] 참고하기
)
SELECT
  -- ■ PostgreSQL, Hive, Redshift, SparkSQL의 경우 substring으로 날짜 부분 추출하기
    substring(stamp, 1, 10) AS dt
  -- ■ PostgreSQL, Hive, BigQuery, SparkSQL의 경우 substr 사용하기
  -- substr(stamp, 1, 10) AS dt
  , COUNT(1) AS search_count
  , SUM(CASE WHEN next_action IS NULL THEN 1 ELSE 0 END) AS exit_count
  , AVG(CASE WHEN next_action IS NULL THEN 1.0 ELSE 0.0 END) AS exit_rate
FROM
  access_log_with_next_action
WHERE
  action = 'search'
GROUP BY
  -- ■ PostgreSQL, Redshift, BigQuery의 경우
```

```
-- SELECT 구문에서 정의한 별칭을 GROUP BY에 지정할 수 있음
dt
-- ■ PostgreSQL, Hive, Redshift, SparkSQL의 경우
-- SELECT 구문에서 별칭을 지정하기 이전의 식을 GROUP BY에 지정할 수 있음
-- substring(stamp, 1, 10)
ORDER BY
  dt
;
```

▼

실행결과

```
dt           | search_count | exit_count | exit_rate
-------------+--------------+------------+------------
2017-01-05   |         3510 |       1324 |    0.3772
2017-01-06   |         3541 |       1247 |    0.3521
```

검색 이탈 키워드 집계하기

이어서 검색 이탈이 발생했을 때 검색한 키워드를 추출하는 쿼리를 살펴봅시다. 검색 이탈 키워드를 확인하면, 동의어 사전 추가 등의 여러 가지 조치를 취해 검색을 개선할 수 있습니다.

코드 21-11 검색 이탈 키워드를 집계하는 쿼리

PostgreSQL　Hive　Redshift　BigQuery　SparkSQL

```
WITH
access_log_with_next_search AS (
  -- [코드 21-5] 참고하기
)
SELECT
    keyword
  , COUNT(1) AS search_count
  , SUM(CASE WHEN next_action IS NULL THEN 1 ELSE 0 END) AS exit_count
  , AVG(CASE WHEN next_action IS NULL THEN 1.0 ELSE 0.0 END) AS exit_rate
  , result_num
FROM
  access_log_with_next_search
WHERE
  action = 'search'
GROUP BY
```

```
    keyword, result_num
  -- 키워드 전체의 이탈률을 계산한 후, 이탈률이 0보다 큰 키워드만 추출하기
HAVING
  SUM(CASE WHEN next_action IS NULL THEN 1 ELSE 0 END) > 0
;
```

▼

실행결과

```
  keyword    | search_count | exit_count | exit_rate | result_num
-------------+--------------+------------+-----------+------------
  hive       |          212 |         23 |    0.1084 |        730
  spark sql  |          123 |         12 |    0.0975 |        179
  postgresql |          351 |         34 |    0.0968 |        889
  redshift   |          298 |         31 |    0.1040 |        821
  ...
```

원포인트

검색에서 이탈한 사용자가 검색 결과에 만족하지 못한 이유는 굉장히 다양합니다. 예를 들어 원하는 상품이 상위에 표시되지 않는 등 출력 순서와 관련된 경우도 있습니다. 참고로 정렬 순서 평가 지표와 관계된 내용은 21강 6절부터 차근차근 설명하겠습니다.

5 검색 키워드 관련 지표의 집계 효율화하기

지금까지 NoMatch 비율, 재검색 비율, 검색 이탈 비율 등의 지표를 소개했습니다. 그런데 각 각의 지표와 검색 키워드를 산출하기 위해 매번 비슷한 쿼리를 작성하는 것은 비효율적입니다. 따라서 다음과 같이 집계를 효율화하는 중간 데이터 생성 SQL을 사용하는 것이 좋습니다.

코드 21-12 검색과 관련된 지표를 집계하기 쉽게 중간 데이터를 생성하는 쿼리

PostgreSQL Hive Redshift BigQuery SparkSQL

```
WITH
access_log_with_next_search AS (
  -- [코드 21-5] 참고하기
```

```
)
, search_log_with_next_action (
  SELECT *
  FROM
    access_log_with_next_search
  WHERE
    action = 'search'
)
SELECT *
FROM search_log_with_next_action
ORDER BY
  session, stamp
;
```

▼

실행결과

```
session | action | keyword    | result_num | next_action | next_keyword | next_result_num
--------+--------+------------+------------+-------------+--------------+-----------------
0CVKaz  | search | pstgresql  |          0 | search      | postgresql   |             889
0CVKaz  | search | postgresql |        889 | detail      | NULL         |
0CVKaz  | search | postgresql |        889 | detail      | NULL         |
0CVKaz  | search | hive       |        730 |             |              |
1QceiB  | search | spark      |        646 | search      | spark sql    |             179
1QceiB  | search | spark sql  |        179 | detail      | NULL         |
...
```

원포인트

앞의 출력 결과를 사용하면 NoMatch 수, 재검색 수, 검색 이탈 수를 포함해 키워드 등을 간단하게 집계할 수 있습니다. 이러한 출력 결과를 테이블로 저장하거나, 검색과 관련된 지표를 전처리하는 정형화된 WITH 구문으로 활용하면 작업 효율을 높일 수 있을 것입니다.

검색 결과의 포괄성을 지표화하기

지금까지 사용자 검색 로그를 사용해 검색 기능의 사용과 관련한 항목을 평가했습니다. 이번 절부터는 검색 키워드에 대한 지표를 사용해 검색 엔진 자체의 정밀도를 평가하는 방법을 소개하겠습니다. 이를 활용하면 정밀도를 사람이 하나하나 평가하지 않아도 기계적으로 자동화할 수 있습니다.

이번 절에서 사용할 샘플 데이터는 다음과 같습니다. 검색 키워드에 대한 검색 결과 순위(데이터 21-2)와 검색 키워드에 대한 정답 아이템(데이터 21-3)입니다. 참고로 정답 아이템이란 어떤 검색 키워드에 대해 히트[3]되었으면 하는 아이템을 미리 정리한 데이터입니다.

데이터 21-2 검색 키워드에 대한 검색 결과 순위(search_result) 테이블

```
 keyword   | rank | item
-----------+------+---------
 sql       |    1 | book001
 sql       |    2 | book005
 sql       |    3 | book012
 sql       |    4 | book004
 sql       |    5 | book003
 sql       |    6 | book010
 sql       |    7 | book024
 sql       |    8 | book025
 sql       |    9 | book050
 sql       |   10 | book100
 postgres  |    1 | book002
 postgres  |    2 | book004
 postgres  |    3 | book012
 postgres  |    4 | book008
 postgres  |    5 | book003
 postgres  |    6 | book010
 postgres  |    7 | book035
 postgres  |    8 | book040
 postgres  |    9 | book077
 postgres  |   10 | book100
 hive      |    1 | book200
```

---

3 역자주_ 검색 결과로 걸리는 것을 히트(Hit)라고 표현합니다.

데이터 21-3 검색 키워드에 대한 정답 아이템(corrent_result) 테이블

```
keyword   | item
----------+---------
sql       | book003
sql       | book005
sql       | book008
sql       | book010
sql       | book025
sql       | book100
postgres  | book008
postgres  | book010
postgres  | book030
postgres  | book055
postgres  | book066
postgres  | book100
hive      | book200
redshift  | book300
```

재현율(Recall)을 사용해 검색의 포괄성 평가하기

검색 엔진을 정량적으로 평가하는 대표적인 지표로 재현율(Recall)과 정확률(Precision)이 있습니다. 재현율이란 어떤 키워드의 검색 결과에서 미리 준비한 정답 아이템이 얼마나 나왔는지를 비율로 나타낸 것입니다. 조금 말이 어려운데요. 특정 키워드로 10개의 검색 결과가 나왔으면 했는데, 실제 검색했을 때 4개만 나왔다면 재현율은 40%입니다.

재현율을 집계하려면 일단 검색 결과와 정답 아이템을 결합하고, 어떤 아이템이 정답 아이템에 포함되는지를 판단해야 합니다. 이러한 쿼리는 다음과 같습니다.

코드 21-13 검색 결과와 정답 아이템을 결합하는 쿼리

`PostgreSQL` `Hive` `Redshift` `BigQuery` `SparkSQL`

```
WITH
search_result_with_correct_items AS (
  SELECT
      COALESCE(r.keyword, c.keyword) AS keyword
    , r.rank
    , COALESCE(r.item, c.item) AS item
    , CASE WHEN c.item IS NOT NULL THEN 1 ELSE 0 END AS correct
```

```
  FROM
      search_result AS r
    FULL OUTER JOIN
      correct_result AS c
      ON r.keyword = c.keyword
      AND r.item = c.item
)
SELECT *
FROM
  search_result_with_correct_items
ORDER BY
  keyword, rank
;
```

▼

실행결과

```
keyword | rank | item    | correct
--------+------+---------+---------
sql     |    1 | book001 |       0
sql     |    2 | book005 |       1
sql     |    3 | book012 |       0
sql     |    4 | book004 |       0
sql     |    5 | book003 |       1
sql     |    6 | book010 |       1
sql     |    7 | book024 |       0
sql     |    8 | book025 |       1
sql     |    9 | book050 |       0
sql     |   10 | book100 |       1
sql     |      | book008 |       1
...
```

이 출력 결과에서 correct 컬럼의 플래그가 1인 아이템이 정답 아이템에 포함된 아이템입니다. OUTER JOIN을 사용해 검색 결과에 포함되지 않은 정답 아이템 레코드를 남겼는데요. 이는 재현율을 계산하려면 정답 아이템의 총 수를 구해야 하기 때문입니다.

이어서 다음 코드 예는 검색 결과 상위 n개의 재현율을 계산하는 쿼리입니다. 상위 n개의 정답 아이템 히트 수는 SUM 윈도 함수를 사용해서, 누계 정답 아이템 플래그를 모두 합해 계산합니다. 이 값을 정답 항목 총 수로 나누면 재현율을 구할 수 있습니다.

참고로 검색 결과에 포함되지 않은 아이템의 레코드는 재현율을 계산할 수 없습니다. 그래서 편의상 0으로 출력하게 했습니다.

코드 21-14 검색 결과 상위 n개의 재현율을 계산하는 쿼리

```
WITH
search_result_with_correct_items AS (
  -- [코드 21-13] 참고하기
)
, search_result_with_recall AS (
  SELECT
      *
    -- 검색 결과 상위에서 정답 데이터에 포함되는 아이템 수의 누계 구하기
    , SUM(correct)
        -- rank가 NULL이라면 정렬 순서의 마지막에 위치하므로
        -- 편의상 굉장히 큰 값으로 변환해서 넣기
        OVER(PARTITION BY keyword ORDER BY COALESCE(rank, 100000) ASC
          ROWS BETWEEN UNBOUNDED PRECEDING AND CURRENT ROW) AS cum_correct
    , CASE
        -- 검색 결과에 포함되지 않은 아이템은 편의상 적합률을 0으로 다루기
        WHEN rank IS NULL THEN 0.0
        ELSE
          100.0
          * SUM(correct)
            OVER(PARTITION BY keyword ORDER BY COALESCE(rank, 100000) ASC
              ROWS BETWEEN UNBOUNDED PRECEDING AND CURRENT ROW)
            / SUM(correct) OVER(PARTITION BY keyword)
      END AS recall
  FROM
    search_result_with_correct_items
)
SELECT *
FROM
  search_result_with_recall
ORDER BY
  keyword, rank
;
```

▼

```
keyword    | rank | item    | correct | cum_correct | recall
-----------+------+---------+---------+-------------+----------
hive       |    1 | book200 |    1 |           1 | 100.00
postgres   |    1 | book002 |    0 |           0 |   0.00
postgres   |    2 | book004 |    0 |           0 |   0.00
postgres   |    3 | book012 |    0 |           0 |   0.00
postgres   |    4 | book008 |    1 |           1 |  16.66
postgres   |    5 | book003 |    0 |           1 |  16.66
postgres   |    6 | book010 |    1 |           2 |  33.33
postgres   |    7 | book035 |    0 |           2 |  33.33
postgres   |    8 | book040 |    0 |           2 |  33.33
postgres   |    9 | book077 |    0 |           2 |  33.33
postgres   |   10 | book100 |    1 |           3 |  50.00
postgres   |      | book030 |    1 |           6 |   0.00
postgres   |      | book055 |    1 |           6 |   0.00
postgres   |      | book066 |    1 |           6 |   0.00
redshift   |      | book300 |    1 |           1 |   0.00
sql        |    1 | book001 |    0 |           0 |   0.00
sql        |    2 | book005 |    1 |           1 |  16.66
sql        |    3 | book012 |    0 |           1 |  16.66
sql        |    4 | book004 |    0 |           1 |  16.66
sql        |    5 | book003 |    1 |           2 |  33.33
sql        |    6 | book010 |    1 |           3 |  50.00
sql        |    7 | book024 |    0 |           3 |  50.00
sql        |    8 | book025 |    1 |           4 |  66.66
sql        |    9 | book050 |    0 |           4 |  66.66
sql        |   10 | book100 |    1 |           5 |  83.33
sql        |      | book008 |    1 |           6 |   0.00
```

재현율의 값을 집약해서 비교하기 쉽게 만들기

이전 코드 예에서 산출한 재현율은 검색 결과 전체 레코드에 대한 재현율입니다. 그런데 이러한 값으로 검색 엔진을 평가하기는 약간 어렵습니다. 검색 엔진을 정량적으로 평가하고 여러 개의 검색 엔진을 비교하려면, 하나의 대표값으로 집약하는 것이 바람직합니다.

검색 엔진의 일반적인 인터페이스는 검색 결과 상위 n개를 순위 형식으로 출력합니다. 따라서 각 검색 키워드에 대한 재현율을 사용자에게 출력되는 아이템 개수로 한정해서 구하는 것이 좋습니다[4].

다음 코드 예에서는 검색 결과의 출력 결과가 디폴트로 5개라고 가정하고, 재현율을 키워드별로 계산합니다. 검색 결과가 5개 이상이라면 상위 5개로 재현율을 구하고, 검색 결과가 5개보다 적을 경우 검색 결과 전체를 기반으로 재현율을 구합니다. 당연하지만 검색 결과가 없다면 재현율은 0입니다.

코드 21-15 검색 결과 상위 5개의 재현율을 키워드별로 추출하는 쿼리

`PostgreSQL` `Hive` `Redshift` `BigQuery` `SparkSQL`

```
WITH
search_result_with_correct_items AS (
  -- [코드 21-13] 참고하기
)
, search_result_with_recall AS (
  -- [코드 21-14] 참고하기
)
, recall_over_rank_5 AS (
  SELECT
    keyword
  , rank
  , recall
    -- 검색 결과 순위가 높은 순서로 번호 붙이기
    -- 검색 결과에 나오지 않는 아이템은 편의상 0으로 다루기
  , ROW_NUMBER()
    OVER(PARTITION BY keyword ORDER BY COALESCE(rank, 0) DESC)
    AS desc_number
  FROM
    search_result_with_recall
  WHERE
    -- 검색 결과 상위 5개 이하 또는 검색 결과에 포함되지 않은 아이템만 출력하기
    COALESCE(rank, 0) <= 5
)
SELECT
    keyword
  , recall AS recall_at_5
FROM recall_over_rank_5
-- 검색 결과 상위 5개 중에서 가장 순위가 높은 레코드 추출하기
WHERE desc_number = 1
;
```

---

4 역자주_ 첫 번째 페이지에 재현되는 아이템이 몇 개인지를 구하는 것이 좋다는 의미입니다.

```
keyword  | recall_at_5
---------+-------------
hive     |    100.00
postgres |     16.66
sql      |     33.33
redshift |      0.00
```

검색 키워드의 재현율을 집약했다면, 마지막으로 전체적인 재현율 평균을 구합시다. 다음 코드 예는 검색 엔진 전체의 평균 재현율을 계산하는 쿼리입니다.

코드 21-16 검색 엔진 전체의 평균 재현율을 계산하는 쿼리

`PostgreSQL` `Hive` `Redshift` `BigQuery` `SparkSQL`

```
WITH
search_result_with_correct_items AS (
  -- [코드 21-13] 참고하기
)
, search_result_with_recall AS (
  -- [코드 21-14] 참고하기
)
, recall_over_rank_5 AS (
  -- [코드 21-15] 참고하기
)
SELECT
  AVG(recall) AS average_recall_at_5
FROM recall_over_rank_5
-- 검색 결과 상위 5개 중에서 가장 순위가 높은 레코드 추출하기
WHERE desc_number = 1
;
```

```
average_recall_at_5
-------------------
              37.50
```

재현율은 정답 아이템에 포함되는 아이템을 어느 정도 망라할 수 있는지를 나타내는 지표
입니다. 재현율은 의학 또는 법 관련 정보를 다룰 때도 굉장히 많이 사용되는 지표랍니다.

7 검색 결과의 타당성을 지표화하기

SQL ▶ FULL OUTER JOIN, SUM 윈도 함수

분석 ▶ 정확률

이전 절에서 설명한 재현율처럼, 검색 결과를 평가할 때 사용하는 지표로 정확률(Precision)
이 있습니다. 정확률은 간단하게 정밀도라고 부르기도 합니다. 정확률 값은 검색 결과에 포함
되는 아이템 중 정답 아이템이 어느 정도 비율로 포함되는지를 나타냅니다. 예를 들어 검색 결
과 상위 10개에 5개의 정답 아이템이 포함되어 있다면 정확률은 50%가 됩니다.

정확률(Precision)을 사용해 검색의 타당성 평가하기

다음 코드 예는 검색 결과 상위 n개의 정확률을 계산하는 쿼리입니다. 기본적으로 이전 절에서
살펴보았던 재현율과 같은데요. 분모 부분만 검색 결과 순위까지의 누계 아이템 수로 바뀌었습
니다. 참고로 이전과 마찬가지로 검색 결과에 포함되지 않은 아이템의 레코드도 편의상 정확률
을 0으로 계산했습니다.

코드 21-17 검색 결과 상위 n개의 정확률을 계산하는 쿼리

```
WITH
search_result_with_correct_items AS (
  -- [코드 21-13] 참고하기
)
, search_result_with_precision AS (
  SELECT
      *
    -- 검색 결과의 상위에서 정답 데이터에 포함되는 아이템 수의 누계 구하기
  , SUM(correct)
      -- rank가 NULL이라면 정렬 순서의 마지막에 위치하므로
```

```
        -- 편의상 굉장히 큰 값으로 변환해서 넣기
        OVER(PARTITION BY keyword ORDER BY COALESCE(rank, 100000) ASC
          ROWS BETWEEN UNBOUNDED PRECEDING AND CURRENT ROW) AS cum_correct
  , CASE
        -- 검색 결과에 포함되지 않은 아이템은 편의상 적합률을 0으로 다루기
        WHEN rank IS NULL THEN 0.0
        ELSE
          100.0
          * SUM(correct)
            OVER(PARTITION BY keyword ORDER BY COALESCE(rank, 100000) ASC
              ROWS BETWEEN UNBOUNDED PRECEDING AND CURRENT ROW)
          -- 재현률과 다르게 분모에 검색 결과 순위까지의 누계 아이템 수 지정하기
          / COUNT(1)
            OVER(PARTITION BY keyword ORDER BY COALESCE(rank, 100000) ASC
              ROWS BETWEEN UNBOUNDED PRECEDING AND CURRENT ROW)
      END AS precision
  FROM
    search_result_with_correct_items
)
SELECT *
FROM
  search_result_with_precision
ORDER BY
  keyword, rank
;
```

▼

실행결과

```
 keyword  | rank | item    | correct | cum_correct | precision
----------+------+---------+---------+-------------+-----------
 hive     |   1  | book200 |    1    |      1      | 100.00
 postgres |   1  | book002 |    0    |      0      |   0.00
 postgres |   2  | book004 |    0    |      0      |   0.00
 postgres |   3  | book012 |    0    |      0      |   0.00
 postgres |   4  | book008 |    1    |      1      |  25.00
 postgres |   5  | book003 |    0    |      1      |  20.00
 postgres |   6  | book010 |    1    |      2      |  33.33
 postgres |   7  | book035 |    0    |      2      |  28.57
 postgres |   8  | book040 |    0    |      2      |  25.00
 postgres |   9  | book077 |    0    |      2      |  22.22
 postgres |  10  | book100 |    1    |      3      |  30.00
 postgres |      | book030 |    1    |      6      |   0.00
 postgres |      | book055 |    1    |      6      |   0.00
```

```
postgres |       | book066 |    1 |      6 |    0.00
redshift |       | book300 |    1 |      1 |    0.00
sql      |    1  | book001 |    0 |      0 |    0.00
sql      |    2  | book005 |    1 |      1 |   50.00
sql      |    3  | book012 |    0 |      1 |   33.33
sql      |    4  | book004 |    0 |      1 |   25.00
sql      |    5  | book003 |    1 |      2 |   40.00
sql      |    6  | book010 |    1 |      3 |   50.00
sql      |    7  | book024 |    0 |      3 |   42.85
sql      |    8  | book025 |    1 |      4 |   50.00
sql      |    9  | book050 |    0 |      4 |   44.44
sql      |   10  | book100 |    1 |      5 |   50.00
sql      |       | book008 |    1 |      6 |    0.00
```

정확률 값을 집약해서 비교하기 쉽게 만들기

정확률도 재현율처럼 키워드마다 값을 집약하도록 합시다. 다음 코드 예는 검색 결과 상위 5개의 정확률을 키워드별로 추출합니다. 이번 코드 예도 재현율을 계산할 때 사용한 쿼리와 거의 같습니다.

참고로 검색 결과 상위 n개의 정확률은 'P@n'이라고 표기하기도 합니다.

코드 21-18 검색 결과 상위 5개의 정확률을 키워드별로 추출한 쿼리

```
WITH
search_result_with_correct_items AS (
  -- [코드 21-13] 참고하기
)
, search_result_with_precision AS (
  -- [코드 21-17] 참고하기
)
, precision_over_rank_5 AS (
  SELECT
    keyword
  , rank
  , precision
    -- 검색 결과 순위가 높은 순서로 번호 붙이기
    -- 검색 결과에 나오지 않는 아이템은 편의상 0으로 다루기
  , ROW_NUMBER()
    OVER(PARTITION BY keyword ORDER BY COALESCE(rank, 0) DESC)
```

```
        AS desc_number
    FROM
      search_result_with_precision
    WHERE
      -- 검색 결과의 상위 5개 이하 또는 검색 결과에 포함되지 않은 아이템만 출력하기
      COALESCE(rank, 0) <= 5
)
SELECT
    keyword
  , precision AS precision_at_5
FROM precision_over_rank_5
-- 검색 결과 상위 5개 중에서 가장 순위가 높은 레코드만 추출하기
WHERE desc_number = 1;
```

▼

실행결과

```
 keyword  | precision_at_5
----------+------------------
 postgres |      20.00
 sql      |      40.00
 hive     |     100.00
 redshift |       0.00
```

검색 키워드들의 정확률을 추출했으면, 마지막으로 정확률의 평균을 구하고, 검색 엔진 전체의
평균 정확률을 구합니다. 다음 코드는 평균 정확률을 계산하는 쿼리입니다.

코드 21-19 검색 엔진 전체의 평균 정확률을 계산하는 쿼리

```
WITH
search_result_with_correct_items AS (
  -- [코드 21-13] 참고하기
)
, search_result_with_precision AS (
  -- [코드 21-17] 참고하기
)
, precision_over_rank_5 AS (
  -- [코드 21-18] 참고하기
)
SELECT
    AVG(precision) AS average_precision_at_5
FROM precision_over_rank_5
-- 검색 결과 상위 5개 중에서 가장 순위가 높은 레코드만 추출하기
```

```
WHERE desc_number = 1
;
```

▼

실행결과

```
 average_precision_at_5
------------------------
                 40.00
```

정리

정확률은 검색 결과 상위에 출력되는 아이템의 타당성을 나타내는 지표입니다. 이 지표는 웹 검색 등 방대한 데이터 검색에서 적절한 검색 결과를 빠르게 찾고 싶은 경우에 굉장히 중요한 지표라고 할 수 있습니다.

8 검색 결과 순위와 관련된 지표 계산하기

SQL AVG 함수
분석 MAP(Mean Average Precision)

지금까지 검색 엔진을 평가하기 위한 가장 기본적인 지표인 재현율과 정확률을 살펴보았습니다. 이러한 지표들은 간단하고 사용하기 편리하지만, 실제로 검색 엔진을 평가하거나 복잡한 조건을 검토하고 싶은 경우에 부족한 점이 있습니다.

재현율과 정확률의 부족한 부분을 정리하면 다음과 같습니다.

❶ 검색 결과의 순위는 고려하지 않는다.
❷ 정답과 정답이 아닌 아이템을 0과 1이라는 두 가지 값으로밖에 표현할 수 없다.
❸ 모든 아이템에 대한 정답을 미리 준비하는 것은 사실 불가능에 가깝다.

먼저 ❶번의 순위를 따로 고려하지 않는 경우부터 생각해봅시다. 예를 들어 검색 상위 10개의 적합률이 40%인 검색 엔진 A와 B가 있다고 합시다. 그런데 검색 엔진 A는 1, 4번째에 정답 아이템이 있고, 검색 엔진 B는 7, 10번째에 정답 아이템이 있다고 합시다. 당연히 검색 엔진 A가 더 좋은 검색 엔진이라고 할 수 있는데, P@10을 구해보면 두 검색 엔진은 같은 성능을 가진다고 나옵니다.

검색 순위를 고려한 지표로는 MAP(Mean Average Precision)과 MRR(Mean Reciprocal Rank) 등이 있습니다.

이어서 ❷번의 정답과 정답이 아닌 아이템이라는 두 가지로밖에 표현할 수 없는 경우입니다. 이전 절까지 다룬 정답 아이템은 어떤 아이템이 검색에 히트되어도 모두 같은 것으로 취급하지만, 경우에 따라서는 '굉장히 관련 있는 아이템', '조금 관련있는 아이템'처럼 단계적인 점수를 사용해 정답 이이템을 다루고 싶은 경우가 있을 수 있습니다.

예를 들어 사용자의 별점(5단계 평가)과 같은 리뷰 데이터가 있을 때, 그러한 점수를 정답 데이터 사용해 적합률과 재현률을 구하면, 모처럼 사용자로부터 입력받은 별점을 활용할 수 없게 되어 버립니다.

단계적인 점수를 고려해서 정답 아이템을 다루는 지표로는 DCG(Discounted Cumulated Gain)와 NDCG(Normalized DCG) 등이 있습니다.

마지막으로 ❸번의 모든 아이템에 대해 정답 아이템을 준비할 수 없다는 것은 더 현실적인 검색 엔진 평가 문제라고 할 수 있습니다. 검색 엔진이 필요한 서비스의 경우, 검색 대상 아이템이 굉장히 많을 수 있습니다.

사용자의 행동 로그 등에서 기계적으로 정답 아이템을 만들 수도 있겠지만, 서비스를 사용하는 사용자가 각각 확인할 수 있는 아이템의 수는 그렇게 많지 않습니다. 그래서 재현율과 적합률을 적용해도 극단적으로 낮은 값이라 사용할 수 없는 경우가 많습니다.

검색 대상 아이템 수에서 정답 아이템 수가 한정된 경우에는 BPREF(Binary Preferece)라는 것도 활용할 수 있습니다.

MAP으로 검색 결과의 순위를 고려해 평가하기

일단 검색 결과의 순위를 고려한 평가를 MAP(Mean Average Precision)이라는 지표를 통해 해봅시다. MAP의 정의는 '검색 결과 상위 N개의 적합률 평균'입니다. 다만 정답 아이템이 순위에 아예 없는 경우, 편의상 적합률을 0으로 다루겠습니다.

MAP을 사용하면, 예를 들어 정답 아이템 수가 4개라고 할 때 P@10=40%입니다. 만약 상위 1 ~4번째까지 모두 정답 아이템이라면, MAP 값은 $100 \times ((1/1)+(2/2)+(3/3)+(4/4))/4$ = 100이 됩니다.

반면 상위 7~10번째가 정답 아이템이라면, P@10은 마찬가지로 40%이지만 MAP 값은 $100 \times ((1/7)+(2/8)+(3/9)+(4/10))/4 = 28.15$가 되어 이전보다 낮게 평가됩니다.

MAP을 계산하려면 일단 정답 아이템별로 정확률을 추출해야 합니다. 이전 절에서 살펴보았던 쿼리를 활용하면, correct 컬럼의 플래그가 1인 레코드를 추출하기만 하면 됩니다. 다음 코드 예는 정답 아이템별로 정확률을 추출하는 쿼리입니다.

코드 21-20 정답 아이템별로 적합률을 추출하는 쿼리

PostgreSQL   Hive   Redshift   BigQuery   SparkSQL

```
WITH
search_result_with_correct_items AS (
  -- [코드 21-13] 참고하기
)
, search_result_with_precision AS (
  -- [코드 21-17] 참고하기
)
SELECT
    keyword
  , rank
  , precision
FROM
  search_result_with_precision
WHERE
  correct = 1
;
```

▼

실행결과

```
 keyword   | rank | precision
-----------+------+-----------
 hive      |    1 |    100.00
 postgres  |    4 |     25.00
 postgres  |    6 |     33.33
 postgres  |   10 |     30.00
 postgres  |      |      0.00
 postgres  |      |      0.00
```

```
postgres  |    |    0.00
redshift  |    |    0.00
sql       |  2 |   50.00
sql       |  5 |   40.00
sql       |  6 |   50.00
sql       |  8 |   50.00
sql       | 10 |   50.00
sql       |    |    0.00
```

이어서 검색 키워드별로 정확률 평균을 계산합니다.

코드 21-21 검색 키워드별로 정확률의 평균을 계산하는 쿼리

PostgreSQL　Hive　Redshift　BigQuery　SparkSQL

```sql
WITH
search_result_with_correct_items AS (
-- [코드 21-13] 참고하기
)
, search_result_with_precision AS (
-- [코드 21-17] 참고하기
)
, average_precision_for_keywords AS (
  SELECT
     keyword
    , AVG(precision) AS average_precision
  FROM
    search_result_with_precision
  WHERE
    correct = 1
  GROUP BY
    keyword
)
SELECT *
FROM
  average_precision_for_keywords
;
```

▼

```
keyword   | average_precision
----------+--------------------
hive      |           100.00
redshift  |             0.00
sql       |            40.00
postgres  |            14.72
```

마지막으로 검색 키워드별로 정확률의 평균을 추출하고, 검색 엔진 자체의 MAP을 계산합니다. 다음 코드 예는 검색 엔진의 MAP을 계산하는 쿼리입니다.

코드 21-22 검색 엔진의 MAP을 계산하는 쿼리

`PostgreSQL` `Hive` `Redshift` `BigQuery` `SparkSQL`

```sql
WITH
search_result_with_correct_items AS (
  -- [코드 21-13] 참고하기
)
, search_result_with_precision AS (
  -- [코드 21-17] 참고하기
)
, average_precision_for_keywords AS (
  -- [코드 21-21] 참고하기
)
SELECT
  AVG(average_precision) AS mean_average_precision
FROM
  average_precision_for_keywords
;
```

▼

```
  mean_average_precision
-------------------------
                   38.68
```

검색 평가와 관련한 다른 지표들

이번 절에서는 대표적인 검색 지표로 MAP을 계산하는 쿼리를 소개했지만, 추가로 자주 사용되는 순위 지표를 몇 가지 소개해보겠습니다.

표 21-1 검색 평가에 사용되는 대표적인 순위 지표

지표 이름	설명
Precision(정확률)	검색 결과 순위 중에서 얼마나 많은 비율의 아이템이 제대로 출력되는지를 나타냅니다. 웹 검색처럼 방대한 중복을 포함한 정보에서 관련 정보를 재빠르게 추출해야 할 때 굉장히 중요합니다. $$Precision = p = \frac{|R \cap A|}{|A|}$$
Recall(재현율)	사용자가 원할 것으로 보이는 아이템 중에서 얼마나 많은 비율의 아이템이 제대로 출력되는지를 나타냅니다. 법률계 또는 의학계를 대상으로 하는 검색처럼, 결과에 누수가 있으면 안 되는 경우에 굉장히 중요합니다. $$Recall = r = \frac{|R \cap A|}{|R|}$$
P@n	순위 상위 n개를 기반으로 측정한 Precision(정확률)
MAP(Mean Average Precision)	각각의 쿼리에 대한 Average Precision 평균값 $$MAP = \frac{\sum_{q=1}^{Q} AveP(q)}{Q}$$
MRR(Mean Reciprocal Rank) (평균역순위)	순위 중에서 처음부터 정답 아이템이 나오는 순위에 역수를 취한 뒤 평균을 구한 값 $$MRR = \frac{1}{|Q|} \sum_{i=1}^{|Q|} \frac{1}{rank_i}$$
E-Measure	Precision과 Recall을 합쳐 만든 단일 지표 Precision과 Recall을 1:1로 합치면 F-Measure가 됩니다. $$F_\beta = \frac{(1 + \beta^2) \cdot (p \cdot r)}{(\beta^2 \cdot p + r)}$$
F-Measure	Precision과 Recall의 조화 평균 $$F_1 = 2 \cdot \frac{p \cdot r}{p + r}$$
NDCG(Normalized Discounted Cumulated Gain)	아이템의 평가를 여러 개의 레벨로 설정하고, 순위 내부에서의 순위를 추가한 지표입니다. 정답 데이터를 만들기 어렵지만, 신뢰도가 굉장히 높습니다. $$DCG_k = \sum_{i=1}^{k} \frac{2^{rel_i} - 1}{\log_2 (i + 1)}$$ $$nDCG_k = \frac{DCG_k}{idealDCG_k}$$

BPREF(Binary Preferences)	아이템 사이의 상대적인 관심도를 기준으로 하는 지표입니다. 아이템 공간이 굉장히 거대해서 평가 데이터를 만들기 힘든 경우에 활용합니다. $$bpref = \frac{1}{R} \sum_{r} \left(1 - \frac{\min(number\ of\ n\ above\ r, R)}{\min(N, R)} \right)$$

> **정리**
>
> 검색 엔진을 정량적으로 평가하기 위한 지표는 이 책에서 모두 소개할 수 없을 만큼 굉장히 많은 것이 고안되어 있습니다. 이 책에서 소개한 쿼리들을 참고하면서, NDCG와 BPREF와 같은 다른 지표에 대해서도 정의와 적용 범위를 확인해보고, 어떻게 쿼리를 작성하면 구할 수 있을지 생각해보세요.

데이터 마이닝

데이터 마이닝이란 대량의 데이터에서 특정 패턴 또는 규칙 등 유용한 지식을 추출하는 방법을 전반적으로 나타내는 용어입니다. 대표적인 데이터 마이닝 방법에는 상관 규칙 추출, 클러스터 링, 상관 분석 등이 있습니다. 데이터 마이닝 방법의 대부분은 재귀 처리와 휴리스틱 처리가 필요합니다. 따라서 단순한 SQL로는 처리가 어렵습니다. 그래서 일반적으로 R과 파이썬 등의 패키지를 사용하는 경우가 많습니다.

이 책에서는 데이터 마이닝의 대표적인 방법으로 상관 규칙 추출 방법 중 하나인 '어소시에이션 분석'을 다루고, 어소시에이션 분석의 로직을 SQL로 구현해보겠습니다. 라이브러리를 별도로 사용하지 않고 데이터를 가공해보며 어떤 형식으로 데이터 마이닝을 하는지 살펴봅시다.

샘플 데이터

이번 절에서는 다음과 같은 구매 상세 로그 데이터를 사용해 데이터 마이닝을 해보겠습니다.

데이터 22-1 구매 상세 로그(purchase_detail_log) 테이블

```
    stamp        | session   | purchase_id | product_id
------------------+-----------+-------------+-----------
 2016-11-03 18:10 | 989004ea  |           1 | D001
 2016-11-03 18:10 | 989004ea  |           1 | D002
 2016-11-03 20:00 | 47db0370  |           2 | D001
 2016-11-04 13:00 | 1cf7678e  |           3 | D002
 2016-11-04 15:00 | 5eb2e107  |           4 | A001
 2016-11-04 15:00 | 5eb2e107  |           4 | A002
 2016-11-04 16:00 | fe05e1d8  |           5 | A001
 2016-11-04 16:00 | fe05e1d8  |           5 | A003
 2016-11-04 17:00 | 87b5725f  |           6 | A001
 2016-11-04 17:00 | 87b5725f  |           6 | A003
 2016-11-04 17:00 | 87b5725f  |           6 | A004
 2016-11-04 18:00 | 5d5b0997  |           7 | A005
 2016-11-04 18:00 | 5d5b0997  |           7 | A006
 2016-11-04 19:00 | 111f2996  |           8 | A002
 2016-11-04 19:00 | 111f2996  |           8 | A003
 2016-11-04 20:00 | 3efe001c  |           9 | A001
 2016-11-04 20:00 | 3efe001c  |           9 | A003
 2016-11-04 21:00 | 9afaf87c  |          10 | D001
 2016-11-04 21:00 | 9afaf87c  |          10 | D003
 2016-11-04 22:00 | d45ec190  |          11 | D001
 2016-11-04 22:00 | d45ec190  |          11 | D002
 2016-11-04 23:00 | 36dd0df7  |          12 | A002
 2016-11-04 23:00 | 36dd0df7  |          12 | A003
 2016-11-04 23:00 | 36dd0df7  |          12 | A004
 2016-11-05 15:00 | cabf98e8  |          13 | A002
 2016-11-05 15:00 | cabf98e8  |          13 | A004
 2016-11-05 16:00 | f3b47933  |          14 | A005
```

1 어소시에이션 분석

SQL COUNT 윈도 함수
분석 지지도, 확신도, 리프트

어소시에이션 분석은 데이터 마이닝 분야 중 하나인 '상관 규칙 추출'의 대표적인 방법으로, 예를 들어 '상품A를 구매한 사람의 60%는 상품B도 구매했다' 등의 상관 규칙을 대량의 데이터에

서 찾아내는 것을 의미합니다. 이때 상관 규칙이란 '상품A와 상품B가 동시에 구매되는 경향이 있다'처럼 단순한 동시 시점의 상황이 아니라, '상품A를 구매했다면 상품B도 구매한다'처럼 시간적 차이와 인과 관계를 가지는 규칙을 의미합니다. 따라서 '상품A를 구매했다면 상품B도 구매한다'가 참이라고 해도, '상품B를 구매했다면 상품A도 구매한다'가 반드시 참으로 성립하지는 않습니다.

원래 어소시에이션 분석은 '상품 조합(A, B, C…)를 구매한 사람의 n%는 상품 조합(X, Y, Z…)도 구매한다'처럼 상품 조합과 관련된 상관 규칙도 발견할 때 활용할 수 있는 굉장히 범용적인 알고리즘입니다. 하지만 이러한 범용적인 알고리즘을 만들기 위해서는 재귀적인 반복 처리 등을 포함한 굉장히 많은 추가 지식이 필요하므로, 이 책에서는 2개의 상품 간에 발생하는 상관 규칙으로 단순화해서 살펴보겠습니다.

어소시에이션 분석에 사용되는 지표

일단 어소시에이션 분석에 사용되는 주요 지표라고 할 수 있는 지지도(Support), 확신도 · 신뢰도(Confidence), 리프트(Lift)에 대해 살펴봅시다.

| 지지도(Support) |

지지도는 상관 규칙이 어느 정도의 확률로 발생하는지를 나타내는 값입니다.

예를 들어 100개의 구매 로그에서 '상품X와 상품Y를 같이 구매한 로그'가 20개 있다면, 이 규칙에 대한 지지도는 20%라고 할 수 있습니다(이때 구매 로그는 동시에 구매한 여러 개의 상품이 하나의 로그에 저장되어 있다고 가정합니다).

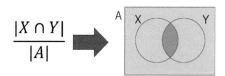

확신도·신뢰도(Confidence)

확신도(또는 신뢰도)란 어떤 결과가 어느 정도의 확률로 발생하는지를 의미하는 값입니다. 예를 들어 100개의 구매 로그에 상품 X를 구매하는 레코드가 50개 있고, 내부에 상품 Y도 함께 구매하는 레코드가 20개 있다면, 확신도는 20/50 = 40%입니다.

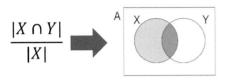

리프트(Lift)

리프트란 '어떤 조건을 만족하는 경우의 확률(=확신도)'을 '사전 조건 없이 해당 결과가 일어날 확률'로 나눈 값입니다. 이전 예에서 100개의 구매 로그에 상품 X를 구매하는 로그가 50개, 상품 X와 상품 Y를 모두 구매하는 로그가 20개, 상품 Y만 구매하는 로그가 20개라면, 확신도는 20/50 = 40%, 상품 Y의 구매 확률은 20/100 = 20%이므로, 리프트는 40% / 20% = 2.0이 됩니다. 이를 통해 상품 X를 구매한 경우 상품 Y를 구매할 확률이 2배가 된다는 것을 알 수 있습니다. 보통 리프트 값이 1.0 이상이면 좋은 규칙이라고 판단합니다.

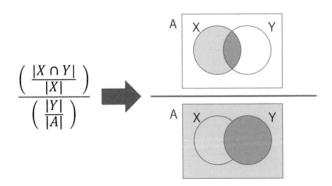

두 상품의 연관성을 어소시에이션 분석으로 찾기

어소시에이션 분석으로 지표를 계산해서 두 상품의 연관성을 찾아보겠습니다. 상품 A와 상품 B의 어소시에이션 분석에 필요한 정보는 '구매 로그 총 수'와 '상품 A의 구매 수', '상품 B의 구매 수', '상품 A와 상품 B의 동시 구매 수'입니다.

다음 코드는 '구매 로그 총 수', '상품 X의 구매 수'를 각각 세고 모든 레코드에 전개합니다. 각 상품 ID를 사용해 구매 로그 총 수(purchase_count)와 상품 구매 수(product_count)를 셀 수 있습니다.

코드 22-1 구매 로그 수와 상품별 구매 수를 세는 쿼리

| PostgreSQL | Hive | Redshift | BigQuery | SparkSQL |

```
WITH
purchase_id_count AS (
  -- 구매 상세 로그에서 유니크한 구매 로그 수 계산하기
  SELECT COUNT(DISTINCT purchase_id) AS purchase_count
  FROM purchase_detail_log
)
, purchase_detail_log_with_counts AS (
  SELECT
      d.purchase_id
    , p.purchase_count
    , d.product_id
    -- 상품별 구매 수 계산하기
    , COUNT(1) OVER(PARTITION BY d.product_id) AS product_count
  FROM
      purchase_detail_log AS d
    CROSS JOIN
      -- 구매 로그 수를 모든 레코드 수와 결합하기
      purchase_id_count AS p
)
SELECT
  *
FROM
  purchase_detail_log_with_counts
ORDER BY
  product_id, purchase_id
;
```

▼

```
실행결과

purchase_id | purchase_count | product_id | product_count
------------+----------------+------------+----------------
          1 |             14 | D001       |              4
          1 |             14 | D002       |              3
          2 |             14 | D001       |              4
          3 |             14 | D002       |              3
          4 |             14 | A001       |              4
          4 |             14 | A002       |              4
...
         12 |             14 | A004       |              3
         13 |             14 | A002       |              4
         13 |             14 | A004       |              3
         14 |             14 | A005       |              2
```

이어서 동시에 구매한 상품 페어를 생성하고, 조합별로 구매 수를 세는 쿼리를 살펴봅시다. 동시에 구매한 상품 페어를 생성하기 위해 구매 ID에서 자기 결합을 한 뒤 같은 상품 페어는 제외했습니다.

코드 22-2 상품 조합별로 구매 수를 세는 쿼리

`PostgreSQL` `Hive` `Redshift` `BigQuery` `SparkSQL`

```sql
WITH
purchase_id_count AS (
  -- [코드 22-1] 참고하기
)
, purchase_detail_log_with_counts AS (
  -- [코드 22-1] 참고하기
)
, product_pair_with_stat AS (
  SELECT
    l1.product_id AS p1
  , l2.product_id AS p2
  , l1.product_count AS p1_count
  , l2.product_count AS p2_count
  , COUNT(1) AS p1_p2_count
  , l1.purchase_count AS purchase_count
  FROM
    purchase_detail_log_with_counts AS l1
    JOIN
    purchase_detail_log_with_counts AS l2
```

```
        ON l1.purchase_id = l2.purchase_id
  WHERE
    -- 같은 상품 조합 제외하기
    l1.product_id <> l2.product_id
  GROUP BY
      l1.product_id
    , l2.product_id
    , l1.product_count
    , l2.product_count
    , l1.purchase_count
)
SELECT
  *
FROM
  product_pair_with_stat
ORDER BY
  p1, p2
;
```

▼

p1	p2	p1_count	p2_count	p1_p2_count	purchase_count
A001	A002	4	4	1	14
A001	A003	4	5	3	14
A001	A004	4	3	1	14
A002	A001	4	4	1	14
A002	A003	4	5	2	14
A002	A004	4	3	2	14
A003	A001	5	4	3	14
A003	A002	5	4	2	14
A003	A004	5	3	2	14
A004	A001	3	4	1	14
A004	A002	3	4	2	14
A004	A003	3	5	2	14
A005	A006	2	1	1	14
A006	A005	1	2	1	14
D001	D002	4	3	2	14
D001	D003	4	1	1	14
D002	D001	3	4	2	14
D003	D001	1	4	1	14

이처럼 어소시에이션 분석에 필요한 '구매 로그 총 수', '상품 A의 구매 수', '상품 B의 구매 수', '상품 A와 상품 B 동시 구매 수'라는 4개의 키 페어를 구했습니다.

이번에는 지표 정의에 따라 어소시에이션 분석의 지표를 계산합니다. 다음 코드 예는 지지도, 확신도, 리프트를 계산합니다.

코드 22-3 지지도, 확신도, 리프트를 계산하는 쿼리

`PostgreSQL` `Hive` `Redshift` `BigQuery` `SparkSQL`

```
WITH
purchase_id_count AS (
  -- [코드 22-1] 참고하기
)
, purchase_detail_log_with_counts AS (
  -- [코드 22-1] 참고하기
)
, product_pair_with_stat AS (
  -- [코드 22-2] 참고하기
)
SELECT
    p1
  , p2
  , 100.0 * p1_p2_count / purchase_count AS support
  , 100.0 * p1_p2_count / p1_count AS confidence
  ,   (100.0 * p1_p2_count / p1_count)
    / (100.0 * p2_count / purchase_count) AS lift
FROM
  product_pair_with_stat
ORDER BY
  p1, p2
;
```

▼

실행결과

```
 p1   | p2   | support     | confidence   | lift
------+------+-------------+--------------+--------------
 A001 | A002 | 7.14285714  | 25.00000000  | 0.87500000
 A001 | A003 | 21.42857142 | 75.00000000  | 2.10000000
 A001 | A004 | 7.14285714  | 25.00000000  | 1.16666666
 A002 | A001 | 7.14285714  | 25.00000000  | 0.87500000
 A002 | A003 | 14.28571428 | 50.00000000  | 1.40000000
 A002 | A004 | 14.28571428 | 50.00000000  | 2.33333333
```

```
A003  |  A001  |  21.42857142  |   60.00000000  |  2.10000000
A003  |  A002  |  14.28571428  |   40.00000000  |  1.40000000
A003  |  A004  |  14.28571428  |   40.00000000  |  1.86666666
A004  |  A001  |   7.14285714  |   33.33333333  |  1.16666666
A004  |  A002  |  14.28571428  |   66.66666666  |  2.33333333
A004  |  A003  |  14.28571428  |   66.66666666  |  1.86666666
A005  |  A006  |   7.14285714  |   50.00000000  |  7.00000000
A006  |  A005  |   7.14285714  |  100.00000000  |  7.00000000
D001  |  D002  |  14.28571428  |   50.00000000  |  2.33333333
D001  |  D003  |   7.14285714  |   25.00000000  |  3.50000000
D002  |  D001  |  14.28571428  |   66.66666666  |  2.33333333
D003  |  D001  |   7.14285714  |  100.00000000  |  3.50000000
```

이 출력 결과를 보면, '상품 p1을 구매한 사람이 상품 p2도 구매한다'라는 상관 규칙에 관한 지지도, 확신도, 리프트를 확인할 수 있습니다. 이 결과에는 상관 규칙이 모두 들어 있으므로 지지도, 신뢰도, 리프트를 복합적으로 고려하며 유용한 규칙을 선택할 수 있습니다.

> **정리**
>
> 이번 절에서 소개한 어소시에이션 분석은 두 상품의 상관 규칙만을 주목한 한정적인 분석 방법입니다. 이번 절에서 소개한 쿼리로 상관 규칙 추출과 관련된 내용을 이해했다면, 다른 분석 방법도 찾아 도전해보기 바랍니다.

23강

추천

추천 시스템(Recommendation System)이란 사용자의 흥미 기호를 분석해서, 사용자가 관심을 가질 만한 정보를 출력해주는 정도로 생각하기 쉽습니다. 이 책에서는 추천 시스템을 더 광범위한 의미로 '사용자에게 가치 있는 정보를 추천하는 것'이라고 정의하겠습니다.

일상생활에서 어떤 결정을 내릴 때 블로그 리뷰, 순위, 서평 등을 참고하는 사람이 있을 것입니다. 이와 같은 결정을 보조하거나 촉진하는 시스템 중의 하나가 바로 추천 시스템입니다.

최근에는 서비스에서 다루는 정보와 상품 정보가 너무 많아져서, 사용자가 검색할 때 원하는 정보를 얻을 수 없는 경우가 많습니다. 이러한 때 추천 시스템이 큰 효과를 발휘합니다. 추천 시스템을 사용하면 사용자가 아직 모르는 정보를 알려주어 구매를 유도할 수 있습니다.

이번 절에서는 추천과 관련한 기본적인 내용과 Item to Item, User to Item 추천 리스트 만드는 방법을 살펴보겠습니다.

샘플 데이터

이번 절에서는 추천 리스트를 작성할 때 다음과 같은 데이터 예를 사용하겠습니다. 다음 데이터 예는 아이템 열람/구매 로그입니다.

데이터 23-1 아이템 열람/구매 로그(action_log) 테이블

```
        stamp         | user_id | action   | product
----------------------+---------+----------+---------
 2016-11-03 18:00:00  | U001    | view     | D001
 2016-11-03 18:01:00  | U001    | view     | D002
 2016-11-03 18:02:00  | U001    | view     | D003
 2016-11-03 18:03:00  | U001    | view     | D004
 2016-11-03 18:04:00  | U001    | view     | D005
 2016-11-03 18:05:00  | U001    | view     | D001
 2016-11-03 18:06:00  | U001    | view     | D005
 2016-11-03 18:10:00  | U001    | purchase | D001
 2016-11-03 18:10:00  | U001    | purchase | D005
 2016-11-03 19:00:00  | U002    | view     | D001
 2016-11-03 19:01:00  | U002    | view     | D003
 2016-11-03 19:02:00  | U002    | view     | D005
 2016-11-03 19:03:00  | U002    | view     | D003
 2016-11-03 19:04:00  | U002    | view     | D005
 2016-11-03 19:10:00  | U002    | purchase | D001
 2016-11-03 19:10:00  | U002    | purchase | D005
 2016-11-03 20:00:00  | U003    | view     | D001
 2016-11-03 20:01:00  | U003    | view     | D004
 2016-11-03 20:02:00  | U003    | view     | D005
 2016-11-03 20:10:00  | U003    | purchase | D004
 2016-11-03 20:10:00  | U003    | purchase | D005
```

1 추천 시스템의 넓은 의미

분석 추천 시스템

추천 시스템은 때에 따라 정의와 해석이 달라져 혼란을 일으키는 경우가 있습니다. 이는 이번 절을 시작할 때 언급했던 것처럼 넓은 의미와 좁은 의미의 추천 시스템이 다르기 때문입니다. 추천 시스템의 '넓은 의미'는 그 목적이 굉장히 다양합니다. 참고로 추천 시스템에 관한 지식 부족으로 인해 혼란을 일으키는 경우도 있습니다.

이번 절에서는 넓은 의미의 추천 시스템을 사용해 추천 시스템의 종류, 모듈, 효과, 정밀도 등을 살펴보겠습니다.

추천 시스템의 종류

추천 시스템은 크게 두 가지 종류로 구분할 수 있습니다. 첫 번째는 열람/구매한 아이템을 기반으로 다른 아이템을 추천해주는 'Item to Item', 두 번째는 과거의 행동 또는 데모그래픽 정보를 기반으로 흥미와 기호를 유추하고 아이템을 추천하는 'User to Item'입니다.

표 23-1 추천의 종류

종류	내용	출력 예
Item to Item	아이템과 관련한 개별적인 아이템 제안	이 상품을 본 사람들은 다음 상품도 보았습니다.
User to Item	사용자 개인에 최적화된 아이템 제안	당신을 위한 추천 아이템

이때 '당신을 위한 추천 아이템'이라고 적혀 있어도, 내부 로직이 사용자가 최근 구매한 아이템을 기반으로 다음에 구매할 아이템을 추천하는 것이라면 Item to Item 추천입니다.

추가로 Item to Item과 User to Item은 모두 상품 또는 기사 단위의 추천이 아니더라도, 상품 카테고리 또는 지역 추천 같은 포괄적인 추천도 추천의 대상으로 삼습니다. 참고로 User to Item처럼 사용자 행동을 기반으로 흥미 기호를 추천하는 경우, 데이터가 적은 사용자에 대해서는 흥미 기호를 제대로 판단할 수 없으므로 주의가 필요합니다.

모듈의 종류

일반적으로 사용되는 EC 사이트에는 어떤 추천 모듈이 있는지 넓은 의미의 추천에 따라 정리해보겠습니다.

표 23-2 모듈의 종류

모듈	설명	예
리마인드	사용자의 과거 행동을 기반으로 아이템을 다시 제안해주는 것	– 최근 보았던 상품 – 한 번 더 구매하기
순위	열람 수, 구매 수 등을 기반으로 인기 있는 아이템을 제안해주는 것	– 인기 순위 – 급상승 순위
콘텐츠베이스	아이템의 추가 정보를 기반으로 다른 아이템을 추천해주는 것	해당 배우가 출연한 다른 작품
추천	서비스를 사용하는 사용자 전체의 행동 이력을 기반으로, 다음에 볼만한 아이템 또는 관련 아이템을 추측해 제안해주는 것	이 상품을 보았던 사람들은 이러한 상품들도 함께 보았습니다.
개별 추천	사용자 개인의 행동 이력을 기반으로 흥미 기호를 추측하고, 흥미 있어 할 만한 아이템을 제안해주는 것	당신만을 위한 추천

어려운 계산 로직을 사용하지 않더라도, '과거에 출력한 정보를 열람 이력으로 출력해주는 모듈'도 '리마인드 목적의 추천 모듈'이라고 할 수 있습니다.

예를 들어 매출 또는 열람 수에서 상위를 차지하는 몇 개를 출력해주는 것 역시 순위를 사용한 추천이라고 할 수 있습니다. 매출 또는 열람 수의 상위를 구하는 방법은 이미 10강과 14강 2절에서 소개했습니다. 추가로 계절성을 중시하는 순위라면, 10강 3절에서 소개한 증가율을 정렬 점수로 사용하여 급상승 순위와 같은 모듈을 만들 수 있습니다.

참고로 추천과 개별 추천(Personal Recommendation)은 이후 23강 2절과 3절에서 그 정의와 집계 방법을 설명하겠습니다.

추천의 효과

추천 시스템은 정보가 과다한 상태에서 사용자가 가치 있는 정보를 쉽게 접할 수 있게 도와주는 기능을 가집니다. 이외에도 다양한 효과가 있는데요. EC 사이트에서 추천의 효과를 정리해보면 다음과 같습니다.

표 23-3 추천의 효과

효과	설명	출력 예
다운셀	가격이 높아 구매를 고민하는 사용자에게 더 저렴한 아이템을 제안해서 구매 수를 올리는 것	이전 모델이 가격 할인을 시작했습니다.
크로스셀	관련 상품을 함께 구매하게 해서 구매 단가를 올리는 것	함께 구매되는 상품이 있습니다.
업셀	상위 모델 또는 고성능의 아이템을 제안해서 구매 단가를 올리는 것	이 상품의 최신 모델이 있습니다.

추천의 효과를 설명할 때 자주 사용되는 예로 햄버거 가게 이야기가 있습니다. '햄버거와 함께 프렌치프라이는 어떤가요?'는 크로스셀, '500원만 추가하면 프렌치프라이를 M 사이즈에서 L 사이즈로 변경할 수 있습니다. 어떤가요?'는 업셀입니다. 사실 최근에는 햄버거 가게에서 다운셀을 보기 약간 힘들지만, 스타벅스 같은 카페에서는 자주 볼 수 있습니다. '작은 사이즈의 커피가 있는데, 가격이 더 저렴합니다' 등이 다운셀의 예라고 할 수 있습니다.

이외에도 추천으로 얻을 수 있는 효과는 매우 많습니다. 어쨌거나 사용자가 한 번 방문할 때마다 이동률과 열람 수를 올리려면, 새로운 상품 또는 인기 상품 이외에도 열람 수가 적은 상품을 추천해 새로운 발견(의외성)을 주어야 합니다. 이처럼 추천 시스템을 구축할 때는 그 목적을 명확하게 하는 것이 중요합니다.

데이터에 따라 얻을 수 있는 정밀도와 효과의 차이

추천 시스템을 구축할 때 중시해야 할 점은 '어떤 데이터를 기반으로 추천 시스템을 구축할 것인가?'라는 부분입니다. 기존에는 데이터베이스에 저장된 구매 데이터 또는 회원 데이터만 사용할 수 있었지만, 최근에는 빅데이터 기술의 진보로 상품 열람 로그까지도 다룰 수 있게 되었습니다. 사용할 수 있는 각종 데이터를 어떻게 수집하고, 어떻게 사용할지에 따라서 얻을 수 있는 효과가 다른데요. 이를 자세히 살펴봅시다.

| 데이터의 명시적 획득과 암묵적 획득 |

추천 시스템을 구축할 때 사용할 데이터를 수집하는 방법에는 '사용자 행동에서 기호를 추측하는 암묵적인 데이터 획득'과 '사용자의 기호를 직접 묻는 명시적 데이터 획득'이라는 두 가지 종류가 있습니다. 이 두 개의 차이를 정리하면 다음과 같습니다.

표 23-4 데이터의 명시적 획득과 암묵적 획득

데이터 기반	설명	데이터 예
암묵적 데이터 획득	사용자의 행동을 기반으로 기호를 추측한다. 데이터양이 많지만 정확도가 떨어질 수 있다.	구매 로그 열람 로그
명시적 데이터 획득	사용자에게 직접 기호를 물어본다. 데이터양이 적지만 평가의 정확성이 높다.	별점 주기

암묵적 데이터 획득은 '구매했다면 분명 해당 상품에 기호가 있을 것이다'라는 전제를 기반으로 구매 데이터를 추천 시스템의 데이터 소스로 활용합니다. 하지만 상품 구매가 반드시 사용자의 기호와 이어지는지는 불분명합니다. 예를 들어 'DVD를 구매해서 봤지만 재미없었다'라는 경우도 있을 수 있기 때문입니다.

반면 명시적 데이터 획득은 별점 주기 등을 사용해서 사용자의 기호를 정확하게 수집하는 방법입니다. 하지만 사람들이 별점을 주지 않는 경우도 많으므로, 암묵적 데이터 획득보다 데이터가 적을 수밖에 없습니다.

추가로 추천 시스템 중에는 무엇을 기반으로 추천하는지 알려주어 사용자를 납득시키는 경우도 있습니다. 다만 명시적으로 획득한 데이터는 근거를 보여도 문제가 없지만, 암묵적 데이터의 경우는 사용자가 사생활 침해라고 여겨 혐오감을 느끼는 경우도 있으므로 주의해야 합니다.

| 열람 로그와 구매 로그의 차이 |

암묵적인 데이터를 사용할 경우, 열람 로그와 구매 로그 중에 무엇을 사용할지에 따라 추천되는 정보가 달라질 수 있습니다.

표 23-5 열람 로그와 구매 로그를 사용할 때의 효과 차이

데이터 소스	내용	데이터 예
열람 로그	특정 아이템과 유사한 아이템을 추천해서 사용자의 선택지를 늘릴 수 있다.	여행용 가방을 구매한다고 할 때 크기, 형태, 색이 다른 것을 추천해준다.
구매 로그	함께 구매 가능한 상품을 추천해서 구매 단가를 끌어 올릴 수 있다.	여행용 가방을 구매한다고 할 때 함께 구매하면 좋은 여권 케이스 등을 추천해준다.

상품 구매 때 크기 차이, 색상 차이, 다른 메이커의 유사 상품 등을 비교하면서 구매를 결정하는 사용자가 있습니다. 이러한 사용자의 행동을 기록한 열람 로그를 기반으로 추천 시스템을 구축하면, 어떤 상품에 대해서 크기, 형태, 색 등이 다른 유사 상품을 추천해줄 수 있습니다. 이처럼 유사 상품을 추천하면 구매를 유도할 수 있답니다.

반면 구매 로그를 기반으로 추천 시스템을 구축하면 함께 구매하는 상품, 이어서 구매하는 상품처럼 열람 로그와는 또 다른 결과를 얻을 수 있는 경우가 있습니다.

> 정리
>
> 추천 시스템에는 다양한 목적, 효과, 모듈이 있습니다. 추천 시스템의 정의를 확실하게 하고, 어떤 효과를 기대하는지 등을 구체화한 뒤 시스템을 구축하는 것을 추천합니다.

SQL SUM(CASE~), ROW_NUMBER 함수

분석 벡터 내적, L2 정규화(Norm Normalize), 코사인 유사도

사용자의 접근 로그를 사용해서 만들 수 있는 추천 시스템 중에서도 비교적 간단하게 구현할 수 있고 효과가 높은 추천 시스템은 '특정 아이템에 흥미가 있는 사람이 함께 찾아보는 아이템'을 검색하는 Item to Item 추천입니다.

Item to Item 추천이 User to Item 추천과 비교해서 구현이 쉽고 효과적인 이유는, 일반적인 서비스는 사용자 유동성보다 아이템 유동성이 더 낮아 데이터를 축적하기 쉽기 때문입니다. 예를 들어 오늘 물건을 구매하고자 들어온 사용자가 내일도 반드시 들어온다는 보증은 없습니다. 하지만 오늘 판매 중인 물건은 내일도 계속해서 판매됩니다. 아이템이 지속해서 사이트에 공개되어 있다면 접근 로그도 꾸준히 축적됩니다. 따라서 추천을 위한 로그를 쉽게 수집할 수 있습니다.

추가로, 사용자의 흥미와 관심은 시간에 따라 계속 변화합니다. 하지만 아이템끼리의 연관성은 시간이 지나도 크게 변하지 않습니다. 따라서 오래된 로그를 활용해도 큰 문제가 되지 않습니다. 다만 뉴스 기사처럼 아이템 자체가 유동적인 경우에는 이러한 장점을 누릴 수 없으므로 주의하기 바랍니다.

접근 로그를 사용해 아이템의 상관도 계산하기

실제 접근 로그를 사용해 아이템끼리의 상관도를 계산해봅시다.

이번 절에서 사용할 접근 로그에는 사용자별 아이템 열람과 구매 액션이 저장되어 있습니다. 23강 1절에서도 설명했듯이, 열람 로그와 구매 로그의 특징을 잘 활용하면 더 효과적으로 추천할 수 있습니다.

열람 로그와 구매 로그를 동시에 다루는 범용 쿼리를 소개하고, 두 가지의 가중치를 변경해서 열람 기반 추천과 구매 기반 추천에 활용할 수 있는 코드를 살펴보겠습니다. 다음 코드 예는 로그를 기반으로 사용자와 아이템 조합을 구하고 점수를 계산하는 쿼리입니다.

코드 예에서는 사용자 단위의 아이템 열람 수와 구매 수를 3:7 비율로 가중치를 줘서 평균을 구하고, 이를 사용자의 아이템에 대한 관심도 점수로 사용합니다.

| PostgreSQL | Hive | Redshift | BigQuery | SparkSQL |

```
WITH
ratings AS (
  SELECT
      user_id
    , product

      -- 상품 열람 수
    , SUM(CASE WHEN action = 'view'     THEN 1 ELSE 0 END) AS view_count

      -- 상품 구매 수
    , SUM(CASE WHEN action = 'purchase' THEN 1 ELSE 0 END) AS purchase_count

      -- 열람 수와 구매 수에 3:7의 비율의 가중치 주어 평균 구하기
    ,   0.3 * SUM(CASE WHEN action = 'view'     THEN 1 ELSE 0 END)
      + 0.7 * SUM(CASE WHEN action = 'purchase' THEN 1 ELSE 0 END)
      AS score
  FROM
    action_log
  GROUP BY
    user_id, product
)
SELECT *
FROM
  ratings
ORDER BY
  user_id, score DESC
;
```

▼

실행결과

```
user_id | product | view_count | purchase_count | score
--------+---------+------------+----------------+------
U001    | D005    |      2     |         1      | 1.3
U001    | D001    |      2     |         1      | 1.3
U001    | D003    |      1     |         0      | 0.3
U001    | D004    |      1     |         0      | 0.3
U001    | D002    |      1     |         0      | 0.3
U002    | D005    |      2     |         1      | 1.3
U002    | D001    |      1     |         1      | 1.0
U002    | D003    |      2     |         0      | 0.6
```

U003	D005	1	1	1.0
U003	D004	1	1	1.0
U003	D001	1	0	0.3

사용자의 아이템에 관한 흥미를 수치화했다면, 그 점수들을 조합해서 아이템 사이의 유사도를 계산할 수 있습니다. 다음 코드는 아이템 사이의 유사도를 계산하고 순위에 따라 출력하는 쿼리입니다.

코드 23-2 아이템 사이의 유사도를 계산하고 순위를 생성하는 쿼리

PostgreSQL Hive Redshift BigQuery SparkSQL

```
WITH
ratings AS (
  -- [코드 23-1] 참고하기
)
SELECT
    r1.product AS target
  , r2.product AS related
    -- 모든 아이템을 열람/구매한 사용자 수
  , COUNT(r1.user_id) AS users
    -- 스코어들을 곱하고 합계를 구해 유사도 계산하기
  , SUM(r1.score * r2.score) AS score
    -- 상품의 유사도 순위 구하기
  , ROW_NUMBER()
      OVER(PARTITION BY r1.product ORDER BY SUM(r1.score * r2.score) DESC)
    AS rank
FROM
    ratings AS r1
  JOIN
    ratings AS r2
    -- 공통 사용자가 존재하는 상품의 페어 만들기
    ON r1.user_id = r2.user_id
WHERE
  -- 같은 아이템의 경우에는 페어 제외하기
  r1.product <> r2.product
GROUP BY
  r1.product, r2.product
ORDER BY
  target, rank
;
```

```
target | related | users | score | rank
-------+---------+-------+-------+------
D001   | D005    |   3   | 3.29  |   1
D001   | D003    |   2   | 0.99  |   2
D001   | D004    |   2   | 0.69  |   3
D001   | D002    |   1   | 0.39  |   4
D002   | D001    |   1   | 0.39  |   1
D002   | D005    |   1   | 0.39  |   2
D002   | D003    |   1   | 0.09  |   3
D002   | D004    |   1   | 0.09  |   4
D003   | D005    |   2   | 1.17  |   1
D003   | D001    |   2   | 0.99  |   2
D003   | D004    |   1   | 0.09  |   3
D003   | D002    |   1   | 0.09  |   4
D004   | D005    |   2   | 1.39  |   1
D004   | D001    |   2   | 0.69  |   2
D004   | D002    |   1   | 0.09  |   3
D004   | D003    |   1   | 0.09  |   4
D005   | D001    |   3   | 3.29  |   1
D005   | D004    |   2   | 1.39  |   2
D005   | D003    |   2   | 1.17  |   3
D005   | D002    |   1   | 0.39  |   4
```

아이템들의 유사도를 계산하려면, 양쪽 아이템을 모두 열람하거나 구매한 사용자가 필요합니다. 따라서 ratings 테이블을 사용자 ID로 자기 결합하고, 공통 사용자가 존재하는 아이템 페어를 생성합니다. 이어서 같은 아이템으로 만들어지는 페어는 배제하고, 아이템 페어를 집약한 뒤 유사도를 집계합니다.

2개의 아이템에 대한 사용자의 점수를 곱해 유사도를 집계합니다. '벡터의 내적'이라고 부르는 값인데요. 여기에서 벡터는 어떤 아이템에 대해 부여된 사용자의 점수를 나열한 '숫자의 집합'이라고 생각하기 바랍니다. 이렇게 곱한 점수가 높을수록 유사도가 높다고 정의할 수 있습니다.

점수 정규화하기

이전에 살펴보았던 단순한 벡터 내적을 사용한 유사도는 실제로 추천할 때 정밀도에 몇 가지 문제가 발생합니다. 첫 번째는 접근 수가 많은 아이템의 유사도가 상대적으로 높게 나온다는 것입니다. 예를 들어 어떤 사용자가 특정 아이템에 수 백, 수 천 번 접근했다고 가정해봅시다. 이러한 접근 로그를 그대로 내적해서 유사도를 계산하면 해당 아이템의 점수가 항상 높게 나와 버립니다.

또한, 점수의 값이 어느 정도의 유사도를 나타내는지 점수만으로는 알기 어렵습니다. 예를 들어 아이템 A와 아이템 B의 내적으로 유사도가 3.7이 나온다고 해도, 해당 점수가 높은 것인지 낮은 것인지 단순하게 판단하기 어렵습니다. 따라서 다른 아이템과 비교해서 상대적인 점수의 위치를 봐야 합니다.

이러한 문제를 해결할 때 사용하는 방법이 바로 '벡터 정규화'입니다. 벡터 정규화란 벡터를 모두 같은 길이로 만든다는 의미입니다. 벡터의 길이 자체에도 다양한 정의가 있지만, 일반적으로는 벡터의 각 수치를 제곱하고 더한 뒤 제곱근을 취한 것을 '벡터의 길이'라고 표현합니다[5].

이러한 정의는 두 점의 거리를 계산할 때 사용하는 유클리드 거리(Euclidean distance) 정의와 같습니다. 벡터의 크기를 '노름(norm)'이라고 부르는데, 노름으로 벡터의 각 수치를 나누면 벡터의 노름을 1로 만들 수 있습니다. 이렇게 정규화하는 것을 'L2 정규화' 또는 '2 노름 정규화'라고 부릅니다.

다음 코드 예는 사용자의 아이템에 대한 점수 집합을 아이템 벡터로 만들고 L2 정규화하는 쿼리입니다. 벡터 노름 계산에는 SUM() OVER() 함수와 SQRT() 함수를 사용합니다. 이렇게 구한 노름으로 각각의 점수를 나누어서 정규화된 점수(norm_score)를 계산합니다.

코드 23-3 아이템 벡터를 L2 정규화하는 쿼리

```
                                    PostgreSQL   Hive   Redshift   BigQuery   SparkSQL
WITH
ratings AS (
  -- [코드 23-1] 참고하기
)
, product_base_normalized_ratings AS (
  -- 아이템 벡터 정규화하기
  SELECT
    user_id
```

....

5 역자주_ (x1, y1), (x2, y2)라는 벡터가 있을 때 피타고라스의 정리를 활용해 빗변의 길이를 구한 값을 나타냅니다. 본문에서도 언급했듯이 이를 '유클리드 거리'라고 부릅니다.

```
    , product
    , score
    , SQRT(SUM(score * score) OVER(PARTITION BY product)) AS norm
    , score / SQRT(SUM(score * score) OVER(PARTITION BY product)) AS norm_score
  FROM
    ratings
)
SELECT *
FROM
  product_base_normalized_ratings
;
```

▼

실행결과

```
user_id | product | score |        norm         |       norm_score
--------+---------+-------+---------------------+------------------------
U001    | D001    |  1.3  | 1.667333200053307   | 0.77968818707528714825
U002    | D001    |  1.0  | 1.667333200053307   | 0.59976014390406703712
U003    | D001    |  0.3  | 1.667333200053307   | 0.17992804317122011113
U001    | D002    |  0.3  | 0.300000000000000   | 1.00000000000000000000
U002    | D003    |  0.6  | 0.670820393249936   | 0.89442719099991587713
U001    | D003    |  0.3  | 0.670820393249936   | 0.44721359549995793856
U003    | D004    |  1.0  | 1.044030650891055   | 0.95782628522115140913
U001    | D004    |  0.3  | 1.044030650891055   | 0.28734788556634542274
U001    | D005    |  1.3  | 2.092844953645635   | 0.62116402733774553208
U002    | D005    |  1.3  | 2.092844953645635   | 0.62116402733774553208
U003    | D005    |  1.0  | 2.092844953645635   | 0.47781848256749656314
```

정규화했을 때 벡터의 크기는 반드시 1이 됩니다. 따라서 앞의 출력 결과에서는 벡터의 값이 1 개 밖에 없는 D002의 norm_score는 1.0으로 정규화되어 있습니다.

이어서, 정규화된 점수를 사용해 다시 한 번 아이템의 유사도를 계산합니다. 다음 코드 예는 정 규화된 점수로 아이템의 유사도를 계산하는 쿼리입니다. 코드 예에서는 같은 아이템 페어도 함 께 유사도를 계산합니다.

코드 23-4 정규화된 점수로 아이템의 유사도를 계산하는 쿼리

| PostgreSQL | Hive | Redshift | BigQuery | SparkSQL |

```
WITH
ratings AS (
  -- [코드 23-1] 참고하기
```

```
)
, product_base_normalized_ratings AS (
  -- [코드 23-3] 참고하기
)
SELECT
    r1.product AS target
  , r2.product AS related
    -- 모든 아이템을 열람/구매한 사용자 수
  , COUNT(r1.user_id) AS users
    -- 스코어들을 곱하고 합계를 구해 유사도 계산하기
  , SUM(r1.score * r2.score) AS score
  , SUM(r1.norm_score * r2.norm_score) AS norm_score
    -- 상품의 유사도 순위 구하기
  , ROW_NUMBER()
      OVER(PARTITION BY r1.product ORDER BY SUM(r1.norm_score * r2.norm_score) DESC)
    AS rank
FROM
    product_base_normalized_ratings AS r1
  JOIN
    product_base_normalized_ratings AS r2
    -- 공통 사용자가 존재하면 상품 페어 만들기
    ON r1.user_id = r2.user_id
GROUP BY
  r1.product, r2.product
ORDER BY
  target, rank
;
```

▼

실행결과

```
target | related | users | score | norm_score | rank
-------+---------+-------+-------+------------+------
D001   | D001    |   3   | 2.78  | 0.99999999 |   1   -- 자기자신과의 유사도는 1.0입니다.
D001   | D005    |   3   | 3.29  | 0.94283662 |   2
D001   | D003    |   2   | 0.99  | 0.88512893 |   3
D001   | D002    |   1   | 0.39  | 0.77968818 |   4
D001   | D004    |   2   | 0.69  | 0.39638156 |   5   -- 정규화 전과 후의 순위가 달라졌습니다.
D002   | D002    |   1   | 0.09  | 1.00000000 |   1   -- 자기자신과의 유사도는 1.0입니다.
D002   | D001    |   1   | 0.39  | 0.77968818 |   2
D002   | D005    |   1   | 0.39  | 0.62116402 |   3
D002   | D003    |   1   | 0.09  | 0.44721359 |   4
D002   | D004    |   1   | 0.09  | 0.28734788 |   5
D003   | D003    |   2   | 0.45  | 0.99999999 |   1   -- 자기자신과의 유사도는 1.0입니다.
D003   | D001    |   2   | 0.99  | 0.88512893 |   2   -- 정규화 전과 후의 순위가 달라졌습니다.
D003   | D005    |   2   | 1.17  | 0.83337899 |   3   -- 정규화 전과 후의 순위가 달라졌습니다.
```

```
D003   | D002   |    1   | 0.09  | 0.44721359  |    4
D003   | D004   |    1   | 0.09  | 0.12850588  |    5
D004   | D004   |    2   | 1.09  | 1.00000000  |    1   -- 자기자신과의 유사도는 1.0입니다.
D004   | D005   |    2   | 1.39  | 0.63615727  |    2   -- 정규화 전과 후의 순위가 달라졌습니다.
D004   | D001   |    2   | 0.69  | 0.39638156  |    3
D004   | D002   |    1   | 0.09  | 0.28734788  |    4
D004   | D003   |    1   | 0.09  | 0.12850588  |    5
D005   | D005   |    3   | 4.38  | 0.99999999  |    1   -- 자기자신과의 유사도는 1.0입니다.
D005   | D001   |    3   | 3.29  | 0.94283662  |    2
D005   | D003   |    2   | 1.17  | 0.83337899  |    3
D005   | D004   |    2   | 1.39  | 0.63615727  |    4   -- 정규화 전과 후의 순위가 달라졌습니다.
D005   | D002   |    1   | 0.39  | 0.62116402  |    5
```

앞의 출력 결과를 확인하면, 같은 아이템 페어의 유사도는 반드시 1이라는 것을 할 수 있습니다. 벡터를 정규화하면 자기 자신과의 내적 값은 반드시 1이 되며 내적의 최댓값도 1입니다.

참고로 모든 벡터의 값이 양수라면 내적의 최솟값은 0입니다. 따라서 내적의 값이 0이라면 전혀 유사성이 없는 아이템, 1이라면 완전히 일치하는 아이템입니다.

추가로 '벡터를 L2 정규화해서 내적한 값'은 '2개의 벡터를 n차원에 맵핑했을 때 이루는 각도에 코사인을 취한 값'과 같으므로 '코사인 유사도'라고 부르기도 합니다.

> **정리**
>
> 이번 절에서 소개한 아이템 유사도를 계산하는 방법은 벡터의 내적을 사용합니다. 이때 벡터로 아이템 조회 수와 구매 수를 사용했는데요. 실제 서비스 추천에 활용하려면 서비스의 특성을 고려해서 벡터를 만들어야 합니다.

3 당신을 위한 추천 상품

SQL SUM(CASE ~), ROW_NUMBER 함수
분석 벡터 내적, L2 정규화, 코사인 유사도

23강 2절에서 설명한 'Item to Item' 추천에 이어서 '당신을 위한 추천 상품'을 계산하는 로직으로 'User to Item' 추천을 만드는 방법을 살펴봅시다.

User to Item 추천은 사용자와 관련된 추천이므로 웹사이트 최상위 페이지, 사용자의 마이 페이지, 검색 결과가 나오지 않았을 경우 출력하는 페이지는 물론이고 메일 매거진, 푸시 통지 등의 다양한 상황에 활용할 수 있습니다.

Item to Item은 아이템과 아이템의 유사도를 계산하기만 하면 되지만, User to Item은 일단 사용자와 사용자의 유사도를 계산하고, 유사 사용자가 흥미를 가진 아이템을 구해야 합니다.

다음 코드 예는 사용자들의 유사도를 계산하는 쿼리입니다. 이전 절에서 소개한 L2 정규화를 적용하기는 했지만, 사용자의 벡터 내적을 계산할 수 있게 사용자별로 벡터 노름을 계산했습니다. 처음 보면 어색할 수 있는 코드이므로 주의하기 바랍니다.

코드 23-5 사용자끼리의 유사도를 계산하는 쿼리

```
                                    PostgreSQL  Hive  Redshift  BigQuery  SparkSQL
WITH
ratings AS (
  -- [코드 23-1] 참고
)
, user_base_normalized_ratings AS (
  -- 사용자 벡터 정규화하기
  SELECT
      user_id
    , product
    , score
      -- PARTITION BY user_id으로 사용자별 벡터 노름 계산하기
    , SQRT(SUM(score * score) OVER(PARTITION BY user_id)) AS norm
    , score / SQRT(SUM(score * score) OVER(PARTITION BY user_id)) AS norm_score
  FROM
    ratings
)
, related_users AS (
  -- 경향이 비슷한 사용자 찾기
  SELECT
      r1.user_id
    , r2.user_id AS related_user
    , COUNT(r1.product) AS products
    , SUM(r1.norm_score * r2.norm_score) AS score
    , ROW_NUMBER()
        OVER(PARTITION BY r1.user_id ORDER BY SUM(r1.norm_score * r2.norm_score) DESC)
      AS rank
  FROM
```

```
    user_base_normalized_ratings AS r1
  JOIN
    user_base_normalized_ratings AS r2
    ON r1.product = r2.product
  WHERE
    r1.user_id <> r2.user_id
  GROUP BY
    r1.user_id, r2.user_id
)
SELECT *
FROM
  related_users
ORDER BY
  user_id, rank
;
```

▼

```
 user_id | related_user | products |     score    | rank
---------+--------------+----------+--------------+------
 U001    | U002         |        3 | 0.950085981  |  1
 U001    | U003         |        3 | 0.720499196  |  2
 U002    | U001         |        3 | 0.950085981  |  1
 U002    | U003         |        2 | 0.633719279  |  2
 U003    | U001         |        3 | 0.720499196  |  1
 U003    | U002         |        2 | 0.633719279  |  2
```

유사 사용자 순위를 계산했다면, 이어서 유사 사용자가 흥미 있어 하는 아이템 목록을 추출하고 아이템 순위를 만듭니다.

다음 코드는 높은 순위에 있는 유사 사용자를 기반으로 추천 아이템을 추출하는 쿼리입니다. 유사 사용자 전체를 사용해 아이템 목록을 추출하면 계산량이 너무 많아집니다. 또한 낮은 순위의 유사 사용자는 큰 의미가 없는 데이터를 만들어낼 가능성이 있습니다. 따라서 유사도 상위 n명을 사용해 추천 상품을 계산하고 있습니다.

다만 만들어진 '추천 상품'의 아이템에는 사용자가 기존에 구매한 상품이 포함될 수 있습니다. 이 코드에 구매한 상품을 제외하는 코드를 넣는다면 더욱 효율적으로 추천할 수 있을 것입니다.

코드 23-6 순위가 높은 유사 사용자를 기반으로 추천 아이템을 추출하는 쿼리

PostgreSQL · Hive · Redshift · BigQuery · SparkSQL

```sql
WITH
ratings AS (
  -- [코드 23-1] 참고
)
, user_base_normalized_ratings AS (
  -- [코드 23-5] 참고
)
, related_users AS (
  -- [코드 23-5] 참고
)
, related_user_base_products AS (
  SELECT
      u.user_id
    , r.product
    , SUM(u.score * r.score) AS score
    , ROW_NUMBER()
        OVER(PARTITION BY u.user_id ORDER BY SUM(u.score * r.score) DESC)
      AS rank
  FROM
      related_users AS u
    JOIN
      ratings AS r
      ON u.related_user = r.user_id
  WHERE
    u.rank <= 1
  GROUP BY
    u.user_id, r.product
)
SELECT *
FROM
  related_user_base_products
ORDER BY
  user_id
;
```

▼

실행결과

```
user_id | product |    score     | rank
--------+---------+--------------+------
 U001   | D005    | 1.2351117764 |  1
 U001   | D001    | 0.9500859819 |  2
```

```
U001   | D003   | 0.5700515891 |   3
U002   | D001   | 1.2351117764 |   1
U002   | D005   | 1.2351117764 |   2
U002   | D002   | 0.2850257945 |   3
U002   | D003   | 0.2850257945 |   4
U002   | D004   | 0.2850257945 |   5
U003   | D005   | 0.9366489560 |   1
U003   | D001   | 0.9366489560 |   2
U003   | D004   | 0.2161497590 |   3
U003   | D002   | 0.2161497590 |   4
U003   | D003   | 0.2161497590 |   5
```

사용자의 아이템 구매 수를 활용해 이미 구매한 아이템을 필터링하는 쿼리는 다음과 같습니다.
구매하지 않은 상품만 결과로 출력할 것이므로 User to Item 결과에 LEFT JOIN으로 구매 수
를 결합하고, 아이템의 구매가 0 또는 NULL인 아이템을 압축한 뒤 순위를 생성합니다.

코드 23-7 이미 구매한 아이템을 필터링하는 쿼리

`PostgreSQL` `Hive` `Redshift` `BigQuery` `SparkSQL`

```sql
WITH
ratings AS (
  -- [코드 23-1] 참고하기
)
, user_base_normalized_ratings AS (
  -- [코드 23-5] 참고하기
)
, related_users AS (
  -- [코드 23-5] 참고하기
)
, related_user_base_products AS (
  -- [코드 23-6] 참고하기
)
SELECT
   p.user_id
 , p.product
 , p.score
 , ROW_NUMBER()
     OVER(PARTITION BY p.user_id ORDER BY p.score DESC)
   AS rank
FROM
   related_user_base_products AS p
 LEFT JOIN
```

```
    ratings AS r
    ON p.user_id = r.user_id
    AND p.product = r.product
WHERE
  -- 대상 사용자가 구매하지 않은 상품만 추천하기
  COALESCE(r.purchase_count, 0) = 0
ORDER BY
  p.user_id
;
```

▼

실행결과

```
user_id | product |     score     | rank
--------+---------+---------------+------
 U001   | D003    | 0.5700515891  | 1
 U002   | D004    | 0.2850257945  | 1
 U002   | D003    | 0.2850257945  | 2
 U002   | D002    | 0.2850257945  | 3
 U003   | D001    | 0.9366489560  | 1
 U003   | D003    | 0.2161497590  | 2
 U003   | D002    | 0.2161497590  | 3
```

User to Item의 경우 등록한 지 얼마 안 된 사용자와 게스트 사용자는 데이터가 충분하지 않으므로 제대로 예측하기가 어렵습니다. 따라서 등록한 지 얼마 안 되는 사용자는 User to Item이 아닌 다른 추천 로직(랭킹 또는 콘텐츠 기반)을 적용하는 것이 좋습니다. 그 밖에 게스트 사용자 전체를 한 명으로 가정하고 User to Item을 만들어 대응하는 방법도 있습니다.

정리

이번 절에서 소개한 사용자 행동 로그를 기반으로 유사 아이템을 찾고 추천하는 등의 기능은 '협업 필터링'이라고 부르는 개념의 한 가지 구현 방법입니다. 협업 필터링에는 기계 학습을 활용한 더 발전적인 방법도 많으므로, 다른 방법도 활용해서 다양한 추천에 도전해보기 바랍니다.

4 추천 시스템을 개선할 때의 포인트

추천 시스템은 '서비스 사용자가 원하는 정보와 예측한 내용', '서비스 사용자가 원하는 것' 등이 일치할 때 최적의 효과를 발휘합니다. 하지만 추천 시스템을 만들었다고 해서 이들을 반드시 일치시킬 수 있는 것은 아닙니다. 지속적으로 추천 시스템을 개선하며, 다양한 테스트를 반복하고, 정밀도를 높일 수 있어야 합니다.

이번 절에서는 추천 시스템을 구축하고 지속적으로 운용할 때 어떻게 하면 정밀도를 높일 수 있을지에 관해 설명하겠습니다.

값과 리스트 조작에서 개선할 포인트

추천 시스템의 정밀도를 높이는 방법으로 '가중치', '필터', '정렬'이 많이 사용됩니다. 각각의 방법을 어떤 경우에 활용하는지 정리해봅시다.

- **가중치**
  열람 로그와 구매 데이터 모두를 데이터소스로 수집할 경우, 어떤 쪽에 가중치를 두고 평가해야 할까요? 예를 들어 열람 로그에는 1포인트, 구매 로그에는 3포인트의 가중치를 준다면 조금 더 효율적으로 추천할 수 있을 것입니다. 이는 이후에 다룰 24강에서 설명할 방법을 활용하면 됩니다.

- **필터**
  추천을 이끌어내기에 데이터가 부족하거나 비정상적인 데이터가 들어있을 경우, 이들을 제외하여 추천의 정밀도를 높일 수 있습니다. 예를 들어 실제 서비스를 운영하다 보면, 특정 글 또는 상품의 조회 수를 비정상적으로 늘리고자 스팸 공격 등을 하는 경우가 있습니다. 이러한 비정상적인 로그는 제외하는 것이 좋습니다.
  추가로 사용자의 데모그래픽 정보를 기반으로 성별에 따라 추천 점수 가중치를 다르게 주거나, 추천할 아이템의 카테고리와 지역 등을 제한하면 더 이해하기 쉬운 추천을 만들 수 있습니다.

- **정렬**
  추천이란 어떠한 점수를 내고, 그 점수를 기반으로 정렬해서 사용자에게 제공하는 것입니다. 이때 어떤 점수를 낼 것인지는 목적에 따라서 달라질 수 있습니다. 예를 들어 새로운 아이템을 추천하고 싶은 경우, 신규성 (Novelty) 점수를 정의합니다. 또한 매출을 높이고 싶다면 아이템의 가격 또는 기대 구매 수 등을 고려해서 점수를 정의합니다. 이처럼 목적에 따라 지표를 정의하고, 이를 기반으로 정렬해서 추천을 제공하면 다양한 개선을 이끌어 낼 수 있습니다.

예를 들어 음식점 리뷰 사이트 추천의 경우, 별점이 높지만 멀리 있는 매장과 별점이 낮지만 가까운 곳에 있는 매장에 따른 기준을 정할 수도 있습니다. 예를 들어 〈거리〉 ÷ 〈별점〉으로 구한 점수를 기반으로 사용자에게 추천 매장을 제공해준다면, 단순하게 별점으로 추천 매장을 제공할 때와 비교해 또 다른 느낌을 줄 것입니다.

구축 방법에 따른 개선 포인트

추천 시스템을 구축할 때는 크게 다음과 같은 4단계로 구분할 수 있습니다.

- 데이터 수집
- 데이터 가공
- 데이터 계산
- 데이터 정렬

각 단계에서 방금 언급했던 가중치, 필터, 정렬을 활용해 어떤 개선을 할 수 있을지 정리해보면 다음과 같습니다.

- **데이터 수집**

  데이터가 존재하지 않는다면 추천 시스템 자체를 만들 수 없습니다. 구축하고 싶은 추천의 로직과 모듈에 따라 수집해야 할 데이터를 결정하고 수집해야 합니다.

  이때 구매 데이터만으로 추천 시스템을 구축하기보다는 리뷰 데이터, 열람 데이터, 상품 데이터, 데모그래픽 데이터처럼 다양한 데이터를 사용하는 편이 정밀도를 크게 높일 수 있습니다. 추가로 열람 로그를 사용해 추천 시스템을 구축했는데 효과가 없을 경우, 다른 데이터들이 준비되어 있다면 다른 방법을 사용해 추천 시스템을 수정하기도 쉽습니다. 즉, 데이터 수집 단계에서는 다양한 종류의 데이터를 많이 수집하는 것이 포인트라고 할 수 있습니다.

- **데이터 가공**

  데이터를 수집한 후에 점수를 계산하기 쉬운 형태로 데이터를 가공하고, 비정상적인 데이터를 제외해두면 시스템의 정밀도를 높일 수 있습니다. 데이터를 신뢰할 수 없다면 이후의 작업은 아무 의미가 없으므로, 비정상적인 데이터를 제외하는 작업은 굉장히 중요합니다.

  추가로 유행(시간의 변화) 또는 계절 등에 따라서 사람들의 기호는 변할 수 있습니다. 따라서 평가 기간을 한정하거나, 가중치를 다르게 주는 방법을 도입하면 더 정확한 추천 결과를 얻을 수 있습니다.

- **데이터 계산**

  넓은 의미에서 추천 시스템은 순위를 구하는 로직이라고 할 수 있습니다. 데이터들의 관계를 계산하는 것보다도 단순하게 매출 순서로 정렬하는 로직을 사용하는 것이 좋을 때도 있습니다. 추가로 이번 절에서 소개했던 추천 로직 이외에도 정말 다양한 로직이 있습니다. 어떠한 로직을 채용하는 것이 좋을지 찾아보면 추천 시스템의 정밀도를 올릴 수 있습니다.

  추가로 로직을 따로 변경하지 않아도, 데모그래픽 정보(성별 또는 나이) 등에 따라 점수 계산 방법을 다르게 하면, 또 다른 결과를 얻을 수도 있습니다.

- **데이터 정렬**

  점수를 계산한 결과를 곧바로 API로서 응답하면 서비스에 활용할 수 있지만, 이 단계에서 필터링과 정렬 처리 등을 추가하면 더 효율적인 추천 목록을 만들 수 있습니다.

  예를 들어 음식점을 당일 예약하려는 사용자는 현재 위치에서 가까운 음식점을 찾을 가능성이 높습니다. 따라서 이러한 경우 추천 결과로 나온 음식점을 거리에 따라 정렬해서 보여준다면 사용자의 행동 욕구를 높일 수 있습니다.

  추가로 데모그래픽 정보를 사용해 정렬하면 신규성, 다양성, 의외성 등을 전달할 수도 있습니다. 따라서 서비스에 따라 더 높은 효과를 기대할 수 있습니다.

  참고로, 반복해 구매하는 소비성 상품은 이미 구매한 제품을 다시 추천해줘도 상관없습니다. 하지만 일반적인 상품은 이미 구매한 상품을 다시 추천주어도 큰 효과를 기대할 수 없으므로 주의하기 바랍니다.

정리

추천을 개선하려면 점수 계산의 로직을 변경할 뿐만 아니라, 단계별로 다양한 상황을 고려해야 합니다. 약간의 수정만으로도 추천 내용이 완전히 바뀔 수 있습니다. 추천 효과가 없어도 포기하지 말고 다양한 시도를 통해 개선해보기 바랍니다. 이 책에서 소개한 개선 방법은 극히 일부에 지나지 않으므로, 다양한 자료를 찾아보면 좋을 것입니다.

---

5 출력할 때 포인트

지금까지 추천 시스템의 구축과 관련, 데이터 수집부터 데이터를 정렬하는 과정에서 개선할 수 있는 내용을 설명했습니다. 이번 절에서는 추천 목록을 출력할 때 개선할 수 있는 부분을 설명하겠습니다.

출력 페이지, 위치, 시점 검토하기

다양한 서비스의 추천 모듈 출력 위치를 비교해보면 꽤 특별한 점을 발견할 수 있습니다. 추천 모듈이 상품 정보보다 위에 출력되는 서비스는 사용자에게 더 많은 선택지를 보여주고 싶어 한다는 점입니다. 반대로 추천 모듈이 상품 정보보다 아래에 위치할 경우에는 상품 정보를 우선

시해서 사용자의 중간 이탈을 막고자 합니다.

예를 들어 장바구니에 상품을 추가한 후 장바구니 내부의 상품을 볼 수 있게 페이지 이동이 일어나는 경우, 장바구니 화면에서 사용자에게 관련 상품을 추천해줍니다. 이는 상품 구매 중에는 이탈을 막고, 상품 구매를 완료하면 그때 새로운 선택지를 주는 것입니다.

열람 로그를 중심으로 만들어진 추천 목록에는 유사한 색, 형태, 크기의 상품이 들어있을 것입니다. 하지만 같은 카테고리의 상품을 2개 이상 구매하는 사용자는 많지 않습니다. 따라서 이러한 경우 열람 로그가 아니라 구매 로그를 기반으로 함께 구매하는 상품, 함께 사용할 가능성이 있는 상품을 추천해주는 편이 효과적입니다. 즉 페이지에 따라서 어떤 추천을 보여줄지도 중요한 요소라고 할 수 있습니다.

추천의 이유

단순하게 '추천 상품'이라는 제목으로 아이템을 추천하기보다는 '이 상품을 구매한 사람은 이러한 상품도 구매했습니다', '당신이 구매한 어떤 상품을 기반으로 추천합니다' 등을 함께 보여주면 추천 이유를 사용자에게 명확하게 전달할 수 있어 효과가 있습니다.

추가로, 보통 사람들은 자신이 아는 사람이 좋게 평가한 것을 더 좋게 생각하는 경향(인지 편향)과 더불어, 많은 사람이 좋다고 평가한 것을 더 좋게 생각하는 경향(편승 효과)이 있습니다. 따라서 소셜 미디어는 이러한 경향을 기반으로 추천을 제공하기도 합니다.

크로스셀을 염두한 추천하기

함께 자주 구매하는 상품은 두 제품을 함께 장바구니에 담을 수 있게 하는 버튼을 만들어 구매를 유도할 수 있습니다.

서비스와 함께 제공하기

구매 금액이 5만 원 이상일 때 무료 배송을 제공하는 서비스가 있다면, 현재 장바구니의 금액이 5만 원 미만일 때 '다음과 같은 상품을 함께 구매하면 배송 무료'라고 출력하는 것만으로도 다양한 효과를 얻을 수 있습니다.

이번 절에서 정리한 내용은 추천 로직뿐만 아니라 추천 모듈을 출력할 때 개선할 수 있는 내용입니다. 이외에도 다양한 개선 방법이 있으므로, 실제 추천 모듈을 살펴보며 조사해 보기 바랍니다.

6 추천과 관련한 지표

추천 시스템을 구축할 때는 어떤 지표를 확인하면 좋을까요? 웹사이트의 CTR, CVR, 추천을 통한 매출 등을 집계하는 것도 하나의 방법입니다. 하지만 이 방법들은 로직과 관련한 직접적인 지표가 아니므로, 추천 시스템에서 어떤 부분을 개선해야 좋을지 명확한 판단을 내리기 어렵습니다.

Microsoft Research 기술 리포트 중 샤니 가이[Shani Guy]가 작성한 'Evaluating Recommender Systems (2009)'[6]을 보면 추천 시스템을 구축할 때의 평가 방법, 평가 지표 등이 자세하게 나와 있습니다. 무료 라이선스이므로 관심 있다면 참고하기 바랍니다. 리포트에서 설명하는 지표를 간단하게 정리해보면 다음과 같습니다.

추천 서비스를 제공하기 전에 미리 확인할 수 있는 지표들은 꼭 확인해서 개선 사항을 검토하기 바랍니다.

표 23-6 추천 시스템의 대표적인 평가 지표 목록

지표 이름	설명
Coverage	전체 사용자와 아이템 중에서 추천이 제공되는 사용자와 아이템의 비율을 나타내는 값
Confidence	(시스템적인) 추천 아이템의 신뢰도를 나타내는 값 어떤 아이템을 추천하기 위해 사용한 데이터양이 많으면 Confidence도 높음
Trust	(사용자적인) 추천 아이템의 신뢰도를 나타내는 값 사용자에게 추천이 제대로 되는지 물어보는 방법으로 얻어냄
Novelty	추천된 아이템의 신규성을 나타내는 값

---

6 저자주_ https://www.microsoft.com/en-us/research/publication/evaluating-recommender-systems/

Serendipity	뜻밖의 아이템을 추천하는지를 나타내는 값
Diversity	추천된 아이템의 다양성을 나타내는 값
Utility	서비스 추천의 유익성을 나타내는 값
Risk	리스크를 포함한 아이템(주식 등)을 추천할 때 고려해야 함
Robustness	DOS 공격 등이 있을 때 추천 내용이 왜곡되지는 않는지 나타내는 값
Privacy	추천 내용을 통해 개인 정보를 추측할 수 있는지를 나타내는 값
Adaptivity	아이템이 업데이트와 유행 등의 변화에 잘 대응할 수 있는지 나타내는 값
Scalability	데이터의 양이 늘어났을 때 대응할 수 있는지 나타내는 값

예를 들어 Coverage는 추천 기능이 제공되는 사용자/아이템 수를 전체 사용자/아이템 수로 나누면 구할 수 있습니다. Coverage가 기대보다 낮으면 추천 알고리즘 개선을 검토하고, 추천을 제공할 수 없는 사용자/아이템의 경우 다른 모듈을 활용해서 비슷한 기능을 제공하는 방법을 고려해볼 수 있습니다. 대표적인 예로 21강 8절에서 언급했던 것처럼 순위 모듈을 제공할 수 있습니다.

추천 결과의 정밀도뿐만 아니라, 데이터가 많아졌을 때의 처리 시간 전망처럼 시스템적인 관점에서도 추천 시스템을 고려해야 하므로 여러 관점에서 살펴보기 바랍니다. 평가 지표가 너무 많아서 각각의 지표와 관련된 자세한 설명은 생략하겠습니다. 관심이 있다면 각 지표를 더 찾아보기 바랍니다.

점수 계산하기

지금까지 행동 로그와 마스터 데이터 등을 사용해 다양한 값을 계산하고, 이러한 결과를 기반으로 정렬 방식을 정하는 등의 처리를 계속 살펴보았습니다. 어떤 값을 기반으로 정렬한 결과를 '순위(랭킹)'라고 부릅니다. 순위는 다양한 분석 보고서에 활용할 뿐만 아니라 검색 결과 정렬과 상품 추천 등에도 쓰입니다.

순위를 구할 때 가장 중요한 것은 데이터를 정렬할 때 사용할 '점수'입니다. 지금까지 굉장히 다양한 상황에서 사용할 수 있는 지표를 소개했는데요. 이번 절에서는 이러한 지표들을 조합하고, 범위를 변화시켜 순위를 구할 때 활용할 수 있는 다양한 계산 방법을 소개하겠습니다.

1 여러 값을 균형있게 조합해서 점수 계산하기

> **SQL** SUM(CASE~), ROW_NUMBER 함수
> **분석** 산술 평균, 기하 평균, 조화 평균, 가중 평균

데이터를 분석할 때는 여러 지표를 비교하면서 종합적으로 판단해야 하는 경우가 많습니다. 예를 들어 21강 6절과 7절에서 소개한 재현율과 적합률은 한쪽이 높아지면 다른 쪽이 낮아지는 트레이드오프 관계에 있으므로, 두 관계의 균형을 잘 잡아야 합니다.

이외에도 15강 5절에서 소개했던 CTR과 CVR, 22강 1절에서 배운 '지지도'와 '확신도' 등도 서로 비교하면서 판단해야 하는 대표적인 예입니다.

이번 절에서는 여러 값을 조합한 뒤 집약해서 쉽게 비교, 검토하는 방법을 알아보겠습니다. 앞서 살펴보았던 '재현율'과 '적합률'을 조합하고, 이를 기반으로 검색 엔진의 정밀도를 정량적으로 평가하는 방법을 알아보겠습니다.

데이터 24-1 세로로 저장한 재현율과 적합률 데이터

```
  path    | recall | precision
----------+--------+-----------
 /search1 |  40.0  |    60.0
 /search2 |  60.0  |    40.0
 /search3 |  50.0  |    50.0
 /search4 |  30.0  |    60.0
 /search5 |  70.0  |     0.0
```

데이터 24-2 가로로 저장한 재현율과 적합률 데이터

```
  path    |  index     | value
----------+------------+-------
 /search1 | recall     | 40.0
 /search1 | precision  | 60.0
 /search2 | recall     | 60.0
 /search2 | precision  | 40.0
 /search3 | recall     | 50.0
 /search3 | precision  | 50.0
 /search4 | recall     | 30.0
 /search4 | precision  | 60.0
 /search5 | recall     | 70.0
 /search5 | precision  |  0.0
```

세 종류의 평균

여러 값을 집약하는 가장 대표적인 방법이 바로 '평균'입니다. 그런데 평균을 구하는 방법도 여러 가지입니다. 이번 절에서는 자주 사용되는 '산술 평균', '기하 평균', '조화 평균'을 구하는 방법을 알아보겠습니다.

- **산술 평균**

  각각의 값을 모두 더한 뒤에 전체 개수로 나눈 것을 의미합니다. 일반적으로 '평균'이라고 말하면 대부분 '산술 평균'을 의미합니다.

- **기하 평균**

  기하 평균은 각각의 값을 곱한 뒤, 개수만큼 제곱근을 걸은 값을 의미합니다. n 제곱근을 걸기 때문에 실숫값을 얻기 위해서는 각각의 값이 양수여야 합니다[7].

  성장률과 이율 등을 구할 때는 기하 평균을 많이 사용합니다. 예를 들어 100만 원을 은행 A에 예금하는 경우를 생각해봅시다. 은행 A에 예금하면 첫 번째 해에 3%, 두 번째 해에 1%의 이자가 붙는다고 합니다. 그리고 은행 B에 예금하면 꾸준히 2%의 이자를 준다고 합니다. 어떤 은행에 2년 동안 돈을 맡겨야 이득일까요?

  산술 평균을 구하면 두 은행 모두 2%이므로 차이가 없어 보입니다. 하지만 실제로 2년을 예금하면, 은행 A의 경우는 100만 원×1.03×1.01 = 104.03만 원, 은행 B의 경우는 100만 원×1.02×1.02 = 104.04만 원으로 은행 B가 조금 더 좋습니다.

  이 예에서 이자를 기하 평균으로 구하면, 은행 A의 경우는 (1.03×1.01) ^ (1÷2) = 1.01995…, 은행 B는 (1.02×1.02) ^ (1÷2) = 1.02로 은행 B의 평균 이자가 높다는 것을 쉽게 알 수 있습니다. 이처럼 어떤 지표를 여러 번 곱해야 하는 경우에는 산술 평균보다 기하 평균이 적합합니다.

- **조화 평균**

  조화 평균은 각 값의 역수의 산술 평균을 구하고, 다시 역수를 취한 값을 의미합니다. 역수를 취해야 하므로 각각의 값이 0이면 안 됩니다. 굉장히 특이한 계산이지만, 비율을 나타내는 값의 평균을 계산할 때 유용하게 활용할 수 있습니다.

  평균 속도 계산 등에 조화 평균을 많이 사용합니다. 속도는 이동하는 거리를 시간으로 나눈 비율입니다. 예를 들어 서울에서 시속 40km로 부산에 갔다가, 시속 60km로 되돌아 왔다고 합시다. 그렇다면 평균 속도는 어떻게 될까요? 산술 평균을 내면 '시속 50km'이지만 실제로 옳지 않은 값입니다. 정답은 '시속 48km'입니다. 이는 서울에서 부산까지의 거리가 같기 때문입니다.

  이 두 값의 산술 평균, 기하 평균, 조화 평균을 그림으로 나타내보면 다음과 같습니다.

---

7 역자주_ 음수에 제곱근을 취하면 허수가 발생해 결과로 복소수가 나오기 때문입니다. 복소수는 고등학교 수학 시간에 배우는 내용인데요. 예로 $\sqrt{-4}$를 생각해봅시다. 제곱해서 −4가 나오는 수는 무엇일까요? 우리가 현실에서 셀 수 있는 숫자는 아닙니다. 이를 허수라고 하며 2i 라고 표현합니다. 이처럼 숫자 표현에서 i가 나오면 복소수입니다. 이는 일반적인 통계에 활용하기 어려운 수치이므로, 기하 평균을 구할 때는 반드시 대상 값들을 양수로 설정하는 것이 좋습니다.

그림 24-1 두 값(a, b)의 산술 평균, 기하 평균, 조화 평균

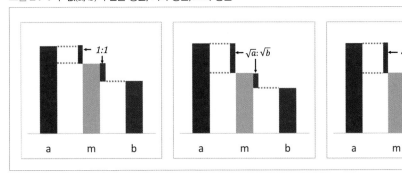

평균 계산하기

그림 재현율과 적합률 데이터를 기반으로 산술 평균, 기하 평균, 조화 평균을 계산해봅시다. 일단 다음 코드는 세로 데이터의 평균을 계산하는 쿼리입니다. 기하 평균과 조화 평균을 동시에 구할 수 있게 WHERE 구문에서 재현율과 적합률이 0이 아니고, 곱했을 때 0보다 큰 것만 추출하게 조건을 걸었습니다.

기하 평균을 계산할 때는 SQRT 함수를 사용해 제곱근을 구해도 괜찮지만, 3개의 값 이상의 평균에도 대응할 수 있게 POWER 함수의 매개 변수에 1/2을 넣어 계산했습니다.

코드 24-1 세로 데이터의 평균을 구하는 쿼리

`PostgreSQL`　`Hive`　`Redshift`　`BigQuery`　`SparkSQL`

```sql
SELECT
    *
    -- 산술 평균
  , (recall + precision) / 2 AS arithmetic_mean
    -- 기하 평균
  , POWER(recall * precision, 1.0 / 2) AS geometric_mean
    -- 조화 평균
  , 2.0 / ((1.0 / recall) + (1.0 / precision)) AS harmonic_mean
FROM
  search_evaluation_by_col
  -- 값이 0보다 큰 것만으로 한정하기
WHERE recall * precision > 0
ORDER BY path
;
```

```
    path | recall | precision | arithmetic_mean | geometric_mean | harmonic_mean
---------+--------+-----------+-----------------+----------------+--------------
 /search1 |   40.0 |      60.0 |         50.0000 |        48.9897 |       47.9999
 /search2 |   60.0 |      40.0 |         50.0000 |        48.9897 |       47.9999
 /search3 |   50.0 |      50.0 |         50.0000 |        50.0000 |       50.0000
 /search4 |   30.0 |      60.0 |         45.0000 |        42.4264 |       40.0000
```

앞의 출력 결괴를 확인하면, 재현율과 적합률이 모두 50.0으로 같은 값이라면 산술 평균도 모두 50.0라는 것을 알 수 있습니다. 그리고 두 값이 다를 경우는 반드시 '산술 평균 〉 기하 평균 〉 조화 평균' 순입니다.

그럼 이어서 가로 데이터의 산술 평균, 기하 평균, 조화 평균을 구해봅시다. 다음 [코드 24-2] 는 가로 데이터의 평균을 구하는 쿼리입니다. 값이 0이 되는 path를 제외할 수 있게 WHERE 구문으로 value가 0보다 큰 것만 한정했으며, HAVING 구문으로 값의 결손이 없는 path만 한정했습니다.

산술 평균은 일반적인 집약 함수인 AVG 함수를 사용하면 됩니다. 조화 평균도 AVG 함수와 역수 계산만 적절하게 조합하면 됩니다. 하지만 기하 평균을 위한 별도의 함수를 제공하지 않으므로, 기하 평균은 조금 복잡합니다. 그래도 로그(log)를 적용하면 값의 곱셈을 로그 덧셈으로 변환할 수 있습니다. 따라서 로그를 사용하면 기하 평균을 로그의 산술 평균으로도 구할 수 있습니다.

예를 들어 2와 8의 기하 평균은 다음과 같은 방법으로 계산할 수 있습니다.

$$b^{\frac{\log_b (2)+\log_b (8)}{2}}$$

이와 같은 방법을 사용하면 기하 평균을 쉽게 구할 수 있습니다. 코드로 살펴봅시다.

코드 24-2 가로 기반 데이터의 평균을 계산하는 쿼리

| PostgreSQL | Hive | Redshift | BigQuery | SparkSQL |

```sql
SELECT
    path
  -- 산술 평균
```

```
  , AVG(value) AS arithmetic_mean
  -- 기하 평균(대수의 산술 평균)
  -- ■ PostgreSQL, Redshift의 경우 상용 로그로 log 함수 사용하기
  , POWER(10, AVG(log(value))) AS geometric_mean
  -- ■ Hive, BigQuery, SparkSQL의 경우 상용 로그로 log10 함수 사용하기
  -- , POWER(10, AVG(log10(value))) AS geometric_mean
  -- 조화 평균
  , 1.0 / (AVG(1.0 / value)) AS harmonic_mean
FROM
  search_evaluation_by_row
  -- 값이 0보다 큰 것만으로 한정하기
WHERE value > 0
GROUP BY path
  -- 빠진 데이터가 없게 path로 한정하기
HAVING COUNT(*) = 2
ORDER BY path
;
```

▼

실행결과

```
  path    | arithmetic_mean | geometric_mean | harmonic_mean
----------+-----------------+----------------+----------------
 /search1 |     50.0000     |     48.9897    |     47.9999
 /search2 |     50.0000     |     48.9897    |     47.9999
 /search3 |     50.0000     |     49.9999    |     50.0000
 /search4 |     45.0000     |     42.4264    |     40.0000
```

이 코드의 출력 결과를 보면 이전과 같은 결과를 표시한다는걸 알 수 있습니다.

참고로 재현율과 적합률의 조화 평균은 두 값을 통합적으로 평가할 때 자주 사용됩니다. 그래서 'F 척도'(F-measure) 또는 'F1 스코어'라는 별도의 이름도 있습니다. 이와 관련한 자세한 내용은 앞서 살펴본 [표 21-1]의 내용을 참고해주세요.

| 가중 평균 |

지금까지 재현율과 적합률에 같은 가중치를 주어 평균을 구했습니다. 하지만 상황에 따라서는 이러한 가중치의 비율이 다를 수 있습니다. 예를 들어 검색 결과의 포괄성을 고려하면서도 검색 결과 상위에 있는 요소들의 타당성을 중요시하면서 검색 엔진을 평가하기 위해 재현율과 적

합률의 비율을 3:7로 두려는 경우 등입니다.

산술 평균의 경우는 각각의 값에 가중치를 곱한 후 가중치의 합계로 나누면 구할 수 있습니다. 기하 평균의 경우 가중치만큼 제곱한 뒤, 합계만큼 제곱근을 취하면 구할 수 있습니다. 조화 평균의 경우는 각각의 값의 역수에 가중치를 곱한 뒤 산술 평균을 구하고, 다시 역수를 취해 구할 수 있습니다.

가중치를 원하는 형태로 변경할 수 있는데요. 가중치의 합계가 1.0이 되도록 설정하면 가중치의 합계로 나누거나 제곱근을 구하는 계산을 따로 하지 않아도 됩니다. 다음 코드 예는 가중치를 적용해 데이터의 평균을 구하는 쿼리입니다. 가중지의 합계를 1.0으로 실정할 수 있게 재현율의 가중치를 0.3, 적합률의 가중치를 0.7로 설정했습니다.

코드 24-3 세로 기반 데이터의 가중 평균을 계산하는 쿼리

PostgreSQL Hive Redshift BigQuery SparkSQL

```sql
SELECT
    *
    -- 가중치가 추가된 산술 평균
, 0.3 * recall + 0.7 * precision AS weighted_a_mean
    -- 가중치가 추가된 기하 평균
, POWER(recall, 0.3) * POWER(precision, 0.7) AS weighted_g_mean
    -- 가중치가 추가된 조화 평균
, 1.0 / ((0.3 / recall) + (0.7 / precision)) AS weighted_h_mean
FROM
  search_evaluation_by_col
    -- 값이 0보다 큰 것만으로 한정하기
WHERE recall * precision > 0
ORDER BY path
;
```

▼

실행결과

```
   path   | recall | precision | weighted_a_mean | weighted_g_mean | weighted_h_mean
----------+--------+-----------+-----------------+-----------------+-----------------
 /search1 |  40.0  |    60.0   |     54.0000     |     53.1280     |     52.1739
 /search2 |  60.0  |    40.0   |     46.0000     |     45.1738     |     44.4444
 /search3 |  50.0  |    50.0   |     50.0000     |     49.9999     |     50.0000
 /search4 |  30.0  |    60.0   |     51.0000     |     48.7351     |     46.1538
```

실행 결과를 살펴보면 가중치가 적용된 산술 평균, 기하 평균, 조화 평균이 계산된 것을 알 수 있습니다.

이어서 다음 코드는 가로 기반 테이블 데이터의 가중 평균을 계산하는 쿼리입니다. 무게를 SELECT 구문에서 CASE 식으로 표현할 수도 있지만 쿼리가 너무 길어지므로, 임시 테이블 (weights)을 사용해 무게 마스터 테이블을 생성하고 이를 기반으로 결합하는 방법을 사용해 보았습니다.

추가로 여기에서 AVG 함수를 사용하면 레코드행 수로 나눈 평균을 구하므로, 대신 SUM 함수를 사용했습니다. 주의해서 살펴보기 바랍니다.

코드 24-4 가로 기반 테이블의 가중 평균을 계산하는 쿼리

`PostgreSQL` `Hive` `Redshift` `BigQuery` `SparkSQL`

```sql
WITH
weights AS (
  -- 가중치 마스터 테이블(가충치 합계가 1.0이 되게 설정)
            SELECT 'recall '   AS index, 0.3 AS weight
  UNION ALL SELECT 'precision' AS index, 0.7 AS weight
)
SELECT
    e.path
  -- 가중치가 추가된 산술 평균
  , SUM(w.weight * e.value) AS weighted_a_mean
  -- 가중치가 추가된 기하 평균
  -- ■ PostgreSQL, Redshift의 경우 로그 log 함수 사용하기
  , POWER(10, SUM(w.weight * log(e.value))) AS weighted_g_mean
  -- ■ Hive, BigQuery, SparkSQL의 경우 로그로 log10 함수 사용하기
  -- , POWER(10, SUM(w.weight * log10(e.value))) AS weighted_g_mean

  -- 가중치가 추가된 조화 평균
  , 1.0 / (SUM(w.weight / e.value)) AS weighted_h_mean
FROM
    search_evaluation_by_row AS e
  JOIN
    weights AS w
    ON e.index = w.index
  -- 값이 0보다 큰 것만으로 한정하기
WHERE e.value > 0
GROUP BY e.path
  -- 빠진 데이터가 없게 path로 한정하기
```

```
HAVING COUNT(*) = 2
ORDER BY e.path
;
```

▼

```
 path   | weighted_a_mean | weighted_g_mean | weighted_h_mean
--------+-----------------+-----------------+-----------------
/search1 |      54.0000    |      53.1280    |      52.1739
/search2 |      46.0000    |      45.1738    |      44.4444
/search3 |      50.0000    |      49.9999    |      50.0000
/search4 |      51.0000    |      48.7351    |      46.1538
```

정리

이번 절에서 소개한 예는 2개의 값에 대한 산술 평균, 기하 평균, 조화 평균이었습니다.
조금 활용하면, 3개 이상의 값에 대해서도 같은 쿼리로 평균을 구할 수 있습니다. 이러한
3개의 평균을 사용하면 다양한 지표의 데이터 활용에 큰 도움이 될 것입니다.

2 값의 범위가 다른 지표를 정규화해서 비교 가능한 상태로 만들기

SQL MIN 윈도 함수, MAX 윈도 함수
분석 Min-Max 정규화, 시그모이드 함수

이전 절에서는 여러 개의 값을 조합해서 종합적인 수치를 평가하는 방법을 소개했습니다. 다만
이는 모든 값이 같은 범위 내부에 들어있다는 전제가 있어야 합니다. 하지만 실제로 데이터를
분석할 때는 값의 범위 또는 분포가 다른 경우가 많습니다.

예를 들어 22강 1절에서 소개한 지표에서 '지지도'와 '확신도'는 0~100의 범위를 갖는 값입니
다. 하지만 '리프트'는 0 이상의 실수로 1.0 전후의 값이 나옵니다. 또한 23강 2절에서 소개한
열람 수는 0 이상의 정수이지만 구매 수는 0 또는 1입니다. 이처럼 값의 범위(스케일)가 다른
지표를 결합할 때는 정규화라는 전처리를 해줘야 합니다.

이번 절에서는 다음과 같은 데이터 예를 사용합니다. 상품 열람 수와 구매 수 데이터를 기반으

로 각각의 값을 정규화하는 방법을 알아보겠습니다. 상품 구매 수는 0 또는 1이지만, 열람 수는 21 또는 49처럼 비교적 큰 정수입니다. 스케일이 다른 지표를 결합하려면 두 값을 동일한 범위가 되게 정규화하는 것이 좋습니다. 그럼 열람 수와 구매 수를 모두 0~1의 실수로 변환하는 방법을 생각해봅시다.

데이터 24-3 상품의 열람 수와 구매 수(action_counts) 테이블

```
 user_id | product | view_count | purchase_count
---------+---------+------------+----------------
 U001    | D001    |          2 |              1
 U001    | D002    |         16 |              0
 U001    | D003    |         14 |              0
 U001    | D004    |         15 |              0
 U001    | D005    |         21 |              1
 U002    | D001    |         10 |              1
 U002    | D003    |         28 |              0
 U002    | D005    |         28 |              1
 U003    | D001    |         49 |              0
 U003    | D004    |         29 |              1
 U003    | D005    |         24 |              1
```

Min-Max 정규화

서로 다른 값의 폭을 가지는 각 지표를 0~1의 스케일로 정규화하는 방법으로 'Min-Max 정규화'가 있습니다. Min-Max 정규화는 지표의 최솟값과 최댓값을 구하고, 변환 후의 최솟값을 0.0, 최댓값을 1.0이 되게 값을 변형합니다. 각각의 지표를 최솟값으로 빼고, 최댓값과 최솟값의 차이로 나누는 방법입니다.

다음 코드 예는 열람 수와 구매 수에 Min-Max 정규화를 적용하는 쿼리입니다. 레코드 전체의 최솟값과 최솟값을 구하기 위해 MIN 윈도 함수와 Max 윈도 함수를 사용했습니다.

코드 24-5 열람 수와 구매 수에 Min-Max 정규화를 적용하는 쿼리

```
                                PostgreSQL   Hive   Redshift   BigQuery   SparkSQL
SELECT
    user_id
  , product
```

```
, view_count AS v_count
, purchase_count AS p_count
, 1.0 * (view_count - MIN(view_count) OVER())
  -- ■ PostgreSQL, Redshift, BigQuery, SparkSQL의 경우 NULLIF로 0으로 나누는 것 피하기
  / NULLIF((MAX(view_count) OVER() - MIN(view_count) OVER()), 0)
  -- ■ Hive의 경우 NULLIF 대신 CASE 식 사용하기
  -- / (CASE
  --     WHEN MAX(view_count) OVER() - MIN(view_count) OVER() = 0 THEN NULL
  --     ELSE MAX(view_count) OVER() - MIN(view_count) OVER()
  --   END)
  AS norm_v_count
, 1.0 * (purchase_count - MIN(purchase_count) OVER())
  -- ■ PostgreSQL, Redshift, BigQuery, SparkSQL의 경우 NULLIF로 0으로 나누는 것 피하기
  / NULLIF((MAX(purchase_count) OVER() - MIN(purchase_count) OVER()), 0)
  -- ■ Hive의 경우 NULLIF 대신 CASE 식 사용하기
  -- / (CASE
  --     WHEN MAX(purchase_count) OVER() - MIN(purchase_count) OVER() = 0 THEN NULL
  --     ELSE MAX(purchase_count) OVER() - MIN(purchase_count) OVER()
  --   END)
  AS norm_p_count
FROM action_counts
ORDER BY user_id, product;
```

▼

실행결과

```
user_id | product | v_count | p_count | norm_v_count | norm_p_count
--------+---------+---------+---------+--------------+--------------
U001    | D001    |       2 |       1 |      0.00000 |      1.00000
U001    | D002    |      16 |       0 |      0.29787 |      0.00000
U001    | D003    |      14 |       0 |      0.25531 |      0.00000
U001    | D004    |      15 |       0 |      0.27659 |      0.00000
U001    | D005    |      21 |       1 |      0.40425 |      1.00000
U002    | D001    |      10 |       1 |      0.17021 |      1.00000
U002    | D003    |      28 |       0 |      0.55319 |      0.00000
U002    | D005    |      28 |       1 |      0.55319 |      1.00000
U003    | D001    |      49 |       0 |      1.00000 |      0.00000
U003    | D004    |      29 |       1 |      0.57446 |      1.00000
U003    | D005    |      24 |       1 |      0.46808 |      1.00000
```

출력 결과에서 norm_v_count가 정규화 후의 열람 수, norm_p_count가 정규화 후의 구매를 의미합니다. 구매 수는 원래 값의 최솟값이 0이고 최댓값이 1이므로 정규화 후에도 따로 바

꿔지 않았습니다.

반면 열람 수의 경우 원래 최솟값이 2이고 최댓값이 49이므로, 변환 후는 최솟값과 최댓값이 0과 1이 되었습니다. 열람 수와 구매 수의 스케일을 정규화하면 양측을 쉽게 비교하고 통합할 수 있습니다.

시그모이드 함수로 변환하기

이전 절의 Min-Max 정규화를 사용하면 다른 지표들의 스케일을 맞출 수 있습니다. 하지만 몇 가지 문제가 있습니다. 첫 번째는 모집단의 변화에 따라 정규화 후의 값이 모두 바뀌는 것입니다. 간단하게 설명해서 최솟값 또는 최댓값이 변하는 경우입니다. 조회 수가 10인 값도 최댓값이 50이라면 0.2가 되고, 최댓값이 100이라면 0.1이 되어 버립니다. 추가로 이러한 정규화 계산을 할 때는 최솟값과 최댓값을 찾아야 합니다. 데이터가 수백억 개라면 데이터를 정규화할 때 계산 비용이 많이 들어갑니다.

이러한 문제에 대처하는 방법으로는 Min-Max 정규화 등 모집합의 통계량을 사용하는 정규화 방법이 아니라, 결괏값이 0~1인 함수를 사용해 데이터를 변환하는 정규화 방법을 사용하는 것입니다. 이때 0 이상의 값을 0~1의 범위로 변환해주는 S자 곡선을 그리는 함수를 사용합니다. [그림 24-2]처럼 S자 모양의 곡선을 그리는 함수는 여러 가지 존재합니다.

그림 24-2 시그모이드 곡선을 그릴 때 사용하는 함수들(https://commons.wikimedia.org/wiki/File:Gjl-t(x).svg)

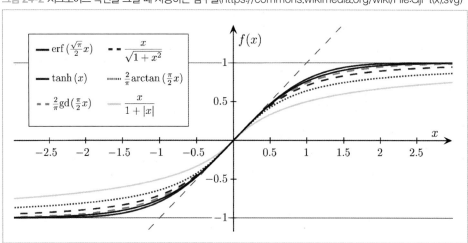

특히 'y = 1/(1+e^(−ax))' 함수가 많이 사용됩니다. 그리고 이때 a = 1인 함수를 표준 시그모이드 함수라고 부릅니다.

그럼 이러한 시그모이드 함수를 x = 0일 때에 y = 0, x = ∞일 때 y = 1이 되게 변형하고, 매개 변수 'a'의 값(게인이라고 부릅니다)에 적당한 값을 넣어 지표들을 조정하겠습니다.

다음 코드는 시그모이드 함수를 사용해 변환하는 쿼리입니다. 열람 수에는 적당하게 게인 0.1, 구매 수에는 적당하게 게인 10을 설정했습니다. 게인 값을 크게 설정하면, 입력 값이 조금 커지는 것만으로 변환 후의 값이 1에 가까워집니다.

코드 24-6 시그모이드 함수를 사용해 변환하는 쿼리

`PostgreSQL` `Hive` `Redshift` `BigQuery` `SparkSQL`

```
SELECT
    user_id
, product
, view_count AS v_count
, purchase_count AS p_count
    -- 게인을 0.1로 사용한 시그모이드 함수
, 2.0 / (1 + exp( -0.1 * view_count)) - 1.0 AS sigm_v_count
    -- 게인을 10으로 사용한 시그모이드 함수
, 2.0 / (1 + exp(-10.0 * purchase_count)) - 1.0 AS sigm_p_count
FROM action_counts
ORDER BY user_id, product;
```

▼

실행결과

```
user_id | product | v_count | p_count | sigm_v_count | sigm_p_count
--------+---------+---------+---------+--------------+--------------
U001    | D001    |       2 |       1 |      0.0996  |      0.9999
U001    | D002    |      16 |       0 |      0.6640  |      0.0000
U001    | D003    |      14 |       0 |      0.6043  |      0.0000
U001    | D004    |      15 |       0 |      0.6351  |      0.0000
U001    | D005    |      21 |       1 |      0.7818  |      0.9999
U002    | D001    |      10 |       1 |      0.4621  |      0.9999
U002    | D003    |      28 |       0 |      0.8853  |      0.0000
U002    | D005    |      28 |       1 |      0.8853  |      0.9999
U003    | D001    |      49 |       0 |      0.9852  |      0.0000
U003    | D004    |      29 |       1 |      0.8956  |      0.9999
U003    | D005    |      24 |       1 |      0.8336  |      0.9999
```

출력 결과를 보면 시그모이드 함수를 적용한 열람 수와 구매 수가 나옵니다. 시그모이드 함수를 적용한 열람 수는 열람 수가 10일 때 0.4621, 49일 때 0.9852로 0~1의 범위로 모아진 것을 확인할 수 있습니다. 구매 수는 게인이 10으로 크므로, 원래 0~1의 값과 큰 차이가 없게 바뀝니다.

Min-Max 정규화와 다르게 값이 2배가 된다고 변환된 값이 2배가 되는 것은 아닙니다. 시그모이드 함수의 그래프는 곡선입니다. 따라서 원래 값이 0에 가까울수록 변환 후의 값에 미치는 영향이 큽니다.

이러한 특징은 열람 수(사용자의 액션 수)를 다룰 때 굉장히 편리한 특징입니다. 예를 들어 열람 수가 1회인 상품과 열람 수가 10회인 상품은 관심도의 차이가 굉장히 크지만, 열람 수가 1001회인 상품과 1010회인 상품은 그렇게까지 관심도의 차이가 없습니다. 따라서 시그모이드 함수를 사용해 비선형 변환을 하는 것이 직관적으로 더 이해하기 쉽다고 할 수 있습니다.

> **정리**
>
> 값의 범위(스케일)가 다른 지표를 다루는 여러 가지 방법을 살펴보았습니다. 어떠한 방법이 적합할지는 데이터의 특성에 따라서 다릅니다. 직접 사용해보면서 어느 쪽이 더 효율적일지 느껴보기 바랍니다.

3 각 데이터의 편차값 계산하기

SQL stddev_pop 함수
분석 표준편차, 정규값, 편차값

이전 절에서는 값의 범위가 다른 지표를 정규화하는 방법을 소개했습니다. 하지만 데이터의 분포가 정규 분포에 가깝다는 것이 어느 정도 확실하다면, 정규값과 편차값을 이용하는 경우가 많습니다. 이번 절에서는 일반적인 편차값의 정의와 이를 SQL로 구하는 방법을 설명하겠습니다.

표준편차, 정규값, 편차값

편차값을 다루기 전에 표준편차와 정규값을 살펴봅시다.

| 표준편차 |

표준편차는 데이터의 쏠림 상태를 나타내는 값입니다. 표준편차는 다음과 같은 식을 사용해 구합니다.

$$\text{표준편차} = \sqrt{\frac{(\langle\text{각각의 데이터}\rangle - \langle\text{평균}\rangle)^2\text{을 모두 더한 것}}{\langle\text{데이터의 개수}\rangle}} \quad \text{또는} \quad \sqrt{\frac{(\langle\text{각각의 데이터}\rangle - \langle\text{평균}\rangle)^2\text{을 모두 더한 것}}{\langle\text{데이터의 개수}\rangle - 1}}$$

전자의 식은 모집단의 표준편차를 구할 때 사용하며, 후자의 식은 모집단의 일부를 기반으로 표준편차를 구할 때 사용합니다. 표준편차의 최솟값은 0이며, 표준편차가 커질수록 데이터에 쏠림이 있다는 의미입니다. SQL에서는 전자의 식을 stddev_pop 함수, 후자의 식을 stddev 함수로 계산합니다.

예를 들어 다음 표를 살펴봅시다. 국어와 수학 시험 점수를 함께 놓고 확인해보면, 수학 점수에 쏠림 현상이 있다는 것을 수 있습니다. 즉 표준편차가 크다는 의미입니다.

표 24-1 데이터 쏠림의 차이에 따른 표준편차

	학생A	학생B	학생C	학생D	학생E	표준편차
국어	69	87	65	73	61	8.94427191
수학	100	12	7	73	56	35.65725733

| 정규값 |

평균으로부터 얼마나 떨어져 있는지, 데이터의 쏠림 정도를 기반으로 점수의 가치를 평가하기 쉽게 데이터를 변화하는 것을 '정규화'라고 부릅니다. 그리고 정규화된 데이터는 '정규값'이라고 부릅니다. 정규값은 다음과 같은 식을 사용해서 구합니다.

$$\text{정규값} = \frac{\text{각각의 데이터} - \text{평균}}{\text{표준편차}}$$

예를 들어 이전의 국어 점수와 수학 점수를 기준화하면 다음과 같습니다. 학생 D의 국어 점수와 수학 점수가 같아도, 정규값으로는 다르다는 것을 알 수 있습니다.

표 24-2 [표 24-1]을 정규화한 상태

	학생A	학생B	학생C	학생D	학생E	평균	표준편차
국어	−0.22360..	1.788854..	−0.670820..	0.223606..	−1.118033..	0	1
수학	1.413457..	−1.054483..	−1.194707..	0.656247..	0.179486..	0	1

정규화로 구한 정규값의 평균은 0, 표준편차는 1이 됩니다. 이러한 특징을 사용하면 서로 다른 데이터(예: 100점 만점 시험, 990점 만점 시험), 단위가 다른 데이터(예: CTR, CVR)도 쉽게 비교할 수 있습니다.

| 편차값 |

편차값은 조건이 다른 데이터를 쉽게 비교하고 싶을 때 사용하며, 정규값을 사용해 계산합니다. 편차값은 다음과 같은 공식으로 구합니다.

$$\langle 편차값 \rangle = \langle 각각의\ 정규화된\ 데이터 \rangle \times 10 + 50$$

이전의 국어 점수와 수학 점수의 편차값을 구해보면 다음과 같습니다. 학생 D는 국어 점수와 수학 점수가 같아도 정규값이 다르므로 당연히 편차값도 다르게 나타납니다. 추가로 정규값을 기반으로 계산하므로 편차값의 평균은 50이며, 표준편차는 10이 됩니다.

표 24-3 편차 값

	학생A	학생B	학생C	학생D	학생E	평균	표준편차
국어	47.76393..	67.88854..	43.29179..	52.23606..	38.81966..	50	10
수학	64.13457..	39.45516..	38.05292..	56.56247..	51.79486..	50	10

편차 계산하기

편차값은 '10 × (⟨각각의 값⟩ − ⟨평균값⟩ ÷ ⟨표준편차⟩ + 50) '으로 계산할 수 있습니다. 평균값과 표준편차를 사용해 각각의 값을 계산하므로, 윈도 함수를 사용해 평균값과 표준편차를

구해두어야 합니다. 다음 코드 예는 윈도 함수를 사용해 과목들의 표준편차, 기본값/편차값을
계산하는 쿼리입니다.

코드 24-7 표준편차, 기본값, 편차값을 계산하는 쿼리

`PostgreSQL` `Hive` `Redshift` `SparkSQL`

```
SELECT
    subject
, name
, score
-- 과목별로 표준편차 구하기
, stddev_pop(score) OVER(PARTITION BY subject) AS stddev_pop
-- 과목별로 평균 점수 구하기
, AVG(score) OVER(PARTITION BY subject) AS avg_score
-- 점수별로 기준 점수 구하기
, (score - AVG(score) OVER(PARTITION BY subject))
  / stddev_pop(score) OVER(PARTITION BY subject)
  AS std_value
-- 점수별로 편차값 구하기
, 10.0 * (score - AVG(score) OVER(PARTITION BY subject))
  / stddev_pop(score) OVER(PARTITION BY subject)
  + 50
  AS deviation
FROM exam_scores
ORDER BY subject, name;
```

▼

실행결과

```
 subject | name  | score | stddev_pop | avg_score | std_value | deviation
---------+-------+-------+------------+-----------+-----------+-----------
    국어  | 학생A |   69  |     8.9442 |   71.0000 |   -0.2236 |   47.7639
    국어  | 학생B |   87  |     8.9442 |   71.0000 |    1.7888 |   67.8885
    국어  | 학생C |   65  |     8.9442 |   71.0000 |   -0.6708 |   43.2917
 ...
    수학  | 학생B |   12  |    35.6572 |   49.6000 |   -1.0544 |   39.4551
    수학  | 학생C |    7  |    35.6572 |   49.6000 |   -1.1947 |   38.0529
    수학  | 학생D |   73  |    35.6572 |   49.6000 |    0.6562 |   56.5624
    수학  | 학생E |   56  |    35.6572 |   49.6000 |    0.1794 |   51.7948
```

한편, BigQuery의 경우 stddev_pop 함수를 윈도 함수로 사용할 수 없으므로, 다른 테이블
에 표준편차를 계산해두고 각 레코드와 결합하는 방법을 사용합니다.

코드 24-8 표준편차를 따로 계산하고, 기본값과 편차값을 계산하는 쿼리

`PostgreSQL` `Hive` `Redshift` `BigQuery` `SparkSQL`

```
WITH
exam_stddev_pop AS (
  -- 다른 테이블에서 과목별로 표준편차 구해두기
  SELECT
      subject
    , stddev_pop(score) AS stddev_pop
  FROM exam_scores
  GROUP BY subject
)
SELECT
    s.subject
  , s.name
  , s.score
  , d.stddev_pop
  , AVG(s.score) OVER(PARTITION BY s.subject) AS avg_score
  , (s.score - AVG(s.score) OVER(PARTITION BY s.subject))
    / d.stddev_pop
    AS std_value
  , 10.0 * (s.score - AVG(s.score) OVER(PARTITION BY s.subject))
    / d.stddev_pop
    + 50
    AS deviation
FROM
    exam_scores AS s
  JOIN
    exam_stddev_pop AS d
    ON s.subject = d.subject
ORDER BY s.subject, s.name;
```

> **정리**
>
> 기본값과 편차값 등의 통계 지표를 SQL로 계산하는 방법은 윈도 함수의 등장 덕분에 굉장히 쉬워졌습니다. 하지만 정의를 모르고 함수를 사용하는 것만으로는 데이터 분석을 제대로 할 수 없습니다. 따라서 지표 정의와 의미를 확실하게 확인해서 의미 있는 데이터 분석을 하기 바랍니다.

4 거대한 숫자 지표를 직감적으로 이해하기 쉽게 가공하기

SQL log 함수
분석 로그

앞서 24강 2절에서는 시그모이드 함수를 사용해 열람 수를 0~1의 값으로 변형하고, 비선형적인 변환을 통해 사람이 직감적으로 이해하기 쉽게 점수를 계산하는 방법을 소개했습니다. 이번 절에서도 사람이 직감적으로 이해하기 쉬운 값으로 변형하는 비선형적인 함수로 로그를 사용하는 방법을 알아봅시다.

원래 값이 작은 경우(1과 2)와 원래 값이 큰 경우(10001과 10002)가 있다고 합시다. 이러한 숫자 차이의 절댓값은 모두 1이지만, 사람은 숫자가 작을 때 더 큰 차이라고 느낍니다. 사용자의 액션 수, 경과일 수처럼 값이 크면 클수록 값 차이가 큰 영향을 주지 않는 경우, 로그를 사용해 데이터를 변환하면 이해하기 쉽게 점수를 가공할 수 있습니다.

이번 절에서 사용할 샘플 데이터는 다음과 같습니다. 사용자별 상품 열람 수(v_count)와 구매 수(p_count)를 액션 날짜별로 집계한 테이블입니다.

데이터 24-4 날짜별 사용자 액션 수(action_counts_with_date) 테이블

```
    dt      | user_id | product | v_count | p_count
------------+---------+---------+---------+---------
 2016-10-03 | U001    | D001    |       1 |       0
 2016-11-03 | U001    | D001    |       1 |       1
 2016-10-03 | U001    | D002    |      16 |       0
 2016-10-03 | U001    | D003    |      14 |       0
 2016-10-03 | U001    | D004    |      15 |       0
 2016-10-03 | U001    | D005    |      19 |       0
 2016-10-25 | U001    | D005    |       1 |       0
 2016-11-03 | U001    | D005    |       1 |       0
 2016-11-05 | U001    | D005    |       0 |       1
 2016-10-03 | U002    | D001    |      10 |       0
 2016-11-30 | U002    | D001    |       0 |       1
 2016-11-20 | U002    | D003    |      28 |       0
 2016-11-20 | U002    | D005    |      28 |       0
 2016-11-30 | U002    | D005    |       0 |       1
 2016-11-01 | U003    | D001    |      49 |       0
 2016-11-01 | U003    | D004    |      29 |       0
 2016-11-03 | U003    | D004    |       0 |       1
 ...
```

23강 2절에서는 모든 기간의 열람 수와 구매 수를 단순하게 더해서 상품 점수를 계산했습니다. 이번 절에서는 오래된 날짜의 액션일수록 가중치를 적게 주는 방법을 사용해보겠습니다. 일단 다음 코드처럼 사용자별로 '최종 액션일', '각각의 레코드와 최종 액션일과의 날짜 차이'를 계산해봅시다.

코드 24-9 사용자들의 최종 접근일과 각 레코드와의 날짜 차이를 계산하는 쿼리

PostgreSQL　Hive　Redshift　BigQuery　SparkSQL

```
WITH
action_counts_with_diff_date AS (
  SELECT *
    -- 사용자별로 최종 접근일과 각 레코드의 날짜 차이 계산하기
    -- ■ PostgreSQL, Redshift의 경우 날짜끼리 빼기 연산 가능
    , MAX(dt::date) OVER(PARTITION BY user_id) AS last_access
    , MAX(dt::date) OVER(PARTITION BY user_id) - dt::date AS diff_date
    -- ■ BigQuery의 경우 date_diff 함수 사용하기
    -- , MAX(date(timestamp(dt))) OVER(PARTITION BY user_id) AS last_access
    -- , date_diff(MAX(date(timestamp(dt))) OVER(PARTITION BY user_id),
    --     date(timestamp(dt)), day) AS diff_date
    -- ■ Hive, SparkSQL의 경우 datediff 함수 사용하기
    -- , MAX(to_date(dt)) OVER(PARTITION BY user_id) AS last_access
    -- , datediff(MAX(to_date(dt)) OVER(PARTITION BY user_id), to_date(dt))
    --   AS diff_date
  FROM
    action_counts_with_date
)
SELECT *
FROM action_counts_with_diff_date;
```

▼

실행결과

```
    dt      | user_id | product | v_count | p_count | last_access | diff_date
------------+---------+---------+---------+---------+-------------+-----------
 2016-10-03 | U001    | D001    |       1 |       0 | 2016-11-05  |     33
 2016-11-03 | U001    | D001    |       1 |       1 | 2016-11-05  |      2
 2016-10-03 | U001    | D002    |      16 |       0 | 2016-11-05  |     33
 2016-10-03 | U001    | D003    |      14 |       0 | 2016-11-05  |     33
 2016-10-03 | U001    | D004    |      15 |       0 | 2016-11-05  |     33
 2016-10-03 | U001    | D005    |      19 |       0 | 2016-11-05  |     33
 2016-10-25 | U001    | D005    |       1 |       0 | 2016-11-05  |     11
 2016-11-03 | U001    | D005    |       1 |       0 | 2016-11-05  |      2
 2016-11-05 | U001    | D005    |       0 |       1 | 2016-11-05  |      0
```

```
2016-10-03  | U002    | D001    |      10 |      0 | 2016-11-30 |      58
2016-11-30  | U002    | D001    |       0 |      1 | 2016-11-30 |       0
2016-11-20  | U002    | D003    |      28 |      0 | 2016-11-30 |      10
2016-11-20  | U002    | D005    |      28 |      0 | 2016-11-30 |      10
2016-11-30  | U002    | D005    |       0 |      1 | 2016-11-30 |       0
2016-11-01  | U003    | D001    |      49 |      0 | 2016-12-01 |      30
2016-11-01  | U003    | D004    |      29 |      0 | 2016-12-01 |      30
2016-11-03  | U003    | D004    |       0 |      1 | 2016-12-01 |      28
2016-11-01  | U003    | D005    |      24 |      0 | 2016-12-01 |      30
2016-12-01  | U003    | D005    |       0 |      1 | 2016-12-01 |       0
```

이 출력 결과에서 예를 들어 사용자 U001의 최종 접근일은 2016년 11월 5일입니다. 그리고 상품 D001을 보면 최종 접근일의 33일 전에 1번 열람하고, 2일 전에 1번 열람하고 구매했다는 것을 알 수 있습니다.

다음으로 최종 액션일과의 차이가 크면 클수록 가중치를 작게 하는 방법을 생각해봅시다. 일단 가장 먼저 떠오르는 방법은 날짜 차이에 역수를 취하는 것입니다. 하지만 단순하게 역수를 취하는 것만으로는 2일 전 날짜의 가중치는 1/2, 30일 전 날짜의 가중치는 1/30이 되어버려 극단적으로 작아져 버립니다. 따라서 날짜 차이에 로그를 취해, 날짜가 증가할수록 가중치가 완만하게 감소하게 만들어보겠습니다.

추가로 날짜 차이가 0일 때 가중치의 최댓값이 1이 될 수 있게 하고, 추가적인 매개 변수를 사용해 가중치의 변화율을 조정할 수 있게 매개 변수 a를 두겠습니다. 최종적으로 다음과 같은 식을 사용합니다.

$$y = \frac{1}{\log_2 (ax + 2)} \{0 \leq x\}$$

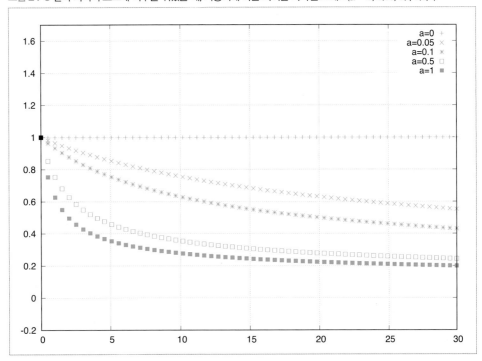

앞의 그림에서 *로 표시한 그래프가 매개변수 a = 0.1일 때의 그래프입니다. 매개 변수가 0에 가까워질수록 그래프가 완만해지고, a = 0이 되어버리면 가중치가 항상 1이 됩니다. 추가로 매개 변수를 크게 할수록 가중치의 감소가 눈에 띄게 변화합니다.

다음 코드 예는 앞의 식을 사용해 날짜 차이에 따른 가중치를 계산하는 쿼리입니다.

코드 24-10 날짜 차이에 따른 가중치를 계산하는 쿼리

```
WITH
action_counts_with_diff_date AS (
  -- [코드 24-9] 참고하기
)
, action_counts_with_weight AS (
  SELECT *
    -- 날짜 차이에 따른 가중치 계산하기(매개 변수 a = 0.1)
    -- ■ PostgreSQL, Hive, SparkSQL의 경우 log(<밑수>, <진수>) 함수 사용하기
    , 1.0 / log(2, 0.1 * diff_date + 2) AS weight
    -- ■ Redshift의 경우 log 함수는 상용 로그밖에 되지 않으므로, log(2)로 나눠주기
```

```
  -- , 1.0 / ( log(CAST(0.1 * diff_date + 2 AS double precision)) / log(2) )
  -- AS weight
  -- ■ BigQuery의 경우 log(<진수>, <밑수>) 함수 사용하기
  -- , 1.0 / log(0.1 * diff_date + 2, 2) AS weight
  FROM action_counts_with_diff_date
)
SELECT
    user_id
, product
, v_count
, p_count
, diff_date
, weight
FROM action_counts_with_weight
ORDER BY
  user_id, product, diff_date DESC
;
```

▼

실행결과

```
user_id | product | v_count | p_count | diff_date | weight
--------+---------+---------+---------+-----------+---------
U001    | D001    |    1    |    0    |    33     | 0.41562
U001    | D001    |    1    |    1    |     2     | 0.87911
U001    | D002    |   16    |    0    |    33     | 0.41562
U001    | D003    |   14    |    0    |    33     | 0.41562
U001    | D004    |   15    |    0    |    33     | 0.41562
U001    | D005    |   19    |    0    |    33     | 0.41562
U001    | D005    |    1    |    0    |    11     | 0.61264
U001    | D005    |    1    |    0    |     2     | 0.87911
U001    | D005    |    0    |    1    |     0     | 1.00000
U002    | D001    |   10    |    0    |    58     | 0.33744
U002    | D001    |    0    |    1    |     0     | 1.00000
U002    | D003    |   28    |    0    |    10     | 0.63092
U002    | D005    |   28    |    0    |    10     | 0.63092
U002    | D005    |    0    |    1    |     0     | 1.00000
U003    | D001    |   49    |    0    |    30     | 0.43067
U003    | D004    |   29    |    0    |    30     | 0.43067
U003    | D004    |    0    |    1    |    28     | 0.44188
U003    | D005    |   24    |    0    |    30     | 0.43067
U003    | D005    |    0    |    1    |     0     | 1.00000
```

최종 접근일과의 날짜 차이가 0일 때 가중치가 1.0으로 가장 크고, 최종 접근일과의 날짜 차이가 커질수록 가중치가 완만하게 줄어드는 것을 알 수 있을 것입니다.

그럼 지금까지의 과정으로 구한 가중치를 열람 수와 구매 수에 곱해 점수를 계산해봅시다. 다음 코드는 날짜별로 열람 수와 구매 수에 해당 날짜의 가중치를 곱한 뒤 더해 점수를 계산합니다.

코드 24-11 일수차에 따른 중첩을 사용해 열람 수와 구매 수 점수를 계산하는 쿼리

```
WITH
action_counts_with_date AS (
  -- [코드 24-9] 참고하기
)
, action_counts_with_weight AS (
  -- [코드 24-10] 참고하기
)
, action_scores AS (
  SELECT
      user_id
    , product
    , SUM(v_count) AS v_count
    , SUM(v_count * weight) AS v_score
    , SUM(p_count) AS p_count
    , SUM(p_count * weight) AS p_score
  FROM action_counts_with_weight
  GROUP BY
    user_id, product
)
SELECT *
FROM action_scores
ORDER BY
  user_id, product;
```

실행결과

```
user_id | product | v_count | p_count | v_score  | p_score
--------+---------+---------+---------+----------+---------
U001    | D001    |       2 |       1 | 1.29474  | 0.87911
U001    | D002    |      16 |       0 | 6.65006  | 0.00000
U001    | D003    |      14 |       0 | 5.81880  | 0.00000
U001    | D004    |      15 |       0 | 6.23443  | 0.00000
U001    | D005    |      21 |       1 | 9.38871  | 1.00000
U002    | D001    |      10 |       1 | 3.37441  | 1.00000
```

```
U002    | D003    |    28    |    0  | 17.66603 | 0.00000
U002    | D005    |    28    |    1  | 17.66603 | 1.00000
U003    | D001    |    49    |    0  | 21.10315 | 0.00000
U003    | D004    |    29    |    1  | 12.48962 | 0.44188
U003    | D005    |    24    |    1  | 10.33623 | 1.00000
```

이와 같은 방법으로 날짜에 따라 가중치가 적용된 점수를 산출할 수 있습니다. 같은 구매 수의 상품이라도 구매 날짜가 오래되었다면, 점수가 낮게 나오는 것을 알 수 있을 것입니다.

> **정리**
>
> 열람 수와 구매 수처럼 '어떤 것을 세어 집계한 숫자'는 점수를 계산할 때, 로그를 취해서 값의 변화를 완만하게 표현할 수 있습니다. 이를 활용하면 사람이 더 직감적으로 쉽게 값의 변화를 인지할 수 있습니다. 로그는 굉장히 기본적인 수학적 요소이지만, 그 활용 범위는 굉장히 넓답니다.

5 독자적인 점수 계산 방법을 정의해서 순위 작성하기

분석 ▶ 가중 평균

이번 절에서는 지금까지의 내용을 종합해서 점수를 계산하는 예를 살펴봅시다.

다음 데이터는 2016년 1월부터 12월까지의 상품 매출 금액을 월별로 집계한 것입니다. 이 테이블을 사용해 2017년 1월의 추천 상품 순위를 낼 수 있게 점수를 계산해봅시다.

데이터 24-5 **월별 상품 매출 수(monthly_sales) 테이블**

```
year_month | item | amount
-----------+------+--------
 2016-01   | D001 |  30000
 2016-01   | D002 |  10000
 2016-01   | D003 |   5000
 2016-01   | D004 |   3000
 2016-02   | D001 |  30000
 2016-02   | D002 |  30000
```

```
2016-02   | D005  | 20000
2016-02   | D003  | 10000
...
2016-10   | D006  | 30000
2016-10   | D003  | 30000
2016-11   | D006  | 60000
2016-11   | D004  | 40000
2016-11   | D003  | 40000
2016-11   | D001  | 40000
2016-12   | D006  | 70000
2016-12   | D003  | 60000
2016-12   | D004  | 50000
2016-12   | D001  | 40000
```

순위 생성 방침은 1년 동안의 계절마다 주기적으로 팔리는 상품과 최근 트랜드 상품이 상위에 오게 순위를 만드는 것입니다. 따라서 1년 전의 매출과 최근 1개월의 매출 값으로 가중 평균을 내서 점수로 사용하겠습니다.

다음 코드는 4분기별 상품 매출액과 매출 합계를 집계하는 쿼리입니다. 이 코드에서는 상품별 2016년 1분기(1월~3월)의 매출액, 4분기(10월~12월)의 매출액을 사용해 순위를 구합니다.

코드 24-12 분기별 상품 매출액과 매출 합계를 집계하는 쿼리

`PostgreSQL`　`Hive`　`Redshift`　`BigQuery`　`SparkSQL`

```
WITH
item_sales_per_quarters AS (
  SELECT
      item
      -- 2016년 1분기의 상품 매출 모두 더하기
    , SUM(
        CASE WHEN year_month IN ('2016-01', '2016-02', '2016-03') THEN amount ELSE 0 END
      ) AS sales_2016_q1
      -- 2016년 4분기의 상품 매출 모두 더하기
    , SUM(
        CASE WHEN year_month IN ('2016-10', '2016-11', '2016-12') THEN amount ELSE 0 END
      ) AS sales_2016_q4
  FROM monthly_sales
  GROUP BY
    item
)
```

```
SELECT
    item
  -- 2016년 1분기의 상품 매출
  , sales_2016_q1
  -- 2016년 1분기의 상품 매출 합계
  , SUM(sales_2016_q1) OVER() AS sum_sales_2016_q1
  -- 2016년 4분기의 상품 매출
  , sales_2016_q4
  -- 2016년 4분기의 상품 매출 합계
  , SUM(sales_2016_q4) OVER() AS sum_sales_2016_q4
FROM item_sales_per_quarters
;
```

▼

실행결과

```
item | sales_2016_q1 | sum_sales_2016_q1 | sales_2016_q4 | sum_sales_2016_q4
------+---------------+-------------------+---------------+-------------------
D005 |         60000 |            254000 |         50000 |            550000
D006 |             0 |            254000 |        160000 |            550000
D002 |         80000 |            254000 |             0 |            550000
D004 |          3000 |            254000 |        130000 |            550000
D001 |         80000 |            254000 |         80000 |            550000
D003 |         31000 |            254000 |        130000 |            550000
```

앞의 출력 결과에서 2016년 1분기와 4분기 합계 매출액을 확인하면, 1분기는 254,000이고 4분기는 550,000이므로 굉장히 큰 차이가 있다는 것을 알 수 있습니다. 이는 서비스 전체의 매출이 상승 경향을 보이기 때문입니다. 따라서 1분기의 상품 매출액과 4분기의 상품 매출액의 금액이 만약 같다고 해도 그 의미는 전혀 다릅니다.

다음 코드는 1분기와 4분기의 매출액을 정규화해서 점수를 계산하는 쿼리입니다. 분모가 다른 2개의 지표를 비교할 수 있게 24강 2절에서 소개한 Min-Max 정규화를 사용했습니다.

코드 24-13 분기별 상품 매출액을 기반으로 점수를 계산하는 쿼리

PostgreSQL   Hive   Redshift   BigQuery   SparkSQL

```
WITH
item_sales_per_quarters AS (
  -- [코드 24-12] 참고하기
)
, item_scores_per_quarters AS (
```

```
SELECT
    item
  , sales_2016_q1
  , 1.0
    * (sales_2016_q1 - MIN(sales_2016_q1) OVER())
    -- ■ PostgreSQL, Redshift, BigQuery, SparkSQL의 경우 NULLIF로 0으로 나누는 것 피하기
    / NULLIF(MAX(sales_2016_q1) OVER() - MIN(sales_2016_q1) OVER(), 0)
    -- ■ Hive의 경우 NULLIF 대신 CASE 식 사용하기
    -- / (CASE
    --     WHEN MAX(sales_2016_q1) OVER() - MIN(sales_2016_q1) OVER() = 0 THEN NULL
    --     ELSE MAX(sales_2016_q1) OVER() - MIN(sales_2016_q1) OVER()
    --   END)
    AS score_2016_q1
  , sales_2016_q4
  , 1.0
    * (sales_2016_q4 - MIN(sales_2016_q4) OVER())
    -- ■ PostgreSQL, Redshift, BigQuery, SparkSQL의 경우 NULLIF로 0으로 나누는 것 피하기
    / NULLIF(MAX(sales_2016_q4) OVER() - MIN(sales_2016_q4) OVER(), 0)
    -- ■ Hive의 경우 NULLIF 대신 CASE 식 사용하기
    -- / (CASE
    --     WHEN MAX(sales_2016_q4) OVER() - MIN(sales_2016_q4) OVER() = 0 THEN NULL
    --     ELSE MAX(sales_2016_q4) OVER() - MIN(sales_2016_q4) OVER()
    --   END)
    AS score_2016_q4
  FROM item_sales_per_quarters
)
SELECT *
FROM item_scores_per_quarters
;
```

▼

실행결과

item	sales_2016_q1	score_2016_q1	sales_2016_q4	score_2016_q4
D005	60000	0.7500	50000	0.3125
D006	0	0.0000	160000	1.0000
D002	80000	1.0000	0	0.0000
D004	3000	0.0375	130000	0.8125
D001	80000	1.0000	80000	0.5000
D003	31000	0.3875	130000	0.8125

다음으로 1분기와 4분기의 매출을 기반으로 정규화된 점수를 계산했다면, 1분기와 4분기의 가중 평균을 구하고 이를 하나의 점수로 집약합니다. 1분기와 4분기의 가중을 7:3의 비율로 설정하고 가중 평균을 계산하면, 이를 기반으로 다음 코드와 같이 순위를 생성할 수 있습니다.

코드 24-14 분기별 상품 점수 가중 평균으로 순위를 생성하는 쿼리

`PostgreSQL` `Hive` `Redshift` `BigQuery` `SparkSQL`

```
WITH
item_sales_per_quarters AS (
  -- [코드 24-12] 참고하기
)
, item_scores_per_quarters AS (
  -- [코드 24-13] 참고하기
)
SELECT
    item
, 0.7 * score_2016_q1 + 0.3 * score_2016_q4 AS score
, ROW_NUMBER()
    OVER(ORDER BY 0.7 * score_2016_q1 + 0.3 * score_2016_q4 DESC)
    AS rank
FROM item_scores_per_quarters
ORDER BY rank
;
```

▼

실행결과

```
item  | score  | rank
------+--------+------
D001 | 0.8500 |  1
D002 | 0.7000 |  2
D005 | 0.6187 |  3
D003 | 0.5150 |  4
D006 | 0.3000 |  5
D004 | 0.2700 |  6
```

정리

이번 절에서 소개한 방법에 따라 주기 요소가 있는 상품과 트렌드 상품을 균형 있게 조합한 순위를 생성할 수 있습니다. 추가로 여러 가지 점수 계산 방식을 조합하면 다양한 분야에 활용할 수 있습니다.

9장

지식을 행동으로 옮기기

이번 장에서는 단순한 리포트와 SQL을 넘어, 실제 업무에 활용해서 서비스 개선과 이익에 기여하는 방법을 소개하겠습니다. "빅데이터를 어디부터 시작하면 좋을지 모르겠다!", "잘 되지 않는다!"와 같은 생각이 들 때 어떻게 하면 좋을지 소개하겠습니다.

데이터 활용의 현장

지금까지 다양한 리포트 포맷 소개, 지표 제안, 관련 SQL을 살펴보았습니다. 하지만 분석을 시작하기 전 단계부터 난관에 부딪히거나, 업무에 데이터 분석 기반을 사용하고 있는데도 예상처럼 일을 진행할 수 없는 경우가 있을 것입니다.

빅데이터와 관련된 고민

필자들은 종종 '빅데이터로 무엇을 해야 하는 것인가?', '빅데이터 분석 기반을 도입을 위한 컨설팅을 받고 싶다', '어떻게 해야 데이터를 잘 활용할 수 있는가?'와 같은 다양한 빅데이터 관련 질문을 받습니다. 질문 내용이 다양하지만, 크게 구분하면 다음과 같은 4가지로 분류할 수 있습니다.

| 데이터를 어떻게 활용해야 할지 감을 못 잡겠다. |

데이터를 어떻게 활용하면 좋은지 아예 감을 잡지 못하고, 빅데이터 분석 기반을 단순한 접근 분석 도구의 업그레이드 버전이라고 인식하는 경우입니다. 접근 분석 도구의 업그레이드 버전 정도로 치부해버리면, 비용만큼의 효과를 얻을 수 있을지 의문스러울 수밖에 없습니다. 이는 빅데이터 분석 기반의 용도를 명확하게 이해하지 못했기 때문입니다.

그림 25-1 빅데이터와 관련한 상담 분류

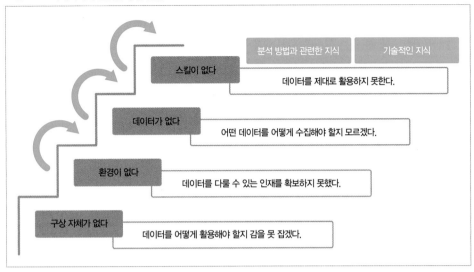

분석 방법과 관련한 지식 　기술적인 지식

스킬이 없다
데이터를 제대로 활용하지 못한다.

데이터가 없다
어떤 데이터를 어떻게 수집해야 할지 모르겠다.

환경이 없다
데이터를 다룰 수 있는 인재를 확보하지 못했다.

구상 자체가 없다
데이터를 어떻게 활용해야 할지 감을 못 잡겠다.

| 데이터를 다룰 수 있는 인재를 확보하지 못했다. |

빅데이터 분석 기반을 도입하고 싶지만 인재가 없는 경우입니다. 이 경우를 자세히 살펴보면, '무엇을 해야 할지 모르는' 상황에서 어떤 역할의 담당자가 필요할지도 몰라서 인재를 구하지 못하는 경우가 대부분입니다. 빅데이터 분석 기반을 운용할 때 필요한 담당자의 역할을 자세하게 설명하면, 대부분 납득하고 이해합니다.

| 어떤 데이터를 어떻게 수집해야 할지 모르겠다. |

일반적으로 구글 애널리틱스 등의 접근 분석 도구로 로그를 전송하는 식으로 운용하다가, 빅데이터 분석 기반을 도입하는 경우가 많습니다. 이때부터는 스스로 데이터를 수집해야 하는데요. 어떠한 로그를 어떤 형식으로 저장하면 좋을지 모르는 경우가 많습니다.

기존의 접근 분석 도구를 새로운 빅데이터 분석 기반으로 전환하고 발전시키려 할 때, 대부분 웹사이트 사용자들의 행동 로그와 같은 대규모 데이터부터 떠올립니다. 하지만 소규모 단위 데이터부터 시작해도 괜찮습니다. 앞서 4강 2절에서 설명했던 것처럼, 서비스가 보유한 기존의 업무 데이터부터 분석해보는 것도 좋은 도전이 될 것입니다.

| 데이터를 제대로 활용하지 못한다. |

데이터를 제대로 활용할 수 없는 경우는 대부분 '데이터를 어떻게 활용해야 할지 감을 못 잡겠다', '데이터를 다룰 수 있는 인력을 확보하지 못했다', '어떤 데이터를 어떻게 수집해야 할지 모르겠다' 등이 원인입니다. 따라서 그 원인부터 제거하는 것이 좋습니다. 해결했는데도 마찬가지라면, 기술적인 측면에서 다음과 같은 두 가지 원인을 생각해볼 수 있습니다.

- 분석 과정과 방법을 모른다.
- 습득해야 하는 기술 자체를 모른다.

분석 과정과 방법을 모르면 어떤 데이터를 수집해야 하는지 자체가 불분명해집니다. 또한 원하는 분석에 필요한 테크닉을 모르면 데이터를 수집해도 의미가 없습니다. 어떤 기술을 활용할 수 있는지 자체를 모르면 어떤 분석을 할 수 있을지 구상조차 어려운 경우가 많습니다.

> **정리**
>
> 지금까지 설명했던 고민 중에 하나라도 제대로 이해하지 못하면 전체적인 이미지를 잡을 수 없게 되어 버립니다. 빅데이터 팀, 데이터 분석, 데이터 활용과 관련한 전체적인 이미지를 잡지 못해서 빅데이터 관련 업무에 아예 발을 들이지 못하는 조직이 꽤 많습니다.
>
> 이 책에서는 지금까지 소개했던 리포트와 SQL 등의 단순한 지식에 그치지 않고, 데이터를 활용하려면 어떻게 해야 할지, 데이터 분석 현장 경험을 바탕으로 추가 설명하겠습니다.

1 데이터 활용 방법 생각하기

빅데이터 분석 기반을 도입해도 '효과가 있는지 모르겠다'라는 말은, 바꿔 말하면 '데이터를 활용해서 무슨 가능성이 있는지 모르겠다'라는 말과 같습니다.

실제로 빅데이터 분석 기반을 도입하더라도 제대로 활용하지 못하는 경우가 꽤 많습니다. 이러한 경우에는 현재 다루는 내용을 기반으로 [그림 25-2]의 빅데이터 활용 단계에서 본인이 어느 정도 위치에 있는지 확인하기 바랍니다. 본인의 위치를 확인했다면, 다음 단계를 밟아 데이터 활용 범위를 늘리도록 합시다.

그림 25-2 빅데이터 활용 단계

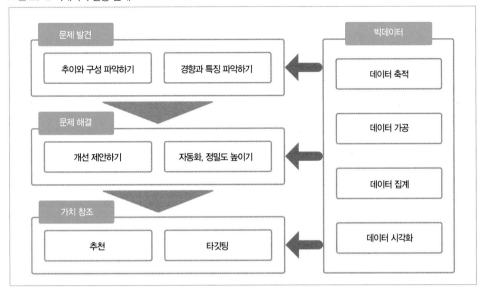

빅데이터 활용 단계

빅데이터에는 활용 단계가 있습니다. 간단하게 정리하면 '문제 발견', '문제 해결', '가치 창출'입니다. 단계가 진행될수록 관계자도 늘어나고 다루어야 할 기술도 늘어납니다. 이번 절에서는 각 단계에서 구체적으로 어떤 일을 해야 하는지 소개하겠습니다.

| [문제 발견] 리포트 기반으로 문제를 찾고, 개선할 부분 탐색 |

운용하는 서비스에 주어진 목표를 성취하기 위해 어떤 부분을 개선해야 하는지, 현재 목표에서 얼마나 떨어져 있는지, 얼마나 노력해야 하는지를 확실하게 시각화해서 조직에 전달하는 것도 리포트의 목적 중 하나입니다.

기존에 몰랐던 부분을 수치화하고 시각화하면 문제점을 더 확실하게 부각할 수 있습니다. 그리고 여기에서 개선할 수 있는 부분을 찾는 것도 분석 담당자의 역할입니다. 이러한 과정을 통해 최종적으로는 매출 또는 사용자 수 증가와 연결해야 합니다.

| [문제 해결] 인력의 한계를 넘어 자동화와 정밀도 향상 |

사용자의 흥미과 기호는 굉장히 다양합니다. 하지만 서비스를 사람의 눈으로 하나하나 확인해서 분석하거나 획일화해서 대응하면 사용자의 다양성을 흡수하기 힘듭니다.

예를 들어 메일 매거진을 생각해봅시다. 추천 상품을 사용자 모두에게 하나하나 직접 선택해주는 것은 불가능합니다. 그래서 빅데이터 분석 기반이 없는 경우, 모두가 구매할 만한 상품 또는 계절적으로 인기가 있는 상품을 추천해주는 것이 전부입니다. 적어도 남녀라는 두 가지 기준으로 구분해서 대응할 수는 있겠지만, 더 많은 사용자 속성 등을 하나하나 눈으로 확인해서 적절한 내용을 전달할 수는 없습니다. 이때 빅데이터 분석 기반을 사용하면 그러한 인력의 한계를 넘을 수 있습니다. 사용자에게 제공하는 검색 기능에서 사용자가 무언가를 잘못 입력했을 때 '혹시 ○○는 아닌가요?'와 같은 문구를 출력하는 기능, 한국어로 검색해도 영어도 같이 검색하게 만들게 해주는 기능도 사람이 직접 하나하나 만들기란 거의 불가능합니다. 이때 빅데이터 분석 기반을 사용하면 사용자 행동 로그를 기반으로 이런 단어들을 자동으로 등록할 수 있습니다. 따라서 인력의 한계를 넘어, 사용자에게 더 정확한 정보를 전달할 수 있습니다.

대량의 데이터 내부에서 특정 조건에 맞는 데이터를 추출하고, 이를 기존의 시스템과 연동하면 더 다양한 작업이 가능해집니다. 예를 들어 헤비 유저와 라이트 유저를 나누어 서로 다른 메일 매거진을 보내고, 웹사이트의 출력 자체를 변경하는 등도 모두 빅데이터를 기존 시스템과 연동하면 구현할 수 있습니다.

| [가치 창조] 시스템 제공 |

빅데이터를 사용한 시스템의 대표적인 예는 '개인의 취미와 기호 등의 행동을 파악해서 성과로 이어지게 타깃팅, 추천, 개인화하는 것'입니다. 기존 시스템으로는 처리에 오랜 시간이 걸리지만, 빅데이터 분석 기반을 사용하면 짧은 시간 내에 모두 처리할 수 있습니다.

이러한 타깃팅, 추천, 개인화 시스템은 회사 내부에서 직접 구축하기도 하고, 이러한 시스템 자체를 사업 콘텐츠로 다른 기업에 제공하는 업체도 있습니다. 예를 들어 태그를 적절하게 입력하기만 하면 자동으로 최적의 광고를 출력해주는 기능, 추천 결과를 API로 응답해주는 기능, 기대 매출이 높은 순서로 정렬하는 것처럼 굉장히 다양한 기능이 빅데이터를 통해 이루어집니다.

담당하는 서비스와 조직의 문제점 중에 빅데이터로 해결할 수 있는 부분이 없는지 계속 살펴보세요. 이러한 영역을 찾아낸다면 영향력을 넓히고 적극 참여해서 데이터 기반의 조직 개선을 이끌어보기 바랍니다.

2 데이터와 관련한 등장 인물 이해하기

업종 또는 규모에 따라서 조직 구성이 크게 달라질 수 있지만, 일반적인 빅데이터 팀의 구성을 그림으로 나타내면 다음과 같습니다.

그림 25-3 빅데이터 팀의 역할, 등장 인물, 제공중인 내용

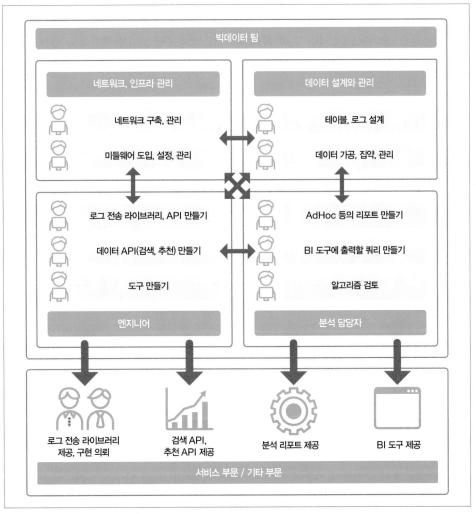

[그림 25-3]에 등장한 인물 아이콘은 역할을 의미할 뿐이지, 그만큼의 인원이 들어간다는 의미는 아닙니다. 팀의 규모와 소속된 조직에 따라 여러 역할을 한 명이 맡기도 하고, 하나의 역할을 여러 명이 맡기도 합니다.

그림에서 독자 자신, 또는 소속된 조직원들이 어떤 역할을 담당하는지 맞추어보기 바랍니다. 그리고 조직 내 데이터를 둘러싼 환경과 서로 어울리지 않는다면 어떤 문제점이 있는지 생각해 보세요. 문제가 있다면 보통 다음과 같은 경우를 떠올릴 수 있습니다.

- 데이터와 환경 자체가 갖추어져 있지 않다.
- 실현하고 싶은 목적이 있지만, 해당 역할을 담당할 사람이 없다.

데이터 분석과 관련한 상담을 진행할 때 굉장히 자주 듣는 말입니다. 각각의 문제점에 관한 저자들의 생각을 정리해보겠습니다. 독자 여러분이 실제 업무에서 문제를 해결할 수 있는 실마리가 되면 좋겠습니다.

데이터와 환경 자체가 갖추어져 있지 않다

'분석 이전에 데이터 자체가 없고, 환경 자체도 갖추어지지 않았다'가 문제인 경우가 꽤 많습니다. 하지만 서비스를 실제로 운용하고 있다면 적어도 업무 데이터는 있을 것입니다. 따라서 '누구에게 무엇을 요구해야 데이터를 얻을 수 있을지 모르겠다' 또는 '누구와 협력해야 할지 모르겠다'가 문제의 원인이라고 할 수 있습니다.

물론 '빅데이터를 활용해서 ○○를 하고 싶어!'라고 생각하더라도, 현실적인 문제로 이를 혼자서 실행하기 어려울 수 있습니다. 그림에서 소개했던 것처럼 빅데이터 팀은 해야 할 일이 굉장히 많기 때문입니다.

단독으로 구현할 수 없다면 여러 사람과 협력해야 합니다. 이전의 그림을 참고해서 역할을 담당할 수 있는 사람과 팀을 대상으로 환경을 조금 정비해보기 바랍니다.

목적이 있지만, 해당 역할을 담당할 사람이 없다

경영자 대부분은 매출과 직접적인 연관이 있는 영업 사원이나 엔지니어 채용에는 적극적입니다. 하지만 매출과 직접적인 연관이 없는 분석 담당자나 데이터를 다루는 엔지니어 채용에는 소극적입니다. 특히 매출 규모가 크지 않은 업체에서 데이터 관련자를 늘리기란 굉장히 어려운 일입니다. 또한 앞서 언급한 그림에 있는 사람들을 모두 고용하려면 부담이 더 커지는 것이 사실입니다.

하지만 그림의 인물 아이콘은 역할에 불과할 뿐, 그 인원이 반드시 필요하다는 뜻은 아닙니다. 예를 들어 네트워크 인프라를 관리하는 역할은 RedShift 또는 BigQuery 등의 클라우드 서비스로 대체할 수 있습니다. BI 도구도 직접 만들 필요 없이 다른 도구로 대체하면 됩니다. 최근에는 분석용 라이브러리가 굉장히 많아서 직접 만들지 않아도 다양한 분석을 할 수 있습니다.

3 로그 형식 생각해보기

서비스별로 데이터를 저장하는 테이블 형식이 다르면, 서비스가 늘어나거나 규모가 커질 때마다 집계 로직이 달라집니다. 따라서 분석 담당자의 작업이 더 많아질 수 있습니다. 이때 처음부터 로그 형식과 저장 테이블을 공통으로 사용하면 서비스 수가 증가하거나 규모가 커져도 분석 담당자의 일이 기하급수적으로 많아지지는 않습니다.

로그 형식을 만들 때 고려할 점

데이터 분석과 관련된 요구는 점점 많아지는 추세입니다.

- 원하는 내용이 충족되면 새로운 것을 원하게 된다.
- 성공 사례를 들으면 적용하고 싶어진다.
- 규모 있는 업체일 경우 새로운 서비스가 계속 나온다.

이러한 요구의 증가를 크게 구분해보면 다음과 같이 구분할 수 있습니다.

그림 25-4 데이터 분석의 폭

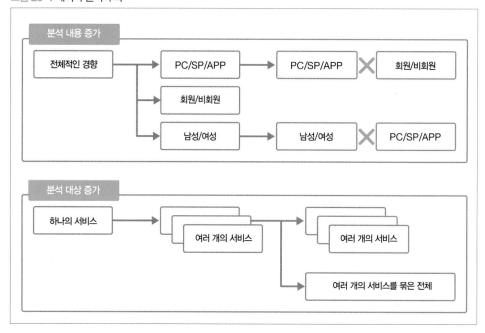

기술적으로 대책을 생각해봅시다. '분석 내용 증가'의 경우 CUBE 함수를 사용하기 바랍니다. CUBE 함수를 사용하면 데이터가 늘어나도 쿼리 하나로 모두 처리할 수 있습니다. '분석 대상 증가'의 경우 ROLLUP 함수를 사용하기 바랍니다. ROLLUP 함수를 사용하면 개별적인 서비스 단위 집계와 전체 단위 집계가 모두 가능해집니다.

계속해서 강조하지만, 처음부터 분석 내용과 분석 대상의 증가를 고려해서 로그 형식을 잘 만들어두면 집계 작업이 비대하게 늘어나는 것을 막을 수 있습니다.

로그 형식 예

EC 사이트나 커뮤니티 사이트에서 모두 사용할 수 있는 기본적인 로그 형식의 예를 살펴봅시다. 운용하는 사이트의 특성에 맞게 항목을 추가하기 바랍니다.

표 25-1 로그 형식 예

물리적인 이름	논리적인 이름	자료형
dt	날짜	문자열
service_code	서비스 코드	문자열
action	액션	문자열
option	옵션	문자열
time	날짜와 시간	문자열
short_session	방문 횟수 계측 전용 session	문자열
long_session	방문자 계측 전용 session	문자열
user_id	사용자 ID	문자열
url	URL	문자열
referer	Referer	문자열
user_agent	UserAgent	문자열
page_name	페이지 이름	문자열
view_type	출력 타입	문자열
via	경유 정보	문자열
segment	AB 테스트 전용 변수	문자열
detail	상세 관련 정보	배열 / 컬렉션 / JSON 등
search	검색 관련 정보	배열 / 컬렉션 / JSON 등
show	출력 관련 정보	배열 / 컬렉션 / JSON 등
user	사용자 관련 정보	배열 / 컬렉션 / JSON 등
other	이외의 정보	배열 / 컬렉션 / JSON 등

앞의 표에 있는 항목 중에 설명이 필요한 항목 몇 가지를 자세히 살펴봅시다.

| dt |

일반적으로 로그는 날짜와 시간을 모두 포함해 저장하는 것이 관례입니다. 하지만 dt는 날짜만 저장합니다. 빅데이터와 관련한 미들웨어는 데이터를 분산시키기 위한 키를 지정합니다. 이렇게 키를 지정하면 알아서 파티션을 설정해주어 빠르게 동작합니다.

날짜별로 집계하는 경우가 많다면 데이터 분산을 위해 날짜만 저장하고, 이를 키로 지정해 파티션을 나누기 바랍니다. 추가로 날짜를 따로 집계하면, 날짜와 시간이 함께 저장되는 문자열을 매번 가공할 필요도 없어집니다.

| service_code |

service_code에는 서비스를 유일하게 식별할 수 있는 임의의 문자열을 설정합니다. 현재 서비스를 하나만 관리하고 있더라도, 미래를 생각해서 설정해야 하는 값입니다.

하나의 테이블에 여러 서비스의 데이터를 저장할 수 있으므로 서비스 단위 매출 집계, 사용자 수와 페이지 뷰 등을 GROUP BY로 손쉽게 집계할 수 있습니다.

| action와 option |

action에는 사용자 행동 또는 시스템 제어를 나타내는 문자열을 설정합니다.

```
예: view / search / add_cart / clip / purchase / like / comment / recommend
```

option에는 action을 보완 설명할 수 있는 문자열을 설정합니다.

```
예: '좋아요' 액션에 대한 option 설정
  action = like
  option=post(글쓰기) / comment(댓글) / photo(사진) / movie(동영상)
```

이러한 action과 option을 함께 집계하면 사용자의 행동을 식별하고 파악할 수 있습니다.

| short_session / long_session / user_id |

14강 1절에서 소개했던 것처럼, 비회원의 행동을 포함해 방문자 수와 방문 횟수 등을 집계하려면 short_session과 long_session이 필요합니다. 추가로 회원과 비회원의 행동을 구분하고 특징을 확인하려면 user_id도 저장해야 합니다.

| page_name |

page_name에는 URL과 상관없이 페이지를 식별할 수 있는 문자열을 저장합니다. URL에는 14강 3절에서 소개했던 것처럼 다양한 매개 변수가 들어갑니다. 따라서 URL을 기반으로 행동을 집계하려면 URL을 가공하는 별도의 작업이 필요합니다. 페이지 이름을 부여하면 이러한 가공이 필요 없습니다.

추가로 16강 2절에서 소개했던 것처럼 같은 URL이라도 출력하는 내용이 다른 경우가 있습니다. 이러한 것까지 구분하려면 반드시 페이지 이름을 부여해야 합니다.

| view_type |

PC 사이트를 출력하는지, SP 사이트를 출력하는지를 나타내는 문자열을 저장합니다.

스마트폰을 위해 제공되는 SP 사이트 중에는 먼저 SP 사이트를 출력하고, 특정 버튼 등을 활용해 PC 사이트로 전환할 수 있는 경우가 있습니다. 따라서 사용자 에이전트가 스마트폰이라 해도 SP 사이트가 아니라 PC 사이트를 볼 수 있습니다. 이러한 경우 URL만으로는 사용자가 스마트폰을 사용하는지 데스크톱을 사용하는지 판단할 수 없습니다. 따라서 이를 쉽게 확인하려면 사용자의 장치 종류를 따로 저장하는 것이 좋습니다.

| via |

해당 페이지로 이동하게 만든 계기가 되는 경유 정보를 저장합니다. 예를 들어 상품 상세 화면으로 이동할 때 검색 결과를 기반으로 이동했는지, 추천 모듈을 기반으로 이동했는지를 URL 매개 변수를 통해 저장해주는 것입니다. 이러한 via를 집계하면 특정 기능의 효과를 확실하게 확인할 수 있습니다.

| segment |

segment에는 AB 테스트 때 패턴을 판별할 문자열을 저장합니다. segment 별로 사용자 행동을 집계할 때 유의미한 차이가 인정될 수 있는 부분을 찾고자 사용합니다.

| **detail / search / show / user /other** |

이전에 언급한 action과 option과 관련한 추가 정보를 제공합니다. 로그 형식의 변경은 쉽지 않습니다. 따라서 이미 집계 중인 내용에 추가 정보를 넣고 싶다면 배열, 컬렉션, JSON 등의 형식으로 데이터를 저장할 것을 추천합니다. 미들웨어에 따라 사용할 수 있는 형식이 다르므로, 자세한 내용은 각 미들웨어의 매뉴얼을 참고하기 바랍니다.

이전에 언급한 로그 형식을 기반으로 EC 사이트에서 장바구니(카트)에 상품을 추가하는 스키마를 예로 들어보면 다음과 같습니다. 미들웨어에 따라 다룰 수 있는 형식이 다르지만, 일단 현재 예에서는 각각의 컬럼을 문자열 '|'로 구분하게 했고, detail 컬럼의 값들을 JSON 형식으로 저장하게 했습니다.

표 25-2 장바구니 추가 시 상품과 관련한 상세 정보를 로그로 출력하는 스키마

물리적인 이름	키의 물리적인 이름	키의 논리적인 이름	설정값
dt			2016-11-12
service_code			hanbit_book
action			add_cart
option			〈문자열〉
〈생략〉			
detail	product_id	상품 ID	item013011
	category	상품 카테고리	database
	price	가격	29800
	count	수량	1

데이터 25-1 로그 데이터 예(쉼표 구분 대신 '|'를 사용)

```
2016-11-12|navi_book|add_cart||<생략>|{'product_id':'013011', 'category':'database','
price':2980,'count':1
```

로그 형식이 비슷하다면, 사업 규모가 커지더라도 분석 담당자의 수를 그만큼 늘릴 필요는 없습니다. 현재 진행 중인 서비스와 같은 형식의 리포트 등이 필요할 때 즉각 대응할 수 있게 로그 형식을 최대한 일치시키도록 합시다.

4 데이터를 활용하기 쉽게 상태 조정하기

로그 데이터와 업무 데이터가 빅데이터 분석 기반으로 저장되어 있어도, 리포트와 추천 API 등을 만들 때는 반드시 데이터를 확인해서 불필요한 데이터와 이상한 값들을 제거해야 합니다. 이렇게 불필요한 데이터와 이상한 값들을 제거한 데이터를 새로운 테이블로 만들어 활용하면 굉장히 편리합니다.

높은 빈도로 집계하는 데이터도 다루기 쉬운 형태로 가공해서 새로운 테이블로 만들어 활용하기 바랍니다. 이를 게을리하면 다음과 같은 문제가 발생합니다.

- 집계할 데이터 수가 너무 많아서 쿼리 작성 자체가 힘들어진다.
- 집계 쿼리가 복잡해져서 응답 속도가 늦어진다.
- 불필요한 데이터가 포함되어 분석의 정밀도와 신뢰도가 낮아진다.
- 데이터 가공 방법이 담당자에 따라 다르면 결과가 달라질 수 있다.

그럼 데이터를 다루기 쉬운 방법으로 가공하는 방법을 알아봅시다.

데이터를 3개 계층으로 구분해서 다루기

데이터를 로그 계층, 집약 계층, 집계 계층으로 구분하면 좋습니다. 이는 데이터를 구분하는 것이지, 미들웨어를 구분하는 것이 아닙니다. 그럼 각각의 계층에 저장해야 하는 데이터와 그 용도에 대해서 살펴봅시다.

| 로그 계층 |

로그 계층은 '서비스의 행동 로그', '서비스 구축과 운용에 사용된 업무 데이터' 등을 기반으로 만들어지는 계층입니다. 이러한 로그 계층의 데이터를 사용해 데이터를 분석하면 정밀도가 좋지 않고, 데이터를 계속해서 집계해야 하므로 복잡한 쿼리를 작성해야 합니다.

로그 계층은 이어지는 집약 계층과 집계 계층의 데이터에 문제가 발생했을 때, 이를 다시 만드는 데 사용하는 데이터입니다. 따라서 로그 계층의 데이터를 사용한 데이터 집계는 하지 않습니다.

| 집약 계층 |

집약 계층에는 로그 데이터나 업무 데이터를 가공한 데이터가 저장됩니다. 분석 담당자 또는 빅데이터 분석 기반을 사용해서 구축된 서비스는 집약 계층의 데이터를 활용해서 집계합니다. BI 도구를 사용할 때도 집약 계층에 있는 데이터를 조작합니다.

| 집계 계층 |

매일매일 확인하는 지표처럼 높은 빈도로 확인하는 지표의 경우에는 데이터를 미리 집계해서 저장합니다. 이렇게 하면 여러 분석 담당자가 지표를 확인할 때마다 집계 관련 쿼리를 실행할 필요가 없어지므로 작업 시간이 단축되고 시스템의 부담도 줄어듭니다.

각 계층의 조작

로그 계층, 집약 계층, 집계 계층이라는 각 계층에서 이루어지는 조작의 흐름을 정리하면 다음과 같습니다.

그림 25-5 3개의 데이터 계층과 데이터의 흐름

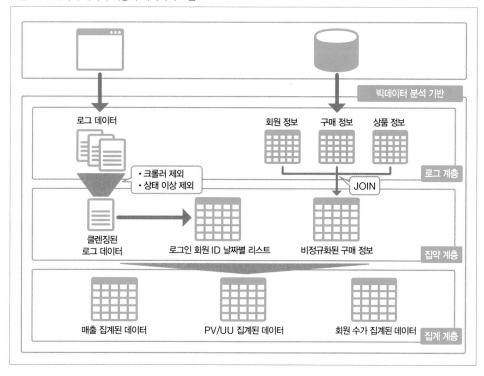

| 로그 계층에서 집약 계층으로 |

먼저 로그 데이터에 관해 설명하겠습니다. 웹사이트의 행동 로그 중에는 크롤러의 로그가 들어 있는 경우가 많습니다. 상황에 따라서는 사용자의 접근 수와 같거나 그 이상이 될 수도 있습니다. 기계적으로 접근하는 크롤러의 로그는 사용자 행동을 파악하는 데 방해가 될 수 있습니다. 이 책에서 소개한 데이터 검증 쿼리, 불필요한 데이터와 이상값을 제외하는 쿼리를 사용해서 분석 대상 데이터를 한정하고, 집약 계층에 데이터를 저장합니다.

다음으로 업무 데이터입니다. 일반적으로 업무 데이터는 관계형 구조를 가집니다. 따라서 하나의 테이블만으로는 충분한 정보를 얻기 어렵습니다. 예를 들어 구매 정보를 파악하려면 구매 정보, 회원 정보, 상품 정보 테이블 등을 결합해야만 데이터의 내용을 알 수 있습니다. 이때 구매 정보 등 높은 빈도로 집계하는 테이블은 아예 결합한 상태로 집약 계층에 저장해두는 편이 좋습니다. 이렇게 해두면 복잡한 쿼리를 작성하는 시간도 줄일 수 있으며, 데이터와 관련해 이해/경험이 부족한 담당자들도 쉽게 데이터를 다룰 수 있기 때문입니다.

그림 25-6 다루기 쉽게 비정규화하기

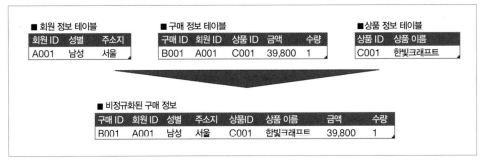

| 집약 계층에서 집약 계층으로 |

집약 계층에 저장된 데이터는 불필요한 데이터를 제외했으므로, 로그 계층에 저장한 데이터의 집계 결과보다 정밀도와 신뢰도가 높습니다.

높은 빈도로 사용할 것이 예상되는 데이터를 추출해서 다른 테이블로 만들어 집약 계층에 저장합니다. 예를 들어 오늘 로그인한 사용자 ID만을 중복 없이 필터링해서 저장하는 테이블 등이 여기에 속합니다. 이후 회원과 관련해 분석할 때, 이렇게 따로 저장한 테이블을 사용하면 쉽고 빠르게 처리할 수 있습니다.

추가로 집계에 시간이 걸리는 데이터나, SQL 경험이 거의 없는 사람이 다루기 어려운 데이터를 가공해서 중간 데이터로 저장해두면 작업 시간이 크게 단축됩니다. 수를 세거나 합계를 구한 최종 데이터가 아니라, 21강 5절에서 소개한 것과 같은 집계 이전의 데이터를 말하는 것이므로 주의하기 바랍니다.

| 집약 계층에서 집계 계층으로 |

집약 계층에 저장된 데이터 중에서 높은 빈도로 확인하는 데이터는 집계한 결과를 저장해주는 편이 좋습니다. 예를 들어 매출, 회원 등록 수, 방문자 수, 방문 횟수, 페이지뷰 등을 미리 집계해서 저장하는 것입니다. 다만 집계된 데이터이므로, 드릴 다운이 필요한 경우에는 집약 계층에 있는 데이터로 새로 집계하거나, 집계 계층을 드릴 다운할 수 있는 것만 저장하는 것이 좋습니다.

이번 절에서 설명한 것처럼 이들 3개의 계층을 의식해서 데이터를 가공하고 쌓아두면 작업 효율을 크게 높일 수 있습니다.

5 데이터 분석 과정

데이터 분석의 중요성은 이해했지만, 막상 데이터 분석 방법을 몰라서 제대로 활용하지 못하는 경우가 있습니다. 데이터를 제대로 활용하지 못하면 서비스의 대책들이 모두 경영 담당자의 '감, 경험, 느낌' 등에 의해 결정될 수밖에 없습니다.

경영 담당자의 '감, 경험, 느낌'이 정말 탁월해서 모든 대책이 효과적이고 매출도 잘 나온다면 무리하게 분석할 필요는 없습니다. 하지만 이러한 담당자가 이직할 경우 서비스는 순식간에 둔화합니다.

이런 사태를 방지하려면 데이터를 활용하고 데이터를 근거로 서비스를 개선해야 합니다. 데이터 분석 방법을 잘 모르더라도, 데이터를 활용할 수 있는 인재와 조직으로 거듭나는 데이터 분석의 4가지 과정을 소개하겠습니다.

데이터 분석의 4가지 과정

리포트 작성과 관련된 일을 분석해보면 보통 다음과 같이 구분할 수 있습니다.

❶ 서비스 이해하기
❷ 그래프 만들기
❸ 여러 수치 비교하기
❹ 가설 세우고 검증하기

역설적이지만, 이러한 과정만 기억하고 있다면 대부분의 리포트 작성 업무를 어느 정도 할 수 있게 됩니다. 그럼 각각의 내용을 조금 더 살펴봅시다.

| 서비스 이해하기 |

데이터 분석 담당자라면 리포트를 작성할 때 '더 효과적인 대책을 제안하고 싶다', '이런 사례처럼 고도의 분석을 통해 어떤 실마리를 찾아보자' 등을 먼저 생각할 수 있습니다. 하지만 처음부터 너무 자세한 수준의 리포트를 만들려고 하면 원하는 바를 이루지 못하고 실패할 수 있습니다.

분석을 통해 자세한 수치를 산출하더라도, 서비스에 대한 이해가 없다면 서비스에서 주력하는 내용과 상관없는 것들만 분석하게 됩니다.

일단 서비스를 전체적으로 이해하고, 문제가 있을 듯한 부분을 차근차근 파악하기 바랍니다. 이렇게 리포트를 만들면, 리포트를 받는 사람 입장에서도 전체적인 리포트부터 자세한 리포트 순서로 파악할 수 있으므로 리포트를 더 자세하게 파악할 수 있습니다. 따라서 일단 반드시 서비스의 전체적인 느낌을 이해하도록 합시다.

| 그래프 만들기 |

수치를 나열해도 어떤 부분이 상승하고 어떤 부분이 하락하는지, 어떤 특징이 있는지 등을 파악하기란 어렵습니다. 이때 수치를 그래프로 그려주면 추이 파악, 비교, 분포, 상관관계 등을 쉽게 이해할 수 있습니다.

예를 들어 9강 5절에서 소개했던 Z 차트나 10강 4절에서 소개한 히스토그램들을 사용하면 데이터의 특징을 훨씬 쉽게 이해할 수 있습니다.

12강 5절과 13강 1절에서 소개한 그래프는 수치의 나열만으로는 파악하기 어려운 변화 시점을 쉽게 확인할 수 있게 도와줍니다. 추가로 그래프를 만들면, 기존의 수치만으로 찾아내기 어려운 새로운 내용을 발견할 수도 있습니다. 따라서 데이터를 추출하면 이를 그래프로 만드는 과정도 병행하기 바랍니다.

참고로 원하는 정보에 따라서 만들어야 하는 그래프가 다릅니다. 원하는 정보에 맞는 그래프를 그려서 효과적으로 데이터를 시각화하기 바랍니다.

그림 25-7 사용 목적에 따른 그래프

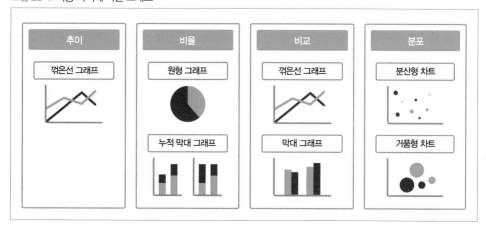

| 여러 수치 비교하기 |

9강 6절에서 소개한 것처럼 매출만 집계해서는 매출의 상승이나 하락 여부만 알 수 있고 그 이유는 파악할 수 없습니다.

서비스의 결과라고 할 수 있는 매출이 있을 때, 매출의 기반이 되는 구매 수와 구매 단가 등의 주변 데이터를 함께 보고 비교해야 매출 변화의 이유를 파악할 수 있습니다. 따라서 매출 보고서를 의뢰받는다면 주변 데이터도 함께 포함한 리포트를 만드는 것이 바람직합니다.

추가로 11강 3절에서 소개한 것처럼, 데이터의 한 측면만 주목하면 잘못된 판단을 내릴 수 있습니다. 반드시 여러 데이터를 함께 비교해서 판단을 내려야 합니다.

여러 수치를 비교할 때는 다음과 같은 5가지 방법을 사용합니다.

❶ **관련 지표로 나누어 비교한다.**

9강 1절에서 소개한 것처럼, 매출을 구매 사용자로 나누면 1인당 평균 구매액을 구할 수 있습니다. 어떤 요소가 매출에 크게 기여하는지 찾으려면, 15강 3절과 4절에서처럼 방문 횟수를 성과 수 또는 매출로 나누어 새로운 지표를 만들어 활용하면 좋습니다. 이처럼 데이터의 수와 합계를 다른 값으로 나누면 새로운 지표를 정의할 수 있고, 새로운 발견을 할 수 있습니다.

❷ **관련한 여러 지표를 한꺼번에 놓고 비교한다.**

9강 6절에서 소개한 것처럼 매출이 하락하고 있다면, 관련 데이터 분석으로 원인을 특정하고 개선 방안을 검토해야 합니다. 관련 지표로는 방문 횟수, CVR, 1인당 평균 구매액 등이 있습니다. 이를 확인하면 어느 정도 원인을 추측할 수 있을 것입니다.

❸ 데이터를 세분화해서 확인한다.

서비스의 전체적인 이미지를 파악하고 그래프로 만들었다면, 데이터를 조금 더 세분화해서 어떤 부분이 어떻게 변화하는지 파악하기 바랍니다. 예를 들어 12강 1절에서는 등록 수를 기기별로 집계하고, 10강 4절에서는 히스토그램으로 구매하는 상품을 가격대별로 집계하는 방법을 살펴보았습니다. 데이터를 세분화하면 상태 변화의 요인이 무엇인지 조금 더 확실하게 찾을 수 있습니다.

그림 25-8 여러 그래프를 살펴보고 서로 다르게 판단하는 경우

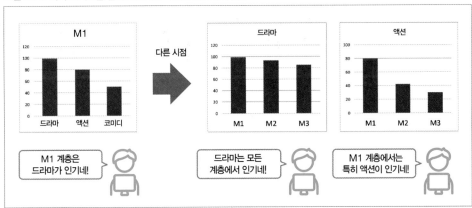

❹ 이전 달, 작년 데이터와 함께 놓고 비교한다.

오랜 시간 동안 운용되는 서비스라면, 이전 달은 물론이고 작년 데이터와 함께 비교할 수 있습니다. 매출 증가가 계절 트렌드에 의한 것이라면 이를 성과라고 말할 수 없습니다. 반대로 매출이 떨어져도 원인이 계절 트렌드라면 당황하지 않아도 됩니다. 따라서 반드시 이전 시점과의 비교를 통해 변화의 원인이 무엇인지 찾아야 합니다.

9강 4절에서는 작년과 비교하는 방법을, 10강 3절에서는 지난 달과 비교하는 방법을 소개했습니다. 이러한 형태로 비교하면 새로운 문제를 발견할 수 있을 것입니다.

❺ 같은 지표를 다른 서비스와 비교한다.

담당하는 서비스의 지표를 살펴보아도 좋은지 나쁜지 확인하기 어려운 경우가 있습니다. 만약 소속된 조직에 다른 서비스가 있다면, 그러한 서비스와 비교해서 결과를 판단하기 바랍니다.

| 가설 세우고 검증하기 |

어느 정도 데이터를 파악하고 수치를 비교했다면 여러 가지 의문과 가설이 떠오를 것입니다. 이러한 가설을 명확하게 정리하고 검증하면 '이런 경향이 있기 때문에 이렇게 하는 것이 좋다' 라는 대책을 만들 수 있습니다.

6 분석을 위한 한 걸음 내딛기

이전 절에서의 과정을 이해했지만, 어디서부터 어떻게 손을 대야 할지 모르겠다는 독자가 있을 것입니다. 이번 절에서는 두 가지 방법을 소개하겠습니다.

KGI와 KPI를 설정하고 관련 부분 분석하기

일단 KGI와 KPI를 설명하겠습니다.

- **KGI(Key Goal Indicator)**
  중요 목표 달성 지표. 조직과 서비스의 최종적인 목표를 정량화한 지표
- **KPI(Key Performance Indicator)**
  중요 업적 평가 지표. KGI를 달성하기 위한 중간 지표

KGI는 조직과 서비스에서 '월 매출 ○억', '사용자 수 ○○만 명'처럼 구체적인 지표를 나타냅니다. '고객 만족도를 높이겠다', '아시아 최고의 ○○이 된다'처럼 추상적인 지표가 아닌, 계측 가능한 지표를 설정해야 합니다.

KPI는 KGI를 달성하기 위해 반드시 필요한 과정을 수치화한 것입니다. KGI를 분해한 것이 KPI라고 생각하면 쉬울 것 같습니다. KPI도 KGI처럼 계측 가능한 지표를 설정해야 합니다. 매출을 KGI로 설정했다면 KPI를 다음과 같이 나타낼 수 있습니다.

그림 25-9 KGI를 분해해서 KPI 만들기

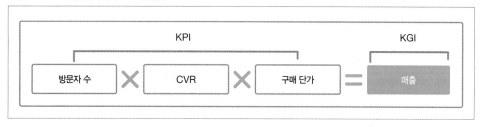

예를 들어 KGI를 '매출의 2배인 ○억'이라고 설정했다고 합시다. 이러한 경우 KPI인 방문자 수, CVR, 구매 단가 중에 하나를 2배로 만들면 KGI를 달성할 수 있습니다. 물론 방문자 수, CVR, 구매 단가를 모두 1.3배로 만들어도 KGI를 달성할 수 있습니다. 이때 반드시 KPI의 증가가 KGI에 영향을 주는 형태로 KPI를 설정해야 합니다. 어쨌거나 이러한 식을 만들었다면,

KPI에 주목해서 다음과 같은 과정을 수행합니다.

- KPI가 어떠한 추이를 가지며, 어떻게 구성되는지 확인한다.
- KPI를 달성한 사람과 달성하지 못한 사람을 비교한다.
- KPI를 더 분해하고, 추이와 구성을 살펴본다.

이 책에서 다루었던 방법을 활용한다면 다음과 같습니다.

표 25-3 이 책에서 다루었던 KPI 분석 방법

KPI	관련 항목
방문자 수	• 14강 2절: 페이지별 쿠키 / 방문 횟수 / 페이지 뷰 집계하기 • 14강 3절: 유입원별로 방문 횟수 또는 CVR 집계하기 • 15강 1절: 입구 페이지와 출구 페이지 파악하기
CVR	• 15강 3절: 성과로 이어지는 페이지 파악하기 • 15강 6절: 폴아웃 리포트를 사용해 사용자 회유를 가시화하기 • 16강 2절: 입력~확인~완료까지의 이동률 집계하기
구매 단가	• 10강 1절: 카테고리별 매출과 소계 계산하기 • 10강 4절: 히스토그램으로 구매 가격대 집계하기 • 11강 7절: RFM 분석으로 사용자를 3가지 관점의 그룹으로 나누기

숲을 보고 나무 보기

15강 9절에서 소개한 서비스의 조감도를 반드시 작성합시다. 접근 분석 도구가 제공하는 리포트 또는 분석팀에서 만든 리포트는 단편적이므로 전체를 보기 어렵습니다. 나무만 보아서는 숲을 보지 못합니다. 따라서 주력해야 하는 부분이 어디인지 제대로 알 수 없습니다.

같은 리포트를 매일 확인한다고 해서, 팀원 모두가 똑같이 분석한다고 볼 수는 없습니다. 따라서 서비스의 상황을 나타내는 조감도를 만들어서 팀 전체가 문제를 공유할 수 있게 해주세요. 이렇게 하면 서비스 개선과 관련한 의견을 더 활발하게 공유할 수 있습니다. 팀원들이 여러 의문과 개선 방안을 이야기하다 보면, 팀은 물론이고 서비스에도 활기가 더해질 것입니다.

25강 5절에서 언급했던 것처럼 일단 전체를 분석하고, 세부 사항을 차근차근 분석하는 것이 좋습니다. 조감도를 작성하는 단계에서 다양한 문제점이 드러나고, 여러 가지 의문과 가설도 나옵니다. 따라서 조감도를 만드는 것이 원인 규명과 대책을 세우는 첫걸음이라고 할 수 있습니다.

조감도를 어디부터 만들어야 할지 모르겠다는 경우가 많은데요. KGI와 KPI에 해당하는 부분부터 시작하면 됩니다. 전체 매출, 사용자 수 등 어디서부터 시작해도 상관없습니다.

7 상대방에 맞는 리포트 만들기

열심히 만든 보고서가 제대로 활용되지 않았다고 느끼는 경우가 있습니다. 이는 '작성한 보고서가 보고서를 읽는 상대방의 의식과 괴리감이 있는 경우'라고 할 수 있습니다. 이번 절에서는 이러한 괴리감을 줄일 수 있는 방법을 설명하겠습니다.

리포트를 읽는 대상

리포트는 누가 읽는지가 중요합니다. 분석 담당자는 다양한 직종/직책의 사람들과 소통해야 합니다. 당연하지만 직종과 직책에 따라 기대하는 리포트에는 큰 차이가 있습니다. 예를 들어 몇 가지 직종을 나열해보면 다음과 같습니다.

- 임원 / 경영층
- 사업부
- 서비스 기획 / 개발 담당
- 마케팅 담당

| 임원 / 경영층 |

여러 서비스를 운용하는 임원과 경영층이라면 '어디에 주력해야 하는가?', '사업을 계속 존속할 것인지?' 등을 항상 생각합니다. 따라서 '페이지 이탈률', '엔트리폼 입력, 확인, 완료까지의 이동률' 등과 같은 지나치게 세부적인 리포트는 큰 의미가 없습니다.

추가로 서비스의 규모 파악, 다른 회사와의 비교, 매출 추이, 매출 구성, 사용자 수 등을 기대할 것입니다. 이 책에서 다루었던 다음과 같은 내용의 리포트를 제공하면, 지금까지와는 다른 반응이 있을 것입니다.

- 9강 5절: Z 차트로 업적의 추이 확인하기
- 12강 7절: 방문 빈도를 기반으로 사용자 속성을 정의하고 집계하기
- 12강 8절: 방문 종류를 기반으로 성장지수 집계하기
- 기타

| 사업부 |

임원 / 경영층과는 다르게, 하나 또는 여러 개의 서비스를 관할하는 직접적인 역할입니다. 따라서 조금 더 정밀한 정보를 원할 가능성이 높습니다. 이 포지션 담당자들의 주요 목표는 관리하는 서비스의 매출과 사용자 수를 늘리는 것입니다. 즉 KGI를 강하게 의식하는 포지션이라고 할 수 있습니다.

따라서 KGI 달성을 위해 주목해야 하는 부분을 특정하거나, 전체적인 문제점을 찾아보고 리포트를 제출하거나, 매출을 늘릴 구체적인 대책을 포함한 전략들을 제안하는 것이 좋습니다. 이 책에서 다루었던 내용 중 다음과 같은 내용의 리포트를 활용해보세요.

- 10강 2절: ABC 분석으로 잘 팔리는 상품 판별하기
- 10강 3절: 팬 차트로 상품의 매출 증가율 확인하기
- 11강 7절: RFM 분석으로 사용자를 3가지 관점의 그룹으로 나누기
- 15강 9절: 사용자 행동 전체를 시각화하기
- 23강 2절: 특정 아이템에 흥미가 있는 사람이 함께 찾아보는 아이템 검색
- 기타

| 서비스 기획 / 개발 담당 |

이 포지션 담당자들은 KPI를 강하게 의식합니다. KGI 달성을 위한 소속 팀원으로서 '○○의 수, ○○ 비율을 몇 % 정도 개선해보자!' 등이 목표입니다. 따라서 전체적의 추이와 구성을 나타내는 리포트가 아니라, 구체적으로 '무엇을 해야 하는가'와 관련된 리포트를 제출하는 것이 좋습니다. 사용자의 세부적인 행동과 페이지 단위 이탈률, 직귀율, 이동률 등의 리포트로 담당자들이 구체적으로 어떤 행동을 해야 하는지 제시해주세요.

이 책에서 다루었던 내용 중 다음과 같은 내용의 리포트를 활용해보세요.

- 12강 3절: 지속과 정착에 영향을 주는 액션 집계하기
- 12강 4절: 액션 수에 따른 정착률 집계하기
- 15강 2절: 이탈률과 직귀율 계산하기
- 15강 5절: 검색 조건들의 사용자 행동 가시화하기
- 15강 6절: 풀아웃 리포트를 사용해 사용자 회유를 가시화하기
- 기타

| 마케팅 담당 |

광고 또는 외부와의 제휴를 추진하는 마케팅 담당자에게는 예산을 얼마나 투입했는지, 그리고 이러한 예산이 매출로 이어졌는지 알려주는 것이 중요합니다. 효과 없는 광고와 제휴에 예산을 들이는 것보다 효과가 높은 광고와 제휴에 예산을 들여 매출을 확대하고, 더 큰 예산을 확보하게 만드는 것이 마케팅 담당자들의 목표입니다.

마케팅 분야 담당자에게는 효과를 얻기 위한 정보, 광고별 성과와 효율, 예산 확보를 위한 정보를 제공하는 것이 좋습니다. 이 책에서 다루었던 내용 중 다음과 같은 리포트를 활용해보세요.

- 13강 3절: 등록으로부터의 매출을 날짜별로 집계하기
- 15강 3절: 성과로 이어지는 페이지 파악하기
- 15강 4절: 페이지 평가 산출하기
- 기타

리포트 열람자가 알고 싶은 것

직종과 직책에 따라 알고 싶은 지표와 지표의 밀도가 다릅니다. 예를 들어 다음과 같이 구분할 수 있습니다.

- 지표의 추이(현재 상황 파악)
- 문제점과 개선할 점(개선 방안)
- 투자한 비용과 대책의 효과(효과)
- 지표의 증가 또는 감소 이유(원인 규명)

간단하게 말하자면, PDCA 사이클(Plan, Do, Check, Act)에서 현재 어느 단계에 있는지에 따라 필요한 리포트가 다르다고 할 수 있습니다. 상황 파악만 할 경우 Plan 시점에서는 이야기를 잘 들어주겠지만, Do 단계로 넘어갈 시점부터는 '그래서 어떻게 하면 좋겠는데?'라는 질문을 받게 될 것입니다.

예를 들어 특정 대책을 시행했다면, 당연히 해당 대책과 관련한 부분의 변화(효과)를 다룬 리포트가 필요할 것입니다. 리포트를 읽는 사람과 그들이 원하는 내용이 무엇인지 반드시 파악하고 리포트를 만들기 바랍니다.

그림 25-10 누가 리포트를 읽는가?

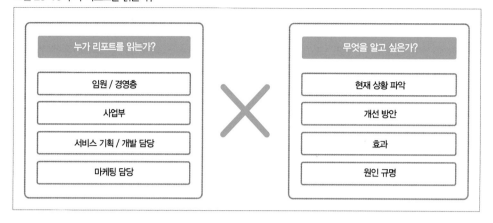

8 빅데이터 시대의 데이터 분석자

이 책의 2강 3절에서 다음과 같은 말을 했습니다.

> 이 책의 목적은 분석 담당자와 엔지니어 모두가 빅데이터 처리와 관련한 지식을 습득하고, 서로 원활한 커뮤니케이션을 할 수 있는 것입니다. 최종적으로 분석 담당자와 엔지니어라는 벽을 넘어 데이터를 통합적으로 다루는 인재로서의 길을 개척하는데 이 책이 도움이 될 수 있으면 좋겠습니다.

이를 실현하려면, 25강 2절에서 소개한 여러 가지 역할의 사람들과 협력해서 빅데이터 분석 기반을 구축하고 운영해야 합니다. 물론 소속팀 이외의 팀과 협력을 해야 하는 경우도 있습니다. 그리고 25강 7절에서 소개한 여러 직종, 직책의 사람들과 이야기하면서 25강 1절에서 소개한 데이터를 활용한 다양한 문제 발견/ 문제 해결 방법을 제안해야 합니다. 데이터 분석 담당자는 자신이 소속된 영역을 넘어 다양한 직종의 사람과 소통해야 합니다. 또한, 각 직종의 사람들이 무엇을 원하는지 판단하고 최적의 솔루션을 제공해야 합니다.

이러한 솔루션은 단순히 조직에만 이득을 주는 데서 그치지 않고, 일반 사용자에게 더 적절한 상품을 추천하거나 최적의 정보를 적절한 시점에 제공함으로써, 사용자의 생활을 더 풍요롭게 만들 수 있어야 합니다.

데이터 분석자는 다양한 사람과 관련이 있고, 서로 협력해서 서비스와 조직의 가치를 극대화하는 중요한 포지션을 담당합니다. 관련자들로 인해 힘든 경우도 많겠지만, 그렇다고 절대 자신의 영역을 좁히지는 마세요. 여러 관심과 관여를 통해 서비스와 조직 내부에서 영향력을 확대한다면 힘들더라도 분명 재미있을 것입니다.

이 책이 여러분의 업무에 도움이 되기를 바라며, 여기에서 책의 내용을 마치도록 하겠습니다.

마치며

이 책을 집필하면서 많은 분의 도움을 받았습니다. 편집자 마루야마 히로시 씨는 기획 단계부터 다양한 조언을 해주었습니다. 가와바타 유우스케 씨는 이 책을 집필할 수 있는 계기를 만들어주었습니다. 모두 이 자리를 빌려 감사의 말씀 드립니다.

후카사와 미츠코 씨는 멋진 표지 커버와 본문을 디자인했습니다. 오기노 히로아키 씨는 책의 이해를 도울 수 있는 멋진 일러스트를 그려주었습니다. 니시야마 유우타로 씨는 다양한 의견을 주었으며, 나카노 유우키 씨와 료케 아스카 씨는 각각의 미들웨어와 관련한 내용을 검증해주었습니다. 책을 집필하면서 이 이외에도 정말 많은 분의 도움을 받았습니다.

마지막으로 집필에 집중할 수 있게 환경을 만들어주고, 도움을 준 가족과 동료들에게 감사합니다. 가족과 동료들의 이해가 있어서 책의 집필에 전념할 수 있었습니다. 이 자리를 빌려 모두에게 감사의 말씀 드립니다.

가사키 나가토, 다미야 나오토